BELICE
HONDURAS
NICARAGUA

MAR CARIBE

80°   75°   70°   65°   60°   55°   50°   45°   40°   35°

15°

Lago de
Managua

Maracaibo   Caracas

EL
SALVADOR

Barranquilla   *Lago de*
Cartagena   *Maracaibo*   Georgetown
Paramaribo

Río Orinoco

ATLÁNTICO

KT-431-744

San Cristóbal

GUATEMALA   PANAMÁ

Medellín   VENEZUELA   GUAYANA   SURINAM   Cayena

COSTA RICA

Cali   Boa Vista   GUAYANA
FRANCESA

Bogotá

COLOMBIA   *ECUADOR*

ISLAS
GALÁPAGOS   Quito

ECUADOR   *Río Amazonas*

Guayaquil   Cuenca   Iquitos

A M A Z O N A S

PERÚ   BRASIL

Machu
Picchu   Lima   Brasilia

ANDES

Ayacucho   Cuzco   BOLIVIA

*Lago
Titicaca*   La Paz   Santa Cruz

Sucre   Río de Janeiro

Potosí   *Río Paraná*   São Paulo

CHILE   PARAGUAY   Iguazú

LOS ANDES   Asunción

*OCÉANO
ATLÁNTICO*

Córdoba   *Río Uruguay*   URUGUAY

*OCÉANO
PACÍFICO*   Viña del Mar   Montevideo

Valparaíso   NIGERIA   *ÁFRICA*
Santiago   Buenos Aires

Concepción   ARGENTINA   *Río de
la Plata*

Bahía Blanca

Malabo   CAMERÚN

Viedma

GUINEA
ECUATORIAL

AMÉRICA
DEL SUR

GABÓN

ISLAS
MALVINAS (Br.)   ÁFRICA

0   250   500   750   1,000 MILLAS

0   500   1,000   1,500 KILÓMETROS

*Estrecho
de Magallanes*
TIERRA DEL FUEGO

0   MILLAS   500

0   KILÓMETROS   750

110°   100°   90°   80°   70°   60°   50°

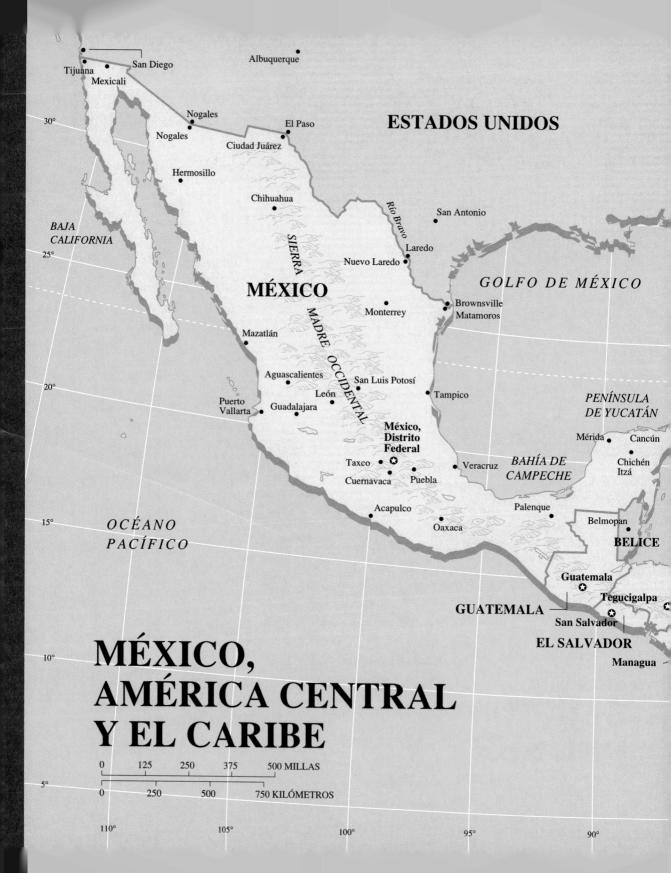

MÉXICO, AMÉRICA CENTRAL Y EL CARIBE

ESTADOS UNIDOS

Albuquerque

San Diego
Tijuana
Mexicali
Nogales
Nogales
El Paso
Ciudad Juárez
Hermosillo
Chihuahua

BAJA CALIFORNIA

San Antonio

Río Bravo

Laredo
Nuevo Laredo

SIERRA

MÉXICO

Monterrey

GOLFO DE MÉXICO

Brownsville
Matamoros

MADRE OCCIDENTAL

Mazatlán

Aguascalientes
San Luis Potosí
León
Tampico

Puerto Vallarta
Guadalajara

PENÍNSULA DE YUCATÁN

Mérida
Cancún
Chichén Itzá

México, Distrito Federal

Taxco
Cuernavaca
Puebla

Veracruz

BAHÍA DE CAMPECHE

Palenque

Acapulco

Belmopan

OCÉANO PACÍFICO

Oaxaca

BELICE

Guatemala

Tegucigalpa

GUATEMALA
San Salvador

EL SALVADOR

Managua

| 0 | 125 | 250 | 375 | 500 MILLAS |
| 0 | 250 | 500 | 750 KILÓMETROS |

30°
25°
20°
15°
10°
5°

110°   105°   100°   95°   90°

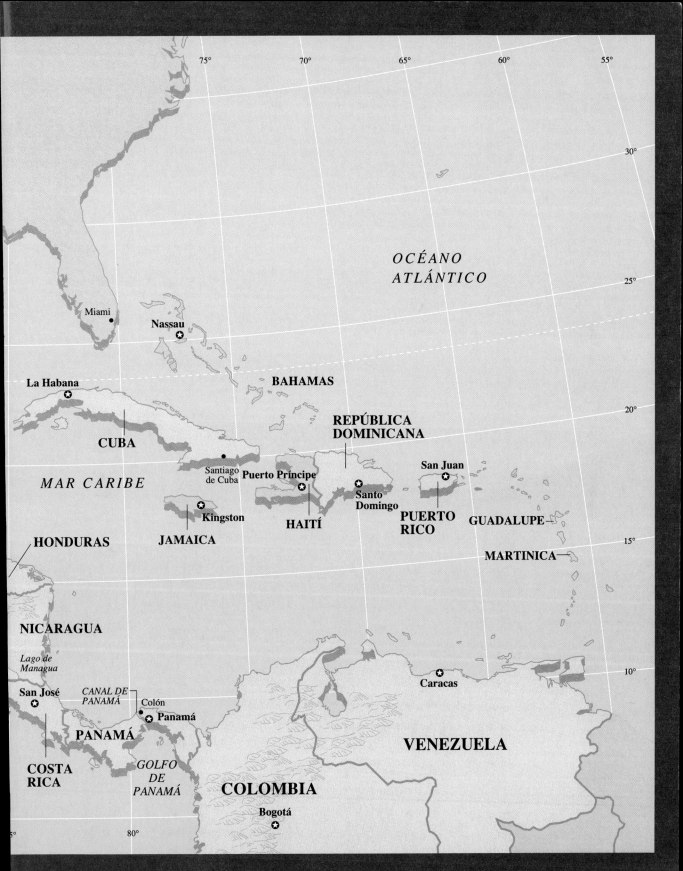

75°   70°   65°   60°   55°

30°

OCÉANO ATLÁNTICO

25°

Miami

Nassau

BAHAMAS

20°

La Habana

CUBA

REPÚBLICA DOMINICANA

San Juan

MAR CARIBE

Santiago de Cuba   Puerto Príncipe

Santo Domingo

Kingston

JAMAICA   HAITÍ

PUERTO RICO

GUADALUPE

15°

HONDURAS

MARTINICA

NICARAGUA

Lago de Managua

Caracas

10°

San José   *CANAL DE PANAMÁ*   Colón   Panamá

PANAMÁ

VENEZUELA

COSTA RICA   *GOLFO DE PANAMÁ*

COLOMBIA

Bogotá

80°

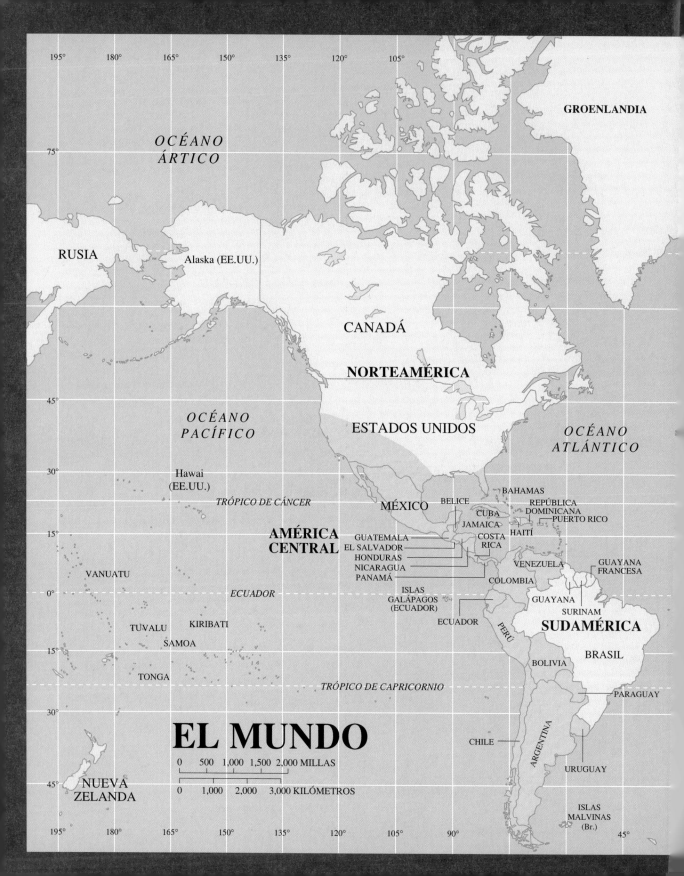

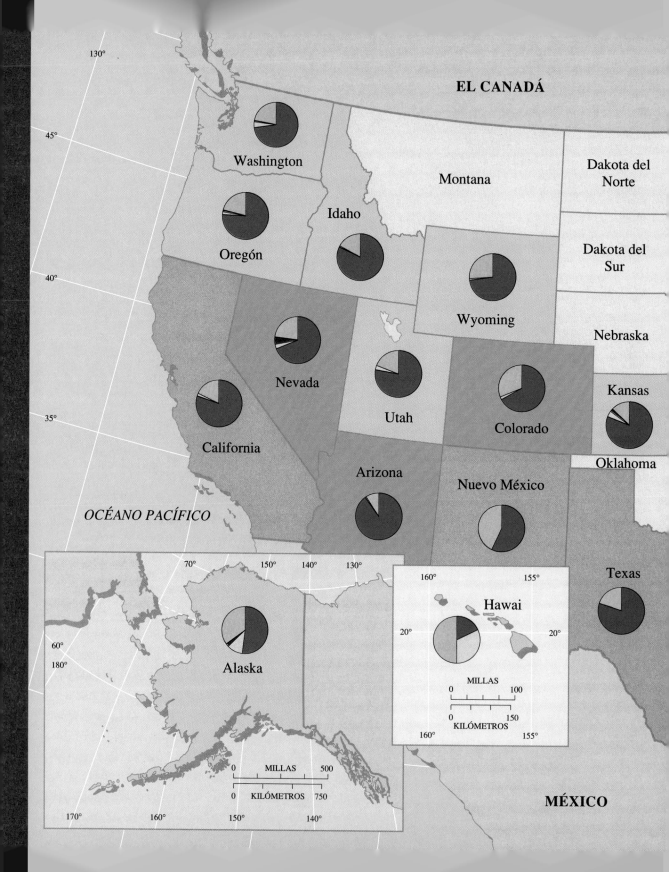

EL CANADÁ

Washington

Montana

Dakota del Norte

Oregón

Idaho

Dakota del Sur

Wyoming

Nebraska

Nevada

Kansas

Utah

Colorado

California

Oklahoma

Arizona

Nuevo México

OCÉANO PACÍFICO

Texas

130°

70°

150°

140°

130°

160°

155°

Hawai

20°

20°

60°

MILLAS

180°

0

100

Alaska

KILÓMETROS

0

150

160°

155°

MILLAS

0

500

KILÓMETROS

0

750

MÉXICO

170°

160°

150°

140°

130°

45°

40°

35°

LOS HISPANOHABLANTES
EN ESTADOS UNIDOS

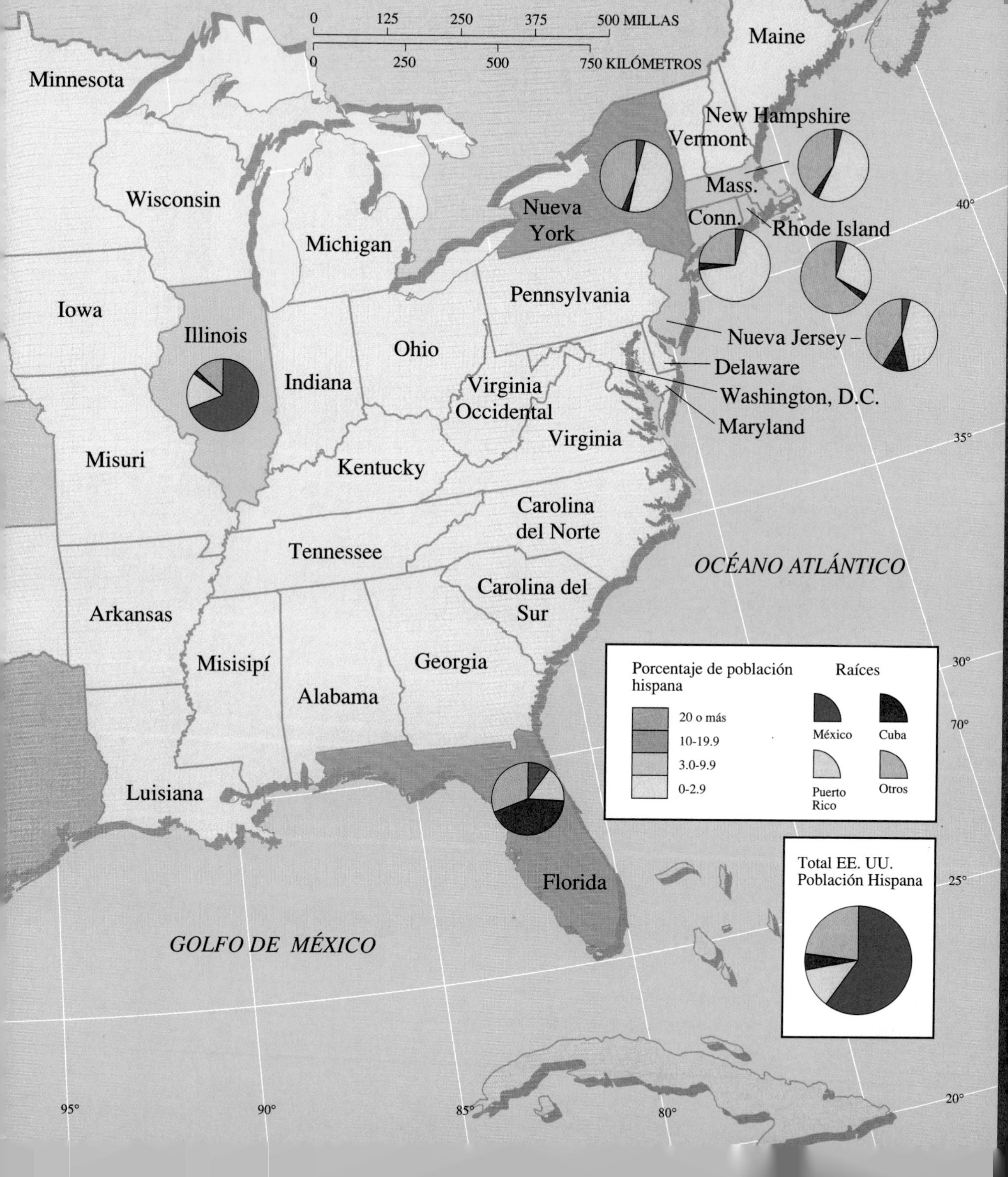

0   125   250   375   500 MILLAS

0   250   500   750 KILÓMETROS

Maine

Minnesota

New Hampshire

Vermont

Wisconsin

Mass.

Nueva
York

Conn.

Rhode Island

Michigan

Pennsylvania

Iowa

Illinois

Nueva Jersey

Indiana

Ohio

Delaware

Ohio

Misuri

Virginia
Occidental

Washington, D.C.

Kentucky

Maryland

Virginia

Carolina
del Norte

OCÉANO ATLÁNTICO

Tennessee

Arkansas

Carolina del
Sur

Misisipí

Georgia

Porcentaje de población
hispana

Raíces

Alabama

20 o más

10-19.9

México   Cuba

3.0-9.9

0-2.9

Luisiana

Puerto
Rico

Otros

Florida

Total EE. UU.
Población Hispana

GOLFO DE MÉXICO

95°   90°   85°   80°

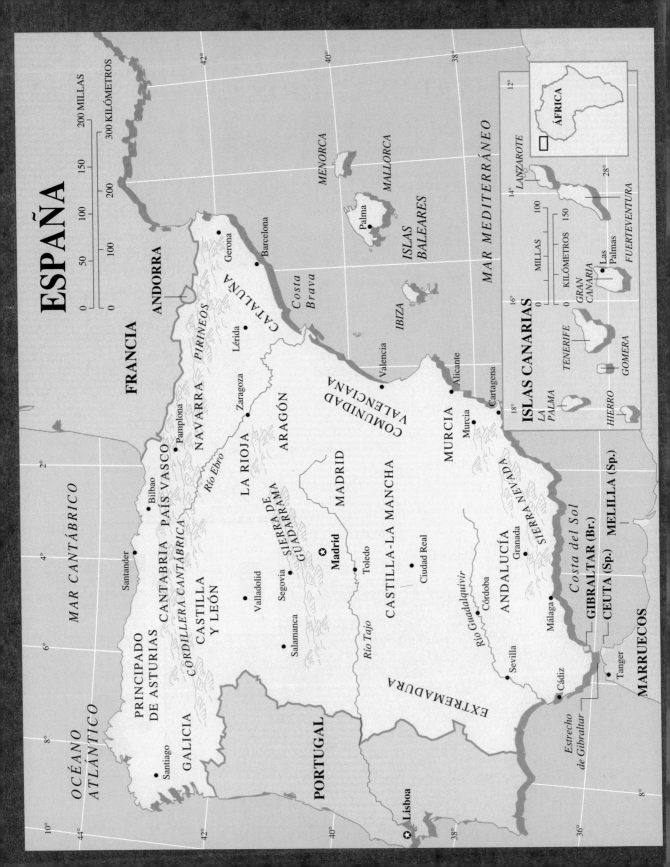

ESPAÑA

FRANCIA

ANDORRA

OCÉANO ATLÁNTICO

MAR CANTÁBRICO

GALICIA

Santiago

PRINCIPADO DE ASTURIAS

CANTABRIA

Santander

Bilbao

PAÍS VASCO

CORDILLERA CANTÁBRICA

CASTILLA Y LEÓN

Valladolid

Salamanca

Segovia

SIERRA DE GUADARRAMA

Pamplona

NAVARRA

PIRINEOS

Río Ebro

LA RIOJA

Zaragoza

ARAGÓN

CATALUÑA

Lérida

Gerona

Barcelona

Costa Brava

MADRID

✪ Madrid

Toledo

CASTILLA-LA MANCHA

Ciudad Real

Río Tajo

EXTREMADURA

PORTUGAL

Río Guadalquivir

ANDALUCÍA

Córdoba

Sevilla

Cádiz

Málaga

Granada

SIERRA NEVADA

Costa del Sol

COMUNIDAD VALENCIANA

Valencia

Alicante

MURCIA

Murcia

Cartagena

MAR MEDITERRÁNEO

MENORCA

MALLORCA

Palma

ISLAS BALEARES

IBIZA

GIBRALTAR (Br.)

CEUTA (Sp.)

MELILLA (Sp.)

Estrecho de Gibraltar

Tánger

MARRUECOS

Lisboa ✪

200 MILLAS

200 MILLAS

300 KILÓMETROS

150

100

50

0

100

200

0

42°

40°

38°

2°

4°

6°

8°

10°

4°

42°

40°

38°

36°

8°

6°

ISLAS CANARIAS

ÁFRICA

LANZAROTE

FUERTEVENTURA

GRAN CANARIA

Las Palmas

TENERIFE

LA PALMA

GOMERA

HIERRO

MILLAS

KILÓMETROS

0

50

100

0

100

150

12°

14°

16°

18°

28°

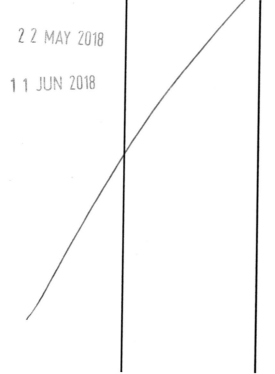

En contacto
Gramática en acción

Sexta edición

Mary McVey Gill

Brenda Wegmann
University of Alberta, Department of Extension

Teresa Méndez-Faith
Saint Anselm College

Holt, Rinehart and Winston
Harcourt Brace College Publishers

Fort Worth   Philadelphia   San Diego   New York   Orlando   Austin   San Antonio
Toronto   Montreal   London   Sydney   Tokyo

Publisher Christopher Carson
Acquisitions Editor Jeff Gilbreath
Market Strategist Kenneth S. Kasee
Project Editor Jon Davies
Art Director Candice Johnson Clifford
Production Manager Diane Gray

Cover images: top—Comstock; bottom left—Tony Stone © Doug Armand; bottom right—Comstock.

ISBN: 0-03-022919-7

Library of Congress Catalog Card Number: 98-85085

Address for Orders
Holt, Rinehart and Winston, 6277 Sea Harbor Drive, Orlando, FL 32887-6777
1-800-782-4479

Address for Editorial Correspondence
Holt, Rinehart and Winston, 301 Commerce Street, Suite 3700, Fort Worth, TX 76102

Web Site Address
http://www.hbcollege.com

Holt, Rinehart and Winston will provide complimentary supplements or supplement packages to those adopters qualified under our adoption policy. Please contact your sales representative to learn how you qualify. If as an adopter or potential user you receive supplements you do not need, please return them to your sales representative or send them to: Attn: Returns Department, Troy Warehouse, 465 South Lincoln Drive, Troy, MO 63379.

Printed in the United States of America

8 9 0 1 2 3 4 5 6 7   039   9 8 7 6 5 4 3 2 1

Holt, Rinehart and Winston
Harcourt Brace College Publishers

Preface

The Program

En contacto is a complete intermediate Spanish program designed to put the English-speaking student in touch with today's Hispanic culture through its language and literature. The program includes a review grammar that stresses communication *(Gramática en acción)* and an accompanying instructor's edition, a reader that emphasizes the acquisition of reading skills as well as text comprehension *(Lecturas intermedias),* a workbook/lab manual *(Cuaderno de ejercicios y laboratorio),* and an audio program. Since the acquisition of vocabulary is as important to the intermediate student as the review of grammar, each of the twelve chapters of each component is coordinated with the other components by theme, grammar topic, and high-frequency core vocabulary. The program is arranged for flexibility: the grammar text (and exercise manual) can be used in courses in which reading is not emphasized, and the reader can be used independently in intermediate courses stressing reading, literature, or conversation. The twelve chapter themes were chosen to appeal to the contemporary student and to introduce cultural materials and stimulating topics for discussion or composition.

Changes in the Sixth Edition

While the basic scope and sequence of the book were maintained in the sixth edition, the following features are new:

- Two new chapter themes: ecology (Chapter 9, **Un planeta para todos**) and communications, including Internet communication (Chapter 11, **¡Adiós, distancias!**).
- A new end-of-chapter section called **¡A comunicarnos!**, with pair and small-group activities, games, and guided writing.
- Increased use of authentic material, such as excerpts from magazine articles and literary selections, particularly in the **Presentación del tema** sections, many of which were rewritten to provide new perspectives on the chapter themes.
- New exercises in the grammar sections to provide increased personalization.
- Full-color design with color photos and all-new line art.

For more information, see the new Instructor's Edition of *En contacto: Gramática en acción.*

The Review Grammar: *Gramática en acción*

Organization

Presentación del tema

Each chapter begins with a short presentation of the chapter theme, which is recorded on an audio CD. Students can listen at home, or the instructor can present this section in class. These sections are recorded in order to give students more practice in improving aural comprehension. Discussion questions follow. Next comes the **Vocabulario útil,** an active vocabulary list. The words listed are used immediately by students in the exercises and activities that follow, promoting true vocabulary acquisition. Also included in the **Presentación del tema** section and on the audio CD is **Para escuchar,** a section of recorded conversations that introduce the chapter's theme, vocabulary, grammar, and language functions in a natural context. These conversations give students practical, functional language. The listening comprehension exercises in this section can be done in class or assigned as homework. They consist of global listening first (listening for main ideas), followed by more discrete listening tasks to improve students' aural comprehension. The audio CD for the **Presentación del tema** is included with each grammar text; extra copies and the tapescript are available from the publisher.

Gramática y vocabulario

The grammar explanations that follow are designed to go beyond the grammar presented in a first-year text without introducing too much detail. The Spanish examples practice the chapter vocabulary and in many cases provide cultural information about the Hispanic world. The exercise sections, **Práctica,** contain a wide variety of oral and written activities arranged in order of increasing difficulty. They are based directly on the chapter theme and vocabulary. Instructors are encouraged to use these as pair and small-group activities whenever possible. One or sometimes two **Vocabulario útil** sections are included in each **Gramática y vocabulario** section, and the vocabulary is made immediately active by practice in the exercises.

En otras palabras

These sections focus on two or more language functions and provide explanations, examples, and exercises. They are based on notional-functional methodology and therefore are largely independent of the grammatical syllabus. They focus on the communicative use of language for specific purposes or functions. Since the sections are optional, the material they contain is not "tested" in subsequent grammar sections; that is, it is not considered active knowledge essential for doing later grammatical exercises. The authors hope that these sections will be used for fun as well as to help the students achieve communicative competence. The important thing throughout the **En otras palabras** sections is that students make an effort to communicate.

¡A comunicarnos!

This section includes pair and group activities, games related to the chapter's theme and grammar, and a **Composición estructurada** or guided composition activity.

Para escuchar: Suplemento

Following Chapter 12 is **Para escuchar: Suplemento.** This optional supplement to the **Para escuchar** sections consists of authentic selections from **Radio Española,** shortened but unsimplified. These passages will provide students with challenging yet interesting listening-comprehension practice. The scripts are included in the tapescript.

Appendixes

Following **Para escuchar: Suplemento** are the appendixes, which cover capitalization, punctuation, and word stress; information on numbers, dates, and time; use of prepositions after certain infinitives; answers to selected exercises; and verb charts. In addition, there is a complete Spanish-English end vocabulary.

Pair and Small-Group Activities

Many of the exercises and activities of this book lend themselves to pair and small-group work, and the authors encourage instructors to use them as such whenever possible. With group or pair activities, students have more opportunities to practice the language, and shy students in particular benefit tremendously. Also, the instructor has more time to answer questions and help those who need extra attention.

The authors recommend that in using group or pair activities the instructor:

1. set very clear time limits, to encourage efficient use of the time by the students
2. make sure the directions are absolutely clear to the students, which may involve explicit demonstration, and that students are convinced of the value of the activity
3. move around the room to answer questions, listen to what is happening, and occasionally participate in the work
4. follow up the activity with a meeting of the class as a whole, preferably with some of the pairs or groups reporting in some way on what they did

Workbook/Lab Manual

Each chapter of the combination workbook/lab manual contains all new exercises not found in the review grammar text. The exercises in the workbook section provide additional writing practice, while the lab section and accompanying audio program provide extra oral practice. The lab section contains listening discrimination exercises, comprehension exercises, dictations, songs, and practice of grammatical structure. The exercise manual is based on and carefully coordinated with the review grammar text.

Tapescript and Recordings

A tapescript to accompany the review grammar is available from the publisher. It includes the chapter opening passages and the **Para escuchar** sections, as well as the tapescript for the lab program. An audio CD containing the **Presentación del tema** and **Para escuchar** sections is packaged with the student text and the Instructor's Edition. The lab program is available on cassettes or on audio CDs.

Videomundo Video, Viewer's Manual, and Video Transcript and Viewer's Manual Answer Key

The Holt, Rinehart and Winston intermediate Spanish *Videomundo* video, with a viewer's manual and the transcript to the videos and viewer's manual answer key, can be used with the *En contacto* program if desired. The Instructor's Edition for *En contacto: Gramática en acción* includes a chapter-by-chapter correlation.

Web Site

The Web site for *En contacto* includes interactive Web activities and links to related sites, chapter by chapter. See the Holt, Rinehart and Winston Web site at http://www.hrwcollege.com.

The following symbols, or icons, are used throughout this text:

 The material is on the audio CD accompanying the book.

 The Web site contains related activities.

 This activity works well with pairs.

 This activity works well with small groups.

Acknowledgments

We would like to express our sincere appreciation to Jeff Gilbreath of Holt, Rinehart and Winston, our acquisitions editor, for his support and to Sandra Guadano for her suggestions and advice during the development of the manuscript and for her exceptional editorial acumen and critical eye. We are also grateful to Naldo Lombardi of Mt. Royal College for his careful reading of the manuscript and many valuable suggestions. Thanks also to Jon Davies, Kathy Ferguson, Diane Gray, Candice Clifford, and Lora Gray for a very competent handling of the manuscript through production. Sincere appreciation to Cristina Cantú Díaz for her work on the index and to Laura McKenna for obtaining permissions. Finally, we are grateful to the instructors at St. Anselm College for their suggestions and comments on the use of the program, to Deana Smalley of Notre Dame College for her input and advice, and to the following reviewers, whose comments (both positive and critical) helped in the shaping of this edition:

Harriet Goldberg, Villanova University
Olympia González, Loyola University
Carolyn J. Halstead, West Virginia State College
Nancy Lee Hurd, Idaho State University
Guadalupe López-Cox, Austin Community College
Eva Mendieta, Indiana University Northwest
Daniel E. Nelson, University of Mobile

M.M.G.
B.W.
T.M.F.

Materias

CAPÍTULO
TRES

La presencia latina 56

CAPÍTULO
CUATRO

Hombres y mujeres 83

CAPÍTULO
CINCO

Vivir y aprender 108

CAPÍTULO
SEIS

De viaje 134

CAPÍTULO SIETE

Gustos y preferencias 161

CAPÍTULO OCHO

Dimensiones culturales 189

Un planeta para todos 213

CAPÍTULO NUEVE

La imagen y los negocios 238

CAPÍTULO DIEZ

CAPÍTULO
ONCE

¡Adiós, distancias! 265

CAPÍTULO
DOCE

La imaginación creadora 287

En contacto
Gramática en acción

Sexta edición

La Fiesta del Gran
Poder, Bolivia

Diversiones y
fiestas

*

Presentación del tema

En el calendario hispano hay muchos días de fiesta. Un refrán español dice: «No te pueden quitar lo bailado»; esto significa que hay que gozar de la vida, celebrarla. Hay fiestas religiosas, patrióticas y culturales. En la página anterior, se ve una foto de la fiesta del Gran Poder en Bolivia:

«Para los aymaras, la fiesta del Gran Poder es una de las fechas más importantes. Durante la época colonial, para no volver al trabajo inhumano de las minas, los indígenas inventaron [concibieron la idea] que, de tanto cavar *[dig]*, habían llegado a las puertas del infierno y se habían encontrado con *[had met]* el diablo. La historia impresionó a los españoles [y]... para recordar el episodio [los indígenas] crearon estos personajes: los **diablos**.»[†]

«Las llamadas» es otra fiesta hispana; se celebra en Uruguay. «La celebración de **las llamadas** se remonta *[goes back]* a los ritos religiosos y tradiciones de los bantúes de Angola, de Mozambique y del Congo, países de origen de la mayor parte de los negros uruguayos. Con exuberantes cadencias y magní-

La celebración de las llamadas

---

* This symbol indicates that the section is on cassette. Your instructor may ask you to listen to this section before reading it to practice listening comprehension.

[†] Daniel Pardon, «La fiesta del Gran Poder», *Geomundo,* mayo de 1996, páginas 467–475.

ficos desfiles *[parades],* la comunidad afroamericana de Montevideo celebra su herencia *[her-
itage]* cultural.»[*]

«Todas las culturas primitivas [del hemisfe-
rio norte] han celebrado el paso del 23 al 24 de
junio como el solsticio de verano. Es el día más
largo, el día en que el sol está más horas con
nosotros. El fuego es el símbolo del sol que, a su
vez *[in turn],* lo es también de la fertilidad...
[El 23 de junio] es también el día en que los
campesinos piden una buena cosecha *[harvest].*
La misma Iglesia Católica ha hecho del día del
solsticio de verano la fiesta de San Juan Bautista,
aquél que purificaba las almas *[souls]* por medio
del agua del bautismo.»[†]

En el mundo hispano también hay fiestas en
honor de las personas que practican distintas profesiones (como los taxistas o los profesores).
Todo el mundo celebra su cumpleaños y también
muchos celebran el día de su santo: por ejemplo,
las personas que se llaman José o Josefina reciben
regalos y atenciones el 19 de marzo, que es la fiesta de San José. ¿Y qué pasa durante las fiestas?
La gente habla, canta, baila, toca o escucha música, bebe, come y disfruta del momento. Para
muchos, las celebraciones sirven como escape de
la rutina y como renovación espiritual.

La noche de San Juan

Actividad

Días de fiesta. ¿Con qué día de fiesta se asocian las siguientes personas o ideas?

____ 1. los aymaras de Bolivia
____ 2. la comunidad afroamericana
de Montevideo
____ 3. el día más largo del año
____ 4. la gente vestida de «diablo»
____ 5. los ritos religiosos de los bantúes
____ 6. la purificación de las almas por medio del bautismo

a. la fiesta del Gran Poder
b. las llamadas
c. la noche de San Juan

---

[*] Oscar Bonilla, «Candombe, un ritmo ancestral», *Américas*, noviembre–diciembre de 1995, páginas
45–49.
[†] María Salinas, «San Juan: La noche más larga», *Prima*, junio de 1993, páginas 8–9. The article ex-
plains that on San Juan night people in Spain celebrate with a bonfire, and some people jump over it,
which long ago was a fertility rite in parts of Europe.

Preguntas

1. «No te pueden quitar lo bailado» quiere decir, literalmente, "They can't take away from you what you have danced." ¿Qué quiere decir este refrán? ¿Hay en inglés algún refrán con el mismo significado?
2. ¿Qué piensa usted de la costumbre de tener días especiales en honor de ciertas profesiones?
3. Muchos hispanos celebran dos días muy particulares al año. ¿Cuáles son?
4. En general, ¿qué hacen los hispanos para celebrar las fiestas?
5. ¿Hay algunas celebraciones especiales en la ciudad o región donde usted vive?
6. ¿Qué hace usted para celebrar su cumpleaños o el de sus amigos?
7. ¿Cuál es su día de fiesta favorito? ¿Por qué? ¿Qué hace para celebrarlo?

Vocabulario útil

Las fiestas

Las fiestas

bailar	*to dance*
beber	*to drink*
cantar	*to sing*
charlar	*to talk, chat*
el día de fiesta	*holiday*
disfrutar (de), gozar (de)	*to enjoy*
escuchar (cintas, discos compactos, música)	*to listen to (tapes, compact discs, music)*
la fiesta	*party*
saludar a los amigos (a la gente)	*to greet friends (people)*
tocar música (la guitarra, el piano)	*to play music (guitar, piano)*
tomar una copa (un vino, una cerveza)	*to have a drink (a glass of wine, a beer)*

Otras expresiones

los ratos libres	*free time*
¿Te gusta? ¿Te gustan?	*Do you like it? Do you like them?*
Me gusta(n). No me gusta(n).	*I like it (them). I don't like it (them).*
Tengo que estudiar (manejar, trabajar).	*I have to study (drive, work).*

Saludos y presentaciones

¡Hola! ¿Qué tal?*	*Hi! (Hello!) How are things?*
Bien, gracias. Muy (Bastante) bien.	*Fine, thanks. Very (Pretty) well.*
Más o menos. Regular.	*More or less (Fine). All right.*
Quiero presentarle(te) a...	*I want to introduce you to . . .*
Mucho (Tanto) gusto. Encantado(a).	*Pleased to meet you. Delighted to meet you.*
El gusto es mío.	*The pleasure is mine.*

¡Ojo!

asistir a *to attend* / **ayudar** *to help, assist*

saber *to know (facts, something memorized), to know how* / **conocer (zc)** *to know, be acquainted with (a person, place, etc.), to meet for the first time*

tocar *to play (music), to touch* / **jugar (ue) a** *to play (a sport or game, to gamble)*

Práctica

A. Sinónimos. Dé los sinónimos de las siguientes palabras o expresiones.

1. disfrutar
2. hablar
3. Regular.
4. Encantado.
5. beber

B. La respuesta apropiada. Escoja la respuesta apropiada.

1. ¿Qué tal los exámenes?
   a. No me gusta.   b. Más o menos.
2. ¿Quieres tomar una copa?
   a. Sí, gracias.   b. Sí, tengo hambre.
3. ¿Qué te gusta hacer en tus ratos libres?
   a. Me gusta tocar música.   b. Me gustan los ratos libres.
4. Silvia, quiero presentarte a Felipe.
   a. Te gusta Felipe.   b. Mucho gusto, Felipe.
5. Mañana es día de fiesta.
   a. Vamos a presentarle a María.   b. Vamos a celebrar.

---

* **¿Qué tal... ?** is useful for starting conversations. Besides its general meaning of *How are things?* it can be used to ask about almost anything, singular or plural: **¿Qué tal el concierto? ¿Qué tal los estudios?**

C. Entrevista. Entreviste a un(a) compañero(a), usando las preguntas que siguen. En forma alternada *(Taking turns),* una persona hace la pregunta en español, y la otra le contesta con una oración completa.

1. Do you play the guitar?
2. Do you know Miami?
3. Do you know how to dance the **cumbia**?
4. Do you play baseball **(el béisbol)**?
5. Do you attend rock concerts **(conciertos de música rock)**?

Para escuchar: En la fiesta

Conversación 1: Saludos y presentaciones. Mike Martin, un estudiante norteamericano, va a una fiesta en casa de un amigo colombiano.

A. Escuche la Conversación 1 y conteste las preguntas.

1. At the party, Mike meets someone for the first time. This person is . . .
   a. Ramón.   b. Ramón's mother.   c. Julia.
2. Ramón seems . . .
   a. to be a good host.
   b. not to care much about his guests.
   c. to be in love with Julia.

B. Escuche la Conversación 1 otra vez. ¿Qué cosas se mencionan *(are mentioned)*?

____ 1. un disco   ____ 3. una copa   ____ 5. un radio
____ 2. una mesa   ____ 4. una cerveza   ____ 6. un vino

C. Escuche la Conversación 1 una vez más. Escoja la mejor respuesta.

1. Ramón and Mike use the . . . form of greeting.
   a. informal   b. formal   c. military
2. Mike does not accept the wine or beer because . . .
   a. he is already drunk.
   b. he has to drive.
   c. he doesn't like alcoholic beverages.
3. Julia believes that **gringos** are . . .
   a. prudent.   b. patient.   c. practical.

Conversación 2: Para iniciar una conversación. Mike habla con Julia en la fiesta.

A. Escuche la Conversación 2 y conteste las preguntas.

1. In this conversation, the speakers are . . .
   a. bored.   b. enjoying themselves.   c. worried about their careers.
2. In general, the party seems to be . . .
   a. small and dull.   b. wild.   c. big and lively.

B. Escuche la Conversación 2 otra vez. ¿Qué personas o qué cosas se mencionan?

____ 1. los estudios   ____ 5. un amigo mutuo

____ 2. la música   ____ 6. la cumbia

____ 3. la economía   ____ 7. un programa de televisión

____ 4. el libro *Voces de Colombia*   ____ 8. la película *La salsa*

Gramática y vocabulario

Subject Pronouns: The Present Indicative Tense (1)

Subject Pronouns

	Singular	Plural
First person	yo	nosotros(as)
Second person	tú	vosotros(as)
Third person	él, ella, usted	ellos, ellas, ustedes

1. Subject pronouns (the words corresponding to *I, we, you, he, she, they,* and *it*) are often omitted in Spanish, since the verb form also indicates person (e.g., **hablo = yo, hablamos = nosotros**). The subject pronoun **tú** is used with family members, friends whom you call by their first names, and children. **Usted** (abbreviated **Ud.** or **Vd.**) is used with strangers, people much older than you, or to express respect. Remember that **usted** and **ustedes** are always used with third-person, not second-person, verbs. In Latin America **ustedes** (**Uds., Vds.**) is used as the plural of either **tú** or **usted,** but in most of Spain the subject pronoun **vosotros(as)** is used as the plural of **tú.***

2. Subject pronouns are used for clarity or emphasis. They are also used after **ser** to express "It is I (you, she, etc.)."

¿Los señores Ramos? Pues, él   *Mr. and Mrs. Ramos? Well, he's*
    viene a la fiesta, pero ella no.   *coming to the party but she's not.*
¿Quién es? —Soy yo.   *Who is it? —It is I.*
¿Quién estaba allí? —Nosotros.   *Who was there? —We were.*

> Quien canta, su mal espanta *[scares away]*.
> —proverbio

---

* Since the **vosotros(as)** form is not widely used except in Spain, it will not be practiced extensively in this text. However, it is important to learn to recognize it.

3. The pronoun *it* is not expressed in phrases like *it is* (**es**), *it seems* (**parece**), and so forth.

Es difícil bailar la cumbia.	*It's difficult to dance the **cumbia**.*
¿De veras? Parece fácil.	*Oh, really? It seems easy.*

The Present Indicative Tense (1): Formation

Regular Verbs

To form the present tense of regular verbs, the **-ar, -er,** or **-ir** ending is dropped from the infinitive, and the endings shown in bold in the following chart are added to the stem.

hablar		leer		escribir	
hablo	hablamos	leo	leemos	escribo	escribimos
hablas	habláis	lees	leéis	escribes	escribís
habla	hablan	lee	leen	escribe	escriben

Spelling-Changing Verbs

Some verbs are regular in the present tense except for minor spelling changes (mostly in the **yo** form). Here are some of the most common ones. (For complete rules regarding spelling changes in verbs, see Appendix F.)

1. Verbs that end in **-cir** or **-cer** (preceded by a vowel) have a change from **c** to **zc** in the **yo** form.

   conducir: **conduzco**
   producir: **produzco**
   traducir: **traduzco**

   conocer: **conozco**
   ofrecer: **ofrezco**
   parecer: **parezco**

2. Verbs that end in **-guir** have a change from **gu** to **g** in the **yo** form.

   seguir: **sigo**
   conseguir: **consigo**

3. Verbs that end in **-ger** or **-gir** have a change from **g** to **j** in the **yo** form.

   escoger: **escojo**

4. Verbs that end in **-uir** have a change from **i** to **y** in all but the **nosotros** and **vosotros** forms, since an unstressed **i** between two vowels is changed to **y**.

construir	
construyo	construimos
construyes	construís
construye	**construyen**

Use of the Present Indicative Tense

1. The present indicative tense in Spanish normally expresses an action or situation that is happening in the present or that happens regularly. It can have several meanings in English.

Mi compañero de cuarto toca
   el piano.

*My roommate plays (is playing, does
   play) the piano.*

2. The present is also frequently used to express the immediate future or a future event when the time of the future action is indicated.

El baile termina a medianoche.

*The dance will end (is ending)
   at midnight.*

Comemos más tarde.

We'll eat later.

Vocabulario útil

Algunas actividades del fin de semana

Aprenda usted este vocabulario para usarlo en la práctica que sigue. Véase también el Vocabulario útil de la página 4.

caminar (una cuadra, unas millas)	*to walk (a block, a few miles)*
descansar	*to rest, relax*
echar una siesta	*to take a nap*
escribir cartas	*to write letters*
leer (el periódico, revistas)	*to read (the newspaper, magazines)*
manejar (*Spain:* conducir)	*to drive (a vehicle)*
mirar televisión	*to watch television*

Práctica

A. Preguntas. Conteste las preguntas con una oración *(sentence)* completa, usando una de las siguientes expresiones:

a menudo *(often)*   a veces *(sometimes)*
nunca *(never)*   casi nunca *(almost never)*

MODELO   ¿Descansa usted los sábados?
                Sí, a veces descanso los sábados.
                No, casi nunca descanso los sábados.

1. ¿Lee usted libros o revistas en español? ¿en inglés? Dé algunos ejemplos.
2. ¿Traduce canciones del español al inglés?
3. ¿Toca usted música?
4. ¿Escribe cartas a amigos latinoamericanos?
5. ¿Charla por teléfono a larga distancia?
6. ¿Echa una siesta por la tarde?
7. Además de estudiar, ¿trabaja? ¿Dónde? ¿Cuándo?
8. En momentos de tensión, ¿produce usted más en su trabajo?

B. ¿Qué haces los fines de semana? Trabaje con un(a) compañero(a). En forma alternada *(Taking turns)*, cada persona entrevista a la otra para averiguar *(to find out)* qué hace los fines de semana. Esté preparado(a) para hacer un comentario informativo sobre su compañero(a).

MODELO   A: **¿Qué programas de televisión miras?**
               B: **A veces miro las noticias, pero en general no miro televisión.**
               A: **A veces Roberto mira las noticias, pero en general no mira televisión.**

Podría preguntarle a su compañero(a):

1. qué lee generalmente los fines de semana (¿periódicos, revistas, novelas?)
2. qué tipo de música escucha (¿jazz, rock, clásica, folklórica?)
3. si toca o canta música, si baila
4. si maneja su auto a todas partes o si camina o anda en bicicleta
5. dónde come
6. cuántas horas de televisión mira; qué programas mira

The Present Indicative Tense (2)

Stem-Changing and Irregular Verbs

Stem-Changing Verbs

Certain verbs show a change in the stem (the part that is left after dropping **-ar, -er,** or **-ir**) when the stem is stressed. These verbs have regular endings, but note the pattern of stem changes: the changes occur in all but the **nosotros** and **vosotros** forms. Read the conjugations aloud and listen to how the stem does not receive the spoken stress in these two forms. Other verbs that follow these patterns are given in vocabulary lists with the vowel change in parentheses—for example, **doler (ue)**.

e to ie pensar		e to i pedir		o to ue poder		u to ue jugar	
pienso	pensamos	pido	pedimos	puedo	podemos	juego	jugamos
piensas	pensáis	pides	pedís	puedes	podéis	juegas	jugáis
piensa	piensan	pide	piden	puede	pueden	juega	juegan
empezar	perder	seguir		contar	encontrar		
entender	preferir	servir		dormir	recordar		
	querer				volver		

Mario quiere dormir, pero
  Elena y yo queremos charlar.
Las muchachas siempre piden
  pizza, pero David y yo pedimos tacos.

*Mario wants to sleep, but Elena
  and I want to chat.*
*The girls always order pizza, but
  David and I order tacos.*

> Dice mal de las cartas y
> juega a dos barajas
> *[decks]*.
> —dicho

Verbs That Are Irregular in the First-Person Singular Only

dar: **doy**   poner: **pongo**   salir: **salgo**   ver: **veo**
hacer: **hago**   saber: **sé**   traer: **traigo**

¿Qué haces? —Hago ejercicios
  y miro televisión.
Conozco a la señora Salazar,
  pero no sé dónde vive.

*What are you doing? —I'm doing
  exercises and watching television.*
*I know Mrs. Salazar, but I don't
  know where she lives.*

Common Irregular Verbs

estar		ser		ir	
estoy	estamos	soy	somos	voy	vamos
estás	estáis	eres	sois	vas	vais
está	están	es	son	va	van

decir		tener		venir	
digo	decimos	tengo	tenemos	vengo	venimos
dices	decís	tienes	tenéis	vienes	venís
dice	dicen	tiene	tienen	viene	vienen

Vocabulario útil

Los deportes y otras diversiones

Aprenda usted este vocabulario para usarlo en la práctica que sigue.

Cognados

el básquetbol	el fútbol americano
el béisbol	el tenis
las cartas	el vólibol
el concierto	el actor (la actriz)
esquiar	el programa de televisión
el fútbol *(soccer)*	el video *(Spain:* el vídeo*)*

Los deportes

correr	*to run*
hacer ejercicio(s)	*to exercise (do exercises)*
el jugador (la jugadora)	*player*
jugar (ue) a	*to play*
nadar	*to swim*
el partido	*match, sports event*
patinar, patinar sobre hielo	*to skate, to ice skate*

Otras diversiones

asistir a un concierto*	*to attend a concert*
contar (ue) chistes	*to tell jokes*
dar un paseo	*to take a walk*
ir al cine	*to go to the movies, see a film*
ir de compras	*to go shopping*
jugar a las cartas	*to play cards*
navegar por la Red (Internet)	*to surf the Net (Internet)*

Aquéllos son ricos que
tienen amigos.

—dicho

In Appendixes E and F are conjugations for regular, stem-changing, spelling-changing, and irregular verbs.

---

* **Asistir** takes the preposition **a** before a noun. Other verb-preposition combinations are discussed in Appendix C.

Práctica

A. Dígame cuándo... Conteste las siguientes preguntas, usando, si quiere, una (o más) de las siguientes expresiones de tiempo. Haga oraciones completas.

todos los días
muchas veces
los lunes (los viernes)
por la mañana (la
   tarde, la noche)

siempre
(casi) nunca
los fines de semana
en el verano (el invierno, la
   primavera, el otoño)

1. ¿Cuándo da usted un paseo?
2. ¿Cuándo sale usted con sus amigos?
3. ¿Cuándo está en casa?
4. ¿Cuándo hace ejercicio?
5. ¿Cuándo ve videos?
6. ¿Cuándo tiene problemas grandes?
7. ¿Cuándo navega por la Red?
8. ¿Cuándo juega al béisbol o al fútbol americano?
9. ¿Cuándo mira partidos de tenis en la televisión?
10. ¿Cuándo va al cine?
11. ¿Cuándo trae su libro de español a clase?
12. ¿Cuándo está contento(a)?

B. ¿Qué hacen ustedes? Conteste las preguntas usando palabras y expresiones del **Vocabulario útil** (u otras palabras que usted sepa). Si es posible, trate de dar tres o cuatro posibilidades diferentes.

MODELO   ¿Qué hacen ustedes en las fiestas?
        En las fiestas jugamos a las cartas, contamos chistes,
          comemos y bebemos.

¿Qué hacen ustedes...

1. en casa?
2. en el cine?
3. en el gimnasio?
4. en el lago (en el verano)?
5. sobre el lago (en el invierno)?
6. en las montañas?
7. en los centros comerciales?
8. en el parque?
9. en el estadio?

C. Diversiones y más diversiones. Complete el siguiente párrafo con el tiempo presente de los verbos entre paréntesis.

¿Qué (1) _____ (hacer) los hispanos durante sus ratos libres? Depende. En Bogotá, Colombia, la gente (2) _____ (encontrar) una gran variedad de diversiones. Si ellos (3) _____ (querer) visitar museos, hay museos de arte, de historia, de arqueología, etcétera. (Ellos) (4) _____ (poder) ir a la Quinta de Bolívar, que es la casa de Simón Bolívar, el George Washington de América del Sur. Los fines de semana muchos bogotanos (5) _____ (tomar) el funicular al Cerro de Monserrate; allí (6) _____ (almorzar) o (7) _____ (cenar), (8) _____ (dar) paseos y (9) _____ (mirar) la vista de la ciudad. Muchos jóvenes (10) _____ (asistir) a conciertos de música, como la música «vallenata» de Carlos Vives. Para las personas que (11) _____ (preferir) la música clásica, el Teatro Colón (12) _____ (ser) el hogar *(home)* de la Orquesta Filarmónica. Hay muchos grupos de teatro y variedades. Bogotá también (13) _____ (tener) un planetario, un zoológico y dos hipódromos *(racetracks)*. Un pequeño problema: como muchas capitales latinoamericanas, Bogotá (14) _____ (estar) a una gran altitud; (15) _____ (llover) frecuentemente o hace fresco. En cambio, en la costa de Colombia hace mucho sol; allí la gente (16) _____ (nadar), hace windsurf, (17) _____ (jugar) al tenis o (18) _____ (descansar) en la playa. Muchos bogotanos (19) _____ (ir) a la costa a tomar sol. No hay tantas actividades culturales como en la capital, pero las playas (20) _____ (ser) magníficas, o, como dicen los colombianos, ¡regias!

D. Puntos de vista. Complete las siguientes oraciones.

1. Cuando quieren hacer ejercicio las personas dinámicas... , pero las personas perezosas...
2. Después de un largo día de trabajo y tensiones, mucha gente...
3. Si tengo dinero durante el fin de semana, yo... , pero si no tengo dinero, yo...
4. Los días de fiesta mis amigos y yo...
5. El fútbol americano...

The Personal a

In Spanish, the personal **a** must be used before a direct object that is a person. Compare:

¿Ves a Eduardo? ¿Ves la bicicleta de Eduardo?

Do you see Eduardo? Do you see Eduardo's bicycle?

Conozco a los músicos, pero no conozco la canción que cantan.

I know the musicians, but I don't know the song they're singing.

The personal **a** is used with indefinites like **alguien** and **nadie** when they are used as direct objects (to be discussed in Chapter 7).

Quiero presentarte a alguien.

I want to introduce you to someone.

The personal **a** is not normally used after **tener: Tengo un amigo que habla cinco lenguas.** It is not normally used to refer to nonspecific people: **Necesito una secretaria.** *But:* **Necesito a la secretaria.**

Práctica

A. ¿Verdadero o falso? Haga frases, usando la **a** personal y/o un artículo cuando sea necesario. ¿Son verdaderas o falsas las frases?

> MODELO conocer / presidente de México
> **Conozco al presidente de México. ¡Falso!**

1. conocer / muchos países extranjeros
2. ver / mi familia a menudo
3. escuchar / radio casi todos los días
4. mirar / Jay Leno por televisión muy a menudo
5. tocar / guitarra
6. ayudar / mis compañeros con sus problemas
7. invitar / alguien a cenar por lo menos una vez por semana
8. navegar por / Red todos los días

B. Entrevistas y presentaciones. Entreviste a un(a) compañero(a), usando las preguntas que siguen, y escriba una breve descripción de él o ella. Luego, él (ella) va a entrevistarlo(la) a usted. Después, cada persona presenta a la otra a la clase.

> MODELO Quiero presentarles a John. John no conoce a mucha gente latina. En sus ratos libres juega al squash y al tenis y escucha música.

Preguntas: ¿Cómo te llamas? ¿Conoces (a mucha gente latina, al presidente de la universidad, a alguna persona famosa)? ¿Qué haces en tus ratos libres? (En mis ratos libres,...)

Nouns and Articles

Nouns: Gender and Number

In Spanish, all nouns are either masculine or feminine.

1. Although most nouns ending in **-a** are feminine and most nouns ending in **-o** are masculine, here are a few important exceptions:

la mano	*hand*	el poema	*poem*
la foto(grafía)	*photo(graph)*	el poeta	*poet*
el día	*day*	el problema	*problem*
el drama*	*drama*	el programa	*program*
el idioma	*language*	el sistema	*system*
el mapa	*map*	el tema	*subject, theme*

En un día de verano:
—¿Qué me dice de la calor?
—Que es masculino.

—Manuel Gálvez, *En el mundo de los seres ficticios,* Buenos Aires 1961

---

* Many nouns that end in **-ma**, **-pa**, or **-ta** have Greek roots and are masculine.

2. Nearly all nouns that end in **-dad, -tud, -ión,** and **-umbre** are feminine:

la actividad	*activity*	la televisión	*television*
la actitud	*attitude*	la costumbre	*custom*

3. Most nouns ending in **-r** and **-l** are masculine; most nouns ending in **-z** are feminine.

el color	*color*	la paz	*peace*
el papel	*paper; role*	la voz	*voice*

4. To form the plural of a noun that ends in a vowel, add **-s.** If the singular noun ends in a consonant, add **-es.**

el disco → los discos   *records*
la cantante → las cantantes   *singers*
el rey → los reyes   *kings, king(s) and queen(s)*
el papel → los papeles   *papers; roles*
el productor → los productores   *producers*

5. To form the plural of a noun ending in **-z,** change the **z** to **c** and add **-es.**

la actriz → las actrices   *actresses*
la voz → las voces   *voices*

6. Remember that in forming the plural of nouns it is sometimes necessary to add or delete an accent to maintain the stressed syllable of the singular form.

el joven → los jóvenes   *young people*
el examen → los exámenes   *exams*
la canción → las canciones   *songs*
el bailarín → los bailarines   *dancers*

> De músico, poeta y loco,
> todos tenemos un poco.
> —proverbio

Definite and Indefinite Articles: Forms

1. Articles must agree in gender and number with the nouns they accompany.

Definite articles:

el concierto	**los** conciertos
la película	**las** películas

Indefinite articles:

un amigo	**unos** amigos
una revista	**unas** revistas

2. **Unos** or **unas** can mean *some* or *several;* before a number they can mean *approximately.*

Hay unos sesenta grupos de teatro chicano en el suroeste de Estados Unidos.

There are approximately sixty Chicano theater groups in the southwestern United States.

3. The definite article **el** combines with **a** to form **al** and **de** to form **del.** (These are the only contractions used in Spanish.)

Vamos al Café del Sol.

We're going to the Café del Sol.

4. The masculine articles **el** and **un** are used before a feminine noun that begins with **a-** or **ha-** when the first syllable of the noun receives the stress. Here are three common examples that you should remember.

el agua *water*   el (un) alma *soul*   el (un) hambre *hunger*

If an adjective separates the article and noun, however, the feminine article is used: **el alma latina, la buena alma.** The feminine article is also used in the plural.

Práctica

A. Los jóvenes españoles. Complete el párrafo con los artículos definidos apropiados. Después, conteste las preguntas que siguen.

Según (1) _____ Instituto de (2) _____ Juventud de España, el 72 por ciento de (3) _____ jóvenes españoles de quince a dieci- nueve años estudia, el 10 por ciento trabaja y el 8 por ciento estudia y trabaja. Pasan la mayor parte de su tiempo libre con sus amigos; ven (4) _____ televisión, escuchan la radio o hablan con (5) _____ familia. También practican deportes: (6) _____ chicos prefieren el fútbol; (7) _____ chicas, el básquetbol. (8) _____ temas que más les preocupan son (9) _____ desempleo, el SIDA *(AIDS)* y (10) _____ drogas. (11) _____ paz es (12) _____ causa que más justifica sacrificios, según el 48 por ciento; (13) _____ patria (según sólo el 2 por ciento) y (14) _____ religión (según sólo el 1 por ciento) no son causas tan importantes. Con excepción de (15) _____ familia y (16) _____ pareja *(couple),* no tienen con- fianza *(confidence)* en (17) _____ instituciones. (18) _____ sistema educativo, (19) _____ policía, (20) _____ ejército y (21) _____ grandes compañías son (22) _____ instituciones que les inspiran menos confianza. Pocos son miembros de asociaciones, con excepción de (23) _____ asociaciones deportivas. Según mu- chos escritores y sociólogos, España no está tan lejos de Estados Unidos en cuanto a *(with regard to)* (24) _____ costumbres juveniles.

Preguntas

1. En general, ¿cómo pasan los jóvenes españoles su tiempo libre?
2. ¿Cuáles son los temas que más les preocupan? ¿Cuál es la causa que más justifica sacrificios?
3. ¿Tienen los jóvenes españoles mucha confianza en las instituciones? ¿Cuáles les inspiran menos confianza?
4. Según muchos escritores, ¿está España lejos de Estados Unidos en cuanto a las costumbres juveniles?

B. ¿Qué va a llevar... ? Usando artículos indefinidos, mencione tres o cuatro cosas que podría llevar a los siguientes lugares. Use las sugerencias que están entre paréntesis o sus propias ideas.

MODELO a la fiesta (botella de vino, cintas de... , discos compactos...)
Voy a llevar una botella de vino, unas cintas de música de Juan Luis Guerra y unos discos compactos.

1. a la playa (sombrero, sandalias, toalla...)
2. al centro comercial (dólares, tarjetas de crédito, calculadora...)
3. a clase (lápices, cuaderno, libros...)
4. al gimnasio (raqueta de tenis, reloj, mochila...)
5. a México para las vacaciones (mapa, cámara, zapatos cómodos...)

Definite and Indefinite Articles

Use of the Definite Article

The definite article is used *more* in Spanish than in English. Here are eight examples of the use of the definite article in Spanish where it would not be used in English:

1. to refer to an abstract noun or a noun used in a general sense, as a representative of the class or group to which it belongs. The noun may be singular or plural, concrete or abstract.

El fútbol es un deporte muy emocionante, ¿no?
Soccer is a very exciting sport, isn't it?

El amor es como **la** niebla: lo cubre todo.
Love is like fog; it covers everything.

2. in place of a possessive adjective for parts of the body and articles of clothing when it is obvious who the possessor is

Julio se pone **el** sombrero y **el** abrigo antes de salir para el restaurante.
Julio puts on his hat and coat before leaving for the restaurant.

3. with days of the week, when *on* can be used in English

Voy a visitar a mis padres **el** domingo.
I am going to visit my parents on Sunday.

Vamos al cine **los** viernes.
We go to the movies on Fridays.

4. to tell time*

¿Qué hora es? ¿Es **la** una? —¡Qué va! Son **las** tres y media.
What time is it? Is it one o'clock? —Oh, come on! It's three thirty.

> La conversación ha de ser *[should be]*, como la ensalada, de varias cosas, revueltas *[mixed]* con sal, aceite y vinagre.
>
> —Joaquín Setanti

---

* For a review of numbers, dates, and time, see Appendix C.

5. with nouns in a series. (The article is repeated.)

El tango, **la** rumba y **la** cumbia son tres bailes de origen hispánico. ¿Conoce usted otros?

The tango, rumba, and cumbia are three dances of Hispanic origin. Do you know of others?

6. with titles such as **señor, señora, señorita,** or **doctor,** when *referring to* or *talking about* an individual

La señora García y **el** doctor Sánchez hacen ejercicios todos los días.

Mrs. García and Dr. Sánchez exercise every day.

However, the definite article is not used in *direct address.*

Señora García, ¿va usted a acompañarnos al cine?

Mrs. García, are you going to the movies with us?

The masculine plural article **los** is used with a surname to refer to a family.

Los Rivera juegan a las cartas.

The Riveras play cards.

Note that the surname is not made plural as in English.

7. with names of languages or fields of study, except after the verbs **estudiar, aprender, enseñar, hablar,** and **leer** (when it is usually omitted) and after the preposition **en**

El español es la lengua materna de unos 300 millones de personas.
Estudio música y química; **la** química es muy difícil.
¿Cómo se dice «Te quiero» en inglés?

Spanish is the native language of about 300 million people.

I'm studying music and chemistry; chemistry is very difficult.
How do you say "I love you" in English?

8. with rates and prices

Aquí las manzanas cuestan seis pesos **el** kilo.
Ganamos seiscientos pesos **la** hora.

Apples cost six pesos a kilo here.

We earn six hundred pesos an hour.

Omission of the Indefinite Article

The indefinite article is used *less* in Spanish than in English. In Spanish it is omitted:

1. before an unmodified noun that indicates profession, occupation, religion, nationality, or political affiliation, following the verb **ser.** The indefinite article is used, however, if the noun is modified. Compare:

Yo soy católica. Soy una
católica devota.

*I'm a Catholic. I'm a devout
Catholic.*

Enrique es chileno. Es un
chileno que sabe esquiar bien:
vive cerca de los Andes.

*Enrique is Chilean. He's a Chilean
who knows how to ski well: he
lives near the Andes.*

2. before the words **medio, otro,** and, usually, **cierto.** (These expressions agree
with the nouns they modify in gender and number.)

Llegamos a otro concierto, y
media hora más tarde él
tiene ganas de salir.

*We get to another concert, and a half
hour later he wants to leave.*

Juanita tiene cierta tendencia
a la exageración.

*Juanita has a certain tendency to
exaggerate.*

3. before the numbers **cien** and **mil.** (For a discussion of numbers, see Appendix B.)

Hay mil gramos en un
kilogramo.

*There are a thousand grams in a
kilogram.*

Práctica

A. Un productor de cine. Complete el siguiente párrafo usando el artículo
definido o el indefinido cuando sea necesario *(with either the definite or indefinite article, if necessary).*

Raúl Ramírez es (1) _____ productor de cine muy famoso. La mayoría de sus películas son en (2) _____ español, pero también produce
(3) _____ otras en francés. (4) «_____ francés es (5) _____
lengua muy bella», dice (6) _____ señor Ramírez. Durante nuestra
entrevista, (7) _____ famoso productor se sienta afuera en el balcón,
con sus anteojos oscuros *(dark glasses)* en (8) _____ mano y una
boina *(beret)* en (9) _____ cabeza. «¿Cómo se siente usted siendo
(10) _____ productor de cine?» le preguntamos. «Es (11) _____
vida difícil», nos contesta. «Soy (12) _____ millonario, (13) _____
mujeres me adoran, pero no soy (14) _____ hombre feliz.» Como dice
mi tercera esposa, (15) «_____ dinero, (16) _____ amor y
(17) _____ salud no son todo en (18) _____ vida». «¿Qué hace
usted en sus ratos libres?» le preguntamos. «Leo revistas para saber qué
dicen (19) _____ periodistas de mis obras», nos contesta. «Gracias,
(20) _____ señor Ramírez, y adiós.»

B. Los festivales de rock. Lea la siguiente selección y conteste estas preguntas.

1. ¿Cuáles de los artículos definidos (que están en negrilla *[bold]*) no se
usarían en inglés? ¿Por qué se usan en español?

2. ¿Puede usted encontrar cuatro artículos definidos que se traducirían al inglés por posesivos *(his, her, their, etc.)*?

3. ¿Qué palabra sería necesario agregar *(to add)* para traducir al inglés las palabras indicadas con asterisco (*)?

Los festivales de rock en la Argentina
Sofía Wascher

La música es **la** expresión de **los** hombres y de **los** pueblos [naciones]. En particular *cierto tipo de música, **el** rock, por ejemplo, representa **el** sentir [sentimiento] de **los** jóvenes. En **los** festivales de rock **los** adolescentes encuentran canales de expresión para descargar [dar salida a] **la** energía acumulada. Se expresan con todo **el** cuerpo, con **las** manos, con **la** voz, porque **el** rock es una música que implica un estímulo rítmico poderoso. Incita **al** movimiento, a **la** liberación psíquica y física... .

El público de **los** festivales de rock argentino se caracteriza por su fidelidad [lealtad] a ciertos grupos o artistas... . **El** típico cantante de rock no es *adolescente, sino *treintañero [persona de treinta años]. Es músico y también *poeta... . **Los** temas de **las** canciones son a veces de tipo político, otras veces son tradicionales: **el** amor, **la** esperanza de un futuro mejor, **el** deseo de mantener *cierta autonomía frente a **los** problemas de **la** vida.

—*Pájaro de fuego*, una revista argentina

The Reflexive (1)

1. The reflexive takes its name from the fact that in most reflexive constructions the verb "reflects back to" or acts upon the subject of the sentence: **Me divierto mucho.** *I'm enjoying myself a lot.* Reflexive pronouns in English end in *-self* or *-selves*.

Reflexive Pronouns				divertirse (ie)		
me	**nos**	(yo)	**me** divierto	(nosotros)	**nos** divertimos
te	**os**	(tú)	**te** diviertes	(vosotros)	**os** divertís
se	**se**	(él, ella, usted)	**se** divierte	(ellos, ellas, ustedes)	**se** divierten

Se llama José.

His name is José. ("He calls himself José.")

¿Te aburres?

Are you getting bored?

Siempre nos divertimos mucho cuando estamos con ustedes.

We always have a good time (enjoy ourselves a lot) when we're with you.

Se reúnen cada mes.

They get together every month.

—"¿No se divierte usted?"

2. Reflexive pronouns precede a conjugated verb or follow and are attached to an infinitive.

Nos vamos a reunir en el café. ⎱
Vamos a reunirnos en el café. ⎰

We're going to get together in the café.

The reflexive will be discussed further in Chapter 8.

Práctica

A. De visita en Sevilla. Complete la conversación usando el tiempo presente. Use los verbos siguientes: **aburrirse, divertirse, llamarse, reunirse.**

ANA: Hola, Consuelo. Quiero presentarte a una amiga mía.

RAMONA: _____ Ramona. Mucho gusto.

CONSUELO: Encantada... Y tú, ¿qué tal, Ana? ¿Cómo estás?

ANA: Bien. Ramona está de visita sabes, y...

CONSUELO: ¿Oh sí? ¿Y qué piensas de Sevilla?

RAMONA: Es una ciudad muy bonita. _____ mucho aquí con Ana.

ANA: Consuelo, Ramona y yo vamos a _____ con unos amigos en el Café Miraflores ahora. ¿Quieres acompañarnos?

CONSUELO: ¡Cómo no! _____ de trabajar.

B. Entrevista. Entreviste a un(a) compañero(a) para averiguar...

1. cómo se llama
2. cuándo se divierte (¿qué hace?)
3. cuándo se aburre (¿por qué?)
4. cuándo se reúne con los amigos (¿dónde? ¿se divierten?)

En otras palabras

Saludos y presentaciones; Para iniciar una conversación

In Spanish, as in English, there are many ways to say the same thing, some more formal than others and some appropriate only to very specific circumstances. The sections labeled **En otras palabras** focus on some of the functions, or uses, of language independent of grammatical structure. Many of these expressions were presented on tape in the **Para escuchar** section at the beginning of this chapter. Here are some expressions for greeting someone, making introductions, and initiating a conversation.

1. You meet a friend on the street.

    ¡Hola! ¿Qué tal? ¿Qué pasa? ¿Qué hay de nuevo? ¿Qué hay?
    ¡Qué alegría verte! ¡Cuánto gusto de verte!
    ¡Qu'húbole! ¿Qué ondas?   *Hi! What's up? (colloquial)*
    ¿Cómo estás? ¿Cómo has estado?
    *(Or for someone older or someone to whom you do not feel close enough to use the tú form: **¿Cómo está usted? ¿Cómo ha estado?**)*

    When someone says, **¿Qué tal?**, you don't always have to say **¡Muy bien, gracias!** You can say:

Bastante bien.	(Muy) mal.
Regular.	Estoy cansado(a). *I'm tired.*

2. You pass a stranger on the street.

    Buenos días. Buenas tardes. Buenas noches.

    From noon until about sunset, you can use **Buenas tardes,** often heard as simply **Buenas.**

3. You meet someone at a party for the first time.

Hola. Me llamo...	Tanto gusto.
Mucho gusto.	¡Qué gusto conocerlo(la)!
El gusto es mío.	Encantado(a).

4. You introduce one person to another.

    Ésta es... , una amiga mía.
    Déjeme (Déjame) presentarle(te) a...
    Quiero que conozca(s) a...   *I want you to meet . . .*

5. You welcome someone to your home.

Bienvenido(a).   Está en su casa. (Estás en tu casa.)

Práctica

Saludos y presentaciones. Mire los tres dibujos (ilustraciones). ¿En cuál(es) se necesita un saludo informal? ¿un saludo formal? ¿la forma plural del saludo? Trabajando solo(a) o con un(a) compañero(a), invente usted un pequeño diálogo (de tres o cuatro preguntas y respuestas) para cada dibujo.

1.

El señor Prieto   Mario Vargas

2.

Natalia   Teresa
Bartoli   Mendoza

3.

Alonso y Estela   Eduardo
Benavides   Díaz

¡A comunicarnos!

A. Busco a... Hable con sus compañeros. Haga sólo una pregunta a cada persona. Busque a un(a) compañero(a) que haga las siguientes cosas.

MODELO   ver tres o más películas por semana
      A: **¿Ves tres o más películas por semana?**
      B: **Sí, veo... No, no veo...**
      (Si la respuesta es afirmativa, el o la estudiante B firma [signs]
      en la página 25.)

	Firma
1. ver tres o más películas por semana	
2. patinar sobre hielo	
3. jugar al tenis una vez por semana	
4. salir a comer casi todos los días	
5. esquiar por lo menos tres veces al año	
6. tener un disco compacto o una cinta de música de Juan Luis Guerra	
7. saber bailar tango	
8. tocar el clarinete	
9. asistir a conciertos de música rock	
10. correr por lo menos tres veces por semana	

B. Veinte preguntas. Formen grupos de tres a cinco estudiantes. Un estudiante de cada grupo hace el papel de un cantante, músico o actor famoso. Los otros estudiantes tratan de adivinar *(try to guess)* qué personaje representa mediante *(by means of)* preguntas que tengan como respuesta sí o no. Si después de veinte preguntas no han adivinado, el estudiante que actúa es el ganador *(winner)*.

C. Composición estructurada: Mis vacaciones en el campo (en la ciudad). Y usted, ¿qué piensa del campo? ¿Prefiere pasar las vacaciones en el campo o en la ciudad? Escriba un párrafo de seis a ocho oraciones sobre unas vacaciones en el campo o en la ciudad. Siga estas instrucciones:

1. Escriba una oración que comience: **Prefiero pasar las vacaciones en el campo (en la ciudad) porque...**
2. En cuatro a seis oraciones, describa varias actividades que usted hace en el campo (en la ciudad).
3. Escriba una conclusión. Por ejemplo: **En fin, creo que el campo (la ciudad) es el lugar ideal para pasar las vacaciones.**

D. Preferencias. El "panorama deportivo" en las páginas 26–27 apareció en el periódico chileno *El Mercurio,* del 26 de octubre de 1991. Con un(a) compañero(a), haga y conteste preguntas como: ¿Qué deportes le gustan a su compañero(a)? ¿Qué deportes no le gustan? ¿Qué deportes practica y cuáles le gusta mirar? ¿Por qué?

PANORAMA DEPORTIVO

Ajedrez

salón de torneos de la Federación. 18 horas: ajedrez rápido abierto.

Automovilismo

Autódromo de Las Vizcachas. 14 horas: clasificaciones de F-4, F-3, Sport Prototipos, Superturismo y Sport 850 para la décima fecha "Gran Premio Cera Team".

Concepción. 9 horas: largada de la sexta y última fecha del torneo VIII Región de regularidad de ANARE, sobre trazado Concepción-Santa Juana-Concepción.

Atletismo

Pista rekortán del estadio Nacional. 10 horas: etapa final de 58º Campeonar Escolar Masculino 1991, organizado por Atlético Santiago.

Básquetbol

Gimnasios de los colegios Nuestra Señora del Carmen, Calasanz, Alonso de Ercilla, San Pedro Nolasco, Verbo Divino, SS.CC. de Manquehue y Scuola Italiana. Desde las 9 horas: séptima fecha de olimpiada rama escolar de U. Católica, infantil y mini, damas y varones.

Béisbol

Diamante del estadio Nacional. Desde las 10.30 horas: séptima fecha del torneo metropolitano de béisbol y cuarta fecha de sóftbol.

Bicicross

Pista San Carlos de Apoquindo. 10 horas: Octavo Campeonato Interescolar, organizado por la rama de bicicross de la U. Católica.

Parque Shott de Osorno. 10 horas: 15ª fecha del Campeonato X Región.

Temuco. 10 horas: campeonato abierto de la IX Región, organizado por el club Centenario.

Bowling

Delta Bowling de Renaca. 15 horas: finales del campeonato internacional, organizado por la Asociación Viña del Mar.

Boxeo

Gimnasio Regional de Coynalque. 21 horas: título continental welter U.B.A. entre el chileno Juan Carlos González y el argentino Néstor Jesús Gil.

Ciclismo

Quinta etapa de la XVI Vuelta de Chile. 8 horas: 1ª subetapa contrarreloj por equipos (35 kms.), San Javier-Colbún, salida desde Balmaceda. 10 horas: 2ª subetapa (130 kms.), salida desde Colbún a Linares, con meta en la Plaza de Armas.

Ecuestre

Escuela de Carabineros (paradero 4 1/2 de Pajaritos, Maipú). 9.30 horas: concurso hípico oficial.

Esgrima

Gimnasio de la Federación. 15 horas: Copa "Julio Moreno" todo competidor, espada varones.

Gimnasia

Colegio María Inmaculada. 15 horas: torneo regional de gimnasia rítmica infantil

Hockey-césped

Séptima fecha de los campeonatos nacionales de 1ª y 2ª divisiones. 17 horas: partidos en canchas Manquehue, Santiago College, Dunalastair y Estadio Español.

Hockey-patín

Patinódromo del parque O'Higgins. 15.30 horas: inauguración de la "Carrera Internacional Francisco Fuentes". Participan como invitados mundialistas italianos.

Judo

Gimnasio del COCh. 14 horas: campeonato universitario Copa "Universidad de Chile", damas y varones, por categorías.

Karate

Gimnasio Municipal de Buin. 19 horas: segundo torneo de full contact y lucha libre.

Mountainbike

Campus Universitario de la U. de Concepción. 15 horas: cuarta fecha del circuito internacional.

Natación

Stadio Italiano. 15 horas: torneo control aeróbico "A" y juveniles todo competidor, damas y varones.

Polo

Club San Cristóbal. 10 horas: primera fecha de la Copa "Fernando Prieto".

Rugby

Country Club. Desde las 11 horas: confrontación internacional de menores entre Country Club y Deutsche Club, de Montevideo.

Estadio Las Condes. 18 horas: segunda jornada de la Copa "10 Años de la U. Gabriela Mistral".

Tenis

Estadio Español. 13.30 horas: torneo "Carlos Ayala", categoría adultos y escalafón.

Complejo Deportivo de la Caja de Compensación La Araucana. 9.30 horas: cuarto circuito femenino Copa "Rexona".

Tiro al vuelo

Club de la FACh. 10 horas: finales del Gran Circuito '91, en fosa olímpica y skeet, 50 platillos.

Tiro con arco

Estadio San Carlos de Apoquindo. 9 horas: torneo internacional postal "Rey Pelayo", damas y varones.

Velas

Cofradía Náutica del Pacífico de Algarrobo. 12.50 horas: largada de la regata oceánica Copa Primavera, sobre un track de 7 "piernas" (10 millas) tipo Copa América.

Algarrobo. 12 horas: penúltima jornada de la Copa "Tristán Aicardi" de láser.

Algarrobo. 12.50 horas: segunda regata de la clase aventura y trailereables.

Vejez y juventud

Presentación del tema

En el mundo hispano, tradicionalmente la familia tiene una gran importancia en la vida de un individuo. Mucha gente nace, crece y muere en la misma ciudad y, en general, las familias son unidas. Si uno tiene un problema o necesita tomar una decisión importante, habla con un pariente. En las fiestas, muchas veces, varias generaciones están presentes, desde los bebés hasta los bisabuelos. Hay gran respeto por la gente mayor.

En algunos países y especialmente en casi todas las grandes ciudades del mundo hispano, la sociedad está cambiando. Por ejemplo, en España no existía el divorcio hasta 1981 debido a la influencia de la Iglesia Católica. Hoy, muchos matrimonios se divorcian, y hay muchas familias «monoparentales» (con sólo el padre o la madre). Muchas mujeres trabajan fuera de la casa. Antes, los jóvenes obtenían su primer trabajo por medio de la familia o de relaciones familiares, pero ahora no siempre es así. Los jóvenes se quedan en casa con sus padres hasta una edad más avanzada porque es más difícil para la nueva generación encontrar trabajo. Y ¿cuáles son los valores de los jóvenes españoles? Mire los siguientes cuadros de un artículo de la revista *La Vanguardia,* que muestran algunos cambios importantes.[*]

LA RELIGIOSIDAD

Católicos practicantes	10 %
Católicos no practicantes	49 %
Otras religiones	3 %
No creyentes	38 %

OPINIÓN
Porcentajes de acuerdo

Libertad sexual	83,0 %
Objeción de conciencia	69,9 %
Despen. aborto	72,0 %
Desarme	72,8 %
Despen. drogas	39,0 %
Pena de muerte	30,0 %
Ejército	21,6 %
Servicio militar	13,2 %

Vocabulario: Despen. = **despenalización** *decriminalization;* **aborto** *abortion;* **pena de muerte** *death penalty;* **ejército** *army*

---

[*] «Una generación: 20 años, adolescentes a la fuerza», *La Vanguardia Magazine,* 30 enero de 1994, páginas 23–50.

INSTITUCIONES

Confianza (porcentaje de mucho o bastante)

Institución	Porcentaje
Universidad	72 %
Prensa	50 %
Ayuntamiento	43 %
Generalitat	42 %
Justicia	40 %
Bancos	40 %
Policía	39 %
Parlamento esp.	30 %
Sindicatos	30 %
Monarquía	24 %
Iglesia	20 %
Gobierno	20 %
Ejército	18 %
Partidos políticos	10 %

Vocabulario: ayuntamiento *city government;* **Generalitat** *government of Cataluña;* **sindicatos** *unions*

Los autores del artículo describen a los jóvenes así: «Tolerantes en las cuestiones relacionadas con las libertades personales, satisfechos con ellos mismos, preocupados por su futuro laboral y resignados a prolongar su juventud, hacen cola *[they wait in line]* para entrar por la puerta grande del mundo adulto. Una espera paciente pero que viven con intranquilidad y angustia.»

> La juventud es levadura *[yeast]* moral de los pueblos.
>
> —José Ingenerios, *Las fuerzas morales*

Preguntas

1. ¿Cree usted que siempre va a pasar la vida en la misma ciudad donde nació?
2. Si usted tiene un problema o necesita tomar una decisión importante, ¿con quién habla primero?
3. ¿Cuándo se legalizó el divorcio en España? ¿y aquí?
4. En tiempos pasados, ¿cómo obtenían muchos jóvenes su primer trabajo? ¿Cómo obtuvo usted su primer trabajo?
5. ¿Por qué viven muchos jóvenes españoles con sus padres?
6. En general, ¿son religiosos los jóvenes españoles? ¿y los jóvenes que usted conoce?
7. ¿Están de acuerdo los jóvenes españoles con el servicio militar? ¿con la legalización del aborto? ¿Creen que debe haber pena de muerte?
8. ¿Tienen confianza en los partidos políticos? ¿en la policía? ¿En qué institución tienen más confianza? Y usted, ¿en qué instituciones tiene más confianza? ¿menos confianza?

Vocabulario útil

La familia

Cognados

el esposo (la esposa)
divorciarse (de)
el divorcio

La familia inmediata

el hermano (la hermana)	*brother (sister)*
el hijo (la hija)	*son (daughter)*
el marido	*husband*
el padre (la madre); los padres*	*father (mother); parents*
el pariente (la parienta)	*relative*

La familia extensa

el abuelo (la abuela)	*grandfather (grandmother)*
el bisabuelo (la bisabuela)	*great-grandfather (great-grandmother)*
el nieto (la nieta)	*grandson (granddaughter)*
el primo (la prima)	*cousin*
el sobrino (la sobrina)	*nephew (niece)*
el tío (la tía)	*uncle (aunt)*

Verbos

casarse (con)	*to get married (to)*
crecer (zc)	*to grow, grow up*
morir (ue)	*to die*
nacer (zc)	*to be born*

Otras palabras

casado(a)	*married*
joven	*young*
la juventud	*youth*
la muerte	*death*
el nacimiento	*birth*

---

*   Note that, in Spanish, **el esposo de mi madre** or **la esposa de mi padre** are usually preferred to **el padrastro** *(stepfather)* or **la madrastra** *(stepmother)*.

la niñez	childhood
unido(a)	close, united
la vejez	old age
viejo(a)	old

¡Ojo!

la boda, el casamiento *wedding (celebration, party)* / **el matrimonio** *matrimony, marriage; married couple*

embarazada *pregnant* / **avergonzado(a)** *embarrassed*

pedir *to ask for, request (something)* / **preguntar** *to ask (a question); (with **por**) to inquire about*

soltero(a) *single* / **solo(a)** *alone* / **sólo, solamente** *only* / **único(a)** *unique; only*

Uno es tan joven como sus ilusiones y tan viejo como sus recuerdos.

—proverbio

+	más
–	menos
=	es/son

Práctica

A. Las matemáticas de la familia. Complete las oraciones con las palabras apropiadas.

MODELO   Mi padre + mi madre = _____.
Mi padre más mi madre son mis padres.

1. El esposo + la esposa + los _____ = una familia inmediata.
2. Mi abuelo + mi _____ = mis abuelos.
3. Un joven + 70 años de vida = un _____.
4. El _____ + la mujer = un matrimonio.
5. Mi tío + mi tía = mis _____.
6. Un soltero + una soltera + el casamiento = un _____.
7. Una madre + el nacimiento del _____ de su hijo (o de su hija) = una abuela y su nieto.
8. Mis padres, hermanos, abuelos, primos y tíos = mis _____.
9. Mi _____ y su esposo + el nacimiento de una hija = mi sobrina.
10. El abuelo de mi papá es mi _____.

B. Antónimos. Dé el antónimo de las siguientes palabras.

1. la niñez
2. morir
3. casarse
4. viejo
5. divorciado
6. el nacimiento
7. soltero
8. orgulloso *(proud)*

C. Hablando de la familia. Entreviste a un(a) compañero(a) sobre su familia. Después, su compañero(a) le entrevista a usted. (Puede inventar una familia ficticia si prefiere.) Esté preparado(a) para hacer un comentario sobre la familia de su compañero(a).

1. ¿Viven todavía tus padres? ¿tus abuelos? ¿Dónde viven?
2. ¿Tienes hermanos? ¿Cuántos? ¿Cómo se llaman? (Si no tienes hermanos, ¿tienes primos? ¿Cómo se llaman?)
3. ¿Qué hacen tus hermanos (o primos)? ¿Dónde viven?
4. ¿A qué parientes ves a menudo *(often)*? ¿Dónde?
5. ¿Crees que tu familia es una familia unida o no? ¿Son muy independientes las personas de tu familia? Explica.

Para escuchar: En el autobús

Conversación 1: Para preguntar sobre la familia de otra persona; expresiones de cortesía. Jessica Jones, una estudiante norteamericana, viaja de Bucaramanga, Colombia, a Bogotá, la capital, en autobús. En el autobús conoce al señor Miguel Gutiérrez.

A. Escuche la Conversación 1. Describa al señor Gutiérrez. Indique **V** (verdad) o **F** (falso).

El señor Gutiérrez...

____ 1. es un joven de unos treinta años.
____ 2. vive en Bucaramanga.
____ 3. está divorciado.

B. Escuche la Conversación 1 otra vez. Escoja la mejor respuesta.

1. La familia del señor Gutiérrez es...
   a. grande y unida.
   b. pequeña pero unida.
   c. de Bogotá.
2. La nieta del señor Gutiérrez...
   a. vive en Cartagena.
   b. vive en Bogotá.
   c. vive en Canadá.
3. Casi todos los otros familiares del señor Gutiérrez...
   a. están en Bucaramanga.
   b. están en Medellín.
   c. están en Bogotá.
4. Otra expresión para **No hay de qué** es...
   a. No hay permiso.
   b. No, gracias.
   c. De nada.

Conversación 2: Para describir a su propia familia; despedidas. Jessica habla de su familia al señor Gutiérrez.

A. Escuche la Conversación 2. Describa a Jessica. Indique **V** (verdad) o **F** (falso).

Jessica...

___ 1. nació en Boston pero creció en Canadá.
___ 2. tiene varios hermanos y hermanas.
___ 3. quiere casarse con su novio canadiense.

B. Escuche la Conversación 2 otra vez. Escoja la mejor respuesta.

1. El hermano de Jessica tiene quince años y estudia...
   a. en la escuela secundaria.
   b. en la Universidad de Alberta.
   c. en la Universidad de Bogotá.
2. Jessica opina que en tiempos pasados las familias norteamericanas eran más...
   a. independientes.　　b. ricas.　　c. grandes.
3. Para el señor Gutiérrez, es triste ver a una mujer...
   a. sin dinero.　　b. sin padres.　　c. sin hijos.
4. Según el señor Gutiérrez, en sus tiempos todo era diferente y los jóvenes...
   a. no tenían tantos problemas.
   b. no tomaban tanto alcohol.
   c. no eran corteses.
5. Al final de la conversación, el señor Gutiérrez le dice a Jessica...
   a. Hasta pronto, si Dios quiere.
   b. Hasta el viernes.
   c. Hasta mañana.

Gramática y vocabulario

The Preterit Tense: Regular Verbs; Use of the Preterit

Regular and Spelling-Changing Verbs

Regular Verbs

The following chart shows the formation of the preterit of regular verbs.

hablar		comer		vivir	
hablé	hablamos	comí	comimos	viví	vivimos
hablaste	hablasteis	comiste	comisteis	viviste	vivisteis
habló	hablaron	comió	comieron	vivió	vivieron

1. Notice that the endings for regular **-er** and **-ir** verbs in the preterit are the same. Also, notice that the **nosotros** forms of **-ar** and **-ir** verbs are the same in the preterit as in the present.

2. Stem-changing **-ar** and **-er** verbs are regular (**encontrar: encontré, encontraste,** etc.; **perder: perdí, perdiste,** etc.).

3. Stem-changing **-ir** verbs show the following changes in the third-person singular and plural of the preterit. The other forms are regular.

e to **i:** pidió, pidieron   **o** to **u:** durmió, durmieron
  prefirió, prefirieron   murió, murieron
  siguió, siguieron
  sintió, sintieron
  sirvió, sirvieron

Spelling-Changing Verbs

Some verbs have spelling changes in the preterit.[*]

1. changes in the first-person singular only (to preserve the sound of the infinitive), for verbs ending in **-gar, -car, -zar**

g to **gu:** llegué, pagué, jugué
c to **qu:** toqué, busqué, expliqué
z to **c:** empecé, gocé, comencé

2. changes in the third-person singular and plural (for verbs that have stems ending in vowels):

a. a **y** is inserted between two vowels

  leyó, leyeron   creyó, creyeron
  oyó, oyeron   construyó, construyeron

b. the stem **e** is dropped, as in the verbs **reír** *(to laugh)* and **sonreír** *(to smile)*

  rió, rieron   sonrió, sonrieron

> La juventud termina cuando se apaga *[is extinguished]* el entusiasmo.
>
> —José Ingenerios, *Las fuerzas morales*

Use of the Preterit

The preterit is used for completed past actions, in general. It expresses a past act, state, or series of acts viewed as a completed unit in time.

Mi mamá nació y creció en Guatemala. Pero pasó la mayor parte de su vida en El Salvador.

My mother was born and grew up in Guatemala. But she spent most of her life in El Salvador.

---

[*] For more information on spelling-changing verbs, see Appendix F.

| El año pasado mi bisabuelo cumplió ochenta años y tuvimos una gran celebración. | *Last year my great-grandfather was eighty years old (turned eighty) and we had a big celebration.* |

The preterit can also be used to focus on the beginning of an action, when the speaker or writer sees it as completed. This will be discussed further in the next section.

| Ernesto habló a la edad de tres años. | *Ernesto talked (started talking) at three years of age.* |

Práctica

A. Personas y acciones. Complete las oraciones con el pretérito de los verbos entre paréntesis.

1. Ayer Ricardo _____ (volver) tarde a casa, _____ (tocar) la guitarra y se _____ (dormir) temprano.
2. El lunes Elena y yo _____ (leer) un libro cómico y nos _____ (reír) mucho.
3. La semana pasada mis tíos les _____ (servir) una cena a sus amigos, _____ (beber) vino y _____ (hablar) hasta muy tarde.
4. Anoche Chela y yo _____ (llegar) tarde al restaurante, _____ (tomar) una copa y _____ (pedir) enchiladas.
5. El año pasado mi amigo Gustavo _____ (terminar) sus estudios y se _____ (casar) con su novia.

 B. ¿Qué hiciste el verano pasado? Entreviste a un(a) compañero(a) sobre sus actividades del verano pasado, usando las frases que siguen. Después, su compañero(a) lo (la) entrevista a usted. Pase la información a la clase.

MODELO   trabajar (¿dónde?)
      A: **El verano pasado, ¿trabajaste?**
      B: **Sí, trabajé.**
      A: **¿Dónde trabajaste?**
      B: **Trabajé en un banco.**
      A: **El verano pasado, Jason trabajó en un banco.**

El verano pasado...

1. estudiar (¿mucho?)
2. visitar a amigos
3. jugar (¿a qué deporte?)
4. recibir algún regalo
5. leer (¿qué?)
6. escribir (¿a quién?)
7. salir del país (¿con quién?)
8. celebrar algo (¿qué?)
9. encontrar al amor de su vida (¿cómo? ¿dónde?)

¿Qué hiciste el verano pasado?

The Preterit Tense: Irregular Verbs

Quien no sabe de
abuelo no sabe de
bueno.
—proverbio

The following verbs are irregular; they all take the same endings, however.

andar:	anduv-	
estar:	estuv-	
haber:	hub-	**-e**
poder:	pud-	**-iste**
poner:	pus-	**-o**
saber:	sup-	**-imos**
tener:	tuv-	**-isteis**
		-ieron
hacer:	hic-	
querer:	quis-	
venir:	vin-	

Conducir, **decir**, and **traer** are also irregular and use the same endings as those above except in the third-person plural:

		-e
		-iste
conducir:	conduj-	**-o**
decir:	dij-	**-imos**
traer:	traj-	**-isteis**
		-eron

> En el año 2040 España tendrá los mismos habitantes que
> un siglo antes —27 millones de personas—, pero un 30 por
> ciento será mayor de 65 años.
>
> —*Muy interesante,* marzo, 1993.
> (La población de España está envejeciendo.)

The irregular form **hay** is from the verb **haber** and becomes **hubo** in the preterit.

Hay muchos accidentes en esa calle.	*There are many accidents on that street.*
Hubo un accidente grave ayer.	*There was a serious accident yesterday.*

The third-person singular of **hacer** is **hizo. Ser, ir,** and **dar** are also irregular. Notice that **ser** and **ir** have exactly the same forms in the preterit.

ser, ir		dar	
fui	fuimos	di	dimos
fuiste	fuisteis	diste	disteis
fue	fueron	dio	dieron

Vocabulario útil

La vida y la muerte

La edad

anciano(a)	*elderly*
cumplir (veinte) años	*to turn (twenty) years old*
entrado(a) en años	*getting on in years*
la gente mayor	*older people*
¿Qué edad tienes (tiene usted)?	*What is your age?*
tener (veinte) años	*to be (twenty) years old*
¿Cuántos años tienes (tiene usted)?	*How old are you?*

La muerte

el antepasado (la antepasada)	*ancestor*
el cementerio	*cemetery*
la memoria, el recuerdo	*memory*
el velorio	*wake, vigil*
el viudo (la viuda)	*widower (widow)*

Otras palabras

aconsejar	*to advise*
el compadre, la comadre	*close friend who is expected to help in times of trouble, often a godparent of one's child*
llorar	*to cry*
reír(se)	*to laugh*
rezar	*to pray*
el vecino, la vecina	*neighbor*

Práctica

A. ¿Qué hicieron? Haga oraciones acerca de los siguientes personajes famosos, usando el pretérito.

MODELO   Atahualpa, el Inca: darles mucho oro y plata a los españoles
        Atahualpa, el Inca, les dio mucho oro y plata a los españoles.

1. Cristóbal Colón: crecer en Italia; ir a las Américas en 1492
2. El Greco: nacer en Grecia; morir en Toledo; pintar la *Vista de Toledo*

3. Hernán Cortés: conducir once naves *(ships)* con quinientos soldados a México; hacer prisionero a Moctezuma y conquistar a los aztecas
4. Vasco Núñez de Balboa: hacer un viaje a través del Istmo de Panamá y descubrir el Océano Pacífico
5. Isabel I (la Católica): querer convertir a todos sus súbditos *(subjects)* a la religión católica
6. José de San Martín, el Libertador: viajar a través de los Andes y libertar a Chile
7. Miguel de Cervantes: escribir *Don Quijote* y ser pobre toda su vida

B. De la cuna a la tumba *(From cradle to grave).* El autor mexicano Octavio Paz observó que mientras el tema de la muerte «quema los labios *[burns the lips]*» del norteamericano, es un tema frecuente entre los hispanoamericanos: «... [la vida y la muerte] son inseparables. La civilización que niega *[denies]* a la muerte niega a la vida.» Complete las siguientes oraciones, usando los verbos entre paréntesis en el pretérito.

Cuando (1) _____ (morir) don Esteban, padre de mi mejor amiga, (2) _____ (ir/nosotros) a su casa por la noche para el velorio. (3) _____ (tener/yo) que ayudar a mi amiga a servir café y dulces a los amigos. Todos (4) _____ (hablar/ellos) y (5) _____ (recor-

El velorio, escultura de terracota, familia Aguilar, Oaxaca, México

dar) bien a don Esteban pues «(6) _____ (ser/él) un hombre que jamás (7) _____ (hacer) mal a nadie». Al amanecer *(At dawn)*, la gente (8) _____ (empezar) a irse; al día siguiente, los amigos (9) _____ (volver) a reunirse para ir al cementerio...

Al día siguiente del entierro *(funeral)* (10) _____ (comenzar) el novenario. Durante nueve días nos reunimos en casa de doña Esperanza, la viuda, y (11) _____ (rezar) por el alma *(soul)* de su marido. Al noveno día, fin del novenario, (12) _____ (hacer/nosotros) una gran cena y (13) _____ (venir) vecinos y amigos. Algunos (14) _____ (traer) a sus hijos, a quienes —como es costumbre en los novenarios— doña Esperanza (15) _____ (dar) dulces y caramelos.

Ayer (16) _____ (ser) el 2 de noviembre, Día de los Muertos. Yo (17) _____ (ir) con mi familia a visitar a una tía que había pasado a mejor vida *(who had "gone to a better life")* y allí (18) _____ (ver/nosotros) a doña Esperanza y su familia. Ellos, como nosotros, (19) _____ (llegar) al cementerio muy temprano, (20) _____ (llevar) flores para sus muertos, (21) _____ (estar) allí todo el día, (22) _____ (hablar), (23) _____ (recordar) a sus muertos y, después de un día con ellos, (24) _____ (volver) a sus casas contentos y consolados *(consoled)*.

C. **Celebración familiar.** Descríbale a un(a) compañero(a) una celebración familiar (por ejemplo, una boda, un aniversario o una cena). Puede hablar de su familia o de una familia que usted conoce. Incluya las respuestas a las siguientes preguntas:

1. ¿Qué celebraron o por qué se reunieron?
2. ¿Dónde estuvieron?
3. ¿Quiénes fueron o asistieron?
4. ¿Comieron o tomaron algo? ¿Qué comieron o tomaron?
5. ¿De qué hablaron?
6. ¿Hicieron algo? ¿Bailaron? ¿Sacaron fotos?
7. ¿Cuándo empezó la celebración y cuándo terminó?
8. ¿Ocurrió algo extraño? ¿bueno? ¿malo? ¿Qué pasó?

The Imperfect Tense

Formation of the Imperfect

Regular Verbs

To form the imperfect of regular verbs, the **-ar**, **-er**, or **-ir** is dropped from the infinitive, and the endings shown in bold in the following chart are added to the stem.

hablar		comer		vivir	
hablaba	hablábamos	comía	comíamos	vivía	vivíamos
hablabas	hablabais	comías	comíais	vivías	vivíais
hablaba	hablaban	comía	comían	vivía	vivían

Notice that the irregular form **hay** (from the verb **haber**) is regular in the imperfect:

Había muchos jóvenes en la fiesta.

There were many young people at the party.

Irregular Verbs

There are only three irregular verbs in the imperfect: **ser, ir,** and **ver.**

ser		ir		ver	
era	éramos	iba	íbamos	veía	veíamos
eras	erais	ibas	ibais	veías	veíais
era	eran	iba	iban	veía	veían

Use of the Imperfect

1. The imperfect is used to describe a state of events that existed for some time in the past—or for actions that occurred repeatedly over a given time frame, habitual past actions. Duration of time is emphasized with the imperfect.

   Mi papá y mi abuelo siempre me decían que la vida era dura.

   My father and grandfather always told me that life was hard.

2. The imperfect is used to tell that something *used to happen* or *was happening* (even though the action may have ended later).

   Íbamos a la casa de mis primos todos los veranos.

   We would (used to) go to my cousins' house every summer.

   Mi padrino trabajaba solo en la casa ayer.

   My godfather was working home alone yesterday.

3. The imperfect, rather than the preterit, is generally used to describe mental or emotional states, including plans or intentions.

   Isabel no estaba contenta porque su primita, que era muy mal educada, iba a visitarlos.

   Isabel was not happy because her little cousin, who was very spoiled, was going to visit them.

   Eva pensaba en su novio, José, cuando él la llamó.

   Eva was thinking about her boyfriend, José, when he called her.

4. The imperfect is also used to describe what was going on when another action occurred; the latter action is usually in the preterit.

Mirábamos televisión cuando llegó el tío Jorge.

We were watching television when Uncle Jorge arrived.

5. The imperfect is used to tell time in the past or the age of a person.

Eran las nueve de la mañana cuando me dieron la noticia del nacimiento de mi hija.
Matilde, tenías dieciocho años cuando te conocí, ¿no?

It was nine o'clock in the morning when they gave me the news of my daughter's birth.
Matilde, you were eighteen years old when I met you, right?

Práctica

A. Historia verdadera de un anciano. Hace varios años *(Several years ago),* la Prensa Asociada *(Associated Press)* publicó una entrevista con un mexicano de noventa años de edad que estaba a punto de *(on the point of)* casarse con una mujer de veinticinco años. Era su esposa número treinta y uno. Cuando le preguntaron cuál era el secreto de su longevidad, dio las respuestas que siguen. Cambie los verbos al tiempo pasado, usando el imperfecto.

1. Tomo coñac todos los días.
2. Como carne y pescado crudos *(raw).*
3. No fumo cigarrillos; prefiero cigarros.
4. Paseo una hora todos los días.
5. Trabajo mucho.
6. En general, estoy contento.
7. Uso miel *(honey)* en vez de azúcar.
8. Vivo bien; no vegeto *(vegetar).*
9. De vez en cuando voy al hospital y veo al médico.

¿Cree usted que su médico le aconsejaba vivir así? ¿Vivió algunos de los antepasados de usted más de noventa años? ¿Cuál era el secreto de su vitalidad?

En 1930 un varón recién nacido en México tenía una probabilidad del 22 por ciento de llegar a los 65 años de edad, mientras que para 1990 esa probabilidad era del 67 por ciento...

—*El Observador,* 4 de octubre, 1993.
(Y para una niña, la probabilidad era del 80 por ciento).

B. ¿Qué hacías en tu niñez? Entreviste a un(a) compañero(a). Su compañero(a) lo (la) entrevista a usted. En forma alternada, una persona lee las preguntas de la columna A y la otra persona las de la columna B. Después de unos minutos, escriba un breve resumen de la información recibida.

> Locos y niños dicen
> la verdad.
> —proverbio

MODELO
A: En tu niñez, ¿con quiénes jugabas? ¿con tus primos? ¿con los otros niños que vivían cerca? ¿Dónde jugaban generalmente?

B: **No tengo primos. En mi niñez, jugaba mucho con mi hermana Judy. Jugábamos en el parque.**

A: **Amy no tiene primas. Cuando era niña jugaba mucho con su hermana Judy en el parque.**

A	B
1. En tu niñez, ¿con quiénes jugabas? ¿Con tus primos? ¿con los otros niños que vivían cerca? ¿Dónde jugaban generalmente?	1. ¿Vivías en un pueblo o en una ciudad? ¿Cómo se llamaba? ¿Te gustaba?
2. ¿Qué parientes considerabas interesantes o importantes? ¿Por qué? ¿Cuántos años tenían?	2. ¿Tenías contacto con personas entradas en años? ¿Qué pensabas de ellas?

3. ¿Qué edad tenías cuando saliste por primera vez con un(a) muchacho(a)? ¿Adónde fueron? ¿al cine? ¿a un restaurante? ¿a un baile?

3. ¿Adónde ibas generalmente los sábados por la tarde cuando tenías diez u once años? ¿Con quiénes? ¿Qué hacían allí?

The Preterit versus the Imperfect

Contrast between the Preterit and the Imperfect

1. The choice between the preterit and the imperfect may depend upon how the speaker or writer views a situation. If he or she is focusing on just the beginning or end of an action or sees it as definitely completed, the preterit is used. But to emphasize its duration, the imperfect is used. Compare:

José llamó a Juana y empezó a decirle algo.	*José called Juana and began to tell her something. (beginning of an action that is viewed as completed)*
José llamó a Juana y, cuando entré, empezaba a decirle algo.	*José called Juana and, when I came in, was beginning to tell her something. (incomplete action; something else is going to happen)*
¿Qué hizo usted ayer a la una?	*What did you do yesterday at one o'clock? (emphasizing completion of action)*
¿Qué hacía usted ayer a la una?	*What were you doing yesterday at one o'clock? (emphasizing duration of action)*

2. In general, the preterit is used to narrate and the imperfect to describe. Often when telling a story, the speaker or writer sets the stage with the imperfect, describing what was going on, then switches to the preterit to relate the action. For example:

Había mucha gente en la fiesta. Gustavo y sus amigos **estaban** contentos. **Bailaban** y **tomaban** cerveza. De repente *(Suddenly)*, **se abrió** la puerta y **entraron** los padres de Gustavo, furiosos.

Even though two of the first four verbs are action verbs, they are all in the imperfect because the intention of the writer is obviously to describe the scene. Why are the last two verbs in the preterit?

Now you can see why the imperfect is always used to tell time or the age of a person in the past (and usually to express emotional or mental states), since these are description, not narration of action:

Eran las tres en punto cuando salimos.	*It was exactly three o'clock when we left.*
Abuelita tenía quince años cuando se casó.	*Grandma was fifteen when she got married.*
Marta salía con José pero realmente quería a Adolfo.	*Marta was dating José but really loved Adolfo.*

3. To express a repeated or habitual action in the past, the imperfect is generally used.

Visitábamos a mis abuelos todos los veranos.	*We visited my grandparents every summer.*

However, when there is a reference to a specific number of times, the preterit is used since it is clear that the action is completed. Compare:

Cuando vivía en Santiago, iba al centro (todos los días, mucho).	*When I was living in Santiago, I used to go downtown (every day, a lot).*
Cuando vivía en Santiago, fui al centro tres veces.	*When I lived in Santiago, I went downtown three times.*

It is possible, however, to use the preterit in the first example if the context is one that implies viewing the repeated action as complete: **¿Fuiste al centro el mes pasado? —Sí, fui al centro muchas veces.**

Verbs with Different Meanings in the Preterit and Imperfect

Some verbs have distinct differences in meaning depending upon whether they are used in the preterit or imperfect. The meaning intended determines which of the two tenses must be used.

Verb	Preterit	Imperfect
conocer	*to meet for the first time*	*to know, be acquainted with*
saber	*to find out*	*to know (facts or procedures)*
querer	*to try;* in the negative, *to refuse*	*to love, want*
poder	*to manage* or *succeed in*; in the negative, *to try and fail*	*to be able*

Conocíamos a la familia Toruño.	*We were acquainted with the Toruño family.*

Conocimos a la familia Toruño (el mes pasado).	We met the Toruño family (last month).
Sabía que mi esposa estaba embarazada —¡era obvio!	I knew my wife was pregnant—it was obvious!
Ayer supe que mi esposa estaba embarazada —¡qué buena noticia!	Yesterday I found out my wife was pregnant—what good news!
Querían adoptar un niño.	They wanted to adopt a child.
Quisieron adoptar un niño (pero no pudieron).	They tried to adopt a child (but they weren't able to).
No quisieron adoptar al niño.	They refused to adopt the child.
Cuando era joven, tío Pepe podía correr cuatro kilómetros sin problemas.	When he was young, Uncle Pepe could (was able to) run four kilometers without any trouble.
Después de mucha práctica, tío Pepe pudo correr cuatro kilómetros.	After a lot of practice, Uncle Pepe managed to (succeeded in, was able to) run four kilometers.
El pobre tío Pepe no pudo correr cuatro kilómetros.	Poor Uncle Pepe wasn't able to run four kilometers (he tried and failed).

Notice that in these examples the preterit refers to a specific, limited time in the past, while the imperfect refers to a general time frame in the past.

Práctica

A. Buenas intenciones. La semana pasada Maribel tenía la buena intención de hacer muchas cosas, pero por algún motivo *(reason)* no las hizo. Diga cuál fue la causa, de acuerdo con el modelo. (En algunas oraciones puede usar el pretérito o el imperfecto en la cláusula *[clause]* con **pero**.)

MODELOS   pensar terminar una composición, pero no funcionar su computadora
           Pensaba terminar una composición, pero no funcionaba su computadora.
           querer empezar una clase de ejercicios, pero perder el horario *(schedule)*
           Quería empezar una clase de ejercicios, pero perdió el horario.

1. querer hablar con su profesor de historia, pero él no estar en su oficina
2. pensar almorzar con una amiga, pero la amiga tener que trabajar ese día
3. pensar visitar a una amiga en el hospital, pero no saber a qué hora ir
4. pensar ayudar a su amiga a pintar su cuarto, pero olvidar llamarla
5. ir a estudiar para el examen de inglés, pero salir tres noches seguidas con sus amigos y no hacerlo
6. pensar hacerles una cena a unos amigos, pero ellos no poder venir

A propósito, ¿tenía usted la intención de hacer algo que no hizo la semana pasada? ¿Qué? ¿Por qué no lo hizo?

B. Recuerdo de la niñez. Complete el siguiente párrafo, usando el pretérito o el imperfecto de los verbos entre paréntesis.

Cuando yo (1) _____ (ser) pequeña, frecuentemente (2) _____ (pasar) los fines de semana con mis abuelos. Generalmente los domingos nosotros (3) _____ (ir) a una plaza y allí ellos siempre me (4) _____ (contar) historias acerca de su juventud. Un día mi abuela me (5) _____ (decir) que ellos prácticamente (6) _____ (crecer) juntos, porque sus padres (7) _____ (ser) vecinos y compadres. Ella sólo (8) _____ (tener) dieciocho años cuando se (9) _____ (casar), pero ya (10) _____ (saber) cocinar muy bien. Me (11) _____ (explicar) que en aquellos días muy pocas mujeres (12) _____ (ir) a la universidad o (13) _____ (trabajar) fuera de casa. Las mujeres casi no (14) _____ (salir) excepto para ir al mercado o a la iglesia. ¡Qué suerte que yo (15) _____ (nacer) cincuenta años más tarde!

C. Sor Juana. Cambie al pasado el siguiente párrafo sobre la vida de la poeta Sor Juana Inés de la Cruz. (Cambie solamente los verbos en negrilla.)

Sor Juana Inés de la Cruz, la gran poeta mexicana, (1) **nace** en 1651 cerca de la ciudad de México. (2) **Es** hija natural *(illegitimate)* de padres españoles. (3) **Aprende** a leer a los tres años. A los siete años (4) **quiere** ir a la universidad vestida de muchacho porque las muchachas no (5) **pueden** entrar, pero su mamá no le (6) **da** permiso y no (7) **puede** hacerlo. Poco después (8) **va** a la capital a vivir con unos parientes, y a los catorce años éstos la (9) **hacen** dama de compañía *(lady in waiting)* en la corte del virrey *(viceroy's court)*. En esa época, las mujeres (10) **tienen** dos opciones: casarse o entrar en el convento. Aunque (11) **es** brillante, hermosa y muy popular por su personalidad carismática, Juana (12) **decide** dejar la vida social y entrar en un convento. Allí (13) **escribe** prosa y poesía, y su fama de intelectual (14) **crece** por el mundo entero. Cuando el obispo *(bishop)* de Puebla la (15) **critica** porque (16) **pasa** mucho tiempo estudiando y escribiendo, Sor Juana (17) **escribe** una brillante defensa del derecho *(right)* de la mujer a participar en actividades intelectuales y culturales. Sin embargo *(However)*, pocos años antes de su muerte Sor Juana (18) **tiene** una profunda crisis espiritual. Entonces (19) **abandona** sus estudios, (20) **vende** su biblioteca de cuatro mil libros y (21) **empieza** su dedicación a los estudios religiosos. (22) **Muere** en 1695 durante una epidemia, pero sus obras siguen viviendo y proclamando su imaginación, su valentía *(courage)* y su brillantez.

D. Una abuela cuenta la historia de su vida. Escoja el pretérito o el imperfecto de los verbos. Lea el párrafo primero para comprender el contexto general.

Soy Victoria González, del Paraguay, y tengo noventa y cuatro o noventa y cinco años. No sé exactamente en qué año (1) nací / nacía, pero (2) tuve / tenía unos quince años cuando (3) tuve / tenía mi primera hija en 1921. Mi niñez fue muy triste. Mi mamá (4) murió / moría cuando yo (5) tuve / tenía unos cuatro años, y mi hermano y yo (6) fuimos / íbamos a vivir con una comadre de ella. (7) Fuimos / Éramos muy pobres. (8) Supimos / Sabíamos que (9) hubo / había una escuela cerca de la casa, pero no (10) podíamos / pudimos ir porque (11) tuvimos / teníamos que trabajar. Cuando yo (12) tuve / tenía unos once o doce años (13) trabajé / trabajaba en casa de unos señores ricos. Me (14) trataron / trataban muy mal. Recuerdo que todas las noches lloraba y pedía consuelo a Dios. Un día (15) conocí / conocía a José, un joven alegre y muy bueno. Yo sólo (16) tuve / tenía quince años pero (17) decidí / decidía dejar la casa donde (18) viví / vivía y me (19) escapé / escapaba con él. (20) Quise / Quería mucho a José. (21) Tuvimos / Teníamos tres hijos, y ésos (22) fueron / eran los años más felices de mi vida. Mis hijos y nietos (23) pudieron / podían estudiar en la universidad y todos lo (24) hacían / hicieron. Ahora también tengo un bisnieto *(great-grandson)* universitario y varios bisnietos en la escuela secundaria.

E. Cuéntame, amigo(a)... Cuéntele a un(a) compañero(a):

1. algo bueno o valiente o inteligente que hizo una vez, o
2. algo muy tonto que hizo una vez, o
3. algo muy aventurero o peligroso que hizo una vez

Después, su compañero(a) le hace dos o tres preguntas; por ejemplo, ¿Qué edad tenías cuando pasó eso? ¿Supieron tus padres (profesores) que lo hiciste?

Hacer + Time Expressions

1. To indicate that an action began in the past and continues into the present, the following construction is used:

> **hace** + time period + **que** + clause in present tense
>
> or
>
> clause in present tense + **(desde) hace** + time period

Hace muchos años que gozan
   de buena salud.
Gozan de buena salud desde
   hace muchos años.

They have been enjoying good health for many years (they still are).

—¿Qué tal tu hijo, Ana?
—Está grande. Hace
tres meses que camina.
—¡Oh! ¡Debe estar
bien lejos!

—un chiste

Hace seis meses que no como
carne.
No como carne desde hace
seis meses.

*I haven't eaten meat for six months
(and do not eat meat now).*

2. To indicate that an action began in the past and continued until some later
time in the past, this construction is used:

hacía + time period + **que** + clause in imperfect tense

or

clause in imperfect tense + **(desde) hacía** + time period

Hacía diez años que mis padres
estaban casados cuando yo
nací.
Mis padres estaban casados
(desde) hacía diez años
cuando yo nací.

*My parents had been married for
ten years when I was born.*

This construction generally implies that the action or event was interrupted
by something else (that it had been going on when . . .). The later event (in
the clause with *when*) is usually in the preterit.

3. To ask how long an action or situation has (had) been going on, use:

¿Cuánto tiempo hace (hacía) que (no)... ?

or

¿Hace (Hacía) mucho tiempo que (no)... ?

¿Cuánto tiempo hace que está
casado?
¿Hace mucho tiempo (unos
años) que está casado?
¿Cuánto tiempo hacía que
vivías en Santiago cuando
entraste a la universidad?
¿Hacía mucho tiempo que
vivías en Santiago cuando
entraste a la universidad?

How long has he been married?

*Has he been married for a long time
(for a few years)?*
*How long had you been living in
Santiago when you went to the
university?*
*Had you been living in Santiago for
a long time when you went to the
university?*

¿Cuánto tiempo hace que no miras televisión?	*How long have you not been watching television?*
¿Cuánto tiempo hace que no vas al teatro?	*How long has it been since you went to the theater?*

4. **Hace** can also mean *ago* when the main verb is in the past tense.

Se casaron hace dos semanas. Hace dos semanas que se casaron.	*They got married two weeks ago.*
Don Ernesto nació hace 107 años. Hace 107 años que don Ernesto nació.	*Don Ernesto was born 107 years ago.*
¿Cuánto tiempo hace que le escribió a su abuelo?	*How long ago did he write to his grandfather?*

Práctica

A. Un esclavo (slave) de la rutina. Fernando nunca hace nada fuera de lo común. De acuerdo con el modelo, conteste las preguntas que le hace su amigo Juan.

MODELO   JUAN: ¿Juegas al fútbol?
              FERNANDO: **No, hace mucho tiempo que no juego al fútbol.**

1. ¿Juegas al tenis?
2. ¿Vas al cine?
3. ¿Tocas el piano?
4. ¿Bailas?
5. ¿Visitas a tu amigo Raúl?
6. ¿Vas de vacaciones?

Complete esta oración: **Hace mucho tiempo que yo no...**

B. Hace... Siga los modelos.

MODELOS   Hoy es... No toco la guitarra desde el lunes.
           Hoy es miércoles. Hace dos días que no toco la guitarra.

           Estamos en... Se casaron en julio.
           Estamos en enero. Hace seis meses que se casaron.

1. Ahora estamos en... No nado desde agosto.
2. Ahora estamos en... Vivo en esta ciudad desde julio.
3. Ahora son las... Vine a clase a las diez.
4. Hoy es... Mi novio(a) no me llama desde el martes.
5. Ahora estamos en... Salieron para España en octubre.
6. Hoy es el... del mes. No hago ejercicios desde el 2.
7. Ahora estamos en... No veo a mi mejor amigo desde abril.
8. Hoy es el... del mes. El 20 tuvimos examen.

C. Entrevista. Entreviste a un(a) compañero(a). Averigüe cuánto tiempo hace que su compañero(a) hace, o no hace, las siguientes cosas.

MODELO   no pelear con ninguno de sus parientes
A: **¿Cuánto tiempo hace que no peleas con ninguno de tus parientes?**
B: **Hace una semana que no peleo con ninguno de mis parientes. La semana pasada peleé con mi papá por teléfono.**

1. conocer a su mejor amigo(a)
2. vivir en esta ciudad
3. manejar
4. no hablar con su familia
5. no ver una buena película

MODELO   ir a una boda
A: **¿Cuánto tiempo hace que fuiste a una boda?**
B: **Hace un año que fui a una boda, la boda de mi prima Susana.**

6. salir con un(a) chico(a) por primera vez
7. ayudar a un(a) pariente(a)
8. ir a un entierro
9. comprar algo un poco caro
10. divertirse mucho

> Sólo los padres
> dominan el arte de
> enseñar mal a sus hijos.
> —E. Jardiel Poncela

En otras palabras

Para hablar de la familia;
Expresiones de cortesía; Despedidas

Para hablar de la familia

In both conversations of the **Para escuchar** section, you heard a variety of ways to ask about someone else's family and describe your own.

Expresiones de cortesía

In Hispanic society, it is important to show respect for someone older than oneself. The forms **don** and **doña**, used with a first name, indicate respect; they are generally used with people you know well. The words **señor, señora,** and **señorita** are used in direct address to show respect or deference, and the **usted** form is normally used with these titles. (You would not use a first name with someone older unless you knew that person quite well and used **don** or

doña plus the first name; you would instead address that person as **señor** or **señora.**) Another very important way to indicate respect is to use polite expressions. Here are a few very common polite expressions useful in interaction with people of all ages:

Con permiso. *(when passing in front of someone, breaking away from a conversation temporarily, eating something in front of someone, and so forth; used when asking someone's permission to do something)*
Perdón. Perdóneme. Discúlpeme. *(when you've said or done something for which you are apologizing)*
¡Salud! ¡Buen provecho!   *Cheers! Enjoy your meal!*
Por favor. Gracias. Mil (Muchas) gracias. De nada. No hay de qué.

Despedidas

Here are some ways to end a conversation; as you will see, some are more polite, or formal, than others.

1. on the street, at school, and so forth

   Adiós. Hasta luego. Hasta la vista. Hasta mañana (otro día, el viernes, la semana que viene, etcétera).
   ¡Chau! *(used mainly in the Southern Cone of South America)*
   Bueno, nos vemos.   *Well, see you (informal).*
   Feliz fin de semana.
   Tengo que irme, pero te llamo mañana (la semana que viene, etc.).
   ¡Que le (te) vaya bien!

2. at a party

   Fue un gusto conocerlo(la). Fue un gusto hablar con usted. *(formal)*
   Gracias por venir.
   Con permiso, necesito tomar algo (tengo que ir a preparar el café, etc.).

Práctica

A. ¿Qué se dice? ¿Qué diría usted *(would you say)* en las siguientes situaciones?

1. Usted conoce al Padre Alfonso, un sacerdote *(priest)* colombiano, en el tren que va de Bogotá, Colombia, a Caracas, Venezuela. Ustedes charlan durante varias horas. Luego el tren llega a Caracas.
2. Usted corre por la calle porque quiere volver a casa a ver un partido de fútbol americano que empieza pronto. Ve a su amiga Alicia que también pasa por la calle en este momento.
3. Usted está con unos amigos. El teléfono suena *(rings)*. Necesita ir a contestarlo.

B. Situaciones. ¿Qué cree usted que están diciendo las personas que están en los siguientes dibujos?

1.

2.

3.

4.

5.

6.

¡A comunicarnos!

A. Mentiras inocentes. Trabaje con unos compañeros. Cada persona escribe cuatro afirmaciones; tres son verdaderas y una es una mentirita *(small or harmless lie)*. Escriba sobre su pasado: cosas que hizo o que hacía ayer, la semana pasada, hace un año... Los otros compañeros tratan de adivinar la mentira.

MODELOS   **Nací en Tokio. Fui a África el verano pasado. Ayer a las dos hablaba con el presidente de la universidad. Hace dos años vi a Michael Jackson.**

B. Familias famosas. Trabaje con dos o tres compañeros. Su profesor(a) les da (¡en secreto!) el nombre, una foto o una página de Internet de una familia famosa (por ejemplo, los Windsor, los Kennedy, los Simpson). Los otros estudiantes de la clase tratan de adivinar cuál es la familia, haciéndoles preguntas que tengan como respuesta sí o no.

MODELOS **¿Es muy grande la familia? ¿Es de Estados Unidos? ¿Es una familia unida? ¿rica? ¿Se llevan bien los familiares?**

C. En la Red. Si hiciera una página en la Red para su familia, ¿qué información incluiría? Dé la información esencial que tendría en su página. Por ejemplo, ¿a qué familiares va a incluir? ¿Qué información sobre cada uno(a) va a dar: nombre, edad, descripción... ? ¿Qué va a decir sobre su familia? (Si prefiere, puede inventar una familia: la familia perfecta, la familia infernal, etc.)

D. Composición estructurada: Los buenos tiempos pasados. Mucha gente dice que hace una o dos generaciones la vida era mejor. Hablan de los «buenos tiempos pasados» *(good old days)*. ¿Es mito o realidad este concepto? Escriba un párrafo sobre este tema, según las siguientes instrucciones.

1. En la primera oración, diga si usted está de acuerdo o no con la idea de los «buenos tiempos pasados» cuando, según dicen, la vida era mejor.
2. Describa cinco o seis aspectos de la vida de hoy y compárelos con la vida de sus padres o abuelos. Por ejemplo:
   Mis abuelos no fueron a la universidad, pero yo sí voy.
   No había muchos crímenes cuando mis padres eran niños, pero ahora hay muchos.
3. Exprese su propia opinión sobre las diferencias principales entre la vida de ahora y la vida de aquel entonces *(back then)* en una o dos oraciones de conclusión.

Vocabulario: agujero *hole*

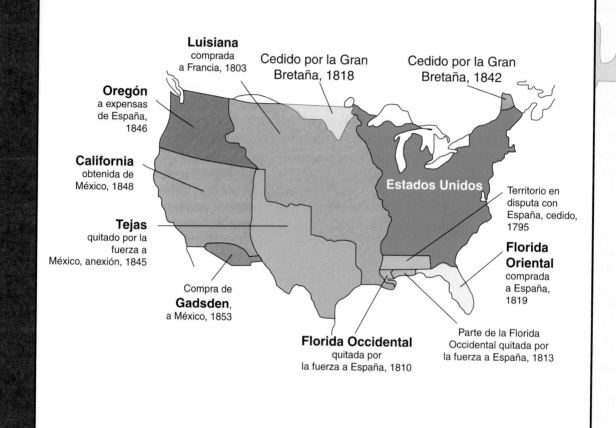

Luisiana
comprada
a Francia, 1803

Cedido por la Gran
Bretaña, 1818

Cedido por la Gran
Bretaña, 1842

Oregón
a expensas
de España,
1846

California
obtenida de
México, 1848

Estados Unidos

Territorio en
disputa con
España, cedido,
1795

Tejas
quitado por la
fuerza a
México, anexión, 1845

**Florida
Oriental**
comprada
a España,
1819

Compra de
Gadsden,
a México, 1853

Florida Occidental
quitada por
la fuerza a España, 1810

Parte de la Florida
Occidental quitada por
la fuerza a España, 1813

CAPÍTULO
TRES

La presencia latina

Presentación del tema

El mapa de la página anterior, basado en un mapa de un libro de texto puertorriqueño, muestra la historia de Estados Unidos desde una perspectiva hispana.[*] La presencia hispana (o latina) en Estados Unidos es muy anterior a la presencia inglesa. En el libro *Latino Literacy,* el autor incluye esta lista de datos importantes en la historia de lo que es hoy Estados Unidos:

- El descubrimiento de la Florida por Juan Ponce de León, 1513
- El descubrimiento del río Misisipí por Alonso Álvarez de Pineda, 1519
- La primera celebración navideña: San Agustín, Florida, 1539 (San Agustín fue la primera ciudad europea de lo que es hoy Estados Unidos.)
- El descubrimiento del Gran Cañón por García López de Cárdenas, 1541
- El primer libro, *La Relación,* por Álvar Núñez Cabeza de Vaca, 1542
- El descubrimiento de California por Juan Rodríguez Cabrillo, 1542
- El primer Día de Acción de Gracias, San Agustín, 1565
- El primer bebé europeo nacido en lo que hoy es Estados Unidos: Martín Argüelles, San Agustín, 1566[†]

Hoy unos 27 millones de latinos son ciudadanos o residentes legales de Estados Unidos: el 10 por ciento de la población total del país. El 60 por ciento de ellos son de ascendencia mexicana. Puerto Rico es un «Estado Libre Asociado», y todos los puertorriqueños son ciudadanos estadounidenses. Muchos cubanos inmigraron después de que Fidel Castro subió al poder en Cuba en 1959, y durante los últimos veinte años ha llegado mucha gente de Centroamérica, República Dominicana, Colombia y otros países de Sudamérica. También hay inmigrantes indocumentados; entran por los estados del suroeste de Estados Unidos en busca de una vida mejor. Los expertos predicen que para el año 2010 habrá unos 42 millones de latinos en Estados Unidos: será el grupo minoritario más numeroso del país. Afirma David Hayes-Bautista, un profesor famoso por sus estudios sobre los latinos en Estados Unidos, que:

> Los latinos aportan [bring] mucho a la nación... Los latinos son mucho más activos en la fuerza laboral que cualquier otro grupo. Al latino le agrada [enjoys, likes] trabajar, y trabaja con gusto. La familia es de gran importancia para el latino... Se preocupa mucho por la vida espiritual de sus hijos. Es importante que sus hijos sepan llevar una vida sana, respetuosa, honrada y trabajadora. Además, el latino siente gran patriotismo hacia Estados Unidos. En una gran desproporción, considerables latinos han ganado la Medalla de Honor del Congreso.[**]

> En Estados Unidos se publican 230 revistas para los lectores hispanos.

---

[*] A note on the use of *Hispanic* or **hispano:** Some people in the United States object to this term because it is used on forms to categorize people as if their language were their race (e.g., black, white, Hispanic, Asian, etc.). Many prefer to be known as *Latinos.* Most prefer to use a term with a hyphen that includes their country of origin (e.g., Mexican-American, Cuban-American). In this book, both **latino** and **hispano** are used.

[†] Frank de Varona, *Latino Literacy*: *The Complete Guide to Our Hispanic History and Culture* (New York: Round Stone Press, a division of Henry Holt & Company, 1996), pp. 63–64.

[**] *Más,* enero–febrero de 1991, página 49.

Preguntas

1. Según el mapa de la página 56, ¿cuándo adquirió Estados Unidos el territorio de la Florida Occidental? ¿de Tejas? ¿de California?
2. ¿Quién descubrió la Florida? ¿Cuándo? ¿Quién escribió el primer libro sobre lo que es hoy Estados Unidos? ¿Dónde y cuándo nació el primer bebé europeo en este país?
3. ¿De qué ascendencia es la mayoría de los latinos que viven en Estados Unidos?
4. ¿Por qué hay muchos puertorriqueños en Estados Unidos?
5. ¿Por qué inmigraron muchos cubanos a Estados Unidos después de 1959?
6. ¿Conoce usted a algunos inmigrantes hispanos? ¿De dónde vinieron? ¿Por qué vinieron?

Muchos artistas y cantantes hispanos, como Gloria Estefan, viven en Miami, Florida. Los canales de televisión Telemundo y Univisión tienen sus oficinas principales en Miami. Según Richard Arroyo (el primer gerente de MTV Latino), esta ciudad es «la Suiza de la industria del entretenimiento» en español.

Actividad

Latinos famosos. ¿Conocen ustedes a estos latinos famosos? Trabajando en grupos, escojan a cinco de ellos y digan algo acerca de estas personas. Por ejemplo, ¿qué hacen? ¿Por qué son famosos(as)? ¿Dónde nacieron? (Usen un libro de consulta si es necesario.)

MODELOS **Sandra Cisneros es una escritora mexicano-americana. Su novela más famosa se llama *The House on Mango Street (La casa en Mango Street)*. Es de Chicago.**

Rita Moreno es actriz y cantante. Es la única artista de todo el mundo que tiene un Oscar, un Grammy, un Emmy y un Tony. La película *West Side Story* la hizo famosa. Nació en Puerto Rico.

Los deportes: José Canseco, Fernando Valenzuela, Bobby Bonilla, Mary Joe Fernández, Nancy López

La literatura: Sandra Cisneros, Oscar Hijuelos, Ana Castillo, Julia Álvarez, Gary Soto

La música: Linda Ronstadt, Joan Baez, Celia Cruz, Tito Puente, Mariah Carey

El cine: Rita Moreno, Anthony Quinn, Edward James Olmos, Andy García, Rosie Pérez, Jimmy Smits

> Unos 55 años antes del primer Día de Acción de Gracias celebrado en Massachusetts, Pedro Menéndez de Avilés invitó a cenar a los indígenas de San Agustín, Florida, después de oír una misa.

Vocabulario útil

Inmigrantes y viajeros

La inmigración

la adaptación	*adjustment*
la ascendencia	*ancestry, descent*
el barrio, el vecindario	*neighborhood*
el ciudadano (la ciudadana)	*citizen*
extrañar	*to miss, feel nostalgia for*
salir adelante (con)	*to get ahead, to cope (with)*

El trabajo

el (des)empleo	*(un)employment*
el éxito	*success*
tener éxito	*to be successful*
la fábrica	*factory*
el, la jefe (*also,* la jefa)	*boss*
el puesto	*job, position*

Palabras descriptivas (Antónimos)

agradable	*pleasant*	**desagradable**	*unpleasant*
estupendo(a)	*great*	**horrible**	*horrible*
extraño(a)	*strange*	**típico(a)**	*typical*
lindo(a), hermoso(a)	*lovely*	**feo(a)**	*ugly*
pintoresco(a)	*picturesque*		
maravilloso(a)	*marvelous*	**insoportable**	*unbearable*
moderno(a)	*modern*	**antiguo(a)**	*old, ancient; former*

Cognados

adaptarse (a)	**indocumentado(a)**	**sufrir discriminación**
escapar (de)	**la oportunidad**	

¡Ojo!

bajo(a)   *short (not tall)* / **corto(a)**   *short (not long)* / **breve**   *short, brief*
largo(a)   *long* / **grande**   *large, great*
la mayoría   *majority* / **la mayor parte**   *most*
la minoría   *minority* / **el grupo minoritario**   *minority (group)*

Práctica

De un éxito nacen
otros éxitos.

—proverbio

A. Antónimos. Dé el antónimo de cada palabra o expresión.

1. lindo	4. la menor parte	7. típico	9. alto
2. el empleo	5. el indocumentado	8. horrible	10. la minoría
3. breve	6. el empleado		

B. Sinónimos o expresiones similares. Dé el sinónimo de cada palabra o expresión.

1. el vecindario
2. un empleo particular
3. muy viejo
4. lindo

5. contemporáneo
6. salir de un peligro
7. hacer progresos
8. la mayoría

C. Factores positivos y negativos. Usando el **Vocabulario útil** como base, dé por lo menos cuatro factores positivos y cuatro negativos para la adaptación de un inmigrante.

1. Factores que generalmente contribuyen al éxito de un inmigrante:

   MODELO   **un puesto estupendo**

2. Factores que generalmente **no** contribuyen al éxito de un inmigrante:

   MODELO   **vivir en un vecindario feo**

Para escuchar: Conversaciones con inmigrantes

Conversación 1: Para expresar desaprobación. Antes de ir a Colombia, Mike entrevistó a tres inmigrantes hispanoamericanos. Les preguntó por qué vinieron a Estados Unidos, qué extrañaban de sus países y qué pensaban de la vida en Estados Unidos. En la primera conversación, habla Roberto Barragán.

A. Escuche la Conversación 1 y conteste las siguientes preguntas.

1. ¿De dónde es Roberto?
2. ¿Por qué vino a Estados Unidos?

B. Escuche la Conversación 1 otra vez. Escoja la mejor respuesta.

1. Roberto es...
   a. ingeniero.   b. estudiante.   c. médico.
2. Cuando Mike le pregunta, «¿Qué extraña de su país?», Roberto dice que...
   a. extraña a su familia y el clima.
   b. extraña las fábricas.
   c. no extraña nada.
3. Para Roberto, las universidades en su país son...
   a. fábricas de desempleo.   b. fuentes de trabajo.
   c. muy pequeñas.
4. Para Roberto, la vida en Estados Unidos es...
   a. más difícil que la vida en su país.
   b. más fácil que la vida en su país.
   c. más aburrida que la vida en su país.

Conversación 2: Para expresar admiración.

A. En la segunda conversación, habla Carla Fernández. Escuche la Conversación 2 y conteste las siguientes preguntas.

1. ¿De dónde es Carla?
2. ¿Por qué vino a Estados Unidos?

B. Escuche la Conversación 2 otra vez. Escoja la mejor respuesta.

1. Carla extraña...
   a. el clima y la naturaleza de su país.
   b. la libertad allí.
   c. la forma de gobierno allí.
2. Para Carla, lo mejor de la vida en Estados Unidos son...
   a. las oportunidades económicas.
   b. los medios de comunicación.
   c. las actividades culturales.
3. Para Carla, lo negativo de la vida en Estados Unidos es el abuso de la libertad, que degenera en formas diversas de...
   a. pereza *(laziness)*.   b. ignorancia.   c. delincuencia.

Conversación 3: Para expresar sorpresa.

A. En la tercera conversación, habla Prudencio Méndez. Escuche la Conversación 3 y conteste las siguientes preguntas.

    1. ¿De dónde es Prudencio?
    2. ¿Por qué vino a Estados Unidos?

B. Escuche la Conversación 3 otra vez. Escoja la mejor respuesta.

    1. ¿Qué extraña Prudencio de su país?
       a. las costumbres en general
       b. la organización laboral
       c. el sistema legal
    2. Para Prudencio, fue una sorpresa ver que el ritmo de vida en Estados Unidos es más...
       a. tranquilo.   b. personal.   c. acelerado.
    3. Dice Prudencio, «El latino en general no interrumpe su sociabilidad ni en el trabajo.» Quiere decir que...
       a. a los latinos no les gusta trabajar.
       b. las relaciones personales son muy importantes para los latinos.
       c. a los latinos no les gustan las interrupciones.
    4. No sólo Prudencio, sino también Roberto y Carla, creen que en Estados Unidos hay más...
       a. universidades.   b. oportunidades.   c. crímenes.

Gramática y vocabulario

Agreement of Adjectives; Adjectives Used as Nouns

1. Adjectives agree with the nouns they modify in gender and number. Most adjectives end in **-o** in the masculine and **-a** in the feminine. If they do not end in **-o** in the masculine singular, the adjective form is usually the same for both genders.

un camino típic**o,** una calle típic**a**	*a typical road, a typical street*
un vecindario idea**l,** una ciudad idea**l**	*an ideal neighborhood, an ideal city*
un niño corté**s,** una niña corté**s**	*a polite boy, a polite girl*

2. Adjectives of nationality that end in consonants and adjectives that end in **-or, -ín, -án,** or **-ón** require an **-a** in the feminine. The feminine form does not normally require a written accent.

de origen español (inglés, alemán), de ascendencia española (ingles**a**, aleman**a**)	*of Spanish (English, German) origin, of Spanish (English, German) descent*
un hombre hablador, una mujer hablador**a**	*a talkative man, a talkative woman*

3. The plurals of adjectives are formed in the same way as the plurals of nouns: add **-s** to an adjective that ends in a vowel or **-es** to an adjective that ends in a consonant (if the final consonant is **z,** change it to **c** first).

feo, feo**s** *ugly*	insoportable, insoportable**s** *unbearable*
difícil, difícil**es** *difficult*	feliz, feli**ces** *happy*

The masculine plural adjective is used to modify two or more nouns if one of them is masculine.

querid**os** muchachos y muchachas	*(my) dear boys and girls*

4. Adjectives are often used with articles as nouns.

¿Qué regalo abro? ¿El grande o el pequeño? —El pequeño, amor.	*Which present should I open? The big one or the small one? —The small one, love.*
¿Qué camino seguimos? ¿El corto o el pintoresco?	*What road shall we take (follow)? The short one or the picturesque one?*
¿Cómo se llama la salvadoreña?	*What is the Salvadoran woman's name?*

Práctica

A. La ciudad ideal. Si usted fuera inmigrante en otro país, ¿cómo sería su ciudad ideal? Descríbala usando las siguientes ideas.

MODELO   Para mí la ciudad ideal tiene...
gente / trabajador y amable
Tiene gente trabajadora y amable.

1. aire y agua / puro
2. un clima / agradable
3. barrios / hispano

4. restaurantes / francés, italiano y alemán
5. hospitales y escuelas / moderno y bueno
6. teatros y óperas / magnífico
7. trenes y autobuses / rápido y cómodo
8. una playa / lindo
9. habitantes / cortés
10. actividades / cultural y deportivo

B. ¿Qué busca? Forme oraciones para describir lo que posiblemente busque un inmigrante que llega a este país. Use los adjetivos de la lista o sus propias ideas.

MODELO   **Busca un profesor de inglés inteligente y amable.**

un puesto (trabajo)	amable
amigos	interesante
una casa (un apartamento)	barato
un(a) profesor(a) de inglés	generoso
un(a) jefe	bueno
un sueldo *(salary)*	cortés
oportunidades	justo
	inteligente
	nuevo

C. ¿Cómo es? En forma alternada, un(a) estudiante menciona un lugar, una persona o un objeto. Su compañero(a) da adjetivos apropiados para describirlo(la). Tome apuntes *(notes)* para resumir después lo que dice su compañero(a).

MODELOS   A: **esta universidad**
           B: **grande, única, buena...**
           B: **Selma Hayek**
           A: **guapa, dinámica...**

Ideas: esta ciudad (o la ciudad de...), tu compañero(a) de cuarto, tus mejores amigos(as), la comida de la cafetería universitaria, tus vacaciones más recientes, tu mejor (peor) clase, una cita *(date)* con Jon Secada (Rosie Pérez)

Position of Adjectives

1. In general, descriptive adjectives (which specify nationality, size, shape, color, and so forth) follow the nouns they modify, while adjectives that specify quantity precede.

mucha gente extranjera	*many foreign people*
dos personas trabajadoras	*two hard-working people*

Para el año 2010, aproximadamente uno de cada seis jóvenes estadounidenses entre 18 y 21 años será de ascendencia latina.

—Oficina del censo de Estados Unidos

2. When two adjectives follow a noun, they are joined by **y**.

tres hombres altos y guapos	*three tall, handsome men*

3. When two adjectives are used to modify a noun, the shorter of the two or the one considered less distinguishing or important often precedes the noun.

un famoso cuadro moderno	*a famous modern painting*
una joven inmigrante puerto-rriqueña	*a young Puerto Rican immigrant*
un típico barrio antiguo	*a typical old neighborhood (district)*[*]

4. Cardinal numbers (**dos, tres, cuatro**, etc.) do not agree with the nouns they modify. Exceptions to this rule are **uno** and those ending in **-ciento** and **-uno** (see Appendix B). Ordinal numbers (**primero, segundo, tercero**, etc.), however, do agree with the nouns they modify. All numbers normally precede the nouns they modify, since they specify quantity.

cuatro ciudades y cinco pueblos	*four cities and five towns*
veintiún países (veintiuna naciones)	*twenty-one countries (twenty-one nations)*
ciento un hombres (ciento una mujeres)	*one hundred and one men (one hundred and one women)*
doscientas palabras	*two hundred words*
los primeros viajeros a América	*the first travelers to America*
mi segundo viaje a Colombia	*my second trip to Colombia*

5. Some adjectives are shortened when placed immediately before a noun: **un, buen, mal, primer,** and **tercer** are used instead of **uno, bueno, malo, primero,** and **tercero** before masculine singular nouns; **gran** is used instead of **grande** before either a masculine or a feminine singular noun.

¿Conoce usted un buen hotel aquí cerca? —Sí, ¡cómo no!	*Do you know of a good hotel nearby? —Yes, of course!*
Es el primer (tercer) vuelo a México hoy.	*It's the first (third) flight to Mexico today.*
Fue un gran éxito. —¡Qué emocionante!	*It was a great success. —How exciting!*

---

[*] A descriptive adjective can precede a noun when it is not used to differentiate the noun from others but, rather, to emphasize a special quality of the noun. There is sometimes an implication that the quality is understood, taken for granted, inherent: **la inconstante luna, un breve segundo.**

6. Some adjectives have different meanings depending on whether they precede or follow a noun. The following chart gives the most common ones.

Adjective	Before the Noun	After the Noun
antiguo	*former:* la antigua capital	*ancient:* la capital antigua
gran, grande	*great:* una gran nación	*large:* una nación grande
pobre	*deserving of pity:* el pobre hombre	*needy:* el hombre pobre
nuevo	*new to owner:* el nuevo coche	*brand new:* el coche nuevo
único	*only:* la única oportunidad	*unique:* la oportunidad única
viejo	*old, longtime:* una vieja amiga	*elderly:* una amiga vieja

Práctica

A. Palabras descriptivas. Complete las siguientes oraciones aplicando *(applying)* los adjetivos de la lista a los sustantivos que están en negrilla.

MODELO grande, internacional
Ezeiza, que está cerca de Buenos Aires, es un **aeropuerto**.
Ezeiza, que está cerca de Buenos Aires, es un gran aeropuerto internacional.

1. lindo, italiano — La Boca es un **barrio** de Buenos Aires.
2. nuevo — ¿Cómo se llama el **presidente** de Bolivia?
3. bueno — ¿Conoce usted un **restaurante** aquí cerca?
4. uno, famoso, español — García Lorca era **poeta.**
5. antiguo, azteca — Ciudad de México era la **capital** de Tenochtitlán.
6. pobre — La **mujer** perdió el avión.
7. varios, joven — (Los) **pasajeros** decidieron caminar.
8. único — Mis tíos José y Yolanda son los **parientes** que tenemos aquí en Los Ángeles.
9. primer — La **novela** de Julia Álvarez fue *Cómo las niñas García perdieron su acento.*
10. grande — Ernesto es un **amigo** mío.

B. ¿Cómo es? Su profesor(a) les muestra algo que está en la sala de clase (por ejemplo, la pizarra, su mochila o cartera, las ventanas, la tiza). Hagan una oración con por lo menos un adjetivo que lo describa. (Su profesor[a] también podría mostrarles fotos de objetos o personas.) Ideas:

Color: rojo, anaranjado, amarillo, negro, blanco...
Forma / tamaño: redondo *(round)*, cuadrado *(square)*, grande, pequeño...
Otra cualidad: útil / inútil, bonito / feo, caro / barato...

MODELOS   **Son dos mochilas viejas.**
Es una foto de unos famosos artistas latinos.

C. **Viajes.** Trabaje con un(a) compañero(a). Descríbale un viaje que usted haya hecho *(have taken)*.

1. ¿Adónde fue y cómo viajó? ¿Fue su primer viaje allí?
2. ¿Se quedó con amigos o parientes o se quedó en un hotel? (Me quedé...)
    ¿Era un buen hotel o un hotel barato?
3. ¿Hacía buen tiempo?
4. ¿Cómo era la comida?
5. En general, ¿cómo fue el viaje?

Ser versus Estar; Ser and Estar with Adjectives

Ser versus Estar

Ser is used:

1. to link the subject to a noun

Yo soy mexicano (un amigo de Enrique, demócrata,* un hombre sincero).	*I am Mexican (a friend of Enrique, a Democrat, a sincere man).*
Caracas es la capital de Venezuela.	*Caracas is the capital of Venezuela.*

2. with **de** to indicate origin

¿De dónde era Simón Bolívar? —Era de Venezuela.	*Where was Simón Bolívar from? —He was from Venezuela.*
Esta tarjeta postal es de Puerto Rico.	*This postcard is from Puerto Rico.*

3. with **de** to tell what something is made of

¿Son de maíz estas tortillas?	*Are these tortillas made of corn?*
Este reloj es de plata.	*This watch is made of silver.*

4. with **de** to indicate possession

El coche nuevo es de mi primo. —¡Qué cómodo es!	*The new car is my cousin's. —How comfortable it is!*

No soy hispano;
soy cubano.

—letrero en un auto en Miami, Florida
(En general, los grupos "hispanos" de Estados Unidos prefieren ser identificados por su país de origen.)

---

*   Remember that if the noun is unmodified and indicates a religion, occupation, nationality, or political affiliation, the indefinite article is omitted, as discussed in Chapter 1, page 19.

5. to express time of day* or date of the month

¿Son las dos? —No, es la una y media.	*Is it two o'clock? —No, it's one-thirty.*
¿Qué fecha es hoy?	*What is the date today?*

6. to indicate where an event takes place

La boda fue en la catedral de Guadalupe.	*The wedding was in the Cathedral of Guadalupe.*
La fiesta será en casa de Ana.	*The party will be at Ana's house.*

Estar is used:

1. to express location or position of people, places, or objects (but not of events)

Mis padres están en el extranjero.	*My parents are abroad.*
Cuzco, la antigua capital inca, está en el Perú.	*Cuzco, the former Inca capital, is in Peru.*
¿En qué calle está el Teatro Colón?	*What street is Colón Theater on?*

2. with certain weather expressions†

Está nublado (claro).	*It's cloudy (clear).*

3. with a present participle (**-ando** or **-iendo**) to form the progressive tenses

¿Qué estás leyendo, Ricardo?	*What are you reading, Ricardo?*
Ayer a la una mis padres estaban trabajando en el jardín.	*Yesterday at one o'clock my parents were working in the garden.*

The progressive tenses are used in Spanish only when the speaker wishes to emphasize that the action is continuing or in progress at a specific time.**

Ser and Estar with Adjectives

1. **Ser** is used with an adjective when the speaker wishes to express a quality that he or she considers to be normal or characteristic of the subject.

¿Cómo es mi abuelo? Es amable y trabajador.	*What's my grandfather like? He's kind and hard working.*
El agua de este río es fría.	*The water in this river is (usually) cold.*
Mi hijo es alto.	*My son is tall.*

---

* For a review of how to tell time in Spanish, see Appendix B.

† Most weather expressions use **hacer;** many of them are reviewed in Chapter 9.

** The present participle and the progressive tenses are discussed further in Chapter 12.

2. **Estar** is used with an adjective when the speaker wishes to express the state or condition that the subject is in.

¿Cómo está mi abuelo? Está
  deprimido.
¡Huy! El agua del baño está fría.
Mi hijo está enfermo.

How's my grandfather? He's
  depressed.
Wow! The bathwater is cold (now).
My son is sick.

3. Often the use of **estar** emphasizes that the state or condition is different from the normal or expected. So it sometimes means *to have become* or *to look*, *appear*, *feel*, or *taste* and frequently implies an emotional reaction. Compare:

Los García son pobres.
Vi a los Álvarez ayer. ¡Qué
  pobres están!

The Garcías are poor.
I saw the Alvarezes yesterday. How
  poor they are (have become)!

Mi abuela es vieja; tiene
  noventa años.
¡Qué vieja está abuela!

My grandmother is old; she's ninety.

How old grandmother is (looks)!
  (She looks older than usual.)

La paella es deliciosa.
¡Felicitaciones! Esta paella está
  deliciosa.

Paella is delicious (in general).
Congratulations! This paella is
  (tastes) delicious.

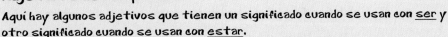

Vocabulario útil

Adjetivos descriptivos

Aquí hay algunos adjetivos que tienen un significado cuando se usan con <u>ser</u> y otro significado cuando se usan con <u>estar</u>.

	Con <u>ser</u>	Con <u>estar</u>
aburrido	*boring*	*bored*
bueno	*good*	*well, in good health*
despierto	*bright, alert*	*awake*
divertido	*amusing*	*amused*
listo	*smart, clever*	*ready*
loco	*silly, crazy (by nature)*	*insane, crazy (by illness)*
malo	*bad, evil*	*sick, in poor health*
nuevo	*newly made, brand new*	*unused, like new*
verde	*green (color)*	*green (unripe)*
vivo	*lively, quick witted, keen*	*alive*

Práctica

A. **En una fiesta.** De acuerdo con el modelo, haga preguntas para verificar la siguiente información.

MODELO el esposo de Mónica... de Chile
El esposo de Mónica es de Chile, ¿verdad?

1. los Marino... aquí de visita
2. el novio de Sandra... Pablo
3. Jorge... bailando con Emilia
4. la fiesta de cumpleaños... en casa de Susana
5. el padre de Marta... abogado
6. Maribel... de Colombia
7. el hombre alto... muy rico
8. ahora... las dos de la mañana
9. los papás de Susana... tomando café
10. el café... un poco frío

B. **¿Ser o estar?** Complete las oraciones, usando la lista del **Vocabulario útil.**

1. Ese auto era de una señora mayor que sólo lo usaba para ir a la iglesia; _____ nuevo.
2. ¿Todavía viven tus abuelos? —Sí, _____ vivos, ¡gracias a Dios!
3. Marta _____ muy viva, como su madre. También _____ muy divertida; le encanta hacer reír a la gente.
4. ¡Pobre Daniel! Tiene dolor de cabeza y de estómago. _____ malo.
5. Son las siete de la mañana, hombre. Nosotros no _____ realmente despiertos.
6. Julio _____ muy listo y ya resolvió el problema. Por eso, ahora _____ aburrido y no sabe qué hacer.
7. ¿Te gustan mis botas? _____ nuevas. Las compré ayer.
8. ¡Qué bueno _____ tu hijo! Me ayudó toda la mañana en el jardín.

C. **Una latina famosa.** Complete las oraciones con **ser** o **estar.**

Rosie Pérez (1) _____ puertorriqueña. Nació en Brooklyn y estudió bioquímica en Los Ángeles. Dice Rosie: «Mis padres (2) _____ de Puerto Rico: papá (3) _____ de Aguadilla y mamá (4) _____ de San Juan. [Yo] (5) _____ pura sangre puertorriqueña, pero nacida en Nueva York. Mi padre era marino mercante, ahora está jubilado [retired]... . [Yo] (6) _____ una de 11 hermanos; éramos una familia muy pobre... ».

Después de hacer *Do the Right Thing* con Spike Lee, actuó en las películas *White Men Can't Jump, Untamed Heart, Fearless* y *It Could Happen to You.* De los papeles para mujeres hispanas dice: «Ahora, en Hollywood, se están escribiendo muchos libretos [scripts] con roles para mujeres hispanas. Desafortunadamente, la mayoría de ellos (7) _____ papeles estereotipados... . Como puertorriqueña y latina, siento una gran responsabilidad en este sentido. Necesito saber que no

(8) _____ comprometiendo *[compromising]* a mi gente o mostrando una imagen que no es real; es una nueva responsabilidad que (9) _____ asumiendo... ».*

D. Entrevista. Use las siguientes ideas para entrevistar a un(a) compañero(a) y conocerlo(la) mejor. Haga y conteste preguntas con **ser** o **estar**.

MODELOS   enojado(a) con alguien ahora
        A: **¿Estás enojado con alguien ahora?**
        B: **No, no estoy enojado con nadie.**

        una persona sincera
        A: **¿Eres una persona sincera?**
        B: **Sí, soy una persona sincera.**

1. dinámico(a) o perezoso(a), en general
2. bien hoy
3. cansado(a) ahora (¿por qué?)
4. un(a) estudiante típico(a) o único(a) (¿en qué sentido?)
5. nervioso(a) cuando hay examen en la clase de español
6. de buen humor ahora (¿por qué?)
7. cortés siempre
8. descortés con alguien alguna vez (use el pretérito; ¿por qué?)

E. ¡Qué pesado(a)! Trabaje con un(a) compañero(a). Descríbale a alguien que no le gusta para nada. ¿Quién es? ¿Cómo es? ¿Qué está haciendo ahora? Vocabulario coloquial: pesado *boring, dull;* fatal *awful;* no estar en nada *to be out of it;* un nerdo *nerd;* creerse el (la) muy muy *to think he's (she's) hot stuff.*

Demonstratives

Adjectives

Singular			Plural		
Masculine	Feminine		Masculine	Feminine	
este	esta	*this*	estos	estas	*these*
ese	esa	*that*	esos	esas	*those*
aquel	aquella	*that... over there*	aquellos	aquellas	*those... over there*

---

*   Yenny Nun-Katz, «Rosie Pérez: Una latina tras el Oscar», *Vanidades*, primero de febrero de 1994, páginas 122–123.

<blockquote>
En un sondeo nacional de gente hispana en Estados Unidos,
la gran mayoría se opuso a más inmigración a este país.
La oposición fue más fuerte entre los mexicano-americanos.

—*Latino National Political Survey,* diciembre de 1992
</blockquote>

Pronouns

Singular			Plural		
Masculine	Feminine		Masculine	Feminine	
éste	ésta	*this (one)*	éstos	éstas	*these*
ése	ésa	*that (one)*	ésos	ésas	*those*
aquél	aquélla	*that (one...) over there*	aquéllos	aquéllas	*those... over there*

1. Demonstratives are words that point out persons and objects. In English, one's perspective is divided into *this* and *that, these* and *those,* distinguishing between things close to and things far away from the speaker. In Spanish, **este, ese,** and **aquel** divide one's perspective into things close to the speaker, things close (or relating) to the person spoken to, and things far away from both. The demonstrative pronouns have the same forms as the adjectives but require accents.

¿Cuánto cuesta esta bicicleta? —¿Ésa? Es vieja. Trescientos pesos.	*How much does this bicycle cost? —That one? It's old. Three hundred pesos.*
¿Esos pasajes son de ida y vuelta? —Sí, ¡pero éste es a Monterey en California, y no a Monterrey en México!	*Are those tickets round-trip? —Yes, but this one is to Monterey, California, not to Monterrey, Mexico!*
¿Quiere usted comprar esa tarjeta postal? —Sí, y déme aquélla también.	*Do you want to buy that postcard? —Yes, and give me that one over there, too.*

   As you can see, demonstrative adjectives generally precede the nouns they modify and agree with them in gender and number. Demonstrative pronouns agree with the nouns they replace in gender and number.

2. **Esto, eso,** and **aquello** are used to refer to statements, abstract ideas, or something that has not been identified. They are neuter forms; there are no plurals or accented forms.

¿Qué es esto?	*What is this?*
¿Cómo puede usted decir eso?	*How can you say that?*

Práctica

A. Situaciones. Sustitución.

1. —Enrique, pásame **ese plato,** por favor. (taza, vasos, cucharas)
   —**¿Cuál? ¿Éste?**

2. José, **ésta es mi amiga Ana. Es** de Madrid. (padrinos, primas Juana y
   Silvia, amigo Pablo)
   —Mucho gusto.

3. Felipe, dame **ese libro,** por favor. (cintas, lápices, revista)
   —**¿Éste?** Cómo no.

> El que persevera,
> triunfa.
>
> —proverbio

B. Consejos a un inmigrante de El Salvador. Complete las oraciones con el demostrativo apropiado.

1. La ropa en _____ tienda (de aquí) es muy cara, pero en _____ *(that one)* de al lado los precios son buenos.
2. ¿No le gustan las hamburguesas? ¿Cómo puede decir _____? Bueno, _____ restaurante (de aquí) tiene comida salvadoreña, y _____ que vemos allí en la esquina *(corner)* tiene comida mexicana.
3. ¿Le gusta la idea de trabajar en _____ compañía que está allí enfrente? Si no, puede ir a _____ agencia de empleos que está más lejos.
4. Déme, por favor, _____ lápiz que tiene en la mano, y le daré la dirección de un buen mecánico.

C. Como una banana en Noruega *(Norway).* El vicepresidente de una empresa *(company)* muy grande habla de sus experiencias de cuando fue a trabajar a una fábrica en Michigan. Complete los párrafos con los adjetivos o pronombres demostrativos indicados.

«La primera vez que enfrenté la realidad de ser diferente, me sentí como una banana en Noruega... Hasta (1) _____ *[that]* momento había vivido en medios mucho más protegidos, en una universidad... Hacía diez años que vivía en Estados Unidos. Jamás escuché que alguien me llamara por un nombre insultante en cuanto a mi origen étnico. (2) _____ *[This]* resultó ser la primera situación que me obligó a enfrentar la realidad. [Yo] Era alguien diferente... . Escuché toda clase de insultos raciales. Era parte de la vida en (3) _____ *[that]* sitio.

« '¿Qué rayos *[what the devil]* haces aquí quitándole el puesto a otro?' '¿Por qué no regresas a tu país de porquería *[garbage]* donde te necesitan?' (4) _____ *[Those]* eran algunos de los comentarios que escuchaba... . (5) _____ *[That]* fría recepción resultó ser una gran motivación. No le recomendaría a nadie que lo reciban de (6) _____ *[that]* manera, pero (7) _____ *[that]* tipo de desafío *[challenge]* puede ser una gran motivación. En mi caso lo fue.»*

Preguntas

1. ¿Qué opina de lo que dice el ejecutivo hispano?
2. ¿Hay mucha discriminación en este país? Si la respuesta es sí, ¿qué podemos hacer para cambiar la situación?
3. ¿Conoce a algún (alguna) inmigrante hispano(a)? ¿Sabe por qué vino a este país? ¿Es difícil su situación? ¿Por qué sí o por qué no?

---

* Augusto Failde y William Doyle, *Éxito latino* (New York: Simon & Schuster, 1996), página 112.

Possessives

Adjectives: Short Forms

mi(s)	*my*	nuestro(a, os as)	*our*
tu(s)	*your*	vuestro(a, os, as)	*your*
	su(s)	*his, her, its, their, your*	

Possessive adjectives in Spanish agree with the nouns they modify, not with the possessor. Short forms precede the nouns they modify.

mi casa	*my house*
sus llaves	*his keys*
nuestra maleta	*our suitcase*

Adjectives: Long Forms; Pronouns

mío(a, os, as)	*my, of mine*	nuestro(a, os, as)	*our, of ours*
tuyo(a, os, as)	*your, of yours*	vuestro(a, os, as)	*your, of yours*
	suyo(a, os, as)	*his, of his; her, of hers; their, of theirs; your, of yours*	

1. When the speaker or writer wishes to emphasize the possessor, rather than the thing possessed, long forms of the possessive adjectives are used. These are called "stressed forms" and are emphasized in speech. They follow the nouns they modify.

Yo manejo un carro grande, pero el carro tuyo es pequeño y eficiente.	*I drive a big car, but your car is small and efficient.*
Las bicicletas suyas son nuevas.	*Their bicycles are new.*

The long forms are used much less frequently than the short forms.

2. Since both **su(s)** and **suyo(a, os, as)** can have several meanings, depending on the possessor, a prepositional phrase with **de** may be used for clarification instead of the possessive adjective.

Es su cámara. Es la cámara suya.	Es la cámara de él (ella, ellos, ellas, usted, ustedes).

3. The long forms of the possessive adjectives can be used as pronouns. They take the place of a noun and are normally preceded by a definite article.

Extraño a mi familia. ¿Tú también extrañas a la tuya?

I miss my family. Do you miss yours too?

After the verb **ser,** the definite article is usually omitted.

Estas maletas no son mías.
¡Qué barbaridad!
¿Es tuyo? No es nuestro. Tal
vez es suyo.

These suitcases aren't mine. Good grief!
Is it yours? It's not ours. Maybe it's his (hers, theirs).

Práctica

A. ¿Qué extrañan? La familia Ibáñez ha emigrado del Uruguay a la Argentina. De acuerdo con el modelo, diga qué es lo que cada uno de ellos extraña más. (Acuérdese de usar la **a** personal cuando lo que extrañan es una persona.)

MODELO   José / amigos
José extraña a sus amigos.

1. la señora Ibáñez / casa
2. Paco y Julio / tíos
3. los abuelos / compañeros
4. el señor Ibáñez / restaurantes favoritos
5. Adela / novio

A propósito, ¿qué extraña usted cuando no está en esta ciudad?

Los inmigrantes que viven en Estados Unidos mandan más de cuatro billones de dólares al año a sus familiares en Colombia, República Dominicana, El Salvador, Guatemala y México.

B. Historias verdaderas. Dos salvadoreños hablan de cómo llegaron a Estados Unidos y de lo que extrañan de El Salvador. Complete las oraciones con los posesivos apropiados.

Coralia A., 28 años

Extraño a (1) _____ hijos. Todavía están en El Salvador, con (2) _____ hermana y (3) _____ familia [de ella]. (4) _____ papá [mi esposo] era estudiante en la universidad. Desapareció hace varios años. Después de eso, no pude mantener a la familia y vine aquí, aunque ilegalmente. Mando dinero a casa todos los meses. Algún día, voy a regresar a ver a (5) _____ hijos y a (6) _____ país.

Jesús M., 33 años

Extraño (7) _____ pueblo [de nosotros] y a la gente de allí. En El Salvador, nunca me metí [I never got involved] en la política. Pero en 1990 los escuadrones de la muerte mataron a unos vecinos (8) _____ [de nosotros], y fui a (9) _____ casa a enterrarlos [bury them]. Desde ese día en adelante, (10) _____ vida no valía nada allí. Me acusaron de ser comunista. Trataron de matarme dos veces. Me escapé y fui a México con (11) _____ familia. Allí nos pusieron en un campamento para refugiados, donde no había qué comer y donde la vida era prácticamente imposible. Allí (12) _____ esposa tuvo (13) _____ tercer hijo, y casi se murió. Por fin alguien nos ayudó a venir aquí. Algún día, si Dios quiere, vamos a regresar a (14) _____ tierra, que tanto extrañamos.

C. Intercambios. En forma alternada, exprese sus preferencias y pregunte cuáles son las de su compañero(a).

MODELO   Mi escritora favorita es...
          A: **Mi escritora favorita es Isabel Allende. ¿Y la tuya?**
          B: **La mía es Julia Álvarez.**

1. Mi actor favorito es...
2. Mis cantantes favoritas son...
3. Mi atleta favorita es...
4. Mis vacaciones de verano fueron...
5. Mi ciudad favorita es...
6. Mi disco compacto favorito es de...

> Por mucho tiempo, en las pantallas [screens] de Hollywood, los hispanos eran bandidos o amantes. Luego nos ignoraron. Hoy nos representan poco y a menudo falsamente. Pero gracias a nuestra población que está creciendo, nos ignoran menos y menos.
>
> —Ricardo Montalbán, en Univisión, 1988

Después de una generación en Estados Unidos, la gran mayoría de los latinos habla inglés, y muchos de la segunda generación no hablan español. Tres de cada cuatro latinos hablan inglés; uno de cada dos es bilingüe.

Presencia hispánica en las ciudades de EU, 1994 (veinte mayores ciudades con población hispánica)

CIUDAD	RANGO	POBLACIÓN HISPÁNICA (000)	PORCENTAJE DEL TOTAL POP. HISP.	PORCENTAJE HISP.S/ TOTAL
Los Angeles	1	5.605,8	22,0	34,9
Nueva York	2	3.094,6	12,1	16,0
Miami	3	1.237,1	4,9	35,1
S. Francisco-S. Jose	4	1.023,3	4,0	16,1
Chicago	5	1.019,0	4,0	16,1
Houston	6	953,2	3,7	21,8
San Antonio	7	941,0	3,7	48,9
McAllen/Brownsville	8	696,3	2,7	87,5
Dallas-Ft. Worth	9	657,3	2,6	20,6
San Diego	10	596,5	2,3	22,1
LAS PRIMERAS DIEZ CIUDADES Sub total		15.824,1	62,0	
Albuquerque	11	579,2	2,3	36,2
Fresno	12	574,5	2,3	37,4
El Paso	13	573,8	2,2	70,2
Sacramento	14	496,3	1,9	15,6
Phoenix	15	495,8	1,9	17,0
Denver	16	338,1	1,3	11,9
Filadelfia	17	338,1	1,3	4,4
Corpus Christi	18	309,8	1,2	55,9
Boston	19	263,2	1,0	4,5
Washington DC	20	257,0	1,0	5,4
Sub Total		4.215,9	16,5	
TOTAL DE LAS VEINTE CIUDADES		20.040,0	78,6	
TOTAL DE HISPANOS EN EU (1994):		25.512,0	100,0	

Fuente: U.S. Census Bureau

En otras palabras

Para expresar admiración, desaprobación, sorpresa

When you travel to another country, there are always some things you admire, some things you dislike, and some things that surprise you. Even if you are just traveling, it's important to be able to express your feelings about the things you see around you, about gifts you are given, things you buy that don't work, and so forth. Here are some ways to express them.

Admiración

¡Qué interesante (impresionante, hermoso, precioso)!
¡Qué ciudad más bonita! ¡Qué niños más simpáticos!
¡Es estupendo (formidable, magnífico, maravilloso, lo máximo)!
¡Esto es perfecto! ¡Es un sueño! ¡Es lo que quería (lo que necesitaba)!

Desaprobación

¡Esto es terrible (feo, injusto, insoportable, ridículo)! ¡Es fatal! *(It's awful!)*
Esto no es aceptable. Es demasiado...
Esto no funciona *(doesn't work)*. No sirve. *(It's no good.)*

Sorpresa

¡Qué sorpresa! ¡Qué maravilla!
¡Fíjese!/¡Fíjate! ¡Imagínese!/¡Imagínate! *(Just look! Just imagine!)*
¡Hombre! ¡Caramba! ¡Caray! ¡Dios mío!
¡Qué increíble! ¡No esperaba esto!

Práctica

A. Reacciones. Después de una fiesta, usted abre los siguientes regalos. ¿Qué diría al abrirlos?

MODELO   una camiseta *(T-shirt)*, color pulga *(puce)*
          ¡Qué fea!

1. una cartera *(small purse)*
2. una taza que lleva el nombre de su universidad
3. un bolígrafo *(pen)* que no funciona
4. un disco de una ópera de Wagner
5. un disco de música de Julio Iglesias
6. un libro de Charles Dickens
7. un libro de chistes

8. un libro sobre el arte español
9. un cenicero *(ashtray)* gris de plástico
10. un calendario con arte folklórico de Latinoamérica

B. ¿Qué dicen? ¿Qué cree usted que las personas que están en los siguientes dibujos *(drawings)* están diciendo?

1.

2.

3.

4.

5.

6.

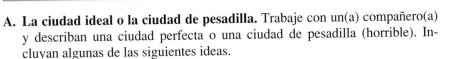

¡A comunicarnos!

A. La ciudad ideal o la ciudad de pesadilla. Trabaje con un(a) compañero(a) y describan una ciudad perfecta o una ciudad de pesadilla (horrible). Incluyan algunas de las siguientes ideas.

¿De qué tamaño es?
¿Qué actividades culturales o deportivas tiene?
¿Cómo es el clima: tropical, frío, árido?
¿Qué oportunidades de trabajo hay?
¿Qué servicios sociales tiene?
¿Es alto o bajo el costo de vida?
¿Hay transporte público?
¿Cuáles son los pasatiempos de la gente que vive allí?

B. Juegos de descripciones.

1. In groups of four to six people, play the following game. One person in the group leaves the room while the others choose a noun. The person who left the room is then asked to return and ask the question **¿Cómo te gusta?** to each of the people in the group. The people in the group take turns giving descriptions until the person chosen has guessed the noun. For instance, if the noun is **el auto,** people might say **grande, con radio, nuevo, rojo, cómodo, japonés, con motor eléctrico...** Three guesses are allowed.

2. In pairs, one person names a noun that can be modified: **novio, ciudad, profesor, lugar, amiga, restaurante,** or the like. The second person names three adjectives that could modify the noun; for example, if the noun is **novio,** the adjectives could be **joven, inteligente, rico.** The first person then arranges the adjectives in order of his or her preference **(inteligente, joven, rico).** Another example would be **lugar: tranquilo, emocionante, cómodo.** Write down each of the responses made. Play as many rounds of the game as you have time for (taking turns choosing the nouns); then compose a sentence about your partner, such as **Juanita prefiere un novio rico, un lugar emocionante...**

C. Entrevista. Si es posible, entreviste a una persona hispana. Vaya al departamento de inglés para extranjeros de su universidad o visite una clase de inglés para inmigrantes de su comunidad. Pídale a la persona que entreviste que describa las siguientes cosas en una o dos palabras:

1. la comida de su país / la comida de aquí
2. el trabajo que tenía en su país (si tenía trabajo) / el trabajo que tiene aquí (si tiene trabajo)
3. el sistema de transporte público de su país / el sistema de transporte público de aquí
4. el clima de su país / el clima de aquí
5. el lugar donde vivía en su país / el lugar donde vive aquí

D. Composición estructurada: Mis antepasados. Escriba una breve descripción de sus antepasados (o de los antepasados de un[a] amigo[a]), que llegaron como inmigrantes al país donde ahora viven, según las siguientes instrucciones.

1. En dos o tres oraciones, explique donde vivían estos inmigrantes antes y cómo era su situación allí (con la familia, con el trabajo, con la política, etc.)
2. Escriba dos o tres oraciones sobre su viaje del antiguo país al nuevo país (por qué vinieron, cómo viajaron, los problemas que tuvieron).
3. Escriba dos o tres oraciones de conclusión (qué pasó después o cómo están ahora).
4. Invente un título interesante para su descripción.

Hombres y mujeres

Presentación del tema

El papel de la mujer ha cambiado considerablemente en las últimas décadas. El mito de que la mujer debe ser educada exclusivamente para hacer las tareas del hogar, cuidar a los hijos y atender a su marido es parte del pasado. Hoy muchas mujeres trabajan en una variedad de profesiones y oficios, aunque las profesiones tradicionalmente femeninas tienen menos prestigio y se pagan *(are paid)* peor.

Según Moisés Lemlij, un psicoanalista peruano, dos cambios importantes afectan la situación de la mujer de hoy:

En el pasado la gente se moría a los 40; el matrimonio duraba 10 o 15 años y se acababa porque uno de los cónyuges *[spouses]* moría. Ahora a lo

Este hombre es un profesional activo y liberal, un padre moderno y responsable. Un buen compañero.

Además, no ha roto un plato en su vida. Claro, porque al llegar a casa, como la mayoría de los hombres, está acostumbrado a no hacer nada.

Ponte una nueva meta y empieza a compartir el trabajo de casa.

Rompe con la desigualdad.

Campaña Mujer y Sociedad
en solidaridad con el Instituto de la Mujer de España

mejor los matrimonios duran igual que antes, sólo que las personas, en lugar de morirse, se separan...

Antes de que se inventaran los anticonceptivos, la mujer vivía con una espada *[sword]* de Damocles: cada relación sexual podía significar un embarazo *[pregnancy]*, y cada embarazo una posibilidad de muerte. La mujer estaba forzada a romantizar al máximo cada encuentro amoroso porque en él literalmente se le iba la vida. Recién en este siglo aparecen los antibióticos y los anticonceptivos; gracias a ellos, la mujer se pone en la misma situación que el hombre. Éste es un ejemplo de cómo la tecnología ha producido un cambio dramático en la cultura, en las relaciones de pareja *[pair, couple]* y en la relación de la mujer con su propio cuerpo.[*]

Sí, hay cambios. Pero en la vida familiar, el papel de la mujer ha cambiado poco. Muchas mujeres se quejan de tener ahora dos trabajos. Cuando llegan a casa después de ocho horas de trabajo, tienen que hacer las tareas del hogar. Hay muchos hombres que no quieren compartir esas tareas porque las consideran femeninas.

¿Qué efecto tiene, en las relaciones amorosas, el papel de la mujer en la sociedad actual? El romance hispano, tradicionalmente asociado al sentimiento y a la pasión, siempre se ha caracterizado por el papel activo del hombre: en el juego del galanteo, él es el galán *(lover, wooer)*; en el juego de la seducción, él es el seductor. Algunas personas opinan que la liberación femenina convertirá a la mujer en un ser completamente pragmático y que las relaciones amorosas perderán su carácter romántico. Otras personas afirman que será necesario una redefinición de la noción de romance. Opinan que los hombres tendrán que aceptar el papel activo de la mujer en la relación amorosa. Como dijo una mujer latina: «No hay nada más romántico que el hombre quiera tu independencia, apoye tu crecimiento y que además ¡le guste lavar los platos!»[†]

Preguntas

1. ¿Para qué tipo de tareas era la mujer educada exclusivamente en el pasado?
2. ¿Existe una total igualdad profesional entre hombres y mujeres ahora en España y Latinoamérica? ¿en Estados Unidos o Canadá?
3. Según Moisés Lemlij, ¿por qué hay más divorcios ahora que en el pasado? ¿Qué invenciones del siglo veinte cambiaron dramáticamente la vida de la mujer?
4. ¿Ha cambiado mucho el papel de la mujer latina en la vida familiar? ¿De qué se quejan muchas mujeres latinas ahora? ¿Pasa lo mismo en Estados Unidos?

---

[*] Giovanna Pollarolo y Rocío Moscoso, «El próximo milenio», *Debate*, marzo–abril de 1997, páginas 14, 16.

[†] Susana Tubert, «Romance y realidad», *Más*, septiembre–octubre de 1991, página 76.

5. ¿Deben los hombres y las mujeres compartir las tareas del hogar? ¿Por qué sí o por qué no?
6. ¿Por qué piensan algunas personas que las relaciones amorosas perderán romanticismo? ¿Está usted de acuerdo?
7. ¿Han cambiado las relaciones amorosas en la sociedad estadounidense en las últimas décadas?

Vocabulario útil

Hombres y mujeres

Cognados

amoroso(a)
la liberación
liberado(a)
el movimiento
romántico(a)
la seducción

Verbos

acompañar	to accompany, go with
amar	to love
apoyar	to support
cambiar	to change
compartir	to share
cuidar	to take care of
evitar	to avoid
romper con	to break (up) with
prometer	to promise

Adjetivos

débil	weak
dominador(a)	dominating
enamorado(a) (de)	in love (with)
fuerte	strong, intense

Otras palabras

el cuidado	*care*
el derecho	*right*
el galanteo	*courting, wooing*
la igualdad	*equality*
el papel	*role*
la pareja	*pair, couple*
las tareas (del hogar)	*(house)work*

¡Ojo!

actual *present, current;* **actualmente** *currently* / **verdadero(a)** *true, actual*

los celos *jealousy;* **tener celos** *to be jealous;* **celoso(a)** *jealous*

la cita *date, appointment* / **la fecha** *date (calendar)*

tomar una decisión *to make a decision*

La mujer actual tiene una obsesión por ser igual que el hombre,
y no sé por qué, si el hombre es un pobre diablo desorientado.

—Antonio López, pintor español

Práctica

A. Antónimos. Dé antónimos de la lista para las siguientes palabras o frases.

1. dependencia
2. quedar lo mismo
3. débil
4. desigualdad
5. realista
6. falso
7. pasado o futuro

B. El día de San Valentín. Escoja las palabras apropiadas para completar las frases.

Ayer fue el Día de San Valentín. Tenía una (1) _____ (fecha / cita) con mi novia Carmen, y la invité a cenar. Después de (2) _____ (acompañarla / apoyarla) a hacer unas compras, fuimos a un restaurante, donde (3) _____ (prometimos / compartimos) una paella. Después fuimos a bailar. Carmen es muy inteligente y sociable, y la (4) _____ (salgo / amo) mucho. Su único defecto es que es (5) _____ (celosa / amorosa) y no quiere que hable con otras chicas. Para (6) _____ (evitar / romper) problemas, no le digo nada si otra chica me llama. Estamos muy (7) _____ (enamorados / liberados) y esperamos casarnos algún día.

> El primer amor que
> entra en el corazón
> es el último que sale
> de la memoria.
>
> —dicho

C. ¿Masculino o femenino? ¿Cuáles de los adjetivos siguientes asocia usted con los hombres? ¿con las mujeres? ¿Por qué?

1. fuerte
2. débil
3. pragmático(a)
4. dominador(a)
5. puntual
6. celoso(a)
7. hablador(a)
8. sentimental

Para escuchar: Dos invitaciones

Conversación 1: Para hacer una invitación; para rehusar *(decline)* una invitación. Julia está en casa cuando recibe una llamada de Alberto, un amigo.

A. Escuche la Conversación 1. Conteste esta pregunta: ¿Cree usted que Julia va a llamar a Alberto después de las vacaciones? ¿Por qué sí o por qué no?

B. Escuche la Conversación 1 otra vez. ¿Qué expresiones se usan para hacer una invitación?

_____ 1. ¿Te gustaría ir a... ?
_____ 2. ¿Qué te parece si vamos a... ?
_____ 3. Si estás libre hoy...
_____ 4. ¿Quieres ir a... ?
_____ 5. ¿Quisieras ir a... ?
_____ 6. ¿Me querrías acompañar a... ?

C. Escuche la Conversación 1 una vez más. Escoja la mejor respuesta.

1. Alberto quiere...
   a. ir al cine.   b. ir al teatro.   c. ir a una ópera.
2. *El día que me quieras* es...
   a. una película con Carlos Gardel.
   b. una película con música rock.
   c. una ópera.
3. El mes que viene Julia va a...
   a. seguir con los exámenes.
   b. ir a la playa.
   c. visitar a sus papás.
4. Una manera cortés de rehusar una invitación es...
   a. Otro día, quizás.   b. No tengo tiempo para ti.   c. No quiero ir.

Conversación 2: Para aceptar una invitación. Julia recibe otra llamada telefónica.

A. Escuche la Conversación 2. Conteste esta pregunta: ¿Está contenta Julia por la llamada?

B. Escuche la Conversación 2 otra vez. ¿Qué cosas o qué personas se mencionan?

> Donde hay amor, no hay temor *[fear]*.
>
> —proverbio

____ 1. Cantinflas

____ 2. *Camila*

____ 3. María Luisa Bemberg

____ 4. *Bodas de sangre*

____ 5. Carlos Saura

____ 6. *El norte*

____ 7. *Los olvidados*

____ 8. *La vida sigue igual*

C. Escuche la Conversación 2 una vez más. ¿Qué expresiones se usan para aceptar una invitación?

____ 1. Sí, con mucho gusto.

____ 2. Sí, me encantaría.

____ 3. ¡Qué buena idea!

____ 4. Encantado.

____ 5. De acuerdo. Tengo todo el día libre.

____ 6. No veo la hora.

Gramática y vocabulario

The Future Tense

Formation of the Future Tense

Regular Verbs

To form the future tense of regular verbs, the endings shown in bold in the following chart are added to the infinitive.

hablar		comer		vivir	
hablar**é**	hablar**emos**	comer**é**	comer**emos**	vivir**é**	vivir**emos**
hablar**ás**	hablar**éis**	comer**ás**	comer**éis**	vivir**ás**	vivir**éis**
hablar**á**	hablar**án**	comer**á**	comer**án**	vivir**á**	vivir**án**

Irregular Verbs

The regular endings **-é, -ás, -á, -emos, -éis,** and **-án** are added to the following verb stems to form the future tense.

caber		cabr-	querer		querr-		é
decir		dir-	saber		sabr-		ás
haber	}	habr-	salir	}	saldr-	→	á
hacer		har-	tener		tendr-		emos
poder		podr-	valer		valdr-		éis
poner		pondr-	venir		vendr-		án

Use of the Future Tense

1. The future tense refers to an action that *will, shall,* or *is going to* take place.

¿Crees que Alberto cambiará?	*Do you think Alberto will change?*
«Hijo eres y padre serás.»	*"A son you are and a father you will*
—proverbio	*be." —proverb (i.e., be kind to*
	your parents)
¿Saldrás con Felipe?	*Will you go out with Felipe?*

2. The future tense is also used to express possibility or probability in the present. Look at some of the different ways this translates into English.

El esposo de Gloria tendrá unos cincuenta años, ¿verdad?	*Gloria's husband must be (probably is) about fifty years old, isn't he?*
¿Dónde estarán mis llaves?	*Where are my keys? (Where can they be?)*

Práctica

> Ocurre a veces que la virtud de una mujer debe ser muy grande, pues tiene que servir para dos.
>
> —Carmen Silva

A. La mujer del futuro: Dos puntos de vista. Complete los párrafos con el tiempo futuro de los verbos entre paréntesis. Después, conteste las preguntas que siguen.

¿Cómo (1) _____ (ser) la mujer del futuro? Según un artículo de la revista *Hombre internacional,*[*] algunos futurólogos *(futurologists)* dicen que en el año 2043, la mujer (2) _____ (poner) fin a su condición de sexo débil y (3) _____ (gobernar) el mundo. Estos futurólogos describen a una «Eva» fría y sin sentimientos. Ella (4) _____ (querer) seleccionar a su esposo, y si no encuentra su hombre ideal (5) _____ (haber) otras alternativas, como los robots. Estos robots (6) _____ (venir) con garantía y (7) _____ (valer) poco dinero. Los hombres

---

[*] Armando Suárez, «La mujer del año 2043», *Hombre internacional,* agosto de 1993, páginas 86–89.

(8) _____ (organizar) un movimiento de Liberación Machista; (9) _____ (salir) a la calle y (10) _____ (hacer) manifestaciones *(demonstrations)*. Pero no (11) _____ (poder) conseguir nada porque ¡hasta *(even)* la justicia (12) _____ (estar) en manos de las mujeres!

Según otro artículo, titulado «El futuro: ¿para bien o para mal?»[*] la mujer (13) _____ (recuperar) su interés por la comunidad y (14) _____ (trabajar) para mejorar el planeta. (15) _____ (Llegar) tiempos muy feministas, en todos los aspectos. «La orientación social (16) _____ (estar) más dirigida hacia la mujer. (Nosotros) (17) _____ (Ver) a más mujeres dentro de la política, dentro de las organizaciones de base y en los puestos de mando *[positions of power]* en general: (nosotros) (18) _____ (tener) más candidatas mujeres... ». Según el artículo, el romanticismo y el galanteo (19) _____ (ser) más importantes, y la gente se (20) _____ (casar) más tarde. Habrá más empresas *(businesses)* familiares y más parejas que (21) _____ (formar) «una verdadera alianza, no sólo en el terreno de la relación amorosa sino también en el trabajo».

Preguntas

1. Según el primer artículo, ¿quién tendrá más poder en el futuro: el hombre o la mujer? ¿Cómo será la mujer (la «Eva») del futuro? ¿Podrán los hombres cambiar su situación? ¿Por qué sí o por qué no?
2. ¿Qué piensa usted de esas ideas? ¿Por qué estarán en un artículo de una revista para hombres? ¿Cree que ese tipo de artículos aparecerían en una revista para mujeres?
3. Según el segundo artículo, ¿qué hará la mujer del futuro? ¿Será más o menos importante el romanticismo y el galanteo? ¿Habrá más o menos empresas familiares?
4. ¿Por qué estarán en una revista para mujeres las ideas del segundo artículo? ¿Qué piensa usted de lo que dice la autora?
5. ¿Habrá diferencias en las perspectivas editoriales de estas dos revistas? ¿en sus lectores típicos? Haga una frase hipotética para describir al lector típico de *Hombre internacional* y otra para describir a la lectora típica de *Cosmopolitan*. ¿Cómo serán estas personas?

B. Esta semana... Dígale a un(a) compañero(a) por lo menos tres cosas que usted va a hacer esta semana. Use el tiempo futuro y esté preparado(a) para contarle a la clase lo que va a hacer su compañero(a).

MODELOS **Mañana estaré casi todo el día en clase. El jueves jugaré al tenis.**
El viernes iré al cine. Veré *De eso no se habla.*

---

[*] Patricia Bahamonde, «El futuro: ¿para bien o para mal?», *Cosmopolitan* (*en español*), octubre de 1992, páginas 45, 110.

C. Cuando los niños de hoy sean adultos... Comparen cómo será la vida de los niños de hoy cuando sean adultos con la vida de la generación de sus padres. En forma alternada, una persona hace una pregunta y la otra la contesta.

MODELO   ser más tolerantes

> A: **¿Serán los niños de hoy más tolerantes que los de la generación anterior?**
> B: **Sí, serán más tolerantes. No serán tan racistas (moralistas, sexistas...).**
> o: **Ya mayores, los niños de hoy no serán más tolerantes que sus papás; serán iguales.**

1. casarse más tarde
2. tener más niños
3. disfrutar de más tiempo libre
4. disfrutar de más libertad
5. sufrir más violencia
6. vivir mejor

> El hombre tiene miedo a la pérdida del poder, le asustan *[frighten]* las mujeres que saben lo que quieren y están seguras de sí mismas.
>
> —Amparo Larrañaga, actriz española

The Conditional

Formation of the Conditional

Regular Verbs

To form the conditional of regular verbs, the endings shown in bold in the following chart are added to the infinitive.

hablar		comer		vivir	
hablaría	hablaríamos	comería	comeríamos	viviría	viviríamos
hablarías	hablaríais	comerías	comeríais	vivirías	viviríais
hablaría	hablarían	comería	comerían	viviría	vivirían

Irregular Verbs

The regular endings **-ía, -ías, -ía, -íamos, -íais,** and **-ían** are added to the stems of the same verbs that are irregular in the future tense (see p. 90).

Use of the Conditional

1. The conditional usually conveys the meaning *would* in English.

Pues, yo haría lo mismo.	*Well, I would do the same thing.*
¿Te gustaría ir al cine? —Sí, me gustaría ver la nueva película de Almodóvar.*	*Would you like to go to the movies? —Yes, I'd like to see the new film by Almodóvar.*

Remember, however, that the imperfect can also convey the idea of *would*, but in the sense of *used to*. With this use it describes repeated action in the past.

Cuando éramos jóvenes, íbamos al cine todos los domingos.	*When we were young, we would go to the movies every Sunday.*

2. The conditional often refers to a projected action in the future, viewed or thought of from a time in the past.

Juan dijo que lavaría los platos.	*Juan said he would wash the dishes.*
Ella prometió que iría conmigo al baile.	*She promised she'd go to the dance with me.*

Notice that if the present tense had been used in the first clauses of the preceding examples, the future would probably have been used in the second clauses:

Juan dice que me lavará los platos.	*Juan says he will wash the dishes.*
Ella promete que irá conmigo al baile.	*She promises she'll go to the dance with me.*

3. The conditional can express possibility or probability in the past.

¿Qué hora sería cuando entraron? —Serían por lo menos las cuatro de la mañana.	*What time was it (probably, could it have been) when they came in? —It must have been (was probably) at least four in the morning.*
Habría mucha gente en la plaza cuando llegaste, ¿no?	*There must have been (probably were) a lot of people in the plaza when you arrived, right?*

4. The conditional is sometimes used to show politeness or deference.

¿Podrían ustedes ayudarme, señores?	*Could you help me, gentlemen?*
Señora, ¿sabría usted dónde está el correo?	*Ma'am, would you know where the post office is?*
¿Nos podría traer dos cafés?	*Could you bring us two cups of coffee?*

---

* The verb **gustar** will be practiced in Chapter 7. Its use in the conditional with an infinitive is very common: **Nos gustaría comer en ese restaurante. ¿Les gustaría acompañarnos?**

5. The conditional is used with *if*-clauses, which will be discussed in Chapters 9 and 11.

Práctica

A. ¡De manera más cortés, por favor! Siga los modelos.

MODELOS   Quiero un vaso de vino. (Déme un vaso de vino.)
¿Me podría traer (dar) un vaso de vino, por favor?

¿Qué hora es?
¿Sabría usted qué hora es? (¿Me podría decir qué hora es?)

1. Quiero más pan.
2. ¿Dónde está el baño?
3. Páseme el agua mineral.
4. ¿Está Anita en casa?
5. Quiero un vaso de agua.
6. ¿Podemos pasar?

B. La mujer de hoy. ¿Qué le prometieron?

MODELO   su jefe / darle un día de descanso
Su jefe le prometió que le daría un día de descanso.

1. su esposo / llamar a las seis
2. su padre / venir a cuidar a los niños
3. su madre / limpiar la cocina

4. su secretaria / hacerle reservaciones para un viaje de negocios

5. su vecina / llevarle estampillas del correo

C. **¿Todo bajo control?** Mire otra vez el dibujo de la mujer que tiene todo «bajo control» (ejercicio B). Entreviste a un(a) compañero(a) usando las siguientes preguntas. Después, su compañero(a) lo (la) entrevista a usted.

1. ¿Te gustaría ser hijo(a) de esta mujer (o de una mujer como ella)? ¿Por qué sí o por qué no? ¿Te gustaría ser su esposo? ¿Por qué sí o por qué no?

2. Imagínate que eres la mujer del dibujo. ¿Qué harías con tus niños? ¿Los llevarías a una guardería infantil *(day-care center)*? ¿Contratarías a una niñera *(babysitter)* para estar con ellos en la casa? ¿Dejarías de trabajar? *(Would you stop working?)*

3. Imagínate que los padres de la mujer del dibujo vienen de visita. ¿Qué pensarían ellos de la situación? ¿Qué le dirían a su hija?

4. ¿Debería el gobierno tener un sistema de guarderías infantiles para cuidar a los niños de las personas que trabajan? ¿Debería ser gratuito *(free)*?

5. ¿Debería haber un servicio médico gratuito para todos los niños? ¿Por qué sí o por qué no?

6. Muchas personas critican a las madres que trabajan, diciendo que no son buenas mamás. Pero si no trabajan, dicen que son muy pasivas y que pasan todo el día mirando televisión. Y si se casan pero no tienen niños son «yuppies egoístas». Para la mujer moderna, ¿cuál es la solución? ¿Qué harías tú? ¿Trabajarías o te quedarías en casa?

Vocabulario útil

Comparaciones

El siguiente cuadro ilustrativo apareció en la revista peruana <u>Debate</u>.* Está basado en una encuesta <u>(survey)</u> de 401 amas de casa de Lima, Perú. Los números representan porcentajes del total. Nota: <u>optimista</u>, <u>pesimista</u> y <u>moralista</u> se usan con sustantivos <u>(nouns)</u> masculinos o femeninos: <u>un hombre optimista</u>/<u>una mujer optimista</u>.

---

* Abelardo Sánchez-León, «Perfil del ama de casa limeña», *Debate,* marzo–mayo de 1993, página 33.

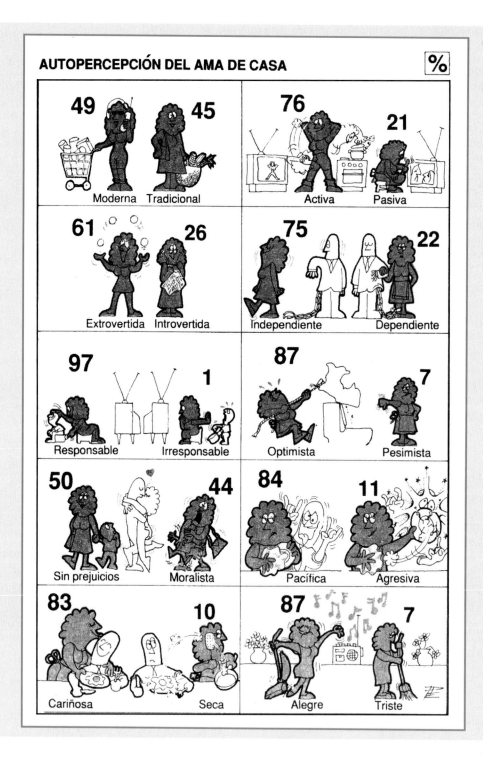

Comparisons of Equality

1. **Tan** + adjective (adverb) + **como** means *as . . . as.*

Uno es tan joven como sus
   ilusiones y tan viejo como
   sus recuerdos.

Eva traerá la sopa tan pronto
   como sea posible, señor.*

One is as young as one's illusions
   and as old as one's memories.

Eva will bring the soup as soon as
   possible, Sir.

Notice the agreement of the adjective with the noun(s) before **tan;** the adjective agrees with the first noun(s) mentioned:

Marisa es tan extrovertida
   como Eduardo. Eduardo y
   Paco son tan optimistas
   como Marisa.

Marisa is as extroverted as
   Eduardo. Eduardo and Paco are
   as optimistic as Marisa.

2. **Tanto(a, os, as)** before a noun means *as much (many)* or *so much (many)*; it agrees with the noun it modifies. **Tanto como** means *as much as* and does not show agreement.

¡Tantas preguntas!
Nadie habla tanto como él.

So many questions!
No one talks as much as he does.

3. **Tan** can also mean *so*: **¡Es tan cariñosa!**

El amor hace que el tiempo vuele y el tiempo hace que el amor vuele.

—E. Jardiel Poncela

Práctica

Comparaciones tradicionales. Complete las oraciones con las palabras que faltan.

MODELO   Es **tan** bueno **como** el pan.

1. Tiene _____ fuerza _____ Hércules.
2. Es _____ hermosa _____ Cleopatra.
3. Es _____ viejo _____ Matusalén.
4. Es _____ rápida _____ Mercurio, el mensajero de los dioses.
5. Tiene _____ dinero _____ el rey Midas.
6. Tiene _____ hijos _____ la viejita que vivía en un zapato.
7. Tiene pies _____ pequeños _____ los pies de Cenicienta (Cinderella).
8. Tiene _____ paciencia _____ Job.

---

* Adverbs, such as **pronto,** are words that tell when, where, how, and so forth. Many Spanish adverbs end in **-mente,** equivalent to *-ly* in English. These will be discussed in Chapter 9. Note that adverbs do not show agreement with the subject.

9. Es _____ celoso _____ Otelo.
10. Luchó en _____ batallas _____ Alejandro Magno *(the Great)*.

Comparisons of Inequality

1. **Más** + adjective or adverb + **que:**

Es más claro que el agua, señores.	*It's crystal clear (clearer than water), gentlemen.*
Matilde sale más a menudo que su hermana.	*Matilde goes out more often than her sister.*

2. **Menos** + adjective or adverb + **que:**

Soy menos alegre que tú.	*I am less happy than you.*

3. **Más** (+ noun +) **que** for *more* (+ noun +) *than;* **menos** (+ noun +) **que** for *less* (+ noun +) *than:*

Ella gana más (menos) dinero que él.	*She earns more (less) money than he does.*

4. Before a number, **de** is used instead of **que** to mean *than:*

Hay más de dos libras en un kilogramo.*	*There are more than two pounds in a kilogram.*

5. Negatives (not affirmatives as in English) are used after **que** in comparisons:

Necesitamos igualdad ahora más que nunca.	*We need equality now more than ever.*
Lo admiro más que a nadie.	*I admire him more than anyone.*

El amor es el egoísmo entre dos personas.
—proverbio

Práctica

A. Según su opinión... Haga oraciones, usando **más, menos** o **tan.**

MODELO   romántico: ir a un baile / ir a caminar en la playa
Es más (menos) romántico ir a un baile que ir a caminar en la playa.

1. feliz: los solteros / los casados
2. popular: los autos grandes / los autos pequeños
3. fácil: tocar la guitarra / tocar el violín
4. divertido: esquiar / hacer windsurf
5. emocionante: ver a Antonio Banderas / ver a Gloria Estefan

---

* However, **no... más que** before a number means *only:* **¿No tienes más que cincuenta pesos?**

6. sentimental: los hombres / las mujeres
7. responsable: mi mejor amigo(a) / yo

B. Comparaciones. De acuerdo con el modelo, haga oraciones comparativas.

MODELO hombres / mujeres
Los hombres son más (menos) fuertes que las mujeres.

1. rey / presidente
2. estudiante / capitalista
3. jóvenes / ancianos
4. Oprah Winfrey / Geraldo Rivera
5. México / Estados Unidos
6. gatos / perros
7. un galón / dos litros
8. un día / veinticinco horas

C. «Pequeño test del sexo opuesto.» * El siguiente «test» apareció en la revista *Vanidades.* Llene los espacios en blanco con **más** o **menos,** según su opinión. Las respuestas están en el apéndice D.

1. En un grupo de personas, las mujeres hablan _____ que los hombres.
2. Los hombres son _____ abiertos que las mujeres cuando conocen a alguien.
3. Las mujeres elogian *(praise)* _____ que los hombres.
4. Las mujeres tienden a tocar a los demás *(other people)* mucho _____ que los hombres.
5. Los hombres interrumpen _____ que las mujeres y tienden a contestar preguntas que no están dirigidas *(directed)* a ellos.

Irregular Comparative Forms;
The Superlative

Irregular Comparative Forms

Adjectives		Adverbs		Comparatives	
bueno	*good*	bien	*well*	mejor	*better*
malo	*bad*	mal	*badly*	peor	*worse*
mucho	*much, many*	mucho	*much, a lot*	más	*more*
poco	*few*	poco	*a little*	menos	*less*
grande	*large, great*			mayor	*older*
				más grande	*bigger*
pequeño	*small, little*			menor	*younger*
				más pequeño	*smaller*

_____
* *Vanidades,* 8 diciembre de 1992, página 138.

The feminine forms of **mejor, peor, mayor,** and **menor** are the same as the masculine forms; the plurals are formed by adding **-es. Mayor** and **menor** are often used to modify people to mean *older* and *younger,* respectively; **más grande (pequeño)** refers to size rather than age. **Mejor** and **peor** generally precede, rather than follow, the nouns they modify.

Catita es mayor que su hermano pero es más pequeña.	*Catita is older than her brother but she's smaller.*
¡Mis hermanas menores ya son más grandes que mi mamá!	*My younger sisters are already bigger than my mother!*
«No hay mejor maestra que la pobreza.» —proverbio	*"There is no better teacher than poverty." —proverb*

The Superlative

Adjective	Comparative	Superlative
bonito	más bonito	el más bonito
inteligentes	más inteligentes	las más inteligentes

1. To form the superlative of adjectives, place the definite article before the comparative.* If a noun is mentioned, it generally follows the definite article.

Definite Article	Noun	más	Adjective
el	hombre	más	rico
la	mujer	más	famosa

Chile tiene la región más seca y la ciudad más alta del mundo. (Son el Desierto de Atacama y Aucanquilcha a 17.500 pies de altura.)	*Chile has the driest region and the highest city in the world. (They are the Desert of Atacama and Aucanquilcha, 17,500 feet high.)*
Los años que pasé en Buenos Aires fueron los mejores de mi vida.	*The years I spent in Buenos Aires were the best of my life.*

---

* Sometimes a possessive is used instead of a definite article: **Ésa es mi menor preocupación.** *That's my least concern.*

2. **De** is used to express English *in* or *of* after a superlative.

Es la decisión más importante de todas.
It's the most important decision of all.

Ella es la más simpática de todos.
She's the nicest one of all.

Juan es el menos ambicioso de la familia.
Juan is the least ambitious (one) in the family.

Notice that in the preceding two examples the noun is not expressed.

3. The definite article is not used with superlative adverbs.

¿Quién nos escribe más a menudo?
Who writes to us the most often?

The neuter **lo** precedes a superlative adverb followed by a phrase expressing possibility.

$$\textbf{lo} + \left\{ \begin{array}{l} \textbf{más} \\ \textbf{menos} \end{array} \right\} + \text{adverb} + \left\{ \begin{array}{l} \textbf{posible} \\ \textbf{que} + \textbf{poder} \end{array} \right\}$$

Te llamaré lo más pronto posible.
I'll call you as soon as possible.

Llegamos lo más temprano que pudimos.
We arrived as early as we could.

4. The absolute superlative can be formed with **muy** + adjective (adverb) or with the ending **-ísimo(a, os, as)**.

¿Llegaron muy tarde? —Tardísimo.
Did they arrive very late? —Very late indeed.

Esas rosas fueron carísimas.
Those roses were very expensive.

Note that if the **-ísimo** ending is added to a word ending in a vowel, the final vowel is dropped. If the word ends in **z,** change the **z** to **c;** change a final **co** to **qu** and a final **go** to **gu:**

feliz   **felicísimo** (z→c)
poco   **poquísimo** (co→qu)
largo   **larguísimo** (go→gu)

Práctica

A. Deducciones. Haga sus propias deducciones, usando las terminaciones **-ísimo(a, os, as)**.

MODELO: Ella tiene siete pies de altura.
         ¡Es altísima!

1. Él no tiene ni un centavo.
2. Este libro cuesta ochenta dólares.

3. Esta ópera nunca va a terminar.
4. Tiene un millón de dólares.
5. Ese tren marcha a 300 kilómetros por hora.

B. Según Guinness. La siguiente información se encuentra en el *Guinness Book of World Records* y está basada en hechos históricos documentados. Complete las oraciones.

1. La Paz, Bolivia, es _____ *(the highest capital city in the world)*.
2. Jericó *(Jericho)* es _____ *(the oldest city in the world)*.
3. Jeanne Louise Calment, de Francia, tenía 122 años cuando murió; era _____ *(the oldest person in human history)*.
4. Robert Wadlow, de Illinois, Estados Unidos, tenía casi nueve pies de altura; era _____ *(the tallest person in human history)*.
5. Lucía Zárate de México era _____ *(the smallest person in human history)*.*
6. Octavio Guillén y Adriana Martínez tuvieron _____ *(the longest engagement* [**noviazgo**] *in history)*: 67 años. Se casaron a la edad de 82 años.
7. La frontera que se cruza _____ *(most often)* es la frontera entre Estados Unidos y México.
8. El álbum de música clásica _____ *(most popular)*, según el número de copias vendidas, es *In Concert,* por José Carreras, Plácido Domingo y Luciano Pavarotti.
9. La Ciudad del Vaticano es _____ *(the smallest country in the world)*.
10. El restaurante La Costeña de Mountain View, California, hizo _____ *(the biggest burrito in history)*; pesaba 4.456 libras.
11. Madonna batió *(broke)* un récord en su papel de Evita (en la película *Evita,* con Antonio Banderas); cambió de traje _____ *(more than)* 84 veces.

C. Los chicos y *Tú*. Las siguientes ideas son de la revista *Tú*.[†] Primero, traduzca al español las palabras entre paréntesis. Después, conteste las preguntas que siguen.

Vocabulario: **bromas** *jokes;* **rechazados** *rejected;* **Disfrutan de los chismes** *They enjoy gossip;* **consejero** *counselor*

1. A los chicos les gustan _____ *(more)* las bromas que a las chicas.
2. Los chicos necesitan _____ *(more)* tiempo para tomar una decisión.
3. Su miedo _____ *(biggest)* consiste en ser rechazados.

---

* A la edad de diecisiete años, pesaba 4,7 libras.
† «Chicos: Tu asignatura favorita», *Tú,* noviembre de 1993, páginas 78–79.

4. Utilizan el ejercicio _____ *(more than)* las chicas, como un medio para escapar de sus tensiones.
5. No son _____ *(as)* supersticiosos _____ *(as)* las chicas.
6. Disfrutan de los chismes _____ *(as much as)* las chicas.
7. Son _____ *(more romantic than)* las chicas.
8. Hablan _____ *(less)* sobre sus relaciones personales y es _____ *(less)* probable que resuelvan sus problemas por medio de un psicólogo.
9. Usan _____ *(fewer)* adjetivos y no son _____ *(as)* descriptivos _____ *(as)* las jóvenes.

¿Está usted de acuerdo con este análisis de los chicos y las chicas? ¿Por qué sí o por qué no?

D. Comparaciones. Comparen las siguientes personas o cosas.

MODELO   tu madre, tu padre y otro pariente
Mi madre es más moralista que mi padre. Mi padre tiene menos prejuicios. Mi abuelo es el más moralista de todos.

1. los Volkswagens, los Jaguares, los Toyotas, (los _____)
2. el fútbol americano, el béisbol, el golf, (el _____)
3. *Lo que el viento se llevó (Gone with the Wind), La guerra de las galaxias (Star Wars), Como agua para chocolate,* (_____)
4. un viaje a Europa, un viaje a Hawai, un viaje al Gran Cañón, (un viaje a _____)

> La mujer perdona las infidelidades, pero no las olvida. El hombre olvida las infidelidades, pero no las perdona.
>
> —Severo Catalina, escritor español

E. Las personas más importantes del siglo. Primero, escriba los nombres de dos hombres y de dos mujeres de este siglo que le parezcan muy importantes. Explique por qué los escogió.

MODELOS

Nombre	Explicación
1. **Martin Luther King**	Fue líder del movimiento de derechos civiles en Estados Unidos. Protestó contra la discriminación racial.
2. **Margaret Mead**	Fue antropóloga y estudió por primera vez las costumbres de los niños y las mujeres. Mostró los diferentes conceptos morales que existen en diferentes sociedades.

En grupos de tres o cuatro personas, hablen de las personas que escogieron, comparándolas. (Por ejemplo, **Jonas Salk era más [o menos] importante que Mohandas Gandhi porque...**) Luego, decidan a favor de un hombre y de una mujer. Al final, cada grupo leerá sus opiniones, y toda la clase votará por el hombre más importante y la mujer más importante del siglo veinte.

En otras palabras

Invitaciones

Everyone has different tastes and preferences, so when you invite someone to do something with you, sometimes they accept and sometimes not. There are many ways to extend, accept, and decline invitations, and here are some of them:

Para hacer una invitación

¿Le (te) gustaría ir a... (conmigo)?
¿Qué le (te) parece si vamos a... ?
Si está(s) libre hoy, vamos a...
¿Quiere(s) ir a... ?
¿Quisiera(s) ir a... ? *(slightly formal)**
¿Me querría acompañar a... ? *(formal)*

Para aceptar una invitación

Sí, ¡con mucho gusto!
Sí, me encantaría.
Encantado(a).   *I'd be delighted.*
¡Cómo no! ¿A qué hora?
¡Listo(a)! ¡Gracias por la invitación!
Oh sí, ¡qué buena idea!
¡No veo la hora de salir!   *I can't wait to go out!*
De acuerdo, ¡tengo todo el día libre!

Para rehusar *(decline)* una invitación

Lo siento, pero tengo mucho que hacer esta semana. La semana que viene, tal vez.
¡Qué lástima! Ya tengo otros planes.
Me encantaría (gustaría), pero no voy a poder ir.
¡Qué pena! *(What a shame!)* Esta tarde tengo que estudiar (ir de compras, etc.).
Otro día tal vez; estoy muy ocupado(a) hoy.

Práctica

A. Entre amigos. Escoja a un(a) compañero(a) de clase e invítelo(la) a hacer las siguientes cosas. Su compañero(a) debe aceptar o rehusar como lo haría cualquier amigo(a).

1. ¿Te gustaría ir a jugar al tenis esta tarde?
2. ¿Quieres acompañarme a ver la película *Evita?*

---

* This is an imperfect subjunctive form of **querer,** to be discussed in Chapter 9.

3. ¿Quisieras ir a un concierto de Brahms el viernes?

4. ¿Quieres ir a Acapulco en el verano?

B. Breves encuentros. Inicie breves conversaciones relacionadas con cada una de las siguientes situaciones.

1. Usted invita a un(a) amigo(a) hispano(a) a tomar una copa en un café. Su amigo(a) acepta.

2. Unos amigos latinos lo (la) invitan a una fiesta que empieza a las diez de la noche. Usted quiere ir pero tiene que trabajar al día siguiente y no acepta su invitación.

¡A comunicarnos!

A. Entre nosotros... Trabajen en grupos y hagan por lo menos seis oraciones acerca de la gente de su grupo, siguiendo el modelo. Usen las siguientes ideas y otras de su propia invención.

MODELO   tener / ropa estrafalaria *(bizarre)*
> **Susan tiene la ropa más estrafalaria del grupo, con su larga falda amarilla.**

tener / apellido largo (corto)	tener / pelo largo (corto)
ser / alto (delgado, joven)	llevar / zapatos (in)cómodos
seguir / clases este trimestre	usar / reloj caro (original)

B. Comparando a los famosos. Miren las siguientes fotos y otras que su profesor(a) les muestre. Hagan por lo menos dos oraciones comparativas y dos oraciones superlativas acerca de esas personas. Usen el **Vocabulario útil** de la página 96 o algunos de los adjetivos que siguen: **joven, viejo(a), rico(a), conservador(a), radical, famoso(a), atleta.**

MODELOS   **Los reyes de España son más conservadores que Fidel Castro.**
> **Enrique Iglesias es el menor de todos.**

1. Rosie Pérez, actriz puertorriqueña   2. Fidel Castro

3. Enrique Iglesias, cantante e hijo de Julio Iglesias

4. el rey Juan Carlos de Borbón y la reina Sofía de España

5. Marcelo Ríos, tenista chileno

6. Tito Puente, compositor y músico puertorriqueño

C. **«Cosas que (nunca) haré.»** Dígale a un(a) compañero(a) tres cosas que usted hará en el futuro y tres cosas que nunca hará. Después, esté preparado(a) para pasar la información a la clase.

MODELOS **Compraré un jeep (una casa en Hawai, un helicóptero), aprenderé a tocar el piano y...**
Nunca compraré joyas caras (un Winnebago, muebles para el patio), nunca aprenderé a jugar al golf y...

Ideas:

casarme con...	trabajar de...	tener...
vivir en...	aprender a...	usar...
ir a...		

D. Romper los estereotipos. ¿Cuáles son las ventajas y las desventajas de ser miembro del sexo opuesto? Trabajen en grupos. Cada uno de los hombres completa esta frase: **Si yo fuera mujer...** Cada una de las mujeres completa esta frase: **Si yo fuera hombre...**

MODELOS   (no) llorar en el cine
    Si yo fuera mujer, no lloraría en el cine (podría llorar en el cine).

Ideas:
(no) pagar cuando saliera con un(a) chico(a)
(no) usar ropa incómoda (corbata, zapatos con tacones [*heels*] altos, etc.)
(no) aprender a cocinar (programar la videocasetera, arreglar un carro, hacer las tareas de la casa)
(no) quedarse en casa y (no) trabajar
(no) ser comprensivo(a) (discreto[a], lógico[a])
(no) gastar tanto dinero en...

Después, describan al hombre (a la mujer) ideal: **Él** *(***Ella***)* **sería... Tendría... Nunca... Sabría...**

E. Composición estructurada: ¿Cómo será el mundo del futuro? ¡El mundo va cambiando rápidamente! Describa su visión de cómo será el mundo en el año 2025. Escriba por lo menos tres oraciones sobre cada uno de los siguientes temas, usando, si quiere, las preguntas que siguen como base. Luego, invente un buen título para su descripción.

1. La casa y la pareja. ¿Quién hará las tareas de la casa en el futuro? ¿Se comerá más comida preparada? ¿Se harán las compras por computadora (por medio de la «realidad virtual»)? ¿Habrá robots para hacer las tareas del hogar y cuidar el jardín?

2. El trabajo. ¿Trabajará más gente en casa en vez de fuera de casa? ¿Habrá más centros con los servicios que normalmente existen en una oficina grande (fotocopiadora, fax, etc.)? En las compañías grandes, ¿será más común tener gimnasio y servicios como dentistas o salones de belleza? ¿Serán más flexibles las horas de trabajo? ¿Habrá una semana laboral más corta?

3. La situación global. ¿Habrá paz o guerra? ¿En qué regiones del mundo habrá guerra? ¿Serán los países del futuro más grandes o más pequeños que los países actuales? ¿Habrá más gente? ¿Viviremos más?

Vivir y aprender

Presentación del tema

Hay algunas diferencias entre el sistema educativo de Estados Unidos o Canadá y el de los países hispanos. En los países de habla hispana, hay muchas escuelas vocacionales y, en general, hay escuelas para comercio, para la formación de maestros y para las fuerzas militares. Al nivel universitario, es raro que haya un *campus* como en Estados Unidos: la universidad se divide en facultades especializadas que pueden estar en varias partes de la ciudad. Si un estudiante estudia medicina, por ejemplo, tiene todas sus clases en la facultad de medicina. En algunas carreras, no es obligatorio que asista a clase, pero es necesario que apruebe un examen final, que muchas veces es un examen oral. La mayoría de los estudiantes viven con su familia, no en una residencia estudiantil. Se reúnen generalmente en los cafés, las plazas y en otros lugares públicos de la ciudad. No están aislados *(isolated)* ni separados de la comunidad.

> ...los cafés, verdadera Universidad popular.
>
> —Miguel de Unamuno (en una carta)

A pesar de las diferencias entre los dos sistemas de enseñanza, los educadores del mundo hispano, tanto como los de Estados Unidos y Canadá, están de acuerdo en muchos puntos importantes. Opinan que la enseñanza, como la vida, debe ser una aventura. Muchos dicen que la enseñanza tiene que continuar siempre, que nunca debemos dejar de aprender. En el mundo de hoy, hay que seguir aprendiendo por una variedad de razones; por ejemplo, en una crisis económica tiene ventaja la persona que puede cambiar de empleo. «Los profesionales más cotizados *(sought after)* son los que realizan estudios cortos, son versátiles y trabajan en el sector de servicios... . Lo mejor es no dejar nunca de aprender.»[*] O, como dice el refrán, «Mientras se vive, siempre se aprende.»

> Al venir a la Tierra, todo hombre tiene derecho a que se le eduque, y después, en pago, el deber de contribuir a la educación de los demás.
>
> —José Martí

Preguntas

1. ¿Cuáles son algunas de las diferencias entre el sistema de enseñanza hispánico y el estadounidense?
2. ¿Qué ventajas (puntos positivos) hay para el estudiante en el sistema hispánico? ¿Qué desventajas (puntos negativos) hay?
3. ¿Qué piensa usted de los exámenes orales? ¿Son más o menos fáciles que los escritos? ¿Por qué?
4. ¿Cree usted que hay mucho contacto entre los profesores y los estudiantes en las universidades norteamericanas? ¿De qué depende?

---

[*] María Estalayo, «Profesiones con futuro», *Muy interesante,* año 11, número 10, página 14.

UNIVERSIDAD NACIONAL MAYOR DE SAN MARCOS

Universidad del Perú, DECANA DE AMERICA

446 años

forjando ciencia
y desarrollo al
servicio del país

12 de mayo de 1551

Estamos seguros de que aquellos que se
incorporen a nuestras aulas recibirán
no sólo la más esmerada educación y formación
profesional sino que contribuirán
a mantener nuestra centenaria tradición
de modernidad y peruanidad.

INFORMACION
Oficina de Relaciones Públicas
Av. República de Chile Nº 295- Of. 507
Teléfono 433-5882

Tradición y excelencia

Carreras profesionales

- MEDICINA HUMANA
- OBSTETRICIA
- ENFERMERIA
- LABORATORIO CLINICO Y
- ANATOMIA PATOLOGICA
- TERAPIA FISICA Y REHABILITACIC
- RADIOLOGIA
- TERAPIA OCUPACIONAL
- NUTRICION
- FARMACIA Y BIOQUIMICA
- ODONTOLOGIA
- MEDICINA VETERINARIA
- CIENCIAS BIOLOGICAS
- PSICOLOGIA
- ADMINISTRACION
- CONTABILIDAD
- ECONOMIA
- DERECHO Y CIENCIA POLITICA
- LITERATURA
- FILOSOFIA
- LINGÜISTICA
- COMUNICACION SOCIAL
- ARTE

- BIBLIOTECOLOGIA
- EDUCACION
- EDUCACION FISICA
- HISTORIA
- SOCIOLOGIA
- ANTROPOLOGIA
- ARQUEOLOGIA
- TRABAJO SOCIAL
- TURISMO
- NEGOCIOS INTERNACIONALES
- FISICA
- MATEMATICA
- ESTADISTICA
- QUIMICA
- INGENIERIA QUIMICA
- INGENIERIA GEOLOGICA
- INGENIERIA GEOGRAFICA
- INGENIERIA DE MINAS
- INGENIERIA METALURGICA
- INGENIERIA INDUSTRIAL
- INGENIERIA ELECTRONICA
- INGENIERIA MECANICA DE FLUIDOS
- INGENIERIA DE SISTEMAS

La Universidad Nacional Mayor de San Marcos ofrece cursos en muchos campos de estudio. ¿En qué campo de estudio se especializa usted?

Vocabulario útil

Escuela, colegio (liceo) y universidad

Cognados

la arquitectura
la carrera
las ciencias
las ciencias de computación (la informática)
las ciencias políticas
las ciencias sociales
la escuela secundaria
la filosofía
graduarse
la ingeniería
las matemáticas
la medicina
la oficina administrativa

Otras palabras

los apuntes	*notes*
la beca	*scholarship*
el campo	*field*
la cartera	*small purse*
la cédula de identidad	*I.D.*
la conferencia	*lecture*
el deber, la tarea	*homework*
el derecho	*law*
la enseñanza	*education*
la farmacia	*pharmacology*
las letras	*literature*
el liceo	*high school*
el título	*degree, title*

Verbos

aprobar (ue) (un curso o examen)	*to pass (a course or exam)*
dar (hacer) un examen	*to take an exam*
devolver (ue)	*to return (something)*
especializarse en	*to major (specialize) in*
fracasar (en un curso o examen)	*to fail (a course or exam)*
pagar la matrícula	*to pay tuition*
recoger	*to pick up, collect*
seguir (i) un curso	*to take a course*

¡Ojo!

la biblioteca *library* / **la librería** *bookstore*

el colegio *elementary or secondary school (usually private)*

la conferencia *lecture* / **la lectura** *reading* / **el congreso** *conference or congress*

la escuela *elementary school (usually public)* / **la facultad** *school (department) of a university*

las notas *grades (or notes);* **sacar buenas (malas) notas** *to get good (bad) grades* / **los apuntes** *notes;* **tomar apuntes** *to take notes*

la residencia estudiantil *dorm* / **el dormitorio** *bedroom*

Práctica

A. ¿Adónde va? ¿Adónde va el estudiante cuando... ?

1. necesita devolver un libro que sacó
2. desea comprar un libro de texto
3. termina la escuela primaria
4. quiere dormir (si no vive con su familia o en un apartamento)
5. desea hablar con el profesor que enseña el curso sobre literatura latinoamericana
6. necesita comprar unos bolígrafos y un cuaderno
7. tiene que pagar la matrícula
8. quiere cambiar de una carrera a otra

B. ¿Qué tenemos que hacer? Termine las oraciones, de acuerdo con el modelo. En algunos casos hay más de una posibilidad.

MODELO   Para ser maestro (profesor de primaria)...
   Para ser maestro, hay que especializarse en enseñanza (o seguir cursos en la facultad de educación).

1. Para ser médico...
2. Para recordar cierta información de una conferencia larga y complicada...
3. Para obtener un título...
4. Para sacar buenas notas...
5. Para obtener una beca...
6. Para ser abogado...

C. La fórmula para sacar buenas notas. Discutan las siguientes preguntas. Estén preparados para explicar después las opiniones de su grupo.

1. ¿Qué piensas de las siguientes «reglas» *(rules)* para sacar buenas notas? En tu opinión, ¿cuáles son las tres recomendaciones más importantes? Ponlas en orden, con el número 1 como la más importante, etcétera.

   ____ pasar mucho tiempo estudiando en la biblioteca
   ____ siempre hacer la tarea para el día siguiente
   ____ asistir a todas las clases sin falta
   ____ impresionar a los profesores
   ____ tomar buenos apuntes en todas las clases
   ____ estudiar mucho para los exámenes finales
   ____ no trabajar en otros empleos
   ____ no participar en los deportes o en otras actividades

2. En tu opinión, ¿en qué consiste el éxito en la universidad? ¿Consiste en sacar buenas notas? ¿Hay otros factores importantes? Explica.

Para escuchar: Un contestador telefónico automático

Conversación 1: Para saludar y despedirse por teléfono; para pedir permiso. Jessica vive ahora en Bogotá con su amiga Julia Gutiérrez; las dos asisten a la Universidad de los Andes de esa ciudad. Están muy ocupadas y casi nunca están en casa. Jessica compra un contestador automático.

A. Escuche, en la Conversación 1, los mensajes que Jessica recibe. ¿A quién llamará Jessica primero? ¿Por qué?

B. Escuche la Conversación 1 otra vez. En el primer mensaje para Jessica, ¿qué expresiones para pedir permiso se usan? (Hay dos.)

_____ 1. ¿Se permite... ?
_____ 2. ¿Me permites... ?
_____ 3. ¿Es posible que... ?
_____ 4. ¿Está bien que... ?

C. Escuche los mensajes otra vez y llene los formularios con la información que falta.

Mensaje 1:

Llamó: _____

___ Favor de llamar   __X__ Volverá a llamar

Quiere usar _____

_____

Quiere llegar _____

_____

Mensaje 2:

Llamó: _____

___ Favor de llamar   ___ Volverá a llamar

Tienen _____

_____

Quiere saber si _____

_____

Mensaje 3:

Llamó: _____

___ Favor de llamar   ___ Volverá a llamar

Dejó _____

_____

Puede recogerlo _____

_____

Conversación 2: Para saludar y despedirse por teléfono; para expresar prohibición.

A. Escuche, en la Conversación 2, los mensajes que Julia recibe. ¿A quién llamará Julia primero? ¿Por qué?

B. Escuche los mensajes otra vez y llene los formularios con la información que falta.

Mensaje 1:

Llamó: _____

_____ Favor de llamar   _____ Volverá a llamar

Pide permiso para _____

_____

_____

_____

Mensaje 2:

Llamó: _____

_____ Favor de llamar   _____ Volverá a llamar

La extraña mucho. Quiere que Julia vuelva _____

_____

_____

_____

Mensaje 3:

Llamó: _____

_____ Favor de llamar   _____ Volverá a llamar

Hay un problema: _____

_____

_____

_____

Mensaje 4:

Llamó: _____

_____ Favor de llamar   _____ Volverá a llamar

Quiere saber _____

_____

No se permite _____

_____

Gramática y vocabulario

The Present Subjunctive Mood: Introduction and Formation;
The Subjunctive with Impersonal Expressions

The Present Subjunctive Mood: Introduction and Formation

Up to this point, the indicative mood has been used in this book. The indicative is used to state facts or make objective observations—most statements are in the indicative. (Statements in the indicative may or may not be true, but they are stated as truth.) The indicative is also used to ask simple questions. But now the subjunctive mood will be discussed: the mood of doubt, emotion, probability, personal will, arbitrary approval or disapproval. First, look at some examples of the subjunctive versus the indicative.

David aprueba el curso.	*David is passing the course. (simple statement—indicative)*
¿Aprueba David el curso?	*Is David passing the course? (simple question—indicative)*
Es posible que apruebe.	*It's possible that he may pass. (uncertainty, doubt—subjunctive)*
Es fantástico que David apruebe.	*It's fantastic that David is passing. (emotion—subjunctive)*
Está bien que David apruebe.	*It's good that David will pass (is passing). (approval—subjunctive)*

Notice that in all the sentences with the subjunctive, there are two clauses: an independent clause that can stand alone (**Es posible. Está bien.**) and a dependent clause that begins with **que.** The subjunctive is contained in the dependent clause. The subject of the dependent clause is different from the subject of the main clause (in these examples, the subject of the main clause is impersonal). Notice the various ways to translate the subjunctive into English.

Es posible que apruebe.
It's possible (that) he may pass.
It's possible (that) he's passing.
It's possible (that) he will pass.
It's possible for him to pass.[*]

The word *that* is optional in English, but **que** is always used in Spanish.

---

[*] This construction requires a dependent clause with the subjunctive in Spanish even though an infinitive is used in English. Since there is a change of subject *(it/him)*, the sentence can *not* be translated to Spanish using the infinitive.

Now look at the formation of the subjunctive in Spanish:

Regular Verbs

To form the present subjunctive of nearly all Spanish verbs, the **-o** is dropped from the first-person singular of the present indicative (the **yo** form) and the following endings are added:

-ar verbs: **-e, -es, -e, -emos, -éis, -en**
-er and **-ir** verbs: **-a, -as, -a, -amos, -áis, -an**

El ejercicio hace maestro.

—proverbio

hablar		comer		vivir	
hable	hable**mos**	coma	coma**mos**	viva	viva**mos**
hable**s**	habl**éis**	coma**s**	com**áis**	viva**s**	viv**áis**
hable	hable**n**	coma	coma**n**	viva	viva**n**

tener		hacer		decir	
tenga	teng**amos**	haga	hag**amos**	diga	dig**amos**
tenga**s**	teng**áis**	haga**s**	hag**áis**	diga**s**	dig**áis**
tenga	teng**an**	haga	haga**n**	diga	dig**an**

Stem-Changing Verbs

1. **-ar** and **-er.** The **nosotros** and **vosotros** forms follow the same pattern in the indicative and so do not have a stem change.

encontrar		querer	
encuentre	encontremos	quiera	queramos
encuentres	encontréis	quieras	queráis
encuentre	encuentren	quiera	quieran

2. **-ir.** In the **nosotros** and **vosotros** forms the infinitive stem **e** becomes **i** and the infinitive stem **o** becomes **u.**

sentir (e *to* ie)		pedir (e *to* i)		dormir (o *to* ue)	
sienta	sintamos	pida	pidamos	duerma	durmamos
sientas	sintáis	pidas	pidáis	duermas	durmáis
sienta	sientan	pida	pidan	duerma	duerman

Irregular Verbs

There are four verbs that do not follow these patterns: **haber, ir, ser,** and **saber.**

haber		ir		ser		saber	
haya	hayamos	vaya	vayamos	sea	seamos	sepa	sepamos
hayas	hayáis	vayas	vayáis	seas	seáis	sepas	sepáis
haya	hayan	vaya	vayan	sea	sean	sepa	sepan

Note that regular and stem-changing verbs ending in **-car, -gar,** and **-zar** change **c** to **qu, g** to **gu,** and **z** to **c** in the present subjunctive. For more information on spelling-changing verbs, see Appendix F.

Note also that (1) **estar** takes accents on the same syllables in the present subjunctive as in the indicative (**esté, estés, esté, estemos, estéis, estén**), and (2) there are accents on the first- and third-person singular forms of the verb **dar** so that they can be distinguished from the preposition **de** (**dé, des, dé, demos, deis, den**).

The Subjunctive with Impersonal Expressions

While the indicative is used to ask simple questions or make factual statements, the subjunctive is used after certain verbs or expressions that indicate or imply: (1) doubt, denial, or uncertainty; (2) emotion; (3) will, preference, or necessity; and (4) approval, disapproval, or advice.

1. Doubt, denial, or uncertainty

Es posible que Enrique fracase.	*It's possible (that) Enrique will fail.*
Es probable* que volvamos.	*It's probable (that) we'll return.*
Es imposible que sigan ese curso.	*It's impossible for them to take that course.*

2. Emotion (hope, fear, surprise, happiness, sadness, and so forth)

Es una lástima que no vengan.	*It's a shame that they aren't coming.*
Es sorprendente que Pablo no asista a la conferencia.	*It's surprising that Pablo isn't attending the lecture.*
Es terrible que te hable así.	*It's terrible that he talks to you that way.*

---

* Note that in Spanish the expression of probability is taken to allow for doubt and is followed by the subjunctive.

3. Will, preference, or necessity

Es importante que pensemos en el futuro.	*It's important that we think about the future.*
Es preferible que vaya.	*It's preferable for him (her, you) to go.*

4. Approval, disapproval, or advice

Está bien que hagas el examen el jueves en vez del martes.	*It's okay for you to take the exam Thursday instead of Tuesday.*
Es mejor que Juan no siga el curso de farmacia.	*It's better for Juan not to take the pharmacology class.*

The subjunctive is also required after expressions of emotion, will (preference, necessity), or approval (disapproval, advice) in the negative or interrogative.

No es posible que Enrique fracase.	*It's not possible that Enrique will fail.*
No es sorprendente que Pablo no asista a la conferencia.	*It's not surprising that Pablo isn't attending the lecture.*
¿Es preferible que vaya?	*Is it preferable for him (her, you) to go?*

However, after expressions of uncertainty (doubt, denial) in the negative the indicative is required if the idea of uncertainty (doubt, denial) is "cancelled out." Compare:

Es dudoso que la biblioteca tenga ese libro.	*It's doubtful that the library has that book. (subjunctive)*
No hay duda de que la biblioteca tiene ese libro.	*It's not doubtful that the library has that book. (I've seen it there.) (indicative)*

> Saber es poder.
> —proverbio

Impersonal Expressions That Take the Indicative

There are some impersonal expressions that take the indicative because they imply truth or certainty, such as the following:

Es verdad (cierto, obvio, claro, evidente) que...	*It's true (certain, obvious, clear, evident) that . . .*

Naturally, in the negative these expressions require the subjunctive, since untruth or disbelief is expressed. Compare:

Es evidente que el sol es el
    centro del universo.
¡No es verdad que el sol sea el
    centro del universo!

*It's evident (obvious) that the sun is
    the center of the universe.*
*It's not true that the sun is the
    center of the universe!*

> Lo que se aprende
> en la cuna *[cradle]*,
> siempre dura.
>
> —proverbio

Vocabulario útil

La vida universitaria

Los altibajos del estudiante

los altibajos	*ups and downs*
cobrar mucho (demasiado)	*to charge a lot (too much)*
las cuotas altas (bajas)	*high (low) fees*
la depresión*	*depression*
la esperanza	*hope*
exigente	*demanding (referring to people)*
el requisito	*requirement*
el ruido	*noise*
la tensión, el estrés†	*tension, stress*
la ventaja (la desventaja)	*advantage (disadvantage)*

Modismos

estar deprimido(a)	*to be depressed*
estar en la gloria	*to be on top of the world*
estudiar a la carrera	*to cram*
hacer cola	*to stand in line*
hacer huelga	*to go on strike*
hacer trampa	*to cheat*
Ojalá (que) (+ *subj.*)...	*I hope (that) . . . (from the Arabic "May Allah grant . . .")*

---

* In student slang, you may hear shortened words, such as **depre** rather than **depresión** (**Tengo una depre** or **Estoy con la depre**). Similarly: **la u** (**universidad**), **el o la profe** (**profesor o profesora**), **la compu** (**computadora**), **la tele** (**televisión**), **el boli** (**bolígrafo**).

† **El estrés** is an anglicism that is used a great deal in popular journalism in Spanish.

Práctica

A. Una clase fatal. Las clases de su nuevo profesor de historia tienen fama de ser «fatales». Describa cómo cree que va a ser el profesor y qué deben hacer usted y sus compañeros.

1. Es probable que el profesor...
   estar desorganizado, darnos muchas tareas, pedirnos todas las tareas a la vez, criticarlo todo
2. Es importante que nosotros...
   colaborar unos con otros, asistir a todas las clases, hacer los trabajos a tiempo, tomar el asunto con calma
3. Es mejor que tú...
   conseguir ayuda si la necesitas, no perder tiempo en clase, recordar las fechas de los exámenes, tomar buenos apuntes

B. Reacciones. Exprese sus reacciones a las siguientes ideas, usando expresiones como **Es verdad que... , No es cierto que... , Es bueno que... , Es una lástima que...** y el subjuntivo o el indicativo.

1. Los mejores profesores son muy exigentes.
2. En esta universidad, hay demasiados requisitos para la graduación.
3. Las cuotas universitarias son bajas este año.
4. Los libros de texto no cuestan mucho.
5. En la cafetería de nuestra universidad, casi nunca hay que hacer cola.
6. Hay mucho estrés en la vida estudiantil.

C. Preguntas. En forma alternada, hagan y contesten las siguientes preguntas.

1. ¿Haces las cosas con anticipación o lo dejas todo para el último momento? ¿Es una lástima que los estudiantes estudien a la carrera antes de un examen?
2. ¿Qué piensas del «sistema de honor» durante los exámenes? ¿Es posible que muchos estudiantes hagan trampa?
3. ¿Qué cualidades son importantes en un(a) compañero(a) de cuarto? Por ejemplo, ¿es importante que ayude a limpiar el cuarto? ¿que tenga buen humor?
4. ¿Qué cualidades son indeseables en un compañero(a) de cuarto? Por ejemplo, ¿es malo que hable mucho por teléfono? ¿que fume? ¿que haga ruido de noche? ¿que lleve a mucha gente al cuarto?
5. ¿Es necesario o importante, a veces, que los estudiantes hagan huelgas o protesten? ¿Cuándo?
6. ¿Por qué hay muchos altibajos en la vida del estudiante? ¿Es común que los estudiantes estén deprimidos? ¿Por qué sí o por qué no?

D. Los nuevos estudiantes. En grupos de tres o cuatro estudiantes, hagan una lista de oraciones dándoles consejos a algunos estudiantes que acaban de llegar a su universidad. Usen **Es importante (necesario, mejor, preferible,** etc.) **que** + el subjuntivo.

MODELOS   **Para comprar boletos para el teatro, es mejor que vayan a la cooperativa estudiantil, donde les harán un descuento.**
No es bueno que hagan fotocopias en la biblioteca porque cuestan más allí; es preferible que las hagan en University Copy Shop.

Ideas:
Antes de escoger sus clases, es necesario que (ustedes) / hablar con... (leer...) Si quieren matricularse en las clases más populares, es importante que (ustedes) / llegar...
Para impresionar a los profesores, es necesario que (ustedes) / participar... (asistir...)
Para probar un buen plato mexicano (italiano, chino, japonés...), es mejor que (ustedes) / comer en...
Para bailar (nadar, jugar al tenis...), es preferible que (ustedes) / ir a...
Si quieren ver películas extranjeras, es importante que (ustedes) / saber que...
Para conseguir ropa (zapatos, libros...) de buena calidad, es mejor que (ustedes) / hacer las compras en...

The Subjunctive with Verbs Indicating Doubt; Emotion; Will, Preference, or Necessity; Approval, Disapproval, or Advice

1. You saw in the previous section that the subjunctive is used after impersonal expressions that express doubt or denial; emotion; will, preference, or necessity; and approval, disapproval, or advice. The subjunctive is used in a dependent clause beginning with **que**. Similarly, the subjunctive is used in a dependent clause when verbs expressing these same ideas are in the main clause and when the subject of the two clauses is not the same.

dudar *to doubt* negar (ie) *to deny*	} doubt or denial
alegrarse de *to be happy* esperar *to hope* sentir (ie) *to be sorry; to feel* sorprender *to surprise* temer *to fear* tener miedo de *to be afraid of*	} emotion

decir (i)   *to tell (someone to do something)**
desear   *to wish, want*
exigir   *to demand*
insistir en   *to insist on**
mandar   *to order*
necesitar   *to need*
pedir (i)   *to ask (someone to do something)*
preferir (ie)   *to prefer*
querer (ie)   *to want*
rogar (ue)   *to request, beg*

> will, preference, or necessity

aconsejar   *to advise, counsel*
gustar   *to please*
permitir   *to permit*
prohibir   *to prohibit*

> approval, disapproval, or advice

Dudo que Manuel apruebe ese curso de biología.	*I doubt that Manuel will pass that biology class.*
Siento que no estén aquí.	*I'm sorry that they're not here.*
¡Te ruego que no dejes todo para la semana que viene!	*I'm begging you not to leave everything for next week!*

2. When the main clause contains one of these verbs in the negative or interrogative, the subjunctive is also normally used.

A los profesores no les gusta que hablemos en clase.	*The professors don't like us to talk in class.*
¿Temes que la matrícula sea demasiado cara?	*Are you afraid registration will be too expensive?*

However, if the main clause contains a verb expressing doubt or denial, the indicative will be required in a negative sentence if the *idea* of doubt or denial is "cancelled out."

No dudo (No niego) que saben la respuesta.	*I don't doubt (don't deny) that they know the answer.*

Similarly, some expressions convey doubt only in the negative. Compare:

No están seguros de que ella tenga un doctorado.	*They aren't sure (certain) that she has a doctorate.*

---

*   **Insistir en** and **decir** can be followed by the indicative or the subjunctive; they are followed by the subjunctive when they express will: **¿Insistes en que ella esté allí?** *Do you insist that she be there?* **¿Insistes en que ella está allí?** *Do you insist that she is there?* **Me dicen que (yo) siga un curso de economía.** *They tell me to take an economics course.* **Me dicen que (ellos) siguen un curso de economía.** *They tell me they're taking an economics course.*

Estoy segura de que tiene un título
   universitario.
        I'm sure she has a university degree.

3. As mentioned previously, the subjunctive is used in a dependent clause when the subject of that clause is different from the subject of the main clause. If the subject is the same, the infinitive is used.

Prefiero vivir en una residencia
   estudiantil, mamá.
        I prefer to live in a dorm, Mom.

¿Cómo? Tu papá y yo prefe-
   rimos que vivas en casa.
        What? Your father and I prefer that you live at home.

Tengo miedo de fracasar en el
   examen.
        I'm afraid of failing the exam.

Tengo miedo de que mi novio
   fracase en el examen.
        I'm afraid my boyfriend will fail the exam.

Práctica

> Para aprender nunca es tarde.
> —proverbio

A. Una clase de folklore. Marisa asiste a una clase de folklore y tiene que escribir una composición acerca de las supersticiones. Cada vez que alguien dice algo supersticioso, ella lo apunta *(makes a note of it)*. Complete las oraciones que ella ha escrito en su cuaderno; use el subjuntivo, el indicativo o el infinitivo de los verbos entre paréntesis.

1. «Te pido que no _____ (abrir) el paraguas *[umbrella]* dentro de la clase. Si lo haces, estoy seguro de que _____ (ir) a tener una disputa con alguien.»
2. «No es bueno que Elena y Manuel _____ (beber) del mismo vaso; significa que podrán adivinarse los *[guess each other's]* secretos.»
3. «Prefiero que nosotros no _____ (tener) clase en el salón número 13; tengo miedo de que allí tú y yo no _____ (poder) sacar buenas notas.»
4. «No es bueno que una persona se _____ (levantar) con el pie izquierdo, ni que _____ (salir) de casa con el pie izquierdo. Eso le _____ (ir) a traer mala suerte durante el día.»
5. «¿No temes _____ (fracasar) en el examen del próximo martes 13?»*
6. «Les aconsejo que no se _____ (casar) el martes; pero espero que _____ (haber) lluvia el día de la boda, porque eso significa abundancia.»
7. «Es muy mala suerte derramar sal *[to spill salt]*, y ojalá que usted la _____ (tirar) *[throw it]* por sobre el hombro *[shoulder]* izquierdo tres veces para evitar algo desagradable.»
8. «Te ruego que _____ (leer) el horóscopo todos los días.»

---

* Hispanics consider Tuesday the 13th (rather than Friday the 13th) unlucky.

B. Opiniones. Complete las oraciones con una de las ideas entre paréntesis o con sus propias palabras.

1. A los profesores no les gusta que los estudiantes... (comer en clase, leer durante una conferencia, salir antes de que termine la clase)
2. Me alegro mucho de que mi familia... (estar cerca [lejos], ser grande [pequeña, unida], no tener graves problemas)
3. Para impresionar a una chica de esta universidad, es necesario que un chico... (tener carro, ser romántico [inteligente, rico], saber conversar sobre una variedad de temas)
4. Para impresionar a un chico de esta universidad, es necesario que una chica... (tener carro, ser romántica [inteligente, rica], saber conversar sobre una variedad de temas)
5. Tengo miedo de que mi mejor amigo(a)... (cambiar de universidad, tener problemas con su novio[a], fracasar en su clase de...)
6. Mis papás (o mis familiares) me aconsejan que... (gastar menos dinero, estudiar comercio, no asistir a tantas fiestas)
7. Mis papás (o mis familiares) me prohíben que... (fumar en casa, tomar demasiado, manejar muy rápidamente)

C. ¿Cómo podemos mejorar la vida estudiantil? Hagan por lo menos seis oraciones, usando elementos de las tres columnas o sus propias ideas.

MODELOS   **Necesitamos que las residencias estudiantiles tengan computadora en cada cuarto.**
No nos gusta que la comida de la cafetería sea tan cara.

querer que	la administración	escuchar más a los estudiantes
esperar que	los profesores	hacer construir un nuevo
necesitar que	todos los estudiantes	estadio/teatro, una nueva
(nos) gustar que	la cafetería (clínica,	piscina, más lugares de
	librería) estudiantil	estacionamiento *(parking)*
	las residencias	dar menos tareas
	estudiantiles	conseguir becas
	las vacaciones	protestar contra...
		ser más (menos)...
		servir comida...
		tener un televisor con conexión
		de cable en cada cuarto

D. ¿De veras? Haga cinco oraciones, diciendo algo acerca de usted en el tiempo presente. Unas deben ser verdaderas; otras, falsas. Dígalas a un(a) compañero(a) de clase, quien debe responder: «**¿De veras? Dudo que...** » o «**¡Qué interesante! No dudo que...** » ¿Cuántas veces adivina su compañero(a)? *(How many times does your classmate guess correctly?)*

MODELOS Sé hablar chino. (Me especializo en ingeniería. Mi hermana
mayor es policía.)
**¿De veras? Dudo que sepas hablar chino (que te especialices
en ingeniería, que tu hermana mayor sea policía).**

> La verdad es hija del
> tiempo. *[Truth will
> out.]*
> —proverbio

The Subjunctive versus the Indicative

Some expressions in the main clause can take either the subjunctive or the indicative in the following dependent clause, depending on the point of view expressed.

1. **Tal vez, quizá(s),** and **acaso** normally take the subjunctive and imply doubt;
   however, they may take the indicative if the speaker or writer wants to imply
   a degree of certainty.

   Tal vez sea una historia
     verdadera.

   Tal vez es una historia verdadera.

   *Perhaps it's a true story (it's
     doubtful).*

   *Perhaps it's a true story (speaker
     believes it is).*

2. When asking a question with a verb or impersonal expression that states truth or certainty, the indicative is generally used in the dependent clause. However, the speaker or writer may choose to use the subjunctive to imply doubt. Compare the following:

¿Estás seguro de que este restaurante es bueno?	*Are you sure this restaurant is good? (simple question)*
¿Estás seguro de que este restaurante sea bueno?	*Are you sure this restaurant is good? (doubt implied)*

3. Similarly, **creer que...** and **pensar que...** take the indicative in affirmative statements and the subjunctive in negative statements. In interrogatives, they take either the subjunctive or the indicative, depending on whether doubt is implied.

Creo que todos los estudiantes deben seguir cursos de ciencia.	*I believe all students should take science classes.*
Yo no creo que todos los estudiantes deban seguir cursos de ciencia.	*I don't believe all students should take science classes.*
¿Cree usted que esa carrera tiene futuro?	*Do you think that career has a future? (simple question)*
¿Cree usted que esa carrera tenga futuro?	*Do you think that career has a future? (doubt implied)*

Práctica

A. Dudas. Haga oraciones con las palabras que siguen.

¿Qué hora es? Mi reloj no anda bien.

1. pienso que / ser las once
2. no estoy seguro, pero / creer que / ser las diez
3. no sé; quizás / ser las nueve

¿Dónde está el profesor?

1. es posible / estar en su oficina
2. es probable / estar en una reunión
3. tal vez / estar en la biblioteca
4. estoy seguro / no venir hoy
5. no creo que (nosotros) / deber esperarlo mucho

B. Quizás... Cuéntele a un(a) compañero(a) tres o cuatro cosas que piensa hacer en el futuro. Use **tal vez** o **quizás** *(+ subj.).* Puede hablar de las clases, de una actividad social, de un viaje o de cualquier otro plan futuro.

MODELOS **Quizás siga un curso de historia el trimestre que viene.**
Tal vez vaya a México en el verano.

C. ¿Qué crees? Entreviste a un(a) compañero(a) de clase sobre los siguientes temas, usando **¿Crees que... ?** o **¿Piensas que... ?** Su compañero(a) le da su opinión.

MODELO Todos los estudiantes deben seguir cursos de filosofía y letras.
    A: **¿Crees (Piensas) que todos los estudiantes deben seguir**
       cursos de filosofía y letras?
    B: **No, no creo que todos deban seguir estos cursos; sólo los**
       que deciden hacerlo. (Sí, creo que todos deben... para
       tener una buena educación.)

1. Todos los estudiantes deben seguir cursos de ciencias y matemáticas.
2. Hay demasiados estudiantes en las clases de esta universidad.
3. Las notas de un(a) estudiante son una indicación de su inteligencia.
4. La mayoría de los estudiantes sabe qué profesión va a escoger cuando entra a la universidad.
5. La educación universitaria debe ser gratuita *(free).*

6. Es mejor trabajar y estudiar en vez de dedicar cuatro años consecutivos exclusivamente a una carrera universitaria.

7. Una persona con un título universitario tiene más oportunidades de empleo que una persona sin título.

D. Para vivir y aprender el idioma español... ¿Indicativo o subjuntivo? Mire el anuncio de International House de Madrid y complete las oraciones. Use la forma **nosotros** del verbo.

El año que viene voy con unos amigos a estudiar español en International House de Madrid. Hay muchos programas para el estudio del castellano en España, pero decidimos que (1) _____ (querer) estar en la capital porque allí hay mucho que ver. En Madrid quiero que (2) _____ (ver) el Palacio Real y el Parque del Retiro. También es importante que (3) _____ (visitar) el Museo del Prado. Espero que (4) _____ (participar) en las fiestas y en las excursiones a Toledo, Ávila y Segovia. Ojalá que (5) _____ (conocer) a jóvenes españoles con quienes podamos juntarnos; así creo que nos (6) _____ (ir) a divertir mucho. Nuestro profesor de español nos aconseja que (7) _____ (mirar) películas o programas de televisión y que (8) _____ (asistir) a conferencias en español. Dice que está muy bien que allí (9) _____ (tener) la oportunidad de estudiar en grupos reducidos. Es posible que (10) _____ (aprender) muy bien el castellano —¿quién sabe?

Yo quiero que (11) _____ (pasar) por Italia después de terminar los estudios pero mis amigos prefieren que (12) _____ (viajar) a Fran-

Imagínate una ciudad fascinante, distinta, repleta de contrastes. Donde toda la historia, la cultura, la gastronomía y la diversión salen a tu encuentro. Donde cada día es una experiencia sorprendente. Donde nadie se siente extranjero.

la Ciudad

Así es Madrid.

Un centro emergente, bullicioso, que combina el aprendizaje con el ocio más inesperado.

Restaurantes, mesones, pubs, han hecho de Madrid la capital mundial de la "movida". Museos como el Prado, Reina Sofía y la colección Thyssen han convertido a la capital de España en el centro artístico por excelencia.

Madrid subyuga a quien la visita. Es una tentación irresistible. ¡Alguien puede negarlo!

ih

International House

cia. Espero que (13) _____ (poder) ir a los dos países. No creo que eso cueste demasiado porque vamos a tener pasajes de tipo «Eurail». De todos modos, estoy seguro de que (14) _____ (ir) a pasar el verano «en grande» (muy bien), como dicen los españoles.

ih te ofrece

✓ -PROFESORES NATIVOS CUALIFICADOS
✓ -CLASES A TU NIVEL
✓ -GRUPOS REDUCIDOS
✓ -CURSOS DE PREPARACION PARA LOS EXAMENES OFICIALES DE ESPAÑOL (D.E.L.E.)
✓ -CURSOS INTENSIVOS Y EXTENSIVOS
✓ -CURSOS "ONE TO ONE"
✓ -AMBIENTE PROFESIONAL Y AMENO
✓ -UNA METODOLOGIA BASADA EN LA COMUNICACION
✓ -BIBLIOTECA
✓ -VIDEO-CLUB
✓ -ACTIVIDADES CULTURALES
✓ -FIESTAS Y EXCURSIONES
✓ -ALOJAMIENTO
✓ -CURSOS DE FORMACION DE PROFESORES
✓ -CURSOS COMBINADOS EN MADRID, BARCELONA, SAN SEBASTIAN

✓ -QUALIFIED, NATIVE TEACHERS
✓ -CLASSES AT YOUR LEVEL
✓ -SMALL GROUPS
✓ -OFFICIAL EXAM PREPARATION COURSES (D.E.L.E.)
✓ -INTENSIVE & EXTENSIVE COURSES
✓ -ONE TO ONE COURSES
✓ - PROFESSIONAL & FRIENDLY ATMOSPHERE
✓ -COMMUNICATIVE APPROACH
✓ -LIBRARY
✓ -VIDEO-CLUB
✓ -CULTURAL ACTIVITIES
✓ -PARTIES & TRIPS
✓ -ACCOMMODATION
✓ -TEACHER TRAINING COURSES
✓ -COMBINED COURSES IN MADRID, BARCELONA, SAN SEBASTIAN

ih offers you

Para saludar y despedirse por teléfono

The way people answer the phone varies from country to country in the Hispanic world. In Mexico, people say **Bueno.** In Spain, they say **Dígame.** In most places, people say **Hola** or **Aló.**

If you are calling someone, you can say, **¿Está...** *(name),* **por favor?** You may hear the response: **¿De parte de quién?** To identify yourself, you can say, **Habla...** *(your name).* Here are some ways to say good-bye on the telephone:

Bueno, gracias por llamar.
Te llamo más tarde (mañana, etc.).
Volveré a llamar...   *I'll call back . . .*
Adiós. Hasta luego.

Para pedir y dar permiso y para expresar prohibición

Here are various ways to ask for and grant or deny permission and to express prohibition. Some of these expressions require the subjunctive, as you have seen in this chapter.

1. You want to ask permission to do something.

    ¿Me permite *(+ inf.)... ?*
    ¿Se permite *(+ inf.)... ?*
    ¿Se puede *(+ inf.)... ?*
    ¿Está bien que *(+ subj.)... ?*
    ¿Es posible *(+ inf.)... ?*
    ¿Es posible que *(+ subj.)... ?*
    ¿Podría (yo) *(+ inf.)... ?*

2. You give someone else permission to do something.

    Sí, está bien que *(+ subj.)...*
    Sí, es posible que *(+ subj.)...*
    Sí, podría(s) *(+ inf.)...*

3. You tell someone that something is not allowed or permitted.

    Está prohibido que *(+ subj.)...*
    No está bien que *(+ subj.)...*
    No es posible que *(+ subj.)...*
    Se prohíbe que *(+ subj.)...*
    No se permite que *(+ subj.)...*
    Eso no se hace. *That's not allowed (done).*

Cada cabeza es un mundo.
—proverbio

Práctica

A. Conversaciones por teléfono. Con un(a) compañero(a), invente conversaciones telefónicas para las siguientes situaciones.

1. **Un hotel en España**. Una persona es turista. La otra persona es el (la) gerente *(manager)* que llama para decir que tienen la cartera del (de la) turista en la recepción *(registration desk)*.
2. **Guanajuato, México.** Una persona llama a un(a) amigo(a) para decirle que está de visita allí. Se ponen de acuerdo para verse al día siguiente para cenar.
3. **Bogotá, Colombia.** Una persona es turista. Llama a la otra persona, que es agente de viajes. Quiere saber a qué hora salen vuelos para Cartagena. El (La) agente le dice que a las dos de la tarde hay uno.

B. ¿Qué dicen? ¿Qué cree usted que están diciendo las personas que están en los siguientes dibujos? Invente dos oraciones para cada dibujo.

1.

2.

3.

4.

¡A comunicarnos!

A. El semestre (trimestre) que viene... ¿Qué va a hacer el semestre (trimestre) que viene? Hable con un(a) compañero(a) y describa sus planes. Use expresiones como **Es posible (probable) que...** , **Quizás...** , **Creo que...** , **No creo que...** Su compañero(a) le hará algunas preguntas.

MODELO   A: **El trimestre que viene es posible que cambie de compañero(a) de cuarto.**
              B: **¿Es que ustedes no se llevan bien?**
              A: **No, tenemos un problema...**

Ideas:
seguir más (menos) cursos
estudiar más (menos)
trabajar en...
ir a algún lugar interesante
cambiar de residencia
hacer algún deporte
comprar o vender algo
hacer algún cambio en la vida
casarse
graduarse

B. Confesiones. Un(a) estudiante menciona un problema o preocupación que tiene. Los otros estudiantes le dan consejos. Trate de usar el subjuntivo. Podría hablar de cualquier problema o preocupación acerca de los estudios, las notas, el (la) novio(a), los papás, el dinero, los compañeros de cuarto... Cada estudiante tiene que hacer una «confesión».

MODELOS   A: **Es posible que no apruebe mi curso de física este trimestre.**
              B: **Tal vez debas hablar con el profesor.**
              C: **Es importante que consigas ayuda.**
              D: **Es necesario que vayas a clase y que tomes apuntes.**

C. Los trabajos del futuro. Lea los siguientes párrafos y después conteste las preguntas. Esté preparado(a) para compartir sus opiniones con la clase.

Si le preguntamos a un joven qué proyectos tiene en mente una vez que haya finalizado sus estudios universitarios, probablemente contestará: «¡Un buen trabajo y ganar mucho dinero!» Hasta hace poco, cualquier universitario con un diploma hallaba *[found]* una buena posición en el mercado laboral. Pero ahora es diferente: ¡hay docenas de profesionales para un mismo puesto!... ¿Cuál es la solución? Estudiar, si es joven, o especializarse, si ya se es universitario, en «carreras con futuro», es decir, aquéllas donde los empleos nunca faltarán... o donde habrá menos posibilidades de despidos *[layoffs]* masivos...

Las quince carreras de más brillante futuro son: contadores *[accountants]*, especialistas en banco y finanzas, técnicos en computadoras, expertos en marketing, profesores de idiomas, ingenieros en computadoras, ingenieros en medio ambiente *[environment]*, técnicos de laboratorios médicos, expertos en relaciones públicas, vendedores profesionales, químicos, agentes de viajes y oficiales de prisión.

—Virginia de los Reyes,
«Las mejores profesiones del futuro»,
Hombre internacional, enero de 1994,
páginas 34–35

1. ¿Cree usted que es importante ganar mucho dinero?
2. Para usted, ¿qué es lo más importante en un trabajo?
3. ¿Cuál es su campo de estudio? ¿Qué profesión o carrera le interesa? En general, ¿será posible que encuentre trabajo en ese campo sin muchas dificultades?
4. ¿Cree que hay otras carreras con futuro? ¿Cuáles? ¿Por qué?

D. Composición estructurada: Una carta a un(a) amigo(a). Escriba una carta a un(a) amigo(a) hispano(a), describiendo los altibajos de su vida como estudiante. Trate de usar el subjuntivo por lo menos cinco veces. Use las listas de vocabulario de este capítulo. Siga este plan:

(1) Su ciudad, la fecha

(2) **Querido(a)** (nombre de su amigo o amiga),

(3) el primer párrafo: **¿Qué tal?, ¿Cómo estás?** o algún otro saludo y una o dos expresiones de esperanza sobre la vida de su amigo(a) **(Espero que... , Ojalá que...).**

(4) el segundo párrafo: **Mi vida ahora tiene algunas desventajas.** Luego, tres o cuatro oraciones sobre los puntos negativos de la vida estudiantil, usando expresiones como **Es horrible (necesario, triste, una lástima, ridículo, terrible) que... , No es posible (probable) que... , Siento (Temo, Tengo miedo de, No me gusta) que...**

(5) el tercer párrafo: **Pero mi vida ahora también tiene algunas ventajas.** Luego, tres o cuatro oraciones sobre los puntos buenos de la vida estudiantil, usando oraciones como **Está bien que... , Es bueno (maravilloso, estupendo) que... , Me alegro de que... , Estoy contento de que...**

(6) la conclusión: **Sin otra novedad, vuelvo a mis estudios.**

Con cariño,

(su nombre)

> El que no sabe gozar de la ventura *[good fortune]* cuando le viene, que no se debe quejar si se le pasa.
>
> —Miguel de Cervantes, *Don Quixote* II, 5

CAPÍTULO
SEIS

De viaje

Presentación del tema

El mundo hispano ofrece una gran variedad de atracciones para cualquier persona de espíritu aventurero. En la isla de San Andrés, Colombia, mucha gente hace buceo *(scuba diving)* o nada con tubo de respiración *(snorkle)*. «A la persona que por primera vez se le coloca *[puts on]* un equipo de buceo y se hunde en las intimidades del mar, le invade la sensación de haber viajado a otro planeta... [En San Andrés hay] puntos de inmersión que por su extraordinaria belleza han despertado el interés de los buzos *[divers]* profesionales de Norteamérica y Europa.»* En esta isla encantadora también se puede hacer windsurf, jugar al tenis, descansar en las playas o ir de compras; las tiendas tienen muchas cosas importadas y no hay que pagar impuestos.

---

* Cristóbal Ospina, «Buceo en San Andrés», *Diner's* (Colombia), enero de 1987, página 46.

En muchas partes de España y Latinoamérica hay guías que llevan a los turistas a montar a caballo *(ride horses)*. Aquí un grupo cruza los Andes: «En un viaje de cinco días, subiendo y bajando cuestas *[hills]*, durmiendo bajo las estrellas y siempre en contacto con esta cordillera eterna, se va de Argentina a Chile.»[*]

Cerca del pueblo de Tarapoto en la Amazonia peruana, hay «muchos puntos de gran belleza escénica y de grandes posibilidades de aventura: rápidos perfectos para el canotaje *[canoeing]*... , las apacibles aguas de Laguna Azul para el remo *[rowing]* y la vela *[sailing]*; interesantes recorridos por la selva, *trekking* a las cascadas de Tunun Tunumba; paseos a caballo y ciclismo de montaña; pesca... abundante».[†] Aquí los indígenas conservan sus tradiciones, viviendo como vivían sus antepasados hace muchos siglos.

[*] Chris Sattlberger, «Cruzando los Andes a caballo», *Geomundo*, septiembre de 1995, página 260. (El autor del artículo nota que no sabía montar cuando aceptó la invitación de hacer la excursión con un grupo de turistas.)

[†] Susana Sánchez Mellado, «Conociendo la región de San Martín», *Geomundo*, marzo de 1997, página 82.

Muchos jóvenes pasan sus vacaciones trabajando en algún lugar interesante, por ejemplo, en un sitio arqueológico. «Miles de jóvenes españoles pagan dinero por trabajar, pero no están locos. Son muchachos que eligen los campos de trabajo para pasar su descanso veraniego [summer]. Excavaciones arqueológicas, reconstrucción de pueblos abandonados o intervenciones en el medio ambiente [environment] son algunas de las actividades que tienen a su disposición para convertir sus vacaciones en algo más que un tiempo de sol y playa.»*

Preguntas

1. ¿Qué se puede hacer en la isla San Andrés? ¿A usted le gusta nadar? ¿bucear? ¿montar a caballo? ¿dormir bajo las estrellas?
2. ¿Qué posibilidades hay en la Amazonia peruana para los turistas aventureros?
3. ¿Qué hacen los jóvenes de la última foto (arriba)? Hay oportunidades de hacer otros proyectos en España y Latinoamérica, como reconstruir pueblos abandonados, limpiar senderos (trails) o plantar árboles para conservar el medio ambiente. ¿A usted le gustaría participar en un programa que le dé la oportunidad de vivir y trabajar en el extranjero?
4. ¿En cuál de las fotos le gustaría estar? ¿Por qué?

---

* Ramón Arangüena, «Trabajar para divertirse en vacaciones», *Panorama*, 9 agosto de 1993, página 47.

Vocabulario útil

Las vacaciones

Cognados

la estación   el itinerario
la excursión   el, la recepcionista

En el hotel

el albergue para jóvenes   *youth hostel*
  (para la juventud)
el camarero (la camarera),   *waiter (waitress)*
  el mozo (la moza)
el cuarto, la habitación   *room*
doble/sencillo   *double/single*
el, la gerente   *manager*
el hotel de lujo   *luxury hotel*
el, la huésped (*also* la huéspeda) *guest*
la llave   *key*
la pensión*   *small hotel*
la piscina (la alberca)   *swimming pool*

Verbos

dejar (dar) la propina   *to leave (give) the tip*
guardar   *to keep*
hacer (preparar) las maletas   *to pack the suitcases*
  (las valijas)
hacer un viaje   *to take a trip*
llevar una mochila   *to take (carry) a backpack (or*
                                    * knapsack)*
pagar la cuenta   *to pay the bill*
quedar   *to remain, be located*
quedarse (en)   *to stay (at)*
sacar fotos   *to take pictures (photographs)*
tomar sol   *to sunbathe*

---

* The **pensión** is sometimes your best bet financially when traveling in a Hispanic country. Most have weekly or monthly rates and provide at least one meal a day. Many offer **pensión completa,** three economical meals a day. In Spain, another alternative to hotels are the **paradores** (government-run inns). These are sometimes very beautiful and situated in castles or historic buildings (such as the one built right inside the Alhambra). They vary from reasonable to luxurious and are priced accordingly. Reservations should be made in advance.

El ir y venir

la aduana	*customs*
el billete *(Spain)*, el boleto	*ticket*
el equipaje	*luggage, baggage; equipment*
en el extranjero	*abroad*
la gira	*tour*
la parada	*stop (e.g., bus)*

Para preguntar cómo llegar

adelante, derecho	*forward, straight (ahead)*
cruzar (la calle)	*to cross (the street)*
doblar (a la derecha, a la izquierda)	*to turn (right, left)*
la esquina	*(street) corner*
la manzana *(Spain)*, la cuadra	*block*
¡Oiga, señor (señora, señorita)! (Dígame...)	*Excuse me, sir (madam, miss)! (Tell me...) (expressions used to attract attention)*

¡Ojo!

dejar *to leave (something or someone) behind* / **partir o salir (para)** *to leave (for) somewhere* / **marcharse** *to leave*

el sentido *direction* / **la dirección** *address, direction*

tardar (en) *to take (so long, so much time) to* / **durar** *to take, last (expressing duration)*

Práctica

A. ¿Qué es? Dé un equivalente para cada palabra o expresión.

1. el cuarto
2. la valija
3. la excursión
4. la alberca
5. irse
6. lugar en la frontera donde revisan *(they check)* el equipaje
7. dinero que se deja para el (la) camarero(a)
8. pequeño hotel que normalmente ofrece una o dos comidas diarias

—... Señor, lo de «pensión completa» quiere decir que le
alquilamos el último cuarto. ¡Pero la comida tiene que pagarla!

B. Opiniones sobre los viajes. Entreviste a un(a) compañero(a), usando las
siguientes preguntas. Después, su compañero(a) lo (la) entrevista a usted.
Esté preparado(a) para compartir la información con la clase.

1. En general, ¿te gusta que un viaje tenga itinerario fijo? ¿O prefieres que
   sea más espontáneo? ¿Por qué?
2. ¿Qué piensas de las giras en autobús?
3. Cuando viajas, ¿dónde te quedas? ¿Vas de campamento? ¿Te quedas con
   amigos? ¿En qué tipo de hotel prefieres quedarte?
4. ¿Cuántas maletas llevas usualmente? ¿O llevas una mochila? ¿Por qué?
5. ¿Guardas muchos recuerdos de los viajes que haces? ¿Tienes algún
   recuerdo especial de uno de tus viajes?
6. ¿Qué país hispano te gustaría visitar? ¿Qué harías allí?

C. La geografía del mundo hispano. Mire los mapas que están en las
primeras páginas del libro. Entreviste a un(a) compañero(a), usando las preguntas que siguen. En forma alternada, una persona hace la pregunta y la
otra persona la contesta.

1. ¿Cuáles son los únicos países de Sudamérica que no tienen salida al mar
   (es decir, que no tienen costa marítima)?
2. ¿Cómo se llama la cordillera *(mountain chain)* más larga de Latinoamérica (y del mundo)? ¿Está en el este o en el oeste del continente?

3. ¿Por qué países sudamericanos pasa el ecuador? ¿Cómo será el clima allí? Por ejemplo, ¿habrá muchos cambios de temperatura según las distintas estaciones del año?

4. Si usted quiere ir a Chile para esquiar en los Andes, ¿es mejor ir en julio o en enero? ¿Por qué?

5. Describa la geografía de España. ¿Qué separa a España del resto de Europa? ¿de África?

Para escuchar: En Cartagena

Conversación 1: Direcciones y sentidos. Mike y Julia están de viaje en Cartagena con unos amigos.

A. Escuche la Conversación 1. ¿Cuál es la foto que muestra el lugar donde están?

1.

2.

B. Escuche la Conversación l otra vez. Escoja la mejor respuesta.

1. Mike y Julia buscan...
   a. el Castillo de San Felipe.
   b. la calle Francia.
   c. el parque de Cartagena.

2. Cuando Julia quiere llamarle la atención al señor para hacerle una pregunta, le dice:
   a. Gracias, señor.   b. Hola, señor.   c. Oiga, señor.

3. Las murallas de la ciudad son anchas...
   a. para que no se oiga el ruido del puerto.
   b. para servir de camino.
   c. para proteger (*protect*) la ciudad.

4. La señorita usa una expresión que un turista va a oír muchas veces. ¿Cuál es?
   a. ¡No se pueden perder!   b. ¿Por dónde se va a... ?   c. ¿Por qué?

Conversación 2: Direcciones y sentidos. Mike y Julia deciden hacer una gira del Castillo de San Felipe en Cartagena.

A. Escuche la Conversación 2. ¿Cuál es el tema principal de la conversación?

1. los ataques de los piratas, de los ingleses y de los franceses contra Cartagena
2. el almirante inglés Edward Vernon
3. la reina Isabel I de Inglaterra

B. Escuche la Conversación 2 otra vez. Escoja la mejor respuesta.

1. ¿Cuál es la foto de la estatua del comandante Blas de Lezo?

a.

b.

2. Francis Drake le mandó el oro de Cartagena y una gran esmeralda a...
   a. Edward Vernon.
   b. George Washington.
   c. la reina Isabel I de Inglaterra.
3. En 1741, los ingleses atacaron Cartagena con la ayuda de...
   a. los franceses.
   b. los indios.
   c. los norteamericanos.
4. Edward Vernon fue...
   a. medio hermano de George Washington.
   b. el líder de los ingleses que atacaron Cartagena en 1741.
   c. un soldado norteamericano.
5. Dice el guía: «En cada batalla perdió un pedazo de cuerpo para ganar un poquito de gloria.» Habla de...
   a. Francis Drake.
   b. Edward Vernon.
   c. Blas de Lezo.

> No entiendo de donde viene la vergüenza de ser turista. Cuando visito un lugar y no tengo tiempo para conocerlo bien, asumo sin vergüenza mi papel de turista.
>
> —Gabriel García Márquez

Gramática y vocabulario

Direct Object Pronouns

me	*me*	nos	*us*	
te	*you*	os	*you*	
lo	*him, it, you* (usted)	los	*them, you* (ustedes)	
la	*her, it, you* (usted)	las	*them, you* (ustedes)	

1. Direct objects receive the action of the verb and usually answer the question *What?* or *Whom?* For instance, in the sentence *She sent the tickets to Pablo,* the direct object noun is *tickets.* Changing the direct object noun to a direct object pronoun, the sentence would read *She sent them to Pablo.* In Spanish, direct object pronouns correspond to the direct object nouns they replace in gender, person, and number.

   ¿El horario? No lo necesito ahora. — *The schedule? I don't need it now.*

   ¿Necesitan esta silla? —No, no la necesitamos. — *Do you need this chair? —No, we don't need it.*

   Los llamé ayer. —¡Qué bueno!* — *I called them yesterday. —Good!*

   Nos llevan al aeropuerto. — *They're taking us to the airport.*

2. Direct object pronouns normally precede a conjugated verb. In a construction containing both a conjugated verb and an infinitive or present participle (**-ando** or **-iendo** form), direct object pronouns can either precede the conjugated verb or follow and be attached to the infinitive or present participle.

   ¿El mapa? No lo puedo encontrar. (No puedo encontrarlo.) — *The map? I can't find it.*

   ¿Están buscando los boletos? — *Are you looking for the tickets?*

   ¿Están buscándolos? — *Are you looking for them?*

---

* **Lo** and **los** are used as direct object pronouns for men and boys in most of Spanish America. However, in some regions of Spain, **le** and **les** are normally used: **Les llamé ayer.** *I called them yesterday.* **Le llevamos a casa.** *We took him home.*

3. The neuter pronoun **lo** can refer to an idea or quality already mentioned. It is often used with the verb **ser** when the verb stands alone.

La catedral es muy linda. —Sí, lo es.	*The cathedral is very beautiful. —Yes, it is.*
¿Prefieres que vayamos al cine en vez de ir al partido? —Sí, realmente lo prefiero.	*Do you prefer that we go to the movies instead of going to the game? —Yes, I really prefer it.*
El tren tarda mucho en llegar. —Sí, lo sé.	*The train is taking a long time to come. —Yes, I know.*

Práctica

A. ¿Qué necesita? Diga si necesita las siguientes cosas para ir a bucear a la isla San Andrés.

MODELO ¿Necesita la cámara?
Sí, la necesito. (No, no la necesito.)

¿Necesita...

1. el pasaporte?
2. los esquíes?
3. el traje de baño?
4. las tarjetas de crédito?
5. el abrigo?
6. las sandalias?

B. El (La) turista desorganizado(a). Haga el papel de un(a) turista desorganizado(a) y conteste las preguntas.

MODELOS ¿Olvidaste hacer las reservaciones?
Sí, olvidé hacerlas.

¿Llevas la dirección?
No, no la llevo.

1. ¿Perdiste el pasaporte?
2. ¿Olvidaste tus sandalias?
3. ¿Trajiste la película *(film)*?
4. ¿Puedes encontrar los boletos?
5. ¿Dejaste la cámara en la pensión?
6. ¿Tienes la llave?
7. ¿Sabes el número de nuestra habitación?
8. ¿Puedes pagar la cuenta?

C. De viaje. Conteste afirmativamente, usando pronombres.

MODELO Vamos al aeropuerto. ¿Nos vas a acompañar?
Sí, voy a acompañarlos. (Sí, los voy a acompañar.)

1. Necesito ayuda con las maletas. ¿Me puedes ayudar?
2. Llegamos al hotel a las cinco. ¿Nos vas a llamar allí?

3. Vamos a dejar el coche aquí. ¿Lo quieres usar?
4. Está muy alta *(loud)* la televisión. ¿Me puedes oír?
5. Te di mis llaves. ¿Estás buscándolas?
6. La gata necesita comida todos los días. ¿La puedes cuidar?

Indirect Object Pronouns

me	*(to, for) me*	nos	*(to, for) us*
te	*(to, for) you*	os	*(to, for) you*
le	*(to, for) him, her, you* (usted)	les	*(to, for) them, you* (ustedes)

1. In the sentence *She sent Pablo the tickets,* the indirect object noun is *Pablo.* Changing the indirect object noun to an indirect object pronoun, the sentence would read *She sent him the tickets.* In Spanish, indirect object pronouns differ in form from the direct object pronouns only in the third-person **le** and **les.** They tell *to* or *for whom* something is done, made, said, or whatever action the verb indicates. Like direct object pronouns, they precede conjugated verbs or follow and are attached to infinitives or present participles.

Ese guía habla mucho. —Sí, pero nos explicó muchas cosas interesantes.
That guide talks a lot. —Yes, but he explained a lot of interesting things to us.

Les voy a escribir una carta sobre la gira.
I'm going to write them a letter about the tour.

Notice in the last example that there are two ways to translate this in English: *I'm going to write them a letter* or *I'm going to write a letter to them.*

2. While indirect object pronouns usually answer the question *to whom?* they sometimes answer the question *for whom?* or *from whom?*

Te voy a preparar un plato típico colombiano.
I'm going to prepare a typical Colombian dish for you.

Le compré los sellos a Paco.
I bought the stamps from Paco. (or I bought the stamps for Paco.)

3. Third-person indirect object pronouns **(le, les)** are generally used even when the indirect object is expressed as a noun.

Le pedí la cuenta al camarero.
I asked the waiter for the check.

El gerente les dio la llave a los huéspedes.
The manager gave the guests the key.

Notice that the preposition **a** is used in all of these examples to introduce the indirect object noun.

En los viajes, el niño sólo piensa en la partida, el adulto en el por qué, el viejo en el regreso.

—dicho

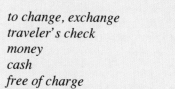

En el banco

cambiar	to change, exchange
el cheque de viajero	traveler's check
el dinero	money
el dinero en efectivo	cash
gratis*	free of charge
la moneda	coin; currency (of a country)
pagar al contado (pagar con dinero en efectivo)	to pay cash
la plata†	money (colloquial)
la tarjeta de crédito	credit card
la tasa de cambio	exchange rate
el vuelto, el cambio	change (that you receive from larger units of money)

Práctica

A. En el banco. Haga oraciones, usando pronombres de complemento (*object*) indirecto.

MODELO   cobraron poco por los cheques / a nosotros
Nos cobraron poco por los cheques.

1. cambiaron el cheque / a ellos
2. dijeron que la tasa de cambio era muy alta / a mí
3. mandaron la tarjeta de crédito / a mi amigo
4. explicaron la situación / al extranjero
5. ¿dieron el vuelto? / a ti

B. Un buen guía: ¿qué hace? Haga oraciones, reemplazando las palabras en bastardilla con los pronombres apropiados.

MODELOS   traducir la frase *para usted*
Le traduce la frase.

llevar *la maleta de la señora anciana*
La lleva.

---

* Note that *free* in the sense of *at liberty* or *unoccupied* is **libre**.

† There are many ways to say *money* in Spanish. In Spain, people say **la pasta;** in Mexico, people say **la lana** (*wool,* from the days when sheep raising was highly profitable), but a word that is universally understood is **la plata,** literally, *silver*.

1. dar la bienvenida *a los turistas*
2. contar *la historia* al matrimonio italiano
3. escribir la dirección del banco *para nosotros*
4. sacar una foto *al señor francés*
5. dar la dirección del museo de arte *a ti*
6. ayudar *a la señora alemana* a encontrar las monedas para la máquina de refrescos
7. explicar el itinerario *a ustedes*
8. mandar las tarjetas *para nosotros*
9. llamar por teléfono *al amigo del señor canadiense*
10. describir el restaurante «La Azteca» *a la señora de Miami*

C. Cuando estás de viaje... Entreviste a un(a) compañero(a) para averiguar si hace las siguientes cosas cuando está de viaje o de vacaciones. Use pronombres de complemento indirecto.

Modelo   mandar tarjetas postales a tus amigos
   A: **Cuando estás de viaje, ¿les mandas tarjetas postales a tus amigos?**
   B: **Sí, a veces les mando tarjetas postales. (No, no les mando...)**

1. comprar un recuerdo a tu mejor amigo(a)
2. escribir una carta a tu mamá
3. hacer muchas preguntas a los guías
4. dejar buenas propinas a los camareros
5. pedir información a personas desconocidas

Prepositional Object Pronouns

mí	*me*	nosotros(as)	*us*
ti	*you*	vosotros(as)	*you*
él	*him, it*	ellos	*them*
ella	*her, it*	ellas	*them*
usted	*you*	ustedes	*you*

1. The pronouns that serve as objects of prepositions are the same as the subject pronouns, except the first- and second-person singular: **mí** and **ti.**

¿Hablan de mí o de ti?
   —¿Quién sabe?
Este regalo es para usted y ése es para ella. —Muchas gracias.

Are they talking about you or me?
   —Who knows?
This present is for you, and that one is for her. —Thank you.

Hoy por ti, mañana por mí.
—dicho

2. The preposition **con** combines with **mí** to form **conmigo** and with **ti** to form **contigo**.*

Enrique, ¿vienes conmigo a la catedral?	*Enrique, are you coming with me to the cathedral?*
Pues, estoy de acuerdo contigo. —¡Por fin!	*Well, I agree with you. —Finally!*

3. **Yo** and **tú** are used instead of **mí** and **ti** after **entre, excepto,** and **según.**

Bueno, entre tú y yo...	*Well, between you and me . . .*
Todos fueron a la plaza de toros excepto yo. —¡Caramba!	*Everyone went to the bullring except me. —Good grief!*
Según tú, todo el mundo debe ir de vacaciones a menudo.	*According to you, everyone should go on vacation often.*

Práctica

Breves conversaciones. Complete las conversaciones con pronombres apropiados.

A: ¿Quieres ir (1) con_____ a bailar esta noche, Carmen?
B: ¿(2) Con_____? Claro, ¿a qué hora?
A: A las nueve. ¿Vamos con Rafael y Marisa?
B: Sí, está bien. Ahora mismo estaba pensando en (3) _____; vamos a preguntarles si quieren acompañarnos.

•   •   •

A: ¡Qué flores más bonitas! ¿Son para la secretaria?
B: No, son para (4) _____, señora García. ¡Feliz cumpleaños!
A: ¿Para (5) _____? Bueno, gracias, señor Hernández, muy amable.

•   •   •

A: ¿A (6) _____ te gustan los chocolates, Ana?
B: A (7) _____ no, pero a mi hermana le encantan. Se los doy a (8) _____, ¿de acuerdo?

•   •   •

A: ¿Fueron ustedes al Museo del Oro?
B: Todos fueron excepto (10) _____; no me sentía bien ese día.

---

* There is another form, **consigo**, that combines **con** with **sí**, a third-person singular and plural prepositional pronoun: **El guía se llevó los pasajes consigo.** *The guide took the tickets with him.* **Ella está enojada consigo misma.** *She's angry with herself.*

Two Object Pronouns;
Position of Object Pronouns

1. When both an indirect and a direct object pronoun are in the same sentence, the indirect object pronoun (which usually refers to a person) always precedes the direct object pronoun (which usually refers to a thing).

Te voy a dar la dirección y el número de teléfono.	*I'm going to give you the address and phone number.*
Te los voy a dar.	*I'm going to give them to you.*
Me contaron la historia.	*They told me the story.*
Me la contaron.	*They told it to me.*
El empleado nos trajo los cheques de viajero.	*The employee brought us the traveler's checks.*
Nos los trajo.	*He brought them to us.*

Notice that when two object pronouns are attached to an infinitive, an accent is required over the final syllable of the infinitive.

Llamó para decírmelo.	*She called to tell it to me.*
Decidieron mandártela.	*They decided to send it to you.*

2. Object pronouns are placed directly before a verb or auxiliary; negative or affirmative words precede object pronouns.

¡No me lo dijeron!	*They didn't tell me about it!*
¿Dónde está papá? —Todavía nos espera en la aduana.	*Where's Dad? —He's still waiting for us at the customs office.*

> Viajar es pasear un sueño.
>
> —proverbio

3. A third-person indirect object pronoun (**le** or **les**) used with a third-person direct object pronoun (**lo, la, los, las**) is replaced by **se**.

$$\begin{matrix} \textbf{le} \\ \textbf{les} \end{matrix} = \textbf{se before} \begin{cases} \textbf{lo} \\ \textbf{la} \\ \textbf{los} \\ \textbf{las} \end{cases}$$

¿La llave? Se la dimos al gerente.	*The key? We gave it to the manager.*
Se lo explico a usted, señor.	*I'll explain it to you, sir.*
¿Las postales? Se las dejé para usted.	*The postcards? I left them for you.*

4. Prepositional phrases (**a él, a usted**, and so forth) are often used with indirect object pronouns for emphasis or clarification.

... y después se lo dieron. —¿A quién? —Se lo dieron a ella.	*. . . and then they gave it to him (her, you). —To whom? —They gave it to her.*
¿A ti te dijeron eso? ¡Dios mío!	*They told you that? Good grief!*

Práctica

A. Evitando la repetición. Acorte las oraciones, de acuerdo con el modelo.

MODELO   Cambiaron el cheque. (a la camarera)
          Le cambiaron el cheque.
          Se lo cambiaron.

1. Contaron la historia de la Alhambra. (a mí)
2. Explicaron las costumbres. (a nosotros)
3. Vendieron esos ponchos feos. (a los turistas)
4. Mandaron la información. (a ella)
5. Sirvieron el café. (a mí)
6. Contaron un chiste. (a ti)
7. Prometieron reservar un cuarto doble. (para nosotros)
8. Dejaron el mapa. (para usted)

B. Situaciones. ¿Qué haría usted en las siguientes situaciones? Conteste usando pronombres y los verbos entre paréntesis u otros verbos de su propia elección *(choice)*.

MODELO   Un amigo hispano lo (la) visita; quiere que usted le enseñe la canción «Yankee Doodle». (cantar)
          Se la cantaría. (No se la cantaría, pero se la tocaría.)

1. Recibe una carta romántica de su novio(a). Su compañero(a) de cuarto quiere saber lo que dice. (leer)
2. Usted encuentra una gran cantidad de dinero en la calle. (dar)
3. Alguien quiere comprarle a usted unos platos que eran de su bisabuela; le ofrece mil dólares, pero los platos tienen cierto valor sentimental. (vender)
4. Un amigo suyo quiere que lo ayude durante un examen sin que lo sepan los otros estudiantes; quiere que le muestre su trabajo. (mostrar)
5. Piensa hacer auto-stop *(hitchhike)* en Europa este verano. Su mamá quiere saber cómo va a viajar. (decir)
6. Su hermano usa cocaína. Quiere que prometa que no les dirá nada a sus papás. (prometer)
7. Su mejor amigo le pide cien dólares. No quiere decirle para qué los necesita. (dar)
8. Un amigo suyo está enfermo. Quiere que le lleve comida a su apartamento. (llevar)

Commands

The following chart shows the command forms. As you can see, most direct command forms correspond to the present subjunctive. Exceptions are the affirmative **tú** and **vosotros** forms (shown in bold).

Affirmative					
	usted	ustedes	tú	vosotros	nosotros
-ar	Hable.	Hablen.	**Habla.**	**Hablad.**	Hablemos.
-er	Coma.	Coman.	**Come.**	**Comed.**	Comamos.
-ir	Escriba.	Escriban.	**Escribe.**	**Escribid.**	Escribamos.

Negative					
	usted	ustedes	tú	vosotros	nosotros
-ar	No hable.	No hablen.	No hables.	No habléis.	No hablemos.
-er	No coma.	No coman.	No comas.	No comáis.	No comamos.
-ir	No escriba.	No escriban.	No escribas.	No escribáis.	No escribamos.

Formal (<u>Usted</u> and <u>Ustedes</u>) Commands

1. Formal commands have the same forms as the corresponding **usted** or **ustedes** forms of the present subjunctive.

Vaya primero a la aduana.	*First go the customs office.*
Ponga su equipaje aquí y tome asiento.	*Put your luggage here and have a seat.*
¡No crucen la calle sin mirar!	*Don't cross the street without looking!*

2. The word **usted** or **ustedes** can be added to soften a command, to make it more deferential.

Pase usted, señorita.	*Go ahead, miss.*
No miren ustedes el reloj todo el tiempo.	*Don't look at the clock all the time.*

Informal (<u>Tú</u> and <u>Vosotros</u>) Commands

1. Negative **tú** and **vosotros** commands are the same as their corresponding present subjunctive forms.

¡No seas tan generoso, querido!	*Don't be so generous, dear!*
No vayas a la estación.	*Don't go to the station.*
No digáis eso.	*Don't say that.*
No lo compréis.	*Don't buy it.*

2. Affirmative **vosotros** commands are formed by dropping the **-r** of the infinitive and adding **-d.**

Perdonadme.	*Forgive me.*
Seguid esta calle hasta el Paseo de la Castellana y allí doblad a la derecha.	*Follow this street to the Paseo de la Castellana and turn to the right there.*

3. Affirmative **tú** commands are the same as the third-person singular of the present indicative.

¡Come, bebe, canta y baila!	*Eat, drink, sing, and dance!*

The following affirmative **tú** commands are irregular.

di (decir)	**ve** (ir)	**sal** (salir)	**ten** (tener)
haz (hacer)	**pon** (poner)	**sé** (ser)	**ven** (venir)

Ven acá, Pepe.	*Come here, Pepe.*
Sé buena y haz lo que te diga tu papá, Josefina.	*Be good and do what your father tells you, Josefina.*

The <u>Nosotros</u> (Let's) Command

1. The first-person plural **(nosotros)** command is the same as the **nosotros** form of the present subjunctive.

Salgamos. —Como tú quieras.	*Let's go out. —Whatever you want.*
Sigamos por la calle principal.	*Let's follow the main street.*
Hablemos del viaje.	*Let's talk about the trip.*

2. **Vamos a** + infinitive can be used instead of the **nosotros** command in the affirmative.

Vamos a decidir ahora mismo. (Decidamos ahora mismo.)	*Let's decide right away.*

3. Either **vamos** or **vayamos** can be used as the affirmative **nosotros** command form of **ir,** but **vamos** is much more common. In the negative only **no vayamos** is used.

Vamos al centro. —No, no vayamos allí; vayamos (vamos) al museo de historia.	*Let's go downtown. —No, let's not go there; let's go to the history museum.*

Indirect Commands

Indirect commands are given indirectly to a third person and are the same as the third-person subjunctive forms. They are usually introduced by **que**.

Que pase ella.	*Let her come in. (Have her come in.)*
¡Viva México!	*Hurray for (long live) Mexico!*

Práctica

A. El guía. El guía de una excursión se preocupa por todo. ¿Qué les dice a los turistas del grupo?

A todos:

MODELO   no sacar fotos de la gente sin pedir permiso
            No saquen fotos de la gente sin pedir permiso.

1. no olvidar el pasaporte en el banco
2. seguir mis instrucciones
3. no perder el equipaje
4. tener su documentación con ustedes siempre

A un turista muy descortés:

MODELO   no hablar tan fuerte
            ¡No hable tan fuerte!

5. no poner los pies en la mesa del café
6. no salir del grupo sin pedir permiso
7. volver al grupo cuando sea hora de partir
8. no criticar todo

B. Instrucciones para un(a) amigo(a) que sale de viaje. Dígale a su amigo(a) que haga lo siguiente.

MODELO   cerrar la puerta con llave *(lock the door)*; no cerrar la maleta
            Cierra la puerta con llave. No cierres la maleta.

1. perder las inhibiciones; no perder la confianza
2. olvidar tus problemas; no olvidar tus cheques de viajero
3. hacer las valijas esta noche; no hacer la gira mañana
4. comprar película para la cámara; no comprar demasiados regalos
5. salir a la calle por la tarde; no salir solo(a) por la noche
6. ir a la piscina; no ir al mar
7. dejar una buena propina; no dejar la cartera en el hotel

C. Un turista entusiasmado. Gabriel nunca ha estado en Ciudad de México y está muy entusiasmado *(excited)* con todo. ¿Qué les dice a sus compañeros?

MODELO   pasar una tarde en el museo de antropología
            ¡Pasemos una tarde en el museo de antropología!

1. visitar el Palacio Nacional
2. hacer una excursión a las pirámides
3. ir a ver bailes folklóricos
4. no ir a restaurantes norteamericanos
5. comprar unos sombreros en el mercado de Toluca
6. buscar una plaza donde haya música

7. ver el Castillo de Chapultepec
8. comer tamales y chiles rellenos
9. no perder tiempo en el hotel
10. no dormir hasta muy tarde

D. El gerente. Usted y un(a) amigo(a) se quedan en un hotel caro, pero hay muchas cosas que no funcionan bien. Ustedes se quejan *(complain)* al recepcionista, pero éste le pasa la queja al gerente, quien les contesta a ustedes indirectamente. ¿Qué les dice?

MODELO   EL RECEPCIONISTA: Dicen que no hay agua caliente. (esperar dos o tres horas)
            EL GERENTE: **Que esperen dos o tres horas.**

1. Dicen que hace mucho frío en el cuarto. (poner unas mantas *[blankets]* adicionales en las camas)
2. Dicen que el televisor no funciona. (mirar televisión en el salón de entrada)
3. Dicen que hay mucho ruido en el cuarto de al lado. (decirles a los vecinos que no hablen tan fuerte)
4. Dicen que nadie contesta cuando llaman al comedor del hotel. (salir a comer a un restaurante)
5. Dicen que quieren hacer una llamada de larga distancia. (ir a un teléfono público)
6. Dicen que el ascensor *(elevator)* no funciona. (usar las escaleras *[stairs]*)
7. Dicen que quieren marcharse. (buscar otro hotel de lujo)

E. Para pasar unas vacaciones estupendas... Escoja un lugar que usted conozca y que pueda recomendar para pasar allí unas vacaciones. Cuéntele a un(a) compañero(a) cómo llegar allí, qué llevar, cuándo ir y dónde quedarse. (Use la forma imperativa del verbo.)

Commands with Object Pronouns

1. Object pronouns follow and are attached to affirmative commands. Accents are added to verbs of more than one syllable to maintain the stressed syllable.

Dime el nombre de esta iglesia.	*Tell me the name of this church.*
Comprémoslo.	*Let's buy it.*
¡Socorro! ¡Ayúdelos!	*Help! Help them!*

2. Object pronouns precede the verb in negative commands.

¡No me digas!	*Don't tell me!*
No lo compremos.	*Let's not buy it.*

3. Indirect object pronouns precede direct object pronouns when used in commands, just as they do in statements or questions.

Explícamelo.	*Explain it to me.*
No me lo expliques.	*Don't explain it to me.*
Désela.	*Give it to him (her).*
No se la dé.	*Don't give it to him (her).*

4. Before **se** can be added to an affirmative **nosotros** command, the final **-s** of the verb must be dropped.[*]

Démoselo gratis.	*Let's give it to him (her, them) free of charge.*
Contémoselo.	*Let's tell it to him (her, them).*

Vocabulario útil

Algunas actividades turísticas

alquilar un auto (una motocicleta)	*to rent a car (a motorcycle)*
hacer buceo (surfing)	*to go diving (surfing)*
hacer una caminata	*to go walking, hiking*
ir a los clubes nocturnos	*to go to nightclubs*
jugar al golf (al tenis)	*to play golf (tennis)*
jugar (por dinero) en los casinos	*to gamble at the casinos*
montar a caballo	*to go horseback riding*
nadar con tubo de respiración	*to go snorkling*
visitar museos (ruinas antiguas, sitios históricos)	*to visit museums (ancient ruins, historical sites)*

Práctica

A. ¿Qué hacer? Luisa, Juana y Manuela viajan por España durante las vacaciones de verano. Manuela sugiere (*suggests*) que hagan muchas cosas. Juana está de acuerdo pero Luisa no. ¿Qué dicen Juana y Luisa?

MODELO   MANUELA: ¿Hacemos una excursión a Granada?
              JUANA: **Sí, hagámosla.**
              LUISA: **No, no la hagamos.**

1. ¿Alquilamos un auto?
2. ¿Compramos el libro *Cuentos de la Alhambra*?

---

[*] This **-s** is also dropped before adding the reflexive **nos;** this will be practiced in Chapter 8 on the reflexive.

3. ¿Le escribimos al gerente del parador de allí?
4. ¿Le pedimos consejos a Paco, que viene de Andalucía?
5. ¿Visitamos los jardines del Generalife, cerca de la Alhambra?
6. ¿Invitamos a Julia a acompañarnos?

B. Cómo disfrutar de la vida. Las siguientes ideas para disfrutar de la vida aparecieron en la revista *Cosmopolitan en español.*[*] Cambie los mandatos de la forma **tú** a la forma **usted.**

Modelo   Aprende otro idioma y úsalo.
          Aprenda otro idioma y úselo.

1. Viaja a través de toda Europa.
2. Corre en un maratón.
3. Escríbele una carta a tu héroe o heroína favorito(a).
4. Regálale a tu mamá 50 rosas rojas y dile que la quieres.
5. Bucea en los arrecifes *(coral reefs)* de Australia.
6. Cuéntale a alguien tu vida pero sin omitir ningún detalle.
7. Haz que te pinten tu retrato *(portrait)*.
8. Juega en un casino elegante de Europa.
9. Dile a la gente lo que verdaderamente piensas de ella.
10. Mete un mensaje en una botella y lánzala *(throw it)* al mar.

> Viajar es reformarse.
>
> —José Enrique Rodó,
> *Motivos de Proteo*

C. Querida doña Rosita... Doña Rosita escribe una columna en el periódico dando consejos a las personas que viajan. Conteste las preguntas que le hacen los lectores *(readers)* con órdenes, como ella lo haría.

Modelo   Mi hijo siempre hace mucho ruido, y se porta mal *(he behaves badly)* cuando estamos de vacaciones. ¿Qué debo hacer?
          Déjelo con algún (alguna) pariente o amigo(a) la próxima vez que vayan de viaje. Dígale que si promete ser bueno, lo llevará en otro viaje. Enséñele a portarse mejor.

1. Mi esposo siempre quiere pasar las vacaciones en las montañas, y yo quiero ir a la playa. ¿Cómo resolvemos este problema?
2. Cuando viajo, siempre me quedo en el Hotel Ritz. Ya estoy cansado y aburrido del mismo hotel. ¿Qué debo hacer?
3. Cuando estamos de vacaciones mi amigo(a) nunca quiere hacer nada; prefiere quedarse en el cuarto para leer. ¿Qué sugiere usted?
4. Quiero ir al Japón, pero no sé ni una palabra de japonés. ¿Qué debo hacer para aprender la lengua?
5. Aunque viajo a menudo, tengo varias fobias que me lo dificultan *(make it difficult)*: por ejemplo, temo volar, temo estar en edificios altos, temo los ascensores *(elevators)*, temo estar con mucha gente. ¿Qué me recomienda?

---

[*]   «Vivir y vivir hasta morir», *Cosmopolitan en español*, año 20, número 10, página 25.

En otras palabras

Direcciones y sentidos

One of the most essential language functions you will want to be able to use while traveling in a Hispanic country is asking for and understanding directions. Here are some ways to ask for directions:

¡Oiga, señor(a, ita)... ! (Perdón... Perdone...) Dígame, por favor,...
¿Me podría usted decir cómo llegar a... ?
¿Dónde está... ?
¿Hay un banco (una farmacia, etc.) cerca de aquí?
Por favor, señor(a), ¿está muy lejos (está cerca) el... ?
Busco la calle...
¿Cómo llego a... ?
¿En qué sentido (dirección) está... ?
¿Sabe usted dónde queda... ?

And here are some possible responses:

Siga por la calle...
Siga adelante (derecho).
Sígame hasta llegar a...
Vaya derecho hasta llegar a...
Camine dos cuadras hasta llegar a...
Cruce la calle y...
Doble a la izquierda (derecha).
Está al norte (sur, este, oeste) de...
Queda en la esquina de...
Está frente a *(across from)*...
Tome la calle (avenida)...
¡No se puede perder! *You can't miss it (get lost)!*

Práctica

A. ¿Cómo llego a... ? Pregunte cómo llegar a los siguientes lugares. Pida la información **usando una expresión diferente cada vez.**

> MODELO   el banco
> **Señor, por favor, ¿hay un banco cerca de aquí?**

1. el Museo Nacional de Arte
2. el restaurante Casa de Lupe

3. el hotel Miraflores
4. la calle San Martín
5. una pensión o un hotel que no sea muy caro

B. En Madrid. Usted se queda en el Hostal Lisboa en Madrid y tiene la tarjeta del hostal. En el reverso, hay un pequeño mapa. Varias personas lo llaman a usted por teléfono para explicarle cómo llegar a diferentes lugares. Si sigue estas instrucciones, ¿dónde estará usted?

1. Salga del hotel y doble inmediatamente a la derecha. Siga hasta la Carrera San Jerónimo, doble a la derecha y camine unas cuadras. En la esquina con el Paseo del Prado, doble otra vez a la derecha. Pronto verá el edificio que le interesa. ¿Cuál es?
2. Salga del hotel y doble a la izquierda. Camine un poco y llegará a la calle Prado. Doble a la derecha y siga algunas cuadras hasta una plaza grande. Doble a la derecha y tome la calle Carretas hasta llegar a una plaza enorme. ¿Cómo se llama?
3. Salga del hotel y tome Ventura de la Vega a la derecha hasta la Carrera San Jerónimo. Cruce la Carrera San Jerónimo en la esquina y tome la calle Cedaceros hasta Alcalá. Doble a la derecha en Alcalá y camine unas cuadras hasta llegar a una plaza. ¿Dónde está usted?

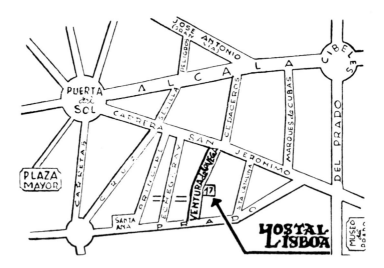

 C. ¡No se puede perder! Dele indicaciones a un(a) compañero(a) de clase sobre cómo llegar a cada uno de los siguientes lugares. Comience desde un punto determinado en el centro del campus.

1. su restaurante favorito
2. una tienda muy interesante
3. un lugar muy lindo para dar un paseo

¡A comunicarnos!

A. Consejos. Cuéntele a un(a) compañero(a) algún problema que tiene, algo que tiene que hacer o algo que le preocupa. Su compañero(a) le da consejos, usando la forma imperativa del verbo.

MODELO   A: **Necesito unas vacaciones.**
         B: **Ve a las montañas a esquiar. No vayas a... ; quédate en... Si no tienes esquíes, alquílalos en...**

Ideas:
Voy de vacaciones y no sé qué hacer con mi perro (mi gato, mis plantas...).
Necesito hacer ejercicio (comprar un automóvil, comprar un regalo para...).
Tengo un problema con mi compañero(a) de cuarto (mi clase de física, mi bicicleta...).
Es posible que pierda la beca (el trabajo, el apartamento...) que tengo.

B. La maleta misteriosa. Trabajando en grupos, inventen una escena para la siguiente situación:

Ustedes están de viaje en México. Regresan a su hotel a las cinco de la tarde y encuentran una maleta en su cuarto con una nota misteriosa. ¿Qué dice la nota? ¿Deben abrir la maleta o no? ¿Qué hay dentro?

C. Un viaje a Chile. Trabajen en grupos de tres o cuatro. Ustedes tienen mucha suerte: ¡han ganado un viaje a Chile! Chile es el país más angosto *(narrowest)* del mundo y tiene una geografía muy diversa. Primero, miren el anuncio en la página 160 y escojan tres sitios de interés que quieran conocer. ¿Quieren ir a las montañas a esquiar? ¿a la playa a nadar o hacer windsurf? ¿a Santiago, la capital, a ver los museos e ir a los clubes nocturnos? ¿Prefieren ir a la Isla de Pascua *(Easter Island)* para ver las famosas estatuas de allí y disfrutar del clima tropical? ¿al «distrito de los lagos», que se parece mucho a Alemania o Suiza en geografía y arquitectura? ¿O prefieren ir al extremo sur, donde pueden ver glaciares y pingüinos?

Después de ponerse de acuerdo sobre los sitios de interés que quieren visitar, hagan un itinerario para pasar una semana en Chile. Usen su imaginación para decidir qué van a ver y hacer en cada sitio de interés, por la mañana, por la tarde y por la noche. Usen frases imperativas como las siguientes para hablar de las posibilidades.

MODELO   A: **Vayamos a la Isla de Pascua.**
         B: **Pero primero, vayamos a la capital en avión. Demos un paseo por la ciudad.**
         C: **Salgamos a bailar por la noche...**

Chile, un país para elegir.

Chile es un país donde usted podrá elegir. Desde el desierto más seco del planeta, a los imponentes hielos del Sur. Desde la majestuosa cordillera de los Andes, con modernos centros de esquí, a los miles de kilómetros de playa. Desde los innumerables lagos, a la lejana y mágica Isla de Pascua. Y para conocer todo esto y mucho más que le ofrece la privilegiada geografía de Chile, elija a quien más sabe, elija Lan Chile; la línea aérea de mayor experiencia del país. Lan Chile le llevará a 14 destinos nacionales desde Arica a Punta Arenas, incluyendo Isla de Pascua, con los mejores horarios, un servicio de excelencia reconocido internacionalmente y ofreciéndole las convenientes tarifas 'Visit Chile' para extranjeros. Venga a conocer Chile... y déjese llevar por Lan Chile, la línea aérea de Chile.

LanPass
Programa Pasajero Frecuente

⊛LanChile
La Línea Aérea de Chile

D. Composición estructurada: Un viaje. Escriba una carta a un(a) amigo(a) hispano(a) que viene de visita a su pueblo o ciudad. Dele algunos consejos sobre su viaje. Por ejemplo, ¿qué sitios de interés debe conocer? ¿En qué estación del año debe venir? ¿Qué debe traer? ¿Cómo podría llegar a su casa o apartamento desde el aeropuerto? Use la forma imperativa del verbo cuando sea posible.

Gustos y preferencias

Presentación del tema

La cultura hispana tiene una tradición musical muy variada: hay estilos musicales para todos los gustos. En la página anterior, se ve a una bailarina de flamenco en España. La música flamenca tiene una fuerte influencia oriental y refleja la pasión y el dolor de la gente gitana *(Gypsy)*.* Muchas veces es espontánea, improvisada.

El **son** de Cuba tiene su origen en la religión afrocubana; fue un precursor importante de la salsa de hoy. En esa religión, conocida como **la santería,** hubo una fusión de santos católicos y **orishas,** o dioses africanos. Los antiguos rituales musicales caribeños, con solista (o sonero) y coro, también reflejaban una fusión de influencias españolas y africanas. La **salsa** es una combinación del son, y de otras formas musicales del Caribe, con el jazz de Estados Unidos. En la foto de arriba (a la izquierda) se ve a Celia Cruz, «reina de la salsa», cantante cubano-americana nacida en Cuba, con el famoso salsero puertorriqueño Tito Puente. A veces, mientras canta, grita *(she shouts out)* «Yemayá», invocando así a la diosa africana de los ríos y los mares.

El **merengue** es otro género musical que nació en el Caribe, en las zonas rurales de República Dominicana. El dominicano Juan Luis Guerra (véase la foto a la izquierda) y su grupo 4.40 (cuatro cuarenta) han llevado sus ritmos contagiosos del merengue a todo el mundo. La letra de sus canciones, inspirada en temas sociales, expresa los problemas y la realidad de la gente caribeña. Guerra, cantante y compositor, dice: «Me interesa que mi ritmo, el merengue, pueda transmitir mensajes, que no sea simplemente una música para bailar.»†

---

*   The Gypsies of Spain, who created flamenco music, originally came from India and Pakistan, which is why the music has oriental qualities.
†   «Juan Luis Guerra: 'No canto por divertirme'», *Somos,* 16 abril de 1993.

El **tango** tiene su origen a fines del siglo XIX en los puertos de Buenos Aires (Argentina) y Montevideo (Uruguay). «Los esclavos africanos contribuyeron a su ritmo sincopado. Los gauchos, esos fieros *[rough]* mestizos independentistas de la pampa argentina, aportaron *[brought]* las baladas, la vestimenta [ropa] colorida y la postura orgullosa. Luego, los inmigrantes italianos y españoles inundaron los barrios rioplatenses [del río de la Plata] con el violín, el bandoneón [un tipo de acordeón] y una lírica de tristeza... ».[*] En general, la música es melancólica, y el baile es romántico y sensual: «El tango es un corazón y cuatro piernas», dijo Juan Carlos Copes, coreógrafo del espectáculo «Tango argentino».[†]

La música mariachi de México, la música andina de la gente indígena de América del Sur, la cumbia de Colombia, el mambo y la rumba de Cuba, la plena y la bomba de Puerto Rico, la música tejana de Estados Unidos... éstas y muchas otras formas musicales reflejan la gran diversidad cultural del mundo hispano.

Preguntas

1. ¿Con qué grupo étnico se asocia la música flamenca?
2. ¿Qué es la santería? ¿Qué elementos tiene?
3. ¿Qué es la salsa?[**]
4. ¿Quién es Celia Cruz? ¿A qué diosa africana invoca a veces?
5. ¿De dónde viene el merengue? ¿Qué expresa la música de Juan Luis Guerra?
6. ¿Dónde tiene su origen el tango? ¿Cuándo se originó? (Este baile fue prohibido en muchos lugares de Estados Unidos a principios del siglo XX.)

---

[*]   Chori Santiago, «Tango», *Hombre internacional,* mayo de 1994, página 36.
[†]   *Ibid.*
[**] The word **salsa** means *sauce* (as in *hot sauce*) and supposedly got its name from the audience shouting out ¡**Salsa!** for an especially "hot" solo.

¿DE LA SIGUIENTE RELACION, QUE GENEROS MUSICALES ESCUCHAS HABITUALMENTE?

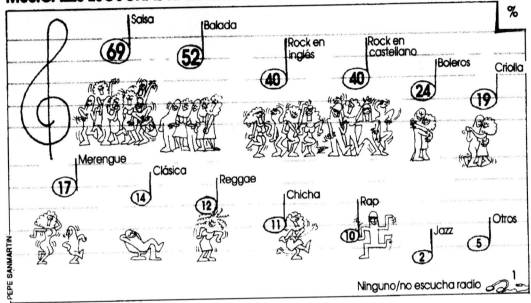

—Luis Jaime Cisneros y Arturo Ferrari, «Del jardín a la calle:
La juventud peruana de los '90», *Debate,* volumen 16, número 74, página 24.

Vocabulario útil

La música

Cognados

la balada	expresar	la música folklórica,	reflejar
el ballet	el flamenco	clásica, «rock»,	la salsa
el coro	improvisar	«reggae», «rap»	el, la solista
espontáneo	el jazz	la ópera	el tango
el estilo	el merengue	el ritmo	

Los instrumentos musicales

el acordeón	el piano	la trompeta
el clarinete	los tambores	el violín
la flauta	*(drums)*	
la guitarra	el trombón	

Otras palabras

el bailarín (la bailarina)	*dancer*
la canción	*song*
componer	*to compose*
el compositor (la compositora)	*composer*
el conjunto	*band, group*
el género	*type, genre*
gitano(a)	*Gypsy*
la letra	*lyrics*

Práctica

A. Sustantivos. Dé un sustantivo relacionado a cada verbo de la lista. (En algunos casos hay más de una posibilidad.)

MODELO   improvisar   **la improvisación**

1. expresar
2. reflejar
3. cantar
4. bailar
5. componer

B. Preguntas.

1. Mire la ilustración gráfica sobre los géneros musicales de la revista *Debate.* ¿Le gusta a usted escuchar música en la radio? ¿Qué estaciones de radio escucha? ¿Qué tipo de música le gusta escuchar?
2. ¿Va a la ópera de vez en cuando? ¿Qué piensa de la ópera? ¿Conoce la música de los cantantes españoles Plácido Domingo y José Carreras?
3. ¿Le gusta bailar? ¿Ha visto bailar el tango? ¿la salsa? ¿el merengue? ¿Dónde?
4. ¿Tiene un(a) compositor(a) favorito(a)? ¿Cómo se llama?
5. ¿Cuál de los cantantes (o conjuntos) de hoy le parece el (la) mejor? ¿Por qué? ¿Le gusta la letra de sus canciones?
6. ¿Toca usted un instrumento musical? ¿Cuál? Si no, ¿cuál le gustaría tocar? ¿Por qué?
7. ¿Le gusta cantar? ¿Canta en un coro? ¿en la ducha *(shower)*?

C. Actividad. Cada persona de su grupo va a ir a una tienda de música para buscar información sobre la música latina. Puede escoger cualquier estilo de música que le interese (la salsa, la música folklórica...) o cualquier persona hispana famosa en el mundo musical (por ejemplo, un[a] cantante, un[a] compositor[a] como los españoles Isaac Albéniz o Manuel de Falla, un bailarín o una bailarina...). Después, cada estudiante va a dar un breve informe al grupo sobre lo que descubrió.

Para escuchar: En Bogotá

Conversación 1: Para expresar acuerdo y desacuerdo. Mike y Julia conversan en un lugar céntrico de Bogotá.

A. Escuche la Conversación 1 y conteste las preguntas.

    1. Son las nueve de la noche. ¿Dónde están Mike y Julia?
       a. en un restaurante
       b. en la calle, cerca de un club nocturno
       c. en un concierto de música clásica

    2. ¿Qué piensa Julia de la música?
       a. Le molesta.   b. Le gusta más o menos.   c. Le encanta.

B. Escuche la Conversación 1 otra vez. Escoja las palabras apropiadas para completar la canción. Después conteste esta pregunta: ¿Qué quiere decir «Todo es según el color del cristal con que se mira»?

—Oye, Guillermo, te voy a hablar de las cosas de mi (1. ciudad / pueblo).
—Mentiras°...
—No, no, escucha esto.

Willy Chirino:
En mi pueblo sucedían°
las cosas más sorprendentes.
Había una burra sin (2. dientes / gentes)
experta en ortografía...
—No hombre, no...
... un enano° que crecía
cuando (3. había / hacía) mucha humedad,°
un calvo° que en Navidad
(4. siempre / nunca) le nacía pelo,
y un gallo° con espejuelos°
de (5. sesenta / noventa) años de edad.
Y un gallo con espejuelos
de (6. sesenta / noventa) años de edad.

Álvarez Guedes:
Eso no es (7. nada / nadie).
Oye, no quiero menospreciar°
a tu pueblo fabuloso
pero en el mío, había un oso°
que fue campeón de billar°...
—No (8. existe / te creo).
... melones da el limonar°
y hay un ciempiés° con muletas°;
Juan, un viejo anacoreta,°
tiró un centavo al cantero°;
creció un árbol de dinero

Glossary (left margin):
nonsense, lies
pasaban
dwarf
humidity
bald man
rooster / eyeglasses
underrate
bear
billiards
lemon tree
centipede / crutches
hermit
flowerbed, small piece of land

donde florecen° pesetas.
—(9. ¿Cómo? / ¿Qué?)
Creció un árbol de dinero
donde florecen pesetas.

grow, flourish

Coro:
Ya lo dijo Campoamor,°
todo encoge,° todo estira°;
que en este mundo traidor°
nada es (10. real / verdad) ni es mentira;
todo es según el color
del cristal con que se mira.

*a nineteenth-century
Spanish poet*
shrinks / stretches out
traitorous, false

—Willy Chirino, *South Beach*, SONY
Tropical, © 1993 Sony Discos Inc.

Conversación 2: Para expresar desacuerdo. Julia y Mike están manejando por una calle de Bogotá.

A. Escuche la Conversación 2. ¿Qué quiere Julia? ¿Qué piensa Mike de su idea?

B. Escuche la Conversación 2 otra vez. Escoja la mejor respuesta.

1. Según Julia, a las diez de la mañana, una comida muy deliciosa es...
   a. una dona *(doughnut)*.
   b. una barra de granola.
   c. un plato de menudo *(tripe soup)* picante, con cebolla.
2. Para Mike, un plato de arepas *(thick corn tortillas)* con café negro es...
   a. un buen desayuno.   b. un buen almuerzo.   c. una buena cena.
3. Un «tentenpié» es algo que...
   a. le da energía.   b. le tiene de pie.   c. **a y b.**

Gramática y vocabulario

Gustar, Faltar, and Similar Verbs

1. A number of verbs in Spanish, such as **gustar** *(to please, be pleasing)*, are normally used in the third person with an indirect object pronoun. Instead of saying, "I like coffee," one says, "Coffee is pleasing to me"; the verb agrees with the subject (the person or thing that pleases), usually third-person singular or plural, not with the indirect object (the person who is pleased).

> Nunca llueve a gusto de todos. *[You can't please everyone.]*
>
> —proverbio

¿Te gusta el jazz?

Do you like jazz? (Is it pleasing to you?)

A nosotros nos gusta la salsa.

We like salsa music.

A mí me gustan mucho las verduras. Soy vegetariano(a).

I like vegetables a lot. I'm a vegetarian.

Gustar is often used in the third-person singular with an infinitive as the subject.*

A María le gusta viajar.　　*María likes to travel (traveling).*

Notice that **a** is used in front of the name of the person who likes something because **gustar** means that it is pleasing **to** him or her.

A Roberto le gustan los postres.　　*Roberto likes desserts.*

2.　A number of other verbs are used similarly to **gustar.**

convenir (ie)	*to be convenient or suitable*
encantar	*to delight or charm* (often trans. as *to love*)
faltar	*to be lacking* (often trans. as *to need*)
importar	*to matter or be important*
interesar	*to interest*
molestar	*to bother*
parecer	*to seem*
quedar bien, mal; quedar grande, chico (pequeño)	*to fit well, badly; to be big, small*
¿Qué te (le, les) parece(n)?	*What do you (does he, she; do they) think about it (them)?*

A mis primos no les conviene vernos hoy.　*It's not convenient for my cousins to see us today.*

No puedo hacer pan dulce; me falta azúcar.　*I can't make pastry (sweet bread); I need sugar. (Sugar is lacking to me.)*

¿Me queda bien esta chaqueta? —No, te queda grande.　*Does this jacket fit me well? —No, it's too big on you.*

A Susana le interesa la música clásica. No le interesan los deportes.　*Susana is interested in classical music. (It interests her.) She's not interested in sports.*

¿Qué cosas les importan? —Les importan la familia y la tradición.　*What things matter (are important) to them? —Family and tradition matter to them.*

Nos encanta la ópera.　*We love opera. (It charms, delights us.)*

¿Te molesta esta música?　*Does this music bother you?*

---

* **Gustar** is used in the singular even with two or more infinitives as subjects: **Me gusta comer y beber.**

¿Qué te parecen estos entremeses? —Me parecen muy sabrosos.	*What do you think about these appetizers? (How do they seem to you?) —They seem delicious (very tasty) to me.*

Vocabulario útil

De comidas y bebidas

La comida

la carne (de vaca, de res)	*meat (beef)*
los frijoles	*beans*
el helado	*ice cream*
los mariscos (los camarones, las almejas)	*shellfish (shrimp, clams)*
la papa (*Spain:* patata)	*potato*
el pescado	*fish*
el pollo	*chicken*
el postre, los dulces	*dessert, sweets*
el queso	*cheese*
la sal (la pimienta)	*salt (pepper)*
la sopa	*soup*
las verduras, las legumbres	*vegetables*

Otras palabras

la cocina	*cuisine; kitchen; stove*
cocinar	*to cook*
el entremés	*appetizer*
el jugo (de naranja)	*(orange) juice*
el plato fuerte	*main course*
sabroso(a)	*delicious*
el vino blanco (tinto, rosado)	*white (red, rosé) wine*

¡Ojo!

caliente *hot (temperature);* **frío** *cold* / **picante** *(hot) spicy;* **suave** *bland*
tener cuidado con *to be careful with*
tener ganas de *to feel like*
tener hambre (sed) *to be hungry (thirsty)*

A buen hambre no
hay pan duro.

—proverbio

Práctica

A. Gustos. Haga oraciones acerca de sus gustos y los de otras personas, de acuerdo con los modelos.

MODELOS   yo / cocinar
A mí no me gusta cocinar.

los vegetarianos / las frutas y las verduras
A los vegetarianos les gustan las frutas y las verduras.

1. los vegetarianos / la carne
2. mi mejor amigo(a) y yo / almorzar juntos
3. mi mejor amigo(a) / la comida china
4. mi madre / la comida picante
5. mi padre / los dulces
6. mis padres / salir a cenar juntos
7. yo / el arroz con frijoles
8. yo / los camarones

Nunca falta un pelo
en la comida (una
persona que se mete
en la vida de otra
persona).

—proverbio

B. Lo que falta para la cena. Diga quién o qué necesita las siguientes cosas, de acuerdo con el modelo.

MODELO   la sopa / sal   **A la sopa le falta sal.**

1. yo / vino tinto
2. la ensalada / tomates
3. los García / arroz
4. nosotros / papas y queso
5. él / pescado
6. usted / pan y mantequilla

C. «Sobre gustos no hay nada escrito.» ¿Le gustan las siguientes comidas? ¿Por qué sí o por qué no? (Use **porque** y una de las frases que aparecen en la lista de la derecha o una frase de su propia invención.)

MODELOS   la sopa de mariscos
Me gusta la sopa de mariscos porque es muy sabrosa.
No me gusta la sopa de mariscos porque es difícil de preparar.

1. los tacos
2. la pizza
3. el sukiyaki
4. las hamburguesas
5. el pan francés
6. el jamón *(ham)* y el salame
7. la comida alemana
8. la carne de vaca o de res
9. el chocolate
10. ... (nombre de una comida que a usted le gusta mucho o no le gusta nada)

fácil / difícil de preparar
muy caro / muy barato
(demasiado) picante
(no) tiene muchas calorías
bueno / malo para la salud
no tiene sabor / es sabroso (delicioso)
tiene demasiada sal (o demasiado azúcar)
(no) tiene ingredientes artificiales

D. Use su imaginación. Complete las siguientes oraciones.

1. A mí me encanta(n)...
2. A los jóvenes les interesa(n)...
3. A los ancianos les interesa(n)...
4. A los profesores les importa(n)...
5. A los estudiantes les falta(n)...
6. A mí me falta(n)...
7. A mis papás les molesta(n)...
8. A las mujeres les importa(n) mucho...
9. A los hombres les importa(n) mucho...
10. A todo el mundo le conviene...

> Más vale pan con
> amor que gallina
> con dolor.
>
> —proverbio

E. Entrevista. Entreviste a un(a) compañero(a) para averiguar lo siguiente. Después su compañero(a) lo (la) entrevista a usted.

1. qué clase de música le gusta más
2. qué le parece la música «country»
3. qué géneros musicales le interesan más
4. una cosa que le importa mucho y una cosa que no le importa nada
5. qué le falta para ser feliz
6. dos cosas que le molestan mucho

Affirmatives and Negatives

algo *something, somewhat*	**nada** *nothing, (not) at all*
alguien *someone, anyone*	**nadie** *no one, nobody, not anyone*
siempre *always*	**nunca, jamás** *never*
algunas veces *sometimes*	
algún, alguno(a) *some, any*	**ningún, ninguno(a)** *none, not any, no*
también *also*	**tampoco** *not either*
o... o *either . . . or*	**ni... ni*** *neither . . . nor*
todavía *still*	**todavía no** *not yet*
aún *still*	**ya no** *not anymore*

1. Most sentences can be made negative by placing **no** directly before a conjugated verb (or a form of **haber** or other auxiliary).

Fernando no dijo qué clase de piano compró.	*Fernando didn't say what kind of piano he bought.*
Fernando no me lo ha dicho.	*Fernando hasn't told me it.*

---

* **Ni... ni** when used with a subject that precedes the verb takes a plural verb: **Ni el que ama ni el que manda quieren compañía.** *Neither he who is in love nor he who gives orders wants company.*

The only words that can come between **no** and the verb are object pronouns (and the impersonal **se**, to be discussed in Chapter 8).

2. Negative words can either (1) precede the verb or (2) follow the verb if **no** or another negative precedes. Note in the last example that many negatives can be used in a Spanish sentence.

Nunca tiene prisa. (No tiene prisa nunca.)	*He's never in a hurry.*
Nada supimos. (No supimos nada.)	*We didn't find out anything.*
Nunca dije nada a nadie.	*I never said anything to anyone.*

3. Both **nunca** and **jamás** mean *never;* however, **jamás** means *ever* in a question where a negative answer is expected.

Nunca (Jamás) hizo mal a nadie.	*He (She) never harmed anyone.*
¿Has oído jamás semejante historia?	*Have you ever heard a similar story?*

Alguna vez is used to mean *ever* in a simple question where neither an affirmative nor a negative answer is expected.

¿Ha probado alguna vez este tipo de pescado?	*Have you ever tried this kind of fish?*

4. **Alguien** and **nadie** refer to people. **Alguno** and **ninguno** can be used for either people or things; they normally refer to certain members of a group that the speaker or writer has in mind.

¿Hay alguien en casa? —No, parece que no hay nadie aquí.	*Is there anyone home? —No, it seems there is no one here.*
Algunos de mis amigos tocan instrumentos musicales, pero ninguno de ellos toca el trombón.	*Some of my friends play musical instruments, but none of them plays the trombone.*

Quico

Alguno and **ninguno** used as adjectives become **algún** and **ningún** before masculine singular nouns.

> Las mujeres no llevan lo que les gusta. Les gusta lo que llevan.
>
> —Christian Dior

Martita no tiene ningún vestido (ninguna falda). Siempre lleva pantalones.	*Martita doesn't have any dresses (skirts). She always wears pants.*
¿Ese impermeable azul? Lo usaré algún día.	*That blue raincoat? I'll wear it some day.*

Ningún and **ninguno(a)** are generally used in the singular as adjectives or pronouns; however, the English translation uses a plural.

Tengo algunas fotos de ti; no tengo ninguna foto de ella.	*I have some photos of you; I don't have any photos of her.*
Conozco a algunos estudiantes de Puerto Rico; no conozco a ninguno de Costa Rica.	*I know some students from Puerto Rico; I don't know any from Costa Rica.*

5. As seen above, the indefinites **alguien, nadie, alguno,** and **ninguno** are preceded by the personal **a** when used as direct objects referring to people.

Conozco a alguien que está loco por la comida francesa.	*I know someone who is crazy about French food.*

6. **Algo** means *something* and **nada** means *nothing,* but they can also be used as adverbs meaning *somewhat* and *not at all:*

La comida está algo picante.	*The food is somewhat hot (spicy).*
No me gusta nada el vino.	*I don't like wine at all.*

7. **Todavía** and **aún** mean *still, yet;* **ya no** is used to mean *no longer, not anymore;* **todavía no** means *not yet.*

¿Todavía te sientes mal? —Ya no.	*Do you still feel bad? —Not any more.*
¿Aún toca el clarinete?	*Is he (she) still playing the clarinet?*

Note that **ya no** and **todavía no** precede a verb: **Ya no tengo hambre. Todavía no han comido.**

8. Note that the indefinite pronoun **cualquiera** is used to mean *anyone (at all).* The adjective form, **cualquier,** means *any . . . (at all).* These forms are invariable—that is, the same in the masculine as in the feminine. You don't need to use these forms in this book, but you should be able to recognize them.

Cualquier cosita le molesta.	*Any little thing (at all) bothers him.*
Cualquiera sabría eso.	*Anyone (at all) would know that.*

Vocabulario útil

La ropa

la
Red

Cognados

la blusa	los pantalones
la chaqueta	el suéter
el descuento	

Otras palabras

el abrigo	*coat*
los calcetines	*socks*
la camisa	*shirt*
la camiseta	*T-shirt*
el chaleco	*vest*
la corbata	*tie*
la falda	*skirt*
el impermeable	*raincoat*
llevar, traer, usar	*to wear*
la marca	*brand*
las medias	*stockings*
el paraguas	*umbrella*
ropa ligera (abrigada)	*light (heavy, warm) clothing*
el traje	*suit*
el vestido	*dress*
los zapatos	*shoes*

¡Ojo!

probar (ue) *to try;* **probarse (ue)** *to try on* / **tratar de (+ infinitive)** *to try, make an effort;* **tratar de (+ noun)** *to deal with, treat*

Práctica

A. El optimista y el pesimista. Describa al pesimista, basándose en la descripción del optimista.

MODELOS	EL OPTIMISTA	Según su opinión, todo el mundo es honesto.
	EL PESIMISTA	**Según su opinión, nadie es honesto.**
	EL OPTIMISTA	Nunca le molesta nada.
	EL PESIMISTA	**Siempre le molesta algo.**

1. Cuando sale, casi nunca lleva paraguas.
2. Según él (ella), todo el mundo es sincero.
3. Siempre tiene algo bueno que decir.
4. Cuando alquila un auto, jamás compra seguro *(insurance)*.
5. Según su opinión, tiene muchos amigos felices.
6. Le interesa cualquier libro sobre la condición humana.

B. Breves conversaciones. Complete las conversaciones con palabras afirmativas o negativas lógicas, según el contexto. Para una lista completa, mire la página 171.

A: ¿Tienes (1) _____ disco compacto de Carlos Vives, Marisa?
B: ¿Carlos Vives? ¿El cantante colombiano? No, no tengo
(2) _____.
A: Yo (3) _____, pero me gusta mucho su forma de cantar.
B: Pregúntale a Carmen... Ella tiene muchos discos compactos.

• • •

A: ¿Qué prefieres cenar, mi amor, tacos o arroz con pollo?
B: Para mí, cualquier cosa. No tengo mucha hambre.
A: Entonces, no hay (4) _____ problema: no vamos a comer
(5) _____ tacos (6) _____ arroz con pollo porque en
realidad no tengo muchas ganas de cocinar. Vamos a pedir una
pizza, ¿está bien?

• • •

A: ¿Ya leíste el nuevo libro de Ana Castillo, Marisa?
B: (7) _____ no, pero lo voy a leer cuando tenga tiempo.
(8) _____ estoy leyendo una biografía del Che Guevara que
empecé hace mucho ¿Sabes quién fue El Che?
A: Claro, cualquiera sabe eso, Enrique. Fue el médico argentino que
luchó en la Revolución Cubana.

C. Cuéntame, compañero(a)... En forma alternada, averigüe lo siguiente.

MODELO   tiene algunos discos compactos de Celia Cruz.
A: **¿Tienes algunos discos compactos de Celia Cruz?**
B: **No, no tengo ninguno. (Sí, tengo uno [algunos].)**

Averigüe si su compañero(a)...

1. tiene algunos discos compactos de Gloria Estefan.
2. tiene algunas cintas de Enrique o de Julio Iglesias.
3. sabe algo sobre la música «rap».
4. sabe algo sobre las cumbias de Colombia.
5. conoce a alguna persona famosa.
6. conoce a alguien que maneje un Porsche.

7. todavía tiene su primera bicicleta.
8. siempre come en restaurantes muy caros.

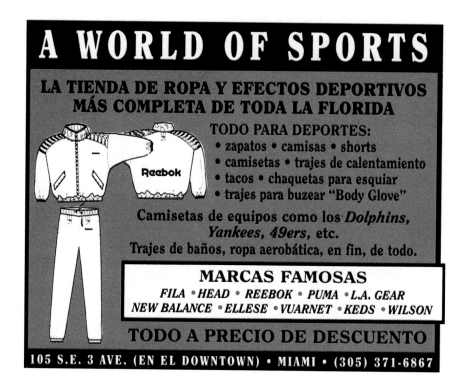

D. En la tienda de ropa. Imagine que usted trabaja en Miami en la tienda de ropa del anuncio *(advertisement)*. Varias personas llaman por teléfono y le hacen preguntas. Contéstelas, usando afirmativos o negativos cuando sea posible. Use su imaginación.

MODELO   ¿Tienen ustedes chaquetas rojas?
           No, no tenemos ninguna chaqueta roja, pero tenemos algunas en otros colores.

1. ¿Venden ustedes vestidos de marcas famosas?
2. ¿Tienen todas las marcas famosas de trajes de baño?
3. ¿Tienen ustedes algo para usar en un coctel?
4. ¿Tienen ustedes pantalones cortos para mujeres?
5. ¿Hay alguien allí los domingos por la mañana?
6. ¿Siempre venden abrigos de piel *(fur)*, o solamente en invierno?
7. ¿Tienen camisetas de todos los equipos de béisbol?
8. ¿Venden ustedes zapatos formales para el trabajo?
9. ¿Siempre hay descuentos para los estudiantes?
10. ¿Venden ustedes corbatas de seda *(silk)*?

The Subjunctive in Descriptions of the Unknown or Indefinite

1. The subjunctive is used in certain adjective clauses that modify something that is unknown, indefinite, nonexistent, or unreal—for instance, a person or thing one is looking for but may not find or someone or something that definitely does *not* exist. However, the indicative is used for a specific person or thing definitely known to exist (including the pronouns **alguien, alguno,** and **algo**). Compare the following examples.

Hay alguien aquí que va a Barcelona.	*There is someone here who is going to Barcelona.*
¿Hay alguien aquí que vaya a Barcelona? —No, no hay nadie aquí que vaya a Barcelona.	*Is there anyone here who is going to Barcelona? —No, there's no one here who's going to Barcelona.*
Vamos al Club Latinoamericano, donde podemos escuchar música.	*Let's go to the Latinoamericano Club, where we can listen to music.*
Vamos a un lugar donde podamos escuchar música.	*Let's go to a place where we can listen to music.*
Busco la blusa azul que mi hija llevó en la fiesta de cumpleaños.	*I'm looking for the blue blouse that my daughter wore at the birthday party.*
Busco una blusa que mi hija pueda llevar en una fiesta de cumpleaños.	*I'm looking for a blouse that my daughter can wear at a birthday party.*

Notice that in the first example of each pair the speaker or writer is thinking of something or someone specific; therefore, the indicative is used. But in the second example of each pair, when the person or item is either nonexistent or not specific, the subjunctive is used. The subjunctive is used only in the adjective clause (a descriptive clause that generally begins with **que** and modifies a preceding noun).

2. The personal **a** is used before a direct object that is a person when the speaker or writer has someone definite in mind, but not normally when the person is indefinite or unspecified. However, the pronouns **alguien, alguno, nadie,** and **ninguno** used as direct objects referring to people always take the personal **a.**

Armando busca una mujer que lo quiera y que lo trate bien.	*Armando is looking for a woman who will love him and treat him well.*
Armando encontró a alguien que lo quiere y que lo trata bien.	*Armando found someone who loves him and treats him well.*

Práctica

A. El bolero. Complete el párrafo con el tiempo presente del subjuntivo o del indicativo de los verbos entre paréntesis, según sea apropiado.

¿Hay alguien de las Américas que no (1) _____ (conocer) el famoso bolero latino? Es poco probable. Las canciones como «Solamente una vez» y «Bésame mucho» se han popularizado en todo el mundo. Cuando usted compra discos compactos, ¿busca una forma musical que (2) _____ (transmitir) la pasión tropical y que (3) _____ (tener) una letra muy poética? Si es así, le encantarán los boleros, o baladas románticas. Las letras de las canciones de cantantes como Luis Miguel u Olga Guillot o del trío Los Panchos, que (4) _____ (ser) populares en todas partes de las Américas, son una forma de arte de alta calidad. Según un artículo de la revista *Américas,* el bolero es un género musical que (5) _____ (expresar) «los sentimientos más profundos, que han cambiado poco desde que los trovadores *[troubadours]* cubanos cantaban los primeros boleros al pie de los balcones.... El bolero es una emoción que se (6) _____ (comunicar) fácilmente y que cada oyente *[listener]* hace suya —declara [el crítico Javier] González Rubio—. Nos identificamos con esas palabras que nos hablan de amor.»[*]

B. Ideales y aspiraciones. Entreviste a un(a) compañero(a), usando las preguntas que siguen. Después su compañero(a) lo (la) entrevista a usted. Luego, prepare un breve resumen *(summary)* de los ideales de su compañero(a) en cuanto al amor, a la amistad y al trabajo.

1. ¿Qué tipo de hombre o mujer buscas para esposo(a)? ¿Buscas a alguien que sea muy atractivo(a)? ¿inteligente? ¿simpático(a)? ¿trabajador(a)? ¿que gane mucho dinero? ¿que lleve ropa elegante? ¿que baile bien? ¿que no tenga celos? (Si ya tienes esposo[a], descríbelo[la].)
2. Como amigo o amiga, ¿prefieres a alguien que sea divertido(a)? ¿sincero(a)? ¿generoso(a)? ¿que tenga las mismas opiniones políticas que tú? ¿que tenga más o menos la misma edad?
3. Para tu profesión, ¿prefieres tener un trabajo que sea interesante? ¿fácil? ¿de gran prestigio? ¿que te permita ganar un buen salario? ¿que te permita conocer a mucha gente, o viajar? ¿que no te produzca estrés? (Si ahora tienes el trabajo de tus sueños, descríbelo.)

C. Juego de memoria: ¿Hay alguien que lleve... ? La clase debe dividirse en dos equipos. Un(a) voluntario(a) tiene que ponerse de pie *(stand up)* y cerrar los ojos. Algún estudiante del otro equipo le hace una pregunta sobre la ropa de las personas de la clase. Si el voluntario (la voluntaria) contesta bien (en español), su equipo gana un punto. Después le toca a *(it's the turn of)* un(a)

---

[*] Mark Holston, «El romance del bolero», *Américas,* septiembre–octubre de 1995, página 49.

voluntario(a) del otro equipo, etcétera. El equipo con más puntos al final gana el juego.

MODELOS ¿Hay alguien que lleve un chaleco amarillo?
No, no hay nadie que lleve un chaleco amarillo. (Está bien. Ganas un punto.)

¿Hay alguien que lleve una camisa blanca?
Sí, hay dos personas que llevan camisa blanca. (No está bien. Hay tres personas con camisa blanca. No ganas nada.)

The Subjunctive with Certain Adverbial Conjunctions

1. The following adverbial conjunctions always require the subjunctive, since they indicate that an action or event is indefinite or uncertain—it is not necessarily going to happen.

a menos que	*unless*	para que	*so that*
con tal (de) que	*provided that*	sin que	*without*
en caso (de) que	*in case*		

Niños, a menos que bajen el volumen de esa música, me volveré loco.	*Children, unless you turn down that music, I'm going to go crazy.*
Con tal que me quieras, estaré contento.	*Provided that you love me, I'll be happy.*
En caso de que venga Ana, dile que voy a regresar en unos minutos.	*In case Ana comes, tell her I'll be back in a few minutes.*
Te digo esto para que tengas cuidado.	*I'm telling you this so that you will be careful.*
Salen sin que tía Juana los vea.	*They leave without Aunt Juana seeing them.*

Sin que indicates that something does not take place—it does not in fact happen, as in the preceding example.

2. **Aunque** is used with the subjunctive to indicate opinion, uncertainty, or conjecture but with the indicative to indicate fact or certainty.

Aunque le guste esa camisa, no la va a comprar.	*Although he may like that shirt, he's not going to buy it.*
Aunque le gusta esa camisa, no la va a comprar.	*Although he likes that shirt, he's not going to buy it.*

| Aunque no sea muy respon-sable, lo amo. | *Although he may not be very respon-sible, I love him.* |
| Aunque no es muy responsable, lo amo. | *Although he isn't very responsible, I love him.* |

Note that the Spanish subjunctive is sometimes translated with *may* or *might* in English (in the present tense).

Antes que te cases,
mira lo que haces.
—proverbio

3. **Antes (de) que** is a conjunction of time that always takes the subjunctive, since it implies that an action has not yet occurred and, therefore, is uncertain.

| Prometo practicar el violín antes de que cenemos. | *I promise to practice the violin before we eat dinner.* |
| Quiero disfrutar del buen tiempo antes de que empiece el invierno. | *I want to enjoy the good weather before winter begins.* |

4. Other conjunctions of time can take either the subjunctive or the indicative.

cuando *when*	hasta que *until*
después (de) que *after*	mientras (que) *while*
en cuanto *as soon as*	tan pronto como *as soon as*

The indicative is used after these conjunctions to express a customary or completed action. In contrast, when the idea following the conjunction refers to an action in the future, the subjunctive must be used. This is because any action in the future is uncertain. Compare:

Cuando viene Mateo a nuestra casa, tocamos música «rock».	*When Mateo comes to our house, we play rock music. (customary action)*
Cuando venga Mateo a nuestra casa, tocaremos música «rock».	*When Mateo comes to our house, we will play rock music. (He hasn't come yet; projection into the future.)*
Después que llega mi cheque cada mes, compro las provisiones.	*After my check arrives each month, I buy supplies. (customary action)*
Después que llegue mi cheque este mes, compraré una blusa.	*After my check arrives this month, I'll buy a blouse. (It hasn't come yet; projection into the future.)*

The past tense usually indicates that something has occurred and is a known fact. However, sometimes a past tense following a time conjunction is projected into the future and requires the subjunctive (in this case the imperfect subjunctive, which will be studied in Chapter 9). Compare:

Te llamé cuando llegó Pablo.	*I called you when Pablo arrived. (completed action, fact)*
Te iba a llamar cuando llegara Pablo. *(imperfect subjunctive)*	*I was going to call you when (as soon as) Pablo arrived. (Pablo's arrival had not occurred at that time; projection into the future.)*

The use of the subjunctive after these conjunctions does not mean that the speaker or writer necessarily doubts that the action or event will take place; it is simply indefinite, since it has not yet occurred. No matter how plausible the event seems, the subjunctive must be used if there is a projection into the future—after all, what is in the future is unreal and uncertain.

> Entre las gentes, hay mil gustos diferentes.
>
> —proverbio

5. Some of the preceding conjunctions are made up of prepositions (**para, sin, antes de, después de, hasta**) combined with **que.** These prepositions are followed by an infinitive if there is no change in subject. Compare the following:

Antes de cenar, tomamos una copa. (¡Salud!)	*Before eating dinner, we have a drink. (Cheers!)*
Antes de que lleguen los invitados, tomamos una copa.	*Before the guests arrive, we will have a drink.*
Sin hablarme, entró en la casa.	*Without speaking to me, he went into the house.*
Paso por su casa todos los días sin que él me hable.	*I go by his house every day without his speaking to me.*

Práctica

A. Disculpas (excusas) favoritas. Cuando a usted no le gusta hacer algo o necesita justificar lo que quiere hacer, ¿cuáles son sus disculpas favoritas? Aquí hay algunos ejemplos; complételos usando el indicativo o el subjuntivo de los verbos entre paréntesis.

1. Es verdad que este examen _____ (ser) un poco difícil, pero es mejor así para que ustedes no lo _____ (encontrar) aburrido.
2. Bueno, mamá, estaba pensando ayudarte con la comida pero... bueno, te ayudaré tan pronto como _____ (poder / yo) y, por supuesto, antes de que Manuel y yo _____ (salir).
3. Discúlpame, mi amor. Estaba enojada en ese momento. ¡Nunca volveré a decirte eso mientras yo _____ (vivir)!
4. Lo siento, querida, pero tengo que trabajar esta noche para que _____ (poder / nosotros) comprar las cosas nuevas que queremos.

5. Lo siento, de veras. Aunque no te _____ (ayudar) con esa composición ayer, lo puedo hacer ahora. Ayer no me sentía muy bien.
6. Perdóname, no te mandé el dinero todavía; lo haré en cuanto _____ (llegar) mi próximo cheque.
7. Sí, sí, me olvidé de comprar los boletos para el concierto hoy. Lo haré mañana. Con tal que me _____ (perdonar / tú), haré cualquier cosa.

B. Descripción. Piense usted en alguien a quien ve a menudo —un(a) pariente(a), un(a) amigo(a), su compañero(a) de cuarto, su novio(a)... Complete las siguientes oraciones.

1. Está contento(a) conmigo con tal que...
2. Estaba enojado(a) conmigo después de que...
3. Quiero comprarle un regalo sin que él (ella)...
4. Sé que es un(a) verdadero(a) amigo(a), aunque a veces...
5. Siempre está nervioso(a) antes de...
6. Estaba impaciente cuando...
7. Se va a alegrar en cuanto...

C. Situaciones y preferencias. Complete las oraciones con la forma apropiada de los verbos entre paréntesis.

En una tienda de ropa. Los señores Hernández hablan con el vendedor.

EL VENDEDOR: Buenos días, señores. ¿En qué puedo servirles?
LA SEÑORA H.: Busco un vestido para (1) _____ (ponerse) en una fiesta de cumpleaños.
EL VENDEDOR: ¿Quiere algo de seda *(silk)*... ?
LA SEÑORA H.: No, quiero algo que (2) _____ (poder / yo) lavar a máquina. Y busco algo que no (3) _____ (ser) demasiado caro.
EL VENDEDOR: Tenemos muchos vestidos. Están por aquí.

(Pasan unos minutos.)

EL SEÑOR H.: ¿No puedes encontrar nada que te (4) _____ (gustar), querida?
LA SEÑORA H.: Espérame un momento más. Aquí hay algunos vestidos muy bonitos. ¿Te (5) _____ (gustar) éste?
EL SEÑOR H.: Sí, sí. Aquí te espero mientras te lo (6) _____ (probar), mi amor.

(La señora se prueba el vestido y regresa.)

LA SEÑORA H.: ¿Cómo me queda? Aunque me (7) _____ (encantar) los colores y el modelo, temo que (8) _____ (costar) demasiado.

EL SEÑOR H.:   No importa. Llévalo aunque (9) _____ (ser; *it may be*) un poco caro, porque es posible que no (10) _____ (encontrar / nosotros) otro hoy. Y yo voy a llevar esta camisa; en cuanto la (11) _____ (ver / yo), pensé en Miguelito. Creo que a él le (12) _____ (ir) a gustar mucho.

LA SEÑORA H.:   De acuerdo. Pero después de que (13) _____ (salir / nosotros) de esta tienda, necesito buscar unos zapatos que me (14) _____ (quedar) bien con el vestido. ¿No hay una zapatería que se (15) _____ (llamar) Calzados Enrique por aquí cerca?

EL SEÑOR H.:   ¡Ay, ay, ay!

En otras palabras

Para expresar acuerdo y desacuerdo

There are many ways to express agreement and disagreement:

1. You strongly agree with what someone is saying.

   Sí, ¡cómo no!   Cierto.
   Exacto.   Por supuesto.
   Eso es.   Correcto.
   Claro.   Sí, es verdad. Estoy de acuerdo.

2. You disagree with what someone is saying.

   No, no es verdad.   ¡Qué tonterías!
   No, no estoy de acuerdo.   ¡Qué ridículo!
   Al contrario...   ¡Qué va!

3. You partially agree with what someone is saying and partially disagree. (Or you disagree but don't want to appear disagreeable.)

   Bueno, eso depende.
   Está bien, pero por otra parte *(on the other hand)*...
   Estoy de acuerdo en parte.
   Pues, sí, hasta cierto punto.

4. You agree with a suggestion that you or someone else do something.

   ¡Claro que sí!
   Sí, ¡cómo no!
   Como quiera usted. (Como quieras.) *As you like.*
   De acuerdo.

5. You disagree with a suggestion that you or someone else do something.

Por el momento, no, gracias. Prefiero...
¡Ni por todo el oro (dinero) del mundo! ¡Ni a la fuerza (a palos)! *Not even by force (because of blows)!* ¡Ni loco(a)! *(colloquial)*
¡De ninguna manera!

Práctica

A. **Opiniones sobre la música.** ¿Está usted de acuerdo o no con las siguientes afirmaciones? En forma alternada, un(a) estudiante hará una afirmación y el otro (la otra) dirá si está o no de acuerdo.

1. La mejor música es la música «rock».
2. Los africano-americanos de Estados Unidos crearon el jazz.
3. La música de acordeón es «fatal» (horrible).
4. En general, las letras de la música «rap» son muy bonitas.
5. Juan Luis Guerra es famoso por sus merengues.
6. Richard Wagner es el compositor más importante de la historia de la música.
??. (sus propias ideas sobre los cantantes, conjuntos, estilos musicales...)

B. ¿De acuerdo? Piense en algunas actividades que son atrevidas *(daring)* o interesantes y en otras que son más rutinarias o menos agradables e invite a un(a) compañero(a) a hacerlas con usted. Su compañero(a) dirá si está o no de acuerdo.

MODELOS A: **¿Quieres ver un espectáculo de tango?**
               B: **Sí, hombre, ¡cómo no!**[*]

               A: **Vamos a un restaurante mexicano a comer un plato de menudo, ¿de acuerdo?**
               B: **De ninguna manera. ¡Ni a palos!**

¡A comunicarnos!

A. Escogiendo un restaurante. Miren estos anuncios sobre algunos restaurantes de Cancún, México, y decidan juntos qué lugar les convendría a los diferentes tipos de viajeros. Note: **botana**=*appetizer;* **sucursal**=*branch.*

MODELO   a un viajero a quien le encanten los mariscos
            A un viajero a quien le encanten los mariscos, le convendría el restaurante El pescador. Tiene «lo mejor en mariscos en la ciudad».

---

[*]   Note that **hombre** is used in this way colloquially in most parts of the Spanish-speaking world to address either a male or a female.

Eu su opinión, ¿cuál de estos restaurantes le convendría a...

1. alguien que sea un estricto vegetariano?
2. algún grupo de diez u once estudiantes que viajen juntos?
3. una persona que adore la carne?
4. un hombre que quiera impresionar a una mujer muy sofisticada?
5. unos turistas que deseen encontrar la comida y el ambiente típicamente mexicanos?
6. alguien que busque un lugar que esté abierto los lunes?
7. un matrimonio a quien le guste mucho el pescado?
8. algunos turistas que quieran escuchar música mientras cenan?

¿Cúal de los restaurantes prefieren ustedes? ¿Por qué?

B. **Representación dramática.** Trabajando con dos compañeros, inventen una conversación sobre una de estas situaciones. Luego, pueden presentarla a la clase.

1. Dos turistas van a un restaurante en Cancún y un(a) camarero(a) les sirve. Los turistas piden un entremés, bebidas, un plato fuerte (principal) y un postre. Luego, algo pasa que causa un problema. Finalmente, se soluciona el problema. (Se puede consultar el **Vocabulario útil** de la página 169.)

> Barriga *[Stomach]* llena, corazón contento.
> —proverbio

2. Dos turistas entran en una tienda de ropa en Valencia. Quieren comprar varios regalos y también ropa para ellos(as). Un(a) dependiente los atiende, pero hay algunos problemas. Finalmente, se solucionan los problemas. (Se puede consultar el **Vocabulario útil** de la página 174.)

C. Entrevista. Entreviste a un(a) compañero(a) para averiguar la siguiente información.

MODELO   qué quiere comprar en cuanto / tener el dinero
        A: **¿Qué quieres comprar en cuanto tengas el dinero?**
        B: **Quiero comprar un piano en cuanto tenga el dinero.**

1. qué va a hacer cuando / salir de la clase
2. a quién va a llamar cuando / llegar a casa
3. si piensa vivir en el mismo lugar hasta que / terminar sus estudios
4. si quiere ir a un buen restaurante hoy, a menos que / ser muy caro
5. qué necesita hacer antes de que / empezar los exámenes finales
6. si va a ir de viaje tan pronto como / llegar las vacaciones
7. si quiere ir a Europa con tal que alguien le / dar un pasaje o un puesto allí

D. Composición estructurada: Gustos musicales. Primero, haga una lista de tres cosas que le gustan o que le importan en la música y tres cosas que no le importan o que no le gustan. Puede mencionar el ritmo, el estilo de un(a) músico o cantante, los instrumentos musicales, la letra, etc. Después, escriba un párrafo sobre un(a) cantante o conjunto que le gusta y diga por qué le gusta.

MODELO   **Me gusta que una canción tenga una letra bonita (original)...**
        Me gusta la música de... porque sus canciones tienen letras bonitas (originales)...

Dimensiones
culturales

CAPÍTULO
OCHO

8

Presentación del tema

En el mundo hispano hay una gran variedad de culturas. El pueblo español es una mezcla de los muchos grupos que formaron lo que es hoy la cultura española: por ejemplo, los iberos (los primeros habitantes de la península), los celtas *(Celts),* los griegos, los fenicios *(Phoenicians),* los vascos *(Basques),* los romanos y los árabes. Los romanos realizaron en España espléndidas obras de arquitectura, incluyendo murallas y acueductos que todavía se usan hoy. También trajeron a la península ibérica un sistema avanzado de leyes, el sistema de escritura que usamos y la religión cristiana. Cuando los árabes llegaron en el siglo VIII, mejoraron la agricultura con métodos de irrigación y trajeron muchas frutas y verduras (como la naranja y la zanahoria *[carrot]*) y el azúcar. También introdujeron un estilo de arquitectura que usaba el adobe y muchos arcos y patios. Entre los siglos VIII y XIII fundaron escuelas y numerosos centros culturales sin igual en el resto de Europa.

Al llegar *(upon arriving)* los españoles a América en los siglos XV y XVI, se encontraron con las civilizaciones indígenas azteca e inca y con las ruinas de las grandes ciudades mayas. En México y Centroamérica, los mayas habían construido grandes observatorios y templos. Sus sacerdotes tenían conocimientos de matemáticas muy avanzados, entre ellos el concepto del cero (0). Los aztecas, como los mayas, tenían un calendario exacto; también tenían una capital impresionante. Más al sur, en la región de los Andes, los incas sabían mucho de medicina (incluso practicaban operaciones delicadas) y tenían un sistema socializado para darles comida a los pobres y a los ancianos. En América se cultivaban el maíz, la papa, el tomate, el cacao (del que se hace el chocolate), el tabaco y otras plantas que los españoles no conocían.

> Nuestra identidad está en la historia, no en la biología, y la hacen las culturas, no las razas; pero está en la historia viva. El tiempo presente no repite el pasado: lo contiene.
>
> —Eduardo Galeano

Con la llegada de los africanos, la cultura hispanoamericana se enriqueció aún más, con la introducción de una nueva música muy rítmica y con nuevas formas de arte y baile. Muchas frutas, verduras y raíces *(roots)* que se comen ahora en Hispanoamérica —como el plátano *(plantain)* y el camote *(yam)*— vinieron de África. La literatura afroamericana también es una contribución importante a la cultura hispana.

En Hispanoamérica uno se encuentra con un panorama humano de razas y culturas muy variadas. En el crisol *(melting pot)* latino, hay gente indígena, afroamericana, gitana, judía y también hay inmigrantes de muchos países —españoles, italianos, libaneses, sirios, chinos, japoneses...

Preguntas

1. ¿Qué grupos étnicos formaron la cultura española?
2. Al llegar los españoles a América en los siglos XV y XVI, ¿con qué civilizaciones indígenas se encontraron?

3. ¿Cómo es la población de Hispanoamérica hoy?
4. ¿A quiénes debemos agradecer *(thank)* cuando...
   a. tomamos un vaso de jugo de naranja al levantarnos?
   b. nos desayunamos con cereal de maíz?
   c. escribimos una carta (usamos el alfabeto)?
   d. nos sentamos en el patio de una casa de adobe (o de «estilo español»)?
   e. nos divertimos en una fiesta bailando al ritmo de la música del Caribe (como el merengue o la rumba)?
   f. comemos camote el Día de Acción de Gracias?
   g. tomamos una taza de chocolate caliente?
   h. comemos una torta de zanahoria?
5. ¿Cuáles son las razas y culturas principales de Estados Unidos? ¿de Canadá? ¿Por qué cree usted que hay menos influencia de los indios (o de gente indígena) en Norteamérica que en Hispanoamérica?

Actividad

> Nosotros no somos una raza. Somos un arcoiris *[rainbow]* de razas y culturas.
>
> —Raúl Juliá,
> actor puertorriqueño
> (1940–1994)

¿Cuál es el origen? Muchas de las cosas que vemos o usamos diariamente *(daily)* tienen un origen interesante o extraño. Usando una enciclopedia, la Internet o algún libro de consulta, indique el origen de las cosas que están a continuación. ¿Cuál es el origen de las siguientes cosas?

el ajedrez *(chess)*
la alcachofa *(artichoke)*
el algodón *(cotton)*
el cacahuete *(peanut)*
la calabaza *(squash)*
el calendario que usamos ahora
las castañuelas *(castanets)*
el chicle

la corrida de toros
la guitarra
la mandioca (de la que se hace la tapioca)
los números arábigos (1, 2, 3, etc.)
el ron *(rum)*
la rumba

Vocabulario útil

Aspectos culturales

Razas y culturas del mundo hispano: Cognados

el africano (la africana)
el, la árabe
el, la azteca
el europeo (la europea)
el, la inca

el, la indígena
el, la maya
el mestizo (la mestiza)
el romano (la romana)

Otras palabras

el judío (la judía) — *Jew*
precolombino(a) — *pre-Columbian (before Columbus)*

Verbos

cultivar — *to grow (crops)*
descubrir — *to discover*
enriquecerse (cz) — *to become enriched*
mezclarse — *to mix together, become mixed*

¡Ojo!

darse cuenta de *to realize, understand* / **realizar** *to realize, to bring about, make real*

encontrarse (ue) con *to meet, come across, run into* / **reunirse** *to meet, have a meeting*

introducir (cz) *to introduce* / **presentar** *to present, introduce (persons to each other)*

Práctica

A. Identificaciones históricas. Diga a qué grupos étnicos se refieren las siguientes descripciones. Las respuestas están en el apéndice D.

1. Vivieron en el Valle de México donde tenían una capital magnífica con bibliotecas, baños públicos y faroles de aceite *(oil streetlamps)*.
2. Introdujeron nuevos ritmos y formas musicales que revolucionaron la música del mundo.
3. Eran dos grupos que prosperaron en España durante la Edad Media, pero tuvieron que salir de ese país en 1492 por motivos políticos y religiosos.
4. Era la única civilización precolombina con un sistema de escritura ideográfica y fonética.
5. Realizaron impresionantes obras de arquitectura en su imperio, que se extendía de Ecuador, en el norte, hasta Chile, en el sur.

B. Preguntas.

1. Los chinos y los japoneses cultivan el arroz como alimento básico, y los franceses, el trigo *(wheat)*. ¿Sabe usted qué cultivaban los mayas y aztecas como alimento básico? ¿los incas? ¿Sabe usted qué se cultiva en la región donde usted vive?

Cristóbal Colón murió en 1504 pobre, ignorado y casi olvidado por todos. Había ido cuatro veces a las Américas.

2. ¿Conoce usted algunas construcciones realizadas por los indígenas de Estados Unidos o de Canadá? ¿Qué son y dónde están?

3. ¿En qué año llegó Cristóbal Colón a América? ¿Cree usted que en ese momento se dio cuenta de la importancia de su «descubrimiento» o no? ¿Por qué?

4. Hace veinte o treinta años el matrimonio entre personas de diferentes religiones, nacionalidades o razas era muy poco común en Estados Unidos y Canadá. ¿Es diferente la situación ahora? ¿Cree usted que es más probable que un matrimonio de ese tipo se divorcie o no? ¿Por qué?

Para escuchar: Un panorama cultural

Conversación 1: Para expresar una falta de comprensión. Jessica y Julia se encuentran con Tomás en la universidad.

A. Escuche la Conversación 1. Conteste las preguntas.

a.

b.

1. ¿Qué dibujo muestra el sitio donde tiene lugar la conversación?
2. ¿Cuál es el tema principal de la conversación?
    a. los aztecas   b. los mayas   c. el profesor de antropología

B. Escuche la Conversación 1 otra vez. ¿Qué cosas o qué personas se mencionan?

____ 1. los mayas
____ 2. los aztecas
____ 3. el concepto del cero (0)
____ 4. un sistema de escritura ideográfica
____ 5. grandes observatorios

____ 6. Chichén-Itzá
____ 7. Tenochtitlán
____ 8. Yucatán
____ 9. *Ci u than* («No los entendemos»)

C. Escuche la Conversación 1 una vez más. ¿Qué expresiones de incomprensión se usan?

_____ 1. ¿Qué?   _____ 5. ¿Cómo se llama... ?
_____ 2. No comprendo.   _____ 6. ¿Cómo?
_____ 3. No entendí.   _____ 7. ¿Qué dijo?
_____ 4. ¿Qué quiere decir... ? _____ 8. ¿Lo podrías decir otra vez?

Conversación 2: Para verificar la comprensión; para pedir que alguien hable más despacio. Jessica habla con su amiga Carmen.

A. Escuche la Conversación 2. Conteste estas preguntas.

1. ¿Adónde viajó Carmen?
   a. a España   b. por toda Latinoamérica   c. por toda Colombia
2. Según Carmen, Latinoamérica...
   a. tiene muchas dimensiones culturales.
   b. es muy homogénea *(homogeneous)*.
   c. tiene muchos problemas de discriminación racial.

B. Escuche la Conversación 2 otra vez. Escoja la mejor respuesta.

1. Le sorprendió a Carmen ver...
   a. salones de té típicamente ingleses en Chile.
   b. barrios japoneses en Perú.
   c. **a** y **b** (los dos).
2. A Jessica le sorprendió que en la costa de Colombia hubiera mucha influencia...
   a. francesa.   b. italiana.   c. africana.
3. Antes de ir a Colombia, Jessica pensaba que todos los latinoamericanos...
   a. usaban sombrero grande.   b. comían tacos.   c. bailaban el tango.

Gramática y vocabulario

The Reflexive (2)

1. The reflexive was introduced in Chapter 1, pages 21–22.

Reflexive Pronouns		despertarse (ie)	
me	**nos**	**me** despierto	**nos** despertamos
te	**os**	**te** despiertas	**os** despertáis
se	**se**	**se** despierta	**se** despiertan

Me lastimé.	*I hurt myself. (I got hurt.)*
No nos despertamos hasta las nueve.	*We didn't wake up until nine.*
¿A qué hora se acostaron ustedes?	*What time did you go ("put your-selves") to bed?*
Se vistieron.	*They got (themselves) dressed.*

2. Reflexive pronouns precede a conjugated verb or follow and are attached to an infinitive,[*] as discussed in Chapter 1.

> Me voy a quedar en casa. } *I'm going to stay home.*
> Voy a quedarme en casa.

Reflexive pronouns precede other object pronouns.

Se lavó las manos. Se las lavó.	*He washed his hands. He washed them.*
Me pongo los zapatos. Me los pongo.	*I'm putting on my shoes. I'm putting them on.*
Nos quitamos el sombrero. Nos lo quitamos.	*We take off our hats. We take them off.*

Remember that a definite article (**el**, **la**, **los**, **las**) is used instead of a possessive for parts of the body or articles of clothing when it is clear who the possessor is. This is the case with reflexive constructions since the reflexive pronoun indicates that the action is being performed on the subject, the possessor. Notice in the last example (**Nos quitamos el sombrero**) that the singular, **el sombrero,** is used; it's understood that each person takes off one hat.

3. Reflexive pronouns can function as either direct or indirect objects.

Nos sentamos.	*We sat down (seated ourselves).* (**Nos** *is a direct object.*)
Nos pusimos el suéter.	*We put on our sweaters. (Literally, "We put to ourselves the sweater."* **Nos** *is an indirect object;* **el suéter** *is a direct object.*)

4. Observe the differences in meaning between the reflexive and nonreflexive uses of the following verbs.

---

[*] They also follow and are attached to present participles, to be discussed in Chapter 12: **Sólo acostán-dome temprano voy a poder levantarme a las seis.**

Nonreflexive	Reflexive
aburrir *to bore*	**aburrirse** *to be bored*
acordar (ue) *to agree*	**acordarse (ue) (de)** *to remember*
callar *to quiet, silence*	**callarse** *to be quiet*
cansar *to tire*	**cansarse** *to get tired*
enojar *to anger*	**enojarse** *to become angry*
equivocar *to mistake*	**equivocarse (de)** *to be wrong, mistaken*
ir *to go*	**irse** *to go away*
lastimar *to hurt, injure*	**lastimarse** *to hurt oneself*
llamar *to call*	**llamarse** *to be named*
preguntar *to ask*	**preguntarse** *to wonder (ask oneself)*
preocupar *to (cause) worry*	**preocuparse (de)** *to worry about*
quedar *to remain, be left*	**quedarse** *to stay*
reunir *to gather, assemble, unite (+ noun)*	**reunirse con** *to meet*

> América se llamó así por el cartógrafo *[mapmaker]* italiano Amerigo Vespucci.

¡Ojo!

hacer *to make, do* / **hacerse** *to become*

poner *to put, place* / **ponerse** *to put on; + adjective, to become (e.g., **ponerse nervioso**)*

volver *to return* / **volverse** *+ adjective, to become (e.g., **volverse loco**)*

Nos equivocamos de habitación. ¡Perdón!	*We've got the wrong room. Sorry!*
Se reunió con su prima en el Café de la Paz.	*She met her cousin at the La Paz Café.*

Notice that many reflexive verbs indicate a change of state and are translated into English with *to become* or *to get*.

Me enojé.	*I became angry (got mad).*
Se puso muy serio (rojo, nervioso).	*He became very serious (red, nervous).*
Se aburren fácilmente.	*They get bored easily.*
Algunos conquistadores se hicieron muy ricos en América con el oro de los indios (entre ellos, el hermano de Santa Teresa de Ávila).	*Some conquistadores became very rich in America with the gold of the Indians (among them, the brother of St. Teresa of Avila).*

5. Most reflexive verbs can be used either reflexively or nonreflexively.

Estos ejercicios me cansan. *These exercises tire me out.*
Me canso al final del día. *I get tired at the end of the day.*

Sus acciones me preocupan. *His actions worry me.*
Me preocupo mucho de mis *I'm really worried about my grades.*
 notas.

6. A number of verbs are used only reflexively—for example, **arrepentirse de** *(to regret)*, **darse cuenta de** *(to realize)*, and **quejarse de** *(to complain about)*.

Los incas no se dieron cuenta *The Incas didn't realize that Pizarro*
 de que Pizarro iba a matar a *was going to kill their leader,*
 su jefe, Atahualpa. *Atahualpa.*
Se arrepiente de lo que le hizo *He regrets what he did to his little*
 a su hermanito. *brother.*
¿Por qué te quejas? *Why are you complaining?*

7. Almost any verb that can take an object can be used reflexively.

Me miré en el espejo. *I looked at myself in the mirror.*
A él le gusta escucharse. *He likes to listen to himself.*

En el siglo XVI Cuzco, la capital de los incas, se podía comparar con cualquiera de las grandes ciudades de Europa. La civilización inca era muy avanzada.

Práctica

A. ¿Qué pasa? Describa los dibujos, usando los verbos dados.

la cliente

Julio

1. quejarse de, ponerse nervioso

2. reunirse, lastimarse

Pepe

Felipe

3. ponerse, quitarse

los Díaz

4. equivocarse, darse cuenta de que

Martín

Alicia

Luis

5. divertirse, aburrirse, dormirse

Jorge

6. quedarse, irse, despedirse

B. Descripciones y acciones. Usando verbos reflexivos, describa a los siguientes individuos. (En algunos casos, hay varias posibilidades.)

MODELO   una persona con poca energía
    Se cansa fácilmente. / Se va cuando hay trabajo.

1. una persona que no habla mucho
2. un individuo que no tiene control sobre sus emociones
3. alguien con pocos intereses
4. alguien que tiene mucha curiosidad
5. alguien que tiene buena memoria
6. un individuo muy extrovertido y sociable
7. alguien que nunca está contento
8. un individuo que tiene muchos accidentes
9. alguien que primero habla y luego piensa
10. el amigo ideal

nos ensartamos *we got into*

C. Entrevista. Entreviste a un(a) compañero(a), usando las preguntas que siguen. Después, su compañero(a) lo (la) entrevista a usted.

1. ¿Cuándo te diviertes más? ¿Cuándo te aburres más?
2. ¿Te cansas más durante la semana o durante el fin de semana? ¿Por qué?
3. ¿Cuándo y dónde te reúnes con tus amigos? ¿Qué haces allí?
4. ¿Te preocupas demasiado o demasiado poco? ¿De qué te preocupas?
5. ¿De qué te arrepientes a veces?
6. ¿Te preguntas si vas a vivir mucho tiempo? ¿si te vas a casar?
7. ¿Qué piensas cuando te miras en el espejo?

The Reflexive with Commands

1. Like other object pronouns, reflexive pronouns precede negative commands or follow and are attached to affirmative commands.[*]

No te vayas, querido.	*Don't go, dear.*
¿Dónde está tu suéter, niño? Póntelo.	*Where is your sweater, child? Put it on.*
Siéntense, señores, por favor.	*Sit down, gentlemen, please.*

---

[*] For a review of commands, see Chapter 6.

2. Before the reflexive **-os** can be added to an affirmative **vosotros** command, the final **-d** must be dropped. (Also, an accent must be added to the final **i** of **-ir** verbs.)

¡Divertíos!	*Enjoy yourselves!*
Vestíos —y daos prisa.	*Get dressed —and hurry up.*
¡Levantaos! —Dejadnos en paz.	*Get up! —Leave us alone.*

3. Before the reflexive **nos** can be added to an affirmative **nosotros** command, the final **-s** must be dropped. (Also, an accent must be added to the stressed syllable of the verb.)

Vámonos.	*Let's go.*
¡Levantémonos todos!	*Let's all stand up!*

Vocabulario útil

La rutina diaria

Por la mañana

desayunar(se), tomar el desayuno	*to have breakfast*
despertarse (ie)	*to wake up*
levantarse	*to get up*
ponerse (la ropa)	*to put on (clothing)*
vestirse (i)	*to get dressed*

Por la tarde/noche

acostarse (ue)	*to go to bed*
almorzar (ue) (el almuerzo)	*to have lunch (lunch)*
cenar (la cena)	*to have dinner (dinner)*
dormirse (ue)	*to fall asleep*
quitarse (la ropa)	*to take off (clothing)*

En el cuarto de baño

bañarse	*to bathe, take a bath*
lavarse	*to get washed, wash up*
cepillarse los dientes	*to brush one's teeth*
tomar una ducha, ducharse	*to take a shower*

Práctica

A. Las órdenes del comandante. Un(a) «voluntario(a)» hará el papel del comandante. Tiene que ponerse frente a la clase y darles a los estudiantes las siguientes órdenes. Los estudiantes tienen que «obedecer» al comandante. A ver si todo el mundo comprende...

1. Levántense.
2. Siéntense.
3. Duérmanse.
4. Despiértense.
5. Díganme «¡Hola!».
6. Díganme «¡Hola!» en inglés.
7. No levanten la mano.
8. Pónganse nerviosos.
9. Relájense.
10. Díganme «¡Basta ya!».

B. ... y más órdenes. De acuerdo con el modelo, cambie las siguientes oraciones a mandatos.

MODELO   Vamos a sentarnos.   **Sentémonos.**

1. Vamos a vestirnos.
2. Vamos a desayunarnos.
3. Vamos a quedarnos.
4. Vamos a reunirnos.
5. Vamos a despedirnos.
6. Vamos a casarnos.

C. ¿Qué se le dice a un amigo que... ? Invente mandatos que correspondan a las siguientes situaciones. Use verbos reflexivos cuando sea posible.

MODELO   habla todo el tiempo   **Cállate. No hables tanto.**

Qué se le dice a un amigo que...

1. lleva el sombrero siempre, aún dentro de la casa?
2. sale todas las noches y se queja de estar muy cansado?
3. se queda dormido toda la noche delante del televisor?
4. estudia demasiado y casi nunca sonríe?
5. se duerme muchas veces en la clase de español?
6. nunca lleva un abrigo cuando hace frío?
7. tiene que ir al dentista mucho?

The Reciprocal Reflexive

1. The reflexive pronouns **nos, os,** and **se** can be used with first-, second-, or third-person plural verbs, respectively, to express a mutual or reciprocal action.

Nos escribimos todas las semanas.	*We write to each other every week.*
¿Os perdonáis? —¡Nunca!	*Do you forgive each other? —Never!*
Se gritaron.	*They shouted at each other.*
Se dan la mano.	*They shake (each other's) hands.*
Nos conocíamos desde chicos.	*We had known each other since we were children.*

2. **Uno(a) a otro(a), unos(as) a otros(as)** are sometimes added for either clarity or emphasis. **El uno al otro (la una a la otra)** can also be used. The masculine forms are used unless both subjects are feminine.

Nos hablamos unos a otros.   *We talked to one another.*
Se sonríen el uno al otro.   *They smile at each other.*
Las niñas se ayudaron unas a otras.   *The girls helped one another.*

> Según el historiador Eduardo Galeano, los indígenas de las Américas son menos competitivos que los europeos y se ayudan más: «Tratan a la tierra como madre... A la ley capitalista de la ganancia *[profit]*, oponen la vida compartida, la reciprocidad, la ayuda mutua.»

Vocabulario útil

Saludos y despedidas

abrazar (un abrazo)	*to hug, embrace (a hug)*	**darse la mano**	*to shake hands*
		la despedida	*leave-taking, saying goodbye*
besar (un beso)	*to kiss (a kiss)*		
el cariño	*affection*	**saludar**	*to greet*

¡Ojo!

despedir (i)   *to fire* / **despedirse (i) (de)**   *to take leave (of), say goodbye (to)*

Práctica

A. Un(a) buen(a) amigo(a). Piense en un(a) buen(a) amigo(a) suyo(a). Después, conteste las siguientes preguntas.

MODELOS   ¿Se ven mucho?
            Sí, nos vemos mucho.
            No, no nos vemos mucho.

1. ¿Se hablan mucho por teléfono?
2. ¿Se entienden?
3. ¿Se gritan a veces?
4. ¿Se conocen desde hace mucho tiempo?
5. ¿Se ayudan uno(a) a otro(a)? ¿De qué manera?
6. ¿Se extrañan cuando no se ven durante mucho tiempo?
7. ¿Se escriben de vez en cuando?
8. ¿Se dan regalos de cumpleaños?

B. Un saludo hispano: Con cariño. Dos familias hispanas que son muy amigas se encuentran en la calle. ¿Qué hacen?

MODELO   todos / saludarse   **Todos se saludan.**

1. los hombres / darse la mano y abrazarse
2. las mujeres / besarse en la mejilla *(on the cheek)*
3. los niños y los adultos / besarse
4. todos / decirse «¡Hola! ¿Qué tal? ¡Qué gusto verte!»
5. los adultos / preguntarse «¿Cómo está la familia?»
6. sonreírse y hablar durante unos minutos
7. todos / despedirse, otra vez con besos y abrazos

C. Hablando de los saludos.

1. Cuando usted saluda a sus amigos, ¿los besa y abraza? ¿Se dan la mano?
2. ¿Qué hace usted cuando se despide de ellos?
3. En nuestra cultura, ¿hay algunas ocasiones cuando el modo de despedirse o saludarse es más cariñoso? Explique.
4. En su opinión, ¿por qué no se besan o abrazan mucho los norteamericanos?
5. ¿En qué culturas hay más contacto físico en los saludos y despedidas? ¿En qué culturas hay menos?

> Dime cuántas personas te saludaron y te diré quien eres.
>
> —José Peñalosa. El saludo es muy importante en la cultura latina.

The Impersonal Se; The Se for Passive

The Impersonal Se

The impersonal **se** is commonly used in Spanish when it is not necessary to identify the agent or doer of an action. The verb is always in the third-person singular.

Se come bien en Argentina.	*People (you, they) eat well in Argentina.*
Se calcula que el 20 por ciento de los esclavos africanos traídos a las Américas murieron en el viaje.	*It is calculated (people calculate) that 20 percent of the African slaves brought to the Americas died during the trip.*

Notice that there are different ways of translating this construction to English; these include *they, people, it, one, you,* and *we* used as the subject.

> Se cree que el 95 por ciento de los indios americanos de hoy desciende de unos asiáticos que cruzaron el Estrecho de Bering hace entre 15.000 y 30.000 años. Entre ellos se encontraban quizás sólo cuatro mujeres.

The Se for Passive

1. In the true passive voice, the subject *receives* (rather than *performs*) the action. It is used a great deal in English: *The glass was broken. The glasses were broken.* There is a true passive voice in Spanish (which is discussed in Chapter 10), but, in general, it is used only when the agent of an action is expressed. If there is no agent, the **se** for passive is generally used.

Se rompió el vaso. (Se rompieron los vasos.)	*The glass was broken. (The glasses were broken.)*

But:

Los vasos fueron rotos por los niños.	*The glasses were broken by the children. (The children are the agent, and the true passive is used.)*

Notice that in Spanish the subject can come after the verb, as well as before, while in English it is always before the verb. The verb is singular or plural to agree with the subject:

El Día de la Raza se celebra en muchos países hispanos. También se celebran muchas fiestas católicas.	*Columbus Day is celebrated in many Hispanic countries. Many Catholic holidays are also celebrated.*
En Curazao, isla caribeña, se habla papiamento (una lengua que es una mezcla de español, portugués, inglés, francés y holandés). En Guatemala se hablan veintisiete lenguas indígenas.	*In Curaçao, a Caribbean island, people speak Papiamento (a language that is a mixture of Spanish, Portuguese, English, French, and Dutch). In Guatemala, twenty-seven indigenous languages are spoken.*

> El maíz se cultivaba en México hace 7.000 años.

2. Indirect objects are often used with the **se** for passive construction to imply that something happened accidentally or to indicate that the person involved was not at fault or responsible. (This construction is sometimes called the "**se** for unplanned occurrences.")

¿Se les perdieron las llaves?	*Did you (**ustedes**) lose the keys? (Did the keys [in your possession] get lost?)*
Se le olvidó el pan (a José).	*He (**José**) forgot the bread.*
¿Se te cayó la leche? ¡Qué lío!	*Did you drop the milk? What a mess!*
Se me rompió el espejo.	*The mirror (in my possession) got broken.*

You don't need to be able to distinguish between the impersonal **se** and the **se** for passive. Simply remember: *In general, if a plural subject is present in the clause with* **se,** *use the plural form of the verb. In all other cases, use the singular form.*

Se habla español (Se hablan inglés y español) en Puerto Rico.	*Spanish is (English and Spanish are) spoken in Puerto Rico.* **(se** *for passive)*
Se ven muchos cocoteros en Puerto Rico.	*You see a lot of coconut trees in Puerto Rico.* **(se** *for passive)*
Se ve que hay muchos cocoteros en Puerto Rico.	*You see that there are a lot of coconut trees in Puerto Rico.* *(impersonal* **se***)*

Se sabe que la guerra y la superpoblación causaron la caída de la civilización maya.

Práctica

A. Preguntas. Conteste de acuerdo con los modelos.

MODELOS   ¿Hablan español y guaraní en Paraguay?
Sí, se hablan español y guaraní en Paraguay.

¿Comen mucha comida picante en Uruguay?
No, no se come mucha comida picante en Uruguay.

1. ¿Producen mucho café en Colombia?
2. ¿Cultivan caña de azúcar y tabaco en Cuba?
3. ¿Hablan español en Brasil?
4. ¿Celebran el Día de la Independencia el cuatro de julio en México?
5. ¿Bailan el tango en Argentina?
6. ¿Descubrieron mucho oro y plata en América del Sur?

B. Carnaval. Carnaval *(Mardi Gras)* se celebra tanto en ciudades como Montevideo y Buenos Aires como en las ciudades brasileñas y en Nueva Orleáns. En Montevideo durante carnaval, que tiene lugar los días anteriores al comienzo de la cuaresma *(Lent),* la gente negra o mulata organiza las «fiestas llamadas». Para saber cómo son, forme oraciones de acuerdo con los modelos.

MODELOS   oír ritmos africanos   **Se oyen ritmos africanos.**

oír un tambor   **Se oye un tambor.**

1. bailar la samba
2. cantar canciones con palabras africanas
3. contar historias de los esclavos negros
4. llevar trajes espléndidos
5. ver una procesión magnífica
6. ver banderas de Uruguay por todas partes
7. participar en la vida colectiva de la comunidad

C. Un día de mala suerte. ¿Qué pasó?

MODELO olvidar / las llaves
    A: **¿Se te olvidaron las llaves?**
    B: **Sí, se me olvidaron.**

1. romper / el espejo
2. ir / el autobús
3. morir / el gato
4. caer / el vaso
5. perder / los pasaportes

D. ¿Qué se hace... ? Invente varias frases con **se** para explicar qué se hace en las siguientes situaciones.

MODELO en la cafetería de la universidad
    Se come mucho y mal.
    Se paga poco por la comida.
    Se charla con los amigos.
    Se mira a la gente.

1. cuando hay demasiada tensión en la vida
2. cuando se oye música africana bien tocada
3. en la biblioteca
4. en las montañas
5. cuando se tiene muchísima hambre
6. mientras se espera el autobús
7. durante los largos inviernos del norte
8. en las selvas tropicales
9. después de terminar un proyecto difícil
10. antes de salir de viaje

E. Costumbres distintas. El cuadro *(chart)* en la página 208 explica qué se hace en algunos días de fiesta en el mundo hispano. Complétenlo diciendo qué se hace en las mismas fechas en Estados Unidos y Canadá. Usen el **se** pasivo o impersonal en sus oraciones. La primera está hecha, como modelo.

Vocabulario útil: ir a esquiar, bailar, cantar, invitar a alguien a comer, darles dulces a los niños, comprar flores y cajas *(boxes)* de chocolates en forma de corazón, abrir/dar regalos, ir a la iglesia (al templo), comer jamón (pavo), reunirse con los amigos.

Fecha	Lugar	Actividad
Día de Año Nuevo	España y Latinoamérica	Se duerme hasta tarde porque todos están cansados después de celebrar el último día del año.
	Estados Unidos y Canadá	**También se duerme hasta tarde y se miran partidos de fútbol en la televisión.**
Nochebuena (Christmas Eve)	España y Latinoamérica	Se hace una cena especial y después se va a la misa de medianoche.
	Estados Unidos y Canadá	
Navidad	Argentina y Chile	Se va a la playa porque allá es verano.
	Estados Unidos y Canadá	
Nochevieja (New Year's Eve)	España	Se comen doce uvas a medianoche, una por cada campanada *(stroke)* del reloj.
	Estados Unidos y Canadá	
Domingo de Pascua de Resurrección (Easter Sunday)	España y Latinoamérica	Se hacen procesiones, se va a misa y se prepara una comida especial.
	Estados Unidos y Canadá	
Día de la Madre	España y Latinoamérica	Se dan regalos o flores a la madre o se va a comer a un restaurante.
	Estados Unidos y Canadá	
Día de San Valentín	algunos países hispanos	Se regalan flores a la novia.
	Estados Unidos y Canadá	

En otras palabras

La falta de comprensión

You have probably had many experiences of miscommunication or misunderstanding even in your native language, and you probably find yourself sometimes interrupting someone to ask him or her to explain or clarify something, repeat part of a sentence, slow down, and so forth. In a foreign language, it's even more important to learn to make it clear that you just aren't following and need some help. Here are some ways to express this.

1. You don't understand any part of what the speaker is saying.

   No comprendo... No entiendo...
   ¿Cómo?
   ¿Mande? *(Mexico)*
   ¿Qué dijo (dijiste), por favor? ¿Qué decía(s)?

2. You have a general idea of what was said, but you missed part of the statement or question.

   ¿Podría usted (¿Podrías) repetir lo que dijo (dijiste), por favor?
   ¿Cómo? ¿Me lo podría(s) decir otra vez?
   No entendí el nombre de... ¿Cómo se llama?
   ¿Qué quiere decir la palabra... ?
   ¿Pero dónde (cuándo, por qué, etc.)... ?

3. The speaker is talking a mile a minute.

   Más despacio, por favor.
   ¡No hable (hables) tan rápidamente, por favor!

4. You are fairly sure you know what the speaker said but want to confirm it. You can do this in a number of ways. One, of course, is to restate the sentence using the confirmation tags **¿verdad?, ¿no?,** and so forth.

   El hermano de Isabel se llama Ricardo, ¿verdad? (¿no? ¿no es cierto?)[*]

   Another way to get a speaker to confirm what he or she said so that you are sure you understand is to restate the sentence using one of the following:

   ¿Es decir que... ?
   Si entiendo bien, quiere(s) decir que...
   En otras palabras...

---

[*] Remember that the tag **¿de acuerdo?** is used in a different way when some sort of action is proposed: **Vamos al cine, ¿de acuerdo?**

Práctica

A. Un momento, por favor... Usted no comprende el significado total de lo que le dicen cuando oye los siguientes comentarios. Interrumpa *(interrupt)* a la persona que habla y pídale que le clarifique *(to clarify)* lo que dice.

MODELO Hubo un accidente de avión en... Murieron... personas. Era un vuelo de la compañía...
  ¿Cómo? ¿Dónde hubo un accidente? ¿Cuántas personas murieron? No entendí el nombre de la compañía aérea.

1. ¿Supiste que... ya es doctora? Se graduó hace...
2. El señor Hernández tiene... años y goza de buena salud. Pero ayer supe que se quejaba de que...
3. ¡Increíble! El doctor Ochoa se divorció en junio y se va a casar en agosto con...
4. No hay palabra española para eso, pero la palabra francesa *s'engager* lo expresa muy bien.
5. Los Salazar iban a ir a Coatzacoalcos pero se equivocaron de...

B. Si entiendo bien... Repita los siguientes comentarios, usando otras palabras o expresiones. Pídale a la persona que habla que verifique *(to verify)* lo que usted ha comprendido.

MODELO Los parientes de Amalia viven en Caracas. Van a viajar a Francia en octubre.
  Es decir que la familia de Amalia es de Venezuela, ¿no? ¿Dice que van a Francia en octubre?

1. Rosa va a cumplir veinte años el sábado. Le hacemos una fiesta en casa de Ana a las ocho.
2. Marta nunca se aburre; siempre está muy ocupada. Nos invitó a cenar mañana a las siete.
3. En Hispanoamérica, el Día de la Raza se celebra el 12 de octubre, igual que en Estados Unidos. Pero allá el Día del Trabajo se celebra el primero de mayo.

¡A comunicarnos!

A. Juego de memoria: ¡Y entonces me acuesto! La primera persona empieza diciendo qué hace primero durante el día. La segunda persona repite esta frase y agrega una nueva frase. La tercera persona repite las dos frases y agrega una tercera, y así continúa. Cuando alguien se equivoca o no puede recordar las frases anteriores, tiene que decir, «¡Y entonces me acuesto!» y retirarse del juego. Entonces la próxima persona dice la última frase pronunciada y agrega una nueva frase. El juego seguirá hasta que se eliminen todos los jugadores excepto los que tienen muy buena memoria (o buena suerte).

MODELO   A: **Me despierto a las siete y diez.**
             B: **Me despierto a las siete y diez.**
                    Me cepillo los dientes.
             C: **Me despierto a las siete y diez.**
                    Me cepillo los dientes.
                    Tomo un café con leche...

B. La raza cósmica. Lean el siguiente párrafo y luego contesten las preguntas.

El escritor mexicano José Vasconcelos es el autor de la interesante teoría sobre «la raza cósmica». Según esta teoría, las cuatro razas (blanca, roja, negra y amarilla) se mezclan en Latinoamérica y así se produce una quinta raza, «la raza cósmica». Vasconcelos nació en Oaxaca, México. Como la gran mayoría de los mexicanos son mestizos, no debe sorprendernos que esta teoría se origine en México. Vasconcelos dice que cada una de las cuatro razas contribuye *(contributes)* con algo a la cultura de la raza cósmica. «América es hogar *[home]* de todas y de todas necesita.» Dice de Estados Unidos: «Los norteamericanos se sostienen *[remain]* muy firmes en su resolución de mantener pura su estirpe *[stock]*; pero eso depende de que tienen delante al negro, que es como el otro polo... . En el mundo iberoamericano... tenemos poquísimos negros o la mayor parte de ellos se han ido transformando ya en poblaciones mulatas. El indio es buen puente de mestizaje *[mixture]*. Además el clima cálido *[warm]* es propicio *[favorable]* al trato *[interchange]* y reunión de todas las gentes.» Según Vasconcelos, la quinta raza iba a ser superior a las otras razas, no sólo por su vigor físico sino también por su vigor espiritual y su amor cristiano.

1. En Sudamérica se dice, según Vasconcelos, que los estadounidenses se oponen a la mezcla de razas y por eso las razas todavía están separadas. ¿Están ustedes de acuerdo? ¿Por qué sí o por qué no?
2. ¿Creen ustedes que se produce un mayor vigor físico y cultural cuando las razas y culturas se mezclan?
3. ¿Están ustedes de acuerdo con la idea de que la gente se mezcla más en un clima cálido?
4. ¿Qué se necesita hacer para que haya mayor cooperación entre las distintas razas y culturas?

C. El anglo típico. ¿Cuál es el estereotipo del norteamericano («anglo») típico entre los hispanos? A continuación hay algunos aspectos de este estereotipo. Primero, diga usted si cree que cada frase es verdad o mentira. Después, en grupos de tres o cuatro estudiantes, comparen sus respuestas. ¿Por qué existirán estos estereotipos en el mundo hispano? Hagan una lista de posibles razones.

Según unas encuestas *(polls)*, algunos hispanos creen que...

En su opinión...
¿Verdadero o falso?

	V	F
1.		
2.		
3.		
4.		
5.		
6.		
7.		

1. los norteamericanos son muy puntuales.
2. los hombres norteamericanos no aman a sus esposas porque las dejan hacer lo que quieren.
3. los norteamericanos se preocupan mucho de la acumulación de dinero y bienes materiales.
4. los norteamericanos son muy organizados.
5. Estados Unidos es un país muy poco religioso.
6. los norteamericanos piensan mucho en el futuro y por eso no saben divertirse en el presente.
7. los norteamericanos no expresan sus emociones.

D. Entrevista. Entreviste a un(a) compañero(a) para averiguar cómo se siente y qué hace en las siguientes situaciones. **Verbos útiles:** aburrirse, cansarse, enojarse, ponerse contento(a) (triste), preocuparse, quejarse.

MODELO   un(a) amigo(a) te miente
      A: **¿Qué haces (o cómo te sientes) cuando un(a) amigo(a) te miente?**
      B: **Me pongo triste y me siento decepcionado(a).**

1. andas de compras con un(a) amigo(a) indeciso(a)
2. te atienden muy mal en un restaurante
3. no tienes dinero para pagar la cuenta
4. tienes exámenes
5. llueve todos los días
6. te cobran demasiado en una tienda
7. pasas mucho tiempo en el gimnasio (haciendo ejercicios, por ejemplo)
8. tienes que esperar mucho (en el aeropuerto, por ejemplo)

E. Composición estructurada. Escriba un párrafo sobre uno de los temas que siguen.

1. La discriminación ocurre por muchas razones: por cuestiones de raza, religión, sexo, lengua, nacionalidad, clase social o económica o por creencias políticas. Muchas novelas y películas recientes tratan el tema de la discriminación. Piense en un libro o en una película que muestre este tema de manera interesante. ¿Qué grupos se presentan? ¿Qué problemas se tratan? ¿Cuál es la idea central? ¿Está usted de acuerdo con la presentación o no? ¿Por qué?
2. Hay muchas culturas y grupos étnicos en el mundo hispano. Escoja uno de esos grupos (por ejemplo, el de los incas, los vascos o los judíos sefardíes) y escriba un párrafo sobre la historia del grupo y sus contribuciones a la cultura hispana.

Un planeta
para todos

Presentación del tema

En España y Latinoamérica, como en todo el mundo, hay grandes problemas ecológicos, pero también hay mucha gente que trata de proteger el medio ambiente. En la página anterior se ve un bosque tropical que está en uno de los nueve «megaparques» de Costa Rica; el director de cada parque trabaja con la gente de la comunidad para conservar el medio ambiente y, al mismo tiempo, estimular la economía. Por su gran belleza natural, los megaparques de Costa Rica son muy populares para la práctica del ecoturismo. Miles de turistas llegan todos los años a ver playas magníficas, volcanes legendarios, plantas extraordinarias y animales exóticos. También llegan científicos de todo el mundo para estudiar la flora y la fauna de la región.

Latinoamérica cuenta con cerca de la mitad de las selvas tropicales de la tierra. «Ecuador, por ejemplo, tiene una flora más variada que la totalidad de Europa... Un solo parque de Ecuador alberga [shelters] más especies de pájaros que las que existen a todo lo largo de los Estados Unidos, y una milla cuadrada [square] de selva amazónica alberga unas 1.500 variedades de mariposas, una cantidad dos veces mayor que la existente en Canadá y los Estados Unidos.»[*] Sin embargo, en los bosques tropicales la tierra es muy pobre; después de pocos años de utilización ya no es buena ni para la agricultura ni para la ganadería

> El ecoturismo constituye la opción preferida en excursiones. Sólo en los Estados Unidos, existen cerca de 500 organizaciones que lo promueven [promote].
>
> —*Mundo 21*, octubre de 1993, página 103

Las nueces de la tagua se transportan por canoa.

---

[*] Alejandro de la Fuente, «Selvas tropicales: ¡Los pulmones del planeta no deben morir!», *Mundo 21*, enero de 1994, página 143.

(cattle raising). En algunos lugares se ha comprobado *(proved)* que, sin destruir los bosques, la producción o recolección de nueces *(nuts)*, semillas, flores, plantas y hasta maderas tropicales puede ser muy lucrativa. En Maldonado, Ecuador, se ha desarrollado una industria basada en la recolección de una nuez que se llama **la tagua**. La gente de Maldonado (descendientes de esclavos africanos que llegaron a la región en el siglo XVIII) tiene gran respeto por la naturaleza. «Creo que la calidad de nuestro futuro depende del bosque. Si lo destruimos, también estaremos destruyendo nuestra sobrevivencia. La tagua representa una esperanza para nuestra vida, para nuestro medio», dice Milcíades Quintero, habitante de Maldonado.[*]

Botón hecho de la nuez de la tagua.

En la Reserva de la Biosfera de Calakmul, México, se han creado más programas y fuentes de trabajo que en cualquier otra reserva de Latinoamérica. Mucha gente vive de la artesanía, creando esculturas de madera, por ejemplo. En la foto se ven unas colmenas de abejas *(beehives)*. «La apicultura *[beekeeping]* ha sido una actividad de los mayas desde la antigüedad.»[†] Deocundo Acopa, ex director de la reserva y arquitecto de una nueva política para la zona, afirma: «Los gobiernos generalmente funcionan de arriba a abajo, pero no aquí. Nosotros trabajamos de abajo a arriba porque nada funcionaría sin la participación del pueblo... No se puede separar la naturaleza de la vida humana.»[**]

[*] Haroldo y Flavia Castro, «La tagua: El marfil vegetal de Ecuador», *Geomundo,* enero de 1995, páginas 48–53.
[†] Kathryn Stafford, «Un soplo de vida en la Biosfera», *Américas,* mayo–junio de 1996, páginas 24–31.
[**] *Ibid.*

Preguntas

1. ¿Qué es el ecoturismo? ¿Por qué es muy importante para la economía de países como Costa Rica, por ejemplo?
2. ¿Qué hacen los directores de los nueve megaparques de Costa Rica?
3. ¿Aproximadamente qué porcentaje de las selvas tropicales de la tierra están en Latinoamérica?
4. ¿Cómo es la tierra de esas regiones?
5. ¿Qué puede hacer la gente que vive en una zona tropical para ganarse la vida sin destruir la selva?
6. ¿Qué se puede hacer en nuestro país para ayudar a proteger las selvas tropicales?

Vocabulario útil

El medio ambiente

Cognados

destruir	la gasolina
la ecología	la naturaleza
el ecólogo (la ecóloga)	el petróleo
el ecoturismo	reciclar
la explosión demográfica	el reciclaje

En la selva (el bosque) — In the jungle (forest)

la abeja	bee
el árbol	tree
la flor	flower
la mariposa	butterfly
el pájaro	bird
la semilla	seed

Otras palabras

la basura	garbage
el calentamiento global	global warming
la capa de ozono	ozone layer
el control de la natalidad	birth control
cuidar	to take care of
desperdiciar	to waste

los envases retornables	returnable containers
la huerta	(fruit, vegetable) garden
la lata (de aluminio)	(aluminum) can
mejorar, ponerse mejor	to get better
empeorar, ponerse peor	to get worse
proteger	to protect
el recurso natural	natural resource
la reserva	preserve

¡Ojo!

ahorrar   to save (money, time, etc.) / **conservar**   to save, preserve / **salvar**   to save, rescue

la atmósfera   air, atmosphere / **el ambiente**   setting, ambience, environment / **el medio ambiente**   (natural) environment

Práctica

A. Conexiones. Conecte la palabra de la columna derecha con su definición o descripción en la columna izquierda.

España es el país con la tasa [rate] de natalidad más baja de Europa Occidental.

_____ 1. usar más de una vez
_____ 2. la superpoblación
_____ 3. cuidar
_____ 4. ponerse peor
_____ 5. la rosa, por ejemplo
_____ 6. el insecto que hace la miel (honey)
_____ 7. devastar, arruinar
_____ 8. el petróleo, los minerales, por ejemplo
_____ 9. una persona que se dedica al medio ambiente

a. la abeja
b. empeorar
c. el ecólogo (la ecóloga)
d. la explosión demográfica
e. los recursos naturales
f. reciclar
g. destruir
h. la flor
i. proteger

B. El medio ambiente. Escoja la palabra apropiada para completar las oraciones.

1. Es importante proteger (la capa de ozono / el calentamiento global).
2. Siempre es preferible comprar (basuras / envases) retornables.
3. Tengo una (huerta / semilla) porque me gustan las frutas y verduras frescas.
4. Si plantamos más (flores / árboles), mejorará la calidad del aire.

5. En muchos países, hay programas de control de la (natalidad / mortalidad) y de planificación familiar.
6. Todos debemos (ahorrar / conservar) energía.

C. Entrevista. Entreviste a un(a) compañero(a), usando las preguntas que siguen. Después su compañero(a) lo (la) entrevista a usted.

1. ¿Conoces un parque nacional o estatal de gran belleza natural? ¿Cómo se llama? ¿Dónde está? ¿Se puede acampar allí? ¿Qué atracciones tiene?
2. ¿Qué piensas del ecoturismo? ¿Has hecho ecoturismo alguna vez? ¿Dónde?
3. ¿A ti te gusta estar al aire libre *(outside)*, gozando de la naturaleza? ¿Te gusta hacer caminatas? ¿andar en bicicleta? ¿ir en kayak o canoa?
4. ¿Manejas mucho? ¿Debe el gobierno limitar el uso de la gasolina o subir los impuestos *(taxes)* de la gasolina?
5. ¿Cuál es un problema ecológico muy grave, según tu opinión (por ejemplo, el calentamiento global, la explosión demográfica, la contaminación del aire o del agua, la destrucción de los bosques tropicales)? ¿Le ves alguna solución al problema?

Para escuchar: El ecoturismo y la ecología

Conversación 1: Para dar consejos. Julia está de visita en el Parque Amacayacu, una reserva en la Amazonia colombiana cerca de la ciudad de Leticia. Un guía habla con un grupo de turistas.

A. Escuche la Conversación 1. ¿Qué se puede ver en el parque?

_____ 1. más de 450 especies de pájaros
_____ 2. más de 150 especies de mamíferos *(mammals)*
_____ 3. una cantidad extraordinaria de mariposas
_____ 4. (1), (2) y (3)

B. Escuche la Conversación 1 otra vez. ¿Qué recomienda el guía?

_____ 1. que caminen juntos en un solo grupo
_____ 2. que hablen en voz alta
_____ 3. que no asusten *(frighten)* a los animales
_____ 4. que no recojan flores
_____ 5. que visiten los mercados de Leticia
_____ 6. que compren regalos hechos de plumas *(feathers)*
_____ 7. que vayan a Iquitos desde Leticia

Conversación 2: Para expresar compasión. Jessica habla con Ana, una amiga colombiana.

A. Escuche la Conversación 2. ¿De qué hablan Jessica y Ana?

_____ 1. del ecoturismo
_____ 2. de la contaminación y del reciclaje
_____ 3. del calentamiento global

B. Escuche la Conversación 2 otra vez. Conteste **V** (verdadero) o **F** (falso).

    ____ 1. En Colombia hay un Ministerio del Medio Ambiente.

    ____ 2. La industria petrolera y las compañías multinacionales han causado mucha contaminación en la Amazonia.

    ____ 3. Según Ana, hay que enseñarles a los niños a querer la naturaleza para que la cuiden.

    ____ 4. En Colombia no hay programas de reciclaje.

    ____ 5. Los cartoneros van de basurero en basurero sacando cartones, latas y papel.

C. Escuche la Conversación 2 una vez más. ¿Qué expresiones para expresar compasión se usan?

    ____ 1. ¡Es una lástima!   ____ 4. ¡Cuánto lo siento!

    ____ 2. ¡Qué horror!   ____ 5. ¡Caramba!

    ____ 3. ¡Qué desgracia!   ____ 6. ¡Pobrecitos!

Gramática y vocabulario

The Imperfect Subjunctive

1. The imperfect subjunctive for all verbs is formed by removing the **-ron** ending from the third-person plural of the preterit and adding the appropriate imperfect subjunctive endings: **-ra, -ras, -ra, -´ramos, -rais,** and **-ran.** Note that only the first-person plural (**nosotros**) form of the imperfect subjunctive has an accent.

hablar		comer		vivir	
habla**ra**	hablá**ramos**	comie**ra**	comié**ramos**	vivie**ra**	vivié**ramos**
habla**ras**	habla**rais**	comie**ras**	comie**rais**	vivie**ras**	vivie**rais**
habla**ra**	habla**ran**	comie**ra**	comie**ran**	vivie**ra**	vivie**ran**

2. Here are some verbs that have irregular third-person preterit stems:

andar	**anduvie-**	hacer	**hicie-**	reír	**rie-**
conducir	**conduje-**	ir, ser	**fue-**	saber	**supie-**
construir	**construye-**	leer	**leye-**	tener	**tuvie-**
creer	**creye-**	morir	**murie-**	traer	**traje-**
dar	**die-**	oír	**oye-**	venir	**vinie-**
decir	**dije-**	poder	**pudie-**	ver	**vie-**
estar	**estuvie-**	poner	**pusie-**		
haber	**hubie-**	querer	**quisie-**		

3. The imperfect subjunctive is used in dependent clauses just as the present subjunctive is used, but it usually expresses a past action.

Quieren que conservemos
    limpia el agua del río.
They want us to keep the river
    water clean.

Querían que conserváramos
    limpia el agua del río.
They wanted us to keep the
    river water clean.

4. The imperfect subjunctive is used in the same situations as the present subjunctive (discussed in Chapters 5 and 7), although the verb in the main clause is usually in a past tense. It is used:

a. after main clauses containing verbs of uncertainty, emotion, will, necessity, approval (disapproval), and advice

Dudaban de que el agua fuera
    potable.
They doubted that the water was
    potable (drinkable).

Tenían miedo de que el río estuviera
    contaminado.
They were afraid the river was
    polluted.

Papá me dijo que sacara la basura.
Dad told me to take out the
    garbage.

Nos aconsejaron que recicláramos
    los periódicos.
They advised us to recycle the
    newspapers.

b. in adjective clauses that describe something indefinite or unknown

Quería conocer a alguien que
    supiera algo sobre las plantas
    tropicales.
I wanted to meet someone who knew
    something about tropical plants.

No había nadie en el grupo que
    pudiera decirnos qué tipo de
    pájaro era.
There was no one in the group who
    could tell us what kind of bird
    it was.

c. after certain conjunctions, such as **a menos que, con tal (de) que, para que, sin que,** and the time conjunction **antes de que**

Íbamos a ir al concierto a menos que
    lloviera.
We were going to go to the concert
    unless it rained.

La ecóloga esperó una hora para que
    el gobernador pudiera verla.
The ecologist waited an hour for
    the governor to be able to see
    her.

Marisol lo vio antes de que fuera
    a Costa Rica.
Marisol saw him before he went
    to Costa Rica.

However, note that after other time conjunctions, such as **hasta que, cuando, después de que,** and **mientras,** the subjunctive is used to express an indefinite past action or one projected into the future, and the indicative is used to express past actions viewed as definitely completed. Compare:

Quería esperar hasta que llegaran.	*I wanted to wait until they arrived (would arrive).*
Esperé hasta que llegaron.	*I waited until they arrived.*

d. with impersonal expressions of doubt, expectation, emotion, will, or necessity

Era lamentable que destruyeran el bosque.	*It was sad that they were destroying the forest.*
Era bueno que el ecoturismo lo salvara.	*It was good that ecotourism was saving (saved) it.*

5. The imperfect subjunctives of **querer, deber,** and **poder** are often used to indicate politeness, to soften a statement or question.

Yo quisiera ir también. —¿Por qué no?	*I'd like to go too. —Why not? (wish)*
Yo quiero ir también. —Vamos.	*I want to go too. —Let's go.*
Debiera ir. —Bueno, sería mejor ir.	*I should go. —Well, it would be better to go. (will)*
Debo ir. —Sí, no tienes alternativa.	*I should (must) go. —Yes, you don't have any choice. (stronger obligation)*

6. The imperfect subjunctive is always used after **como si,** which implies a hypothetical or untrue situation.

En la selva nos sentimos como si fuéramos los únicos seres humanos en la tierra.	*In the jungle we felt as if we were the only human beings on earth.*

7. The **-ra** form of the imperfect subjunctive is generally preferred for conversation in Spanish America. An alternative form is found in many literary works and is often used in Spain. This second form consists of the third-person plural preterit without the **-ron** endings plus the following endings: **-se, -ses, -se, -´semos, -seis, -sen.** You should learn to recognize these forms; they are used just as the other forms except that they are not used to indicate politeness.

> La mitad de todos los diversos tipos de flores del planeta se pueden encontrar en Sudamérica.
>
> —*Entérese*, año 15, número 192, página 28

Querían ir a un lugar donde pudiesen ver flores tropicales.	*They wanted to go to a place where they could see tropical flowers.*
Llevamos a los niños a la reserva para que jugasen y gozasen del aire puro.	*We took the children to the preserve so that they could play and enjoy the fresh air.*
El niño se alegraba de que hiciese sol.	*The child was happy that it was sunny.*

Práctica

A. Dos conversaciones. Complete las oraciones con la forma apropiada de los verbos que están entre paréntesis; use el indicativo o el subjuntivo.

ANITA: Cuando salimos de la fiesta anoche, mi esposo quería que yo (1) _____ (manejar) de regreso a casa porque él había tomado una copa de vino, pero empezó a darme tantas instrucciones que casi me volvió loca.

LUCÍA: ¿Qué te pidió que (2) _____ (hacer)?

ANITA: Me aconsejó que (nosotros) (3) _____ (ir) más despacio para ahorrar gasolina. Después, cuando tuvimos que parar porque había un accidente en el camino, me dijo que (4) _____ (apagar) el motor.

LUCÍA: No quería que se (5) _____ (desperdiciar) la gasolina.

ANITA: Exacto. Después, casi choqué *(hit)* con otro auto y toqué la bocina *(I honked the horn)*. ¿Sabes lo que me dijo mi esposo?

LUCÍA: ... que no le gustaba que (tú) (6) _____ (tocar) la bocina... a ver... porque tenía dolor de cabeza.

ANITA: No. No le gustaba que yo (7) _____ (tocar) la bocina porque está muy en contra de la contaminación por el ruido. Ahora que está trabajando de abogado ambientalista, ¡no lo puedo complacer *(please)* en nada!

•   •   •

En una agencia de empleos.

LA CONSEJERA: Usted busca un trabajo de ingeniera ambientalista, ¿verdad?

LA INGENIERA: Sí. Ayer fui a una entrevista pero (ellos) me (8) _____ (decir) que no tenía suficiente experiencia.

LA CONSEJERA: Hmm... Le aconsejé que (9) _____ (preparar) un curriculum vitae. ¿Lo preparó?

LA INGENIERA: Sí, claro. Lo hice tan pronto como (10) _____ (salir) de su oficina hace dos semanas.

LA CONSEJERA: También le recomendé que (11) _____ (informarse) sobre la compañía donde tenía la entrevista.

LA INGENIERA: Sí, sí, eso también lo hice.

LA CONSEJERA: Pues, es una lástima que (ellos) no le (12) _____ (dar) el trabajo, pero con sus calificaciones no dudo que (13) _____ (conseguir) un buen puesto... Es cuestión de tiempo.

B. Consejos. El semestre pasado Marisa trabajaba en una oficina después de sus clases. ¿Cómo reaccionó su jefe, un ecólogo, al saber que...

Modelo   ... fumaba en la oficina?
   Le dijo que no fumara en la oficina.
   (Le prohibió que fumara en la oficina.)

1. ... no reciclaba el papel?
2. ... hacía más fotocopias de las que necesitaba?
3. ... echaba las latas de aluminio a la basura?
4. ... no apagaba las luces al final del día?
5. ... iba en auto a la oficina en vez de usar transporte público?

C. **De manera más cortés.** Siga los modelos.

Modelos   Quiero decir algo ahora.
   Quisiera decir algo ahora.

   ¿Debemos irnos?
   ¿Debiéramos irnos?

1. Quiero un vaso de agua.
2. Usted debe esperar.
3. ¿Quiere usted entrar?

4. Queremos hablarle.
5. Usted debe regresar más tarde.

> Mundialmente, el número de autos es más de cuatro veces mayor que hace treinta años. El número de aviones es diez veces mayor.

D. **Situaciones.**

1. Usted está encargado(a) *(in charge)* de un programa de reciclaje en su residencia estudiantil. En una reunión de los estudiantes, ¿qué les aconsejó usted que hicieran? ¿Qué productos se deben reciclar? ¿Dónde y cómo les sugirió que los reciclaran?
2. Usted salió con un(a) chico(a) que tomaba mucho y quería ir en auto a otra ciudad a escuchar un concierto. ¿Qué le pidió usted que hiciera? ¿Qué le prohibió que hiciera? («Le pedí que [no]... »)
3. Su hermano menor vino a verlo(la) y estaba muy deprimido *(depressed)* porque una chica de quien estaba enamorado no quería salir con él. Dijo que se sentía enfermo, que no podía comer ni dormir, que casi nunca salía de la casa. ¿Qué le dijo usted que hiciera?
4. Su compañero(a) de cuarto pasó varios días sin poder dormir bien. ¿Qué le aconsejó que hiciera?
5. Una amiga suya quería bajar de peso *(lose weight)* y le pidió consejo a usted. ¿Qué le recomendó que hiciera?

If Clauses (1)

1. An *if* clause in the present tense always takes the indicative, since a simple assumption is being made. The verb in the main clause may be in the present or future tense or the imperative mood.

Si nos bajamos aquí, podemos
   caminar al parque.
Si tienes frío, ponte el suéter.

If we get off here, we can walk to the
   park.
If you're cold, put on your sweater.

If clauses will be discussed further in Chapter 11. The important thing to remember is that the present subjunctive is not used after **si** meaning *if (assuming that)*. **Si** meaning *whether* also takes the indicative in the present.

No sé si podemos reciclar esta clase de plástico.

I don't know if we can recycle this kind of plastic.

2. When an *if* clause expresses something hypothetical or contrary to fact, a past subjunctive is used.

Habla como si fuera experto en ecología.

He talks as if he were an expert in ecology.

¡Si sólo pudieran venir con nosotros a las Islas Galápagos!

If only you could come with us to the Galápagos Islands!

3. The conditional is generally used in the main clause when a past subjunctive is used in the *if* clause.

Si hubiera más ecoturismo, la economía del país mejoraría.

If there were more ecotourism, the economy of the country would improve.

Si cuidáramos mejor la tierra, no habría tantos problemas ecológicos.

If we took better care of the earth, there wouldn't be so many ecological problems.

4. If the speaker or writer is not discussing something contrary to fact, then the statement is assumed to be true and the indicative is used. Compare:

Si no cuesta mucho, podemos visitar Monteverde.

If it doesn't cost a lot, we can visit Monteverde.

Si no costara mucho, podríamos visitar Monteverde.

If it didn't cost a lot, we could visit Monteverde.

Si llueve, no irán al campo.

If it rains, they won't go to the country.

Si lloviera, no irían al campo.

If it were raining, they wouldn't go to the country.

The indicative can also be used in the past tense in an *if* clause, depending upon the point of view.

Si Juan te dijo eso, se equivocó.

If Juan told you that, he was wrong. (speaker believes that Juan said this)

Si él me dijera eso, no lo creería.

If he told me that, I wouldn't believe it. (hypothetical statement)

Vocabulario útil

Problemas ambientales

El siguiente cuadro gráfico apareció en la revista peruana **Debate**. Está basado en una encuesta (survey) de más de mil personas que contestaron la pregunta, «¿Cuál o cuáles de estos problemas ambientales diría usted que le preocupan más?» Los números representan porcentajes del total.

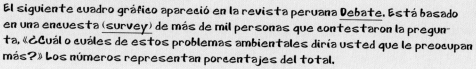

¿CUAL O CUALES DE ESTOS PROBLEMAS AMBIENTALES
DIRIA UD. QUE LE PREOCUPAN MAS?

% MULTIPLE

72 BASURA EN LA CALLE Y OTROS LUGARES PUBLICOS

41 LA CONTAMINACION DE LOS RIOS Y MARES

56 LA CONTAMINACION DEL AIRE CAUSADA POR LOS ESCAPES DE LOS VEHICULOS

35 LA CONTAMINACION DEL AIRE CAUSADA POR PLANTAS ELECTRICAS E INDUSTRIALES

31 CONTAMINACION DEL AGUA POTABLE

24 LA DESTRUCCION DE LOS BOSQUES TROPICALES

15 CONGESTION VEHICULAR EN LOS CAMINOS

14 PERDIDA DE CAMPO Y ESPACIOS ABIERTOS

9 EXTINCION DE ALGUNAS ESPECIES ANIMALES

5 CONTAMINACION POR RUIDO

Otras palabras

llover (ue)	*to rain*
nevar (ie)	*to snow*

¡Ojo!

hacer calor (frío) *to be warm (cold) (weather)* / **tener calor (frío)** *to be warm (cold), said of people or animals*

Práctica

A. Consejos para proteger el medio ambiente. La señora Medina se preocupa mucho por el medio ambiente. ¿Qué le sugiere a su marido?

MODELO no comprar productos con envases innecesarios / ahorrar dinero
Si no compráramos productos con envases innecesarios, ahorraríamos dinero.

1. caminar al trabajo / ponernos en forma *(in good shape)*
2. secar la ropa afuera en vez de usar la secadora / usar menos electricidad
3. usar detergente biodegradable / no contaminar el agua
4. tener una huerta / tener frutas y verduras frescas
5. plantar más árboles / ayudar a mejorar la calidad del aire
6. escribir en los dos lados de las hojas de papel / no desperdiciar tanto papel
7. apagar las luces al salir de una habitación / conservar energía

B. Si... Complete las oraciones, usando los siguientes verbos u otros de su elección: **echar, estar, hacer frío (sol), llover, manejar, nevar.** Puede haber más de una posibilidad.

MODELOS Si el aire **está** contaminado mañana, los niños no deben salir.
Si no **hiciera frío,** no necesitaríamos los abrigos.

1. Si _____ este fin de semana, mucha gente irá a la playa.
2. Si todo el mundo _____ auto eléctrico, habría menos contaminación del aire.
3. Si _____ en la primavera, los agricultores *(farmers)* están contentos.
4. Si el agua _____ contaminada, no podríamos tomarla.
5. Si nadie _____ productos tóxicos a los ríos, no morirían tantos peces.
6. Si _____, podríamos esquiar en las montañas.

C. Un poco de imaginación. Entreviste a un(a) compañero(a) usando las ideas que siguen. Después su compañero(a) lo (la) entrevista a usted.

MODELO   animal
Si fueras animal, ¿qué animal serías?
Si fuera animal, sería una jirafa.

1. río o lago
2. estación
3. fruta

4. postre
5. canción
6. película

> Todo papel o cartón es reciclable, casi al 100% (cien por ciento).

D. ¿Qué harías si... ? Entreviste a un(a) compañero(a) usando las ideas que siguen. Después su compañero(a) lo (la) entrevista a usted.

MODELO   empezar un programa de reciclaje
A: **¿Qué harías si empezaras un programa de reciclaje?**
B: **Si empezara un programa de reciclaje, primero llamaría al gobierno municipal y pediría información.**

1. descubrir que una compañía contamina el agua con basuras tóxicas
2. ver que un(a) amigo(a) tira basura en la calle
3. sólo poder usar el auto tres días a la semana
4. vivir en un lugar donde hay mucha nieve
5. vivir en un lugar donde casi nunca llueve

E. El ambiente. Trabajando con tres o cuatro compañeros, discuta las siguientes preguntas. Después, esté preparado(a) para explicarle a la clase las opiniones de su grupo.

1. Si el gobierno de Estados Unidos (o Canadá) pudiera resolver uno de los problemas que se presentan en el cuadro gráfico del **Vocabulario útil** de la página 225, ¿qué problema doméstico debería resolver primero? ¿Qué problema internacional debería tratar de resolver?
2. Si trabajamos juntos en este país, ¿crees que podremos resolver los problemas ambientales que tenemos? ¿Por qué sí o por qué no?
3. Si todos los países trabajaran juntos, ¿qué podrían hacer para parar la destrucción de los bosques tropicales? ¿la contaminación del agua? ¿del aire?
4. Para ti, ¿cuál es el problema más grande que tenemos ahora en este país? Si tuvieras poder y dinero, ¿qué harías para resolverlo?

EL MUNDO ESTÁ DE CABEZA

¡DEVUELVELE EL EQUILIBRIO!

LA BASURA, EL POLVO, LOS GASES TOXICOS, LAS SUSTANCIAS QUIMICAS, LA DESTRUCCION DE LAS ESPECIES, EL RUIDO... ¡TODO ESTO NOS ESTA DESEQUILIBRANDO! ¡HAZ ALGO!

¡NO CONTAMINES!

Adverbs

1. Many adverbs are formed from the feminine form of an adjective plus the suffix **-mente.** (In many cases, the masculine and feminine forms are the same.)

Masculine Adjective	Feminine Adjective	Adverb	
misterioso	misteriosa	misteriosamente	*mysteriously*
preciso	precisa	precisamente	*precisely, exactly*
igual	igual	igualmente	*equally; likewise*
común	común	comúnmente*	*commonly*
frecuente	frecuente	frecuentemente	*frequently*

2. If two or more adverbs ending in **-mente** occur in a series, only the last one has the suffix **-mente.**

Viven sencilla y tranquilamente.   *They live simply and quietly.*
Los niños caminaban rápida y   *The children were walking quickly*
  alegremente.   *and happily.*

3. In Spanish as in English, adverbs usually follow the verbs they modify, as you have seen in the preceding examples. They generally precede adjectives they modify: **muy bonito; totalmente inolvidable.** Note that adverbs like **demasiado, bastante, poco,** and **mucho** can also be used as adjectives, in which case they agree with the nouns they modify.

El gato come poco (demasiado).   *The cat eats very little (too much).*
Compramos pocos (demasiados)   *We buy few (too many) plastic*
  envases de plástico.   *containers.*

Práctica

A. Los efectos del tiempo. Convierta en adverbios los adjetivos que están entre paréntesis y complete las oraciones.

1. El tiempo afecta _____ (radical) a los seres humanos.
2. Nos enfermamos más _____ (fácil) durante el invierno.
3. Cuando hace calor, el pelo crece más _____ (rápido).
4. Durante un huracán, pensamos más _____ (claro).
5. Durante el verano, la gente fracasa más _____ (frecuente) en los exámenes.

---

* The adverb retains the written accent of the adjective if it has one.

6. _____ (normal), la presión atmosférica *(air pressure)* baja relaja a la gente.

7. _____ (preciso) por eso, durante un día de presión atmosférica baja, tenemos tendencia a olvidar las cosas que llevamos como, por ejemplo, el paraguas, los paquetes...

8. Cuando la presión atmosférica baja muy _____ (rápido), hay más accidentes, más suicidios y más crímenes.

> Contaminar el agua es contaminar la vida misma. Todo el ciclo biológico, reproductivo y alimenticio *[alimentary]* del hombre, los animales y el mar queda profundamente afectado.
>
> —*Almanaque mundial 1993*, «Nuestro hábitat amenazado»

B. En mi caso... Complete las oraciones con la forma apropiada de **poco, mucho** o **demasiado**, según su propia situación.

1. Reciclo _____ latas y botellas.
2. Compro _____ artículos hechos de plástico.
3. Uso _____ papel.
4. Como _____ carne de vaca.
5. Como _____ postres.
6. Trabajo _____ en la computadora.
7. Tomo _____ bebidas con cafeína.

C. ¿Pero cómo? En forma alternada, dé los siguientes mandatos a un(a) compañero(a). Su compañero(a) hará lo que le diga.

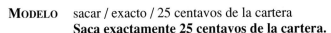

Modelo   sacar / exacto / 25 centavos de la cartera
         Saca exactamente 25 centavos de la cartera.

1. levantarse / lento
2. caminar / rápido
3. escribir tu nombre / claro / en la pizarra
4. abrir la ventana /cuidadoso
5. pedirme un lápiz / cortés
6. saludarme / cariñoso

The Infinitive

1. The infinitive is often used as a noun in Spanish, sometimes preceded by **el.**

   El fumar contamina el aire.   *Smoking contaminates the air.*

2. The infinitive is often used after prepositions in Spanish.

   Fueron a las Islas Galápagos para   *They went to the Galápagos Islands*
   estudiar la flora y la fauna.   *to study the flora and fauna.*

> Vivir es cambiar, ver cosas nuevas, experimentar otras sensaciones.
>
> —Amando de Miguel, sociólogo español

Siga por allí hasta llegar al parque.	*Continue that way until you reach the park.*
Después de cenar, fuimos al cine.	*After having dinner, we went to the movies.*

3. **Al** + infinitive means *on or upon doing something.*

Al verlo entrar, fui a saludarlo.	*On seeing him come in, I went to greet him.*
¿Qué te dijo ella al salir?	*What did she say to you upon leaving?*

> Al hacer una visita, tiene uno siempre la seguridad de dar gusto; si no al llegar, al despedirse.
>
> —dicho

4. **Hacer** or **mandar** can be used with an infinitive to mean *to have something done.* An indirect object is sometimes used with this construction.

Cortés hizo destruir el templo de los aztecas y mandó construir en su lugar una catedral.	*Cortés had the temple of the Aztecs destroyed and ordered a cathedral built in its place.*

5. The infinitive is also used with verbs like **prohibir** and **permitir** (along with an indirect object) instead of a subjunctive form. Compare the following:

No permitieron que yo los acompañara.	*They didn't allow me to go with them.*
No me permitieron acompañarlos.	

Prohibió que recogiéramos flores.	*He forbade us to pick flowers.*
Nos prohibió recoger flores.	

6. **A** + infinitive can be used as a command.

¡A comer, niños!	*Come eat, children!*
¡A trabajar!	*Get to work!*

Práctica

A. ¿Qué hizo el profesor de estudios ambientales? Conteste de acuerdo con el modelo.

MODELO   Hizo que los estudiantes miraran una película sobre los bosques tropicales.
Les hizo mirar una película sobre los bosques tropicales.

Hizo que los estudiantes...

1. contestaran muchas preguntas sobre la reforestación.
2. escribieran una composición sobre la capa de ozono.
3. debatieran el problema del control de la natalidad.
4. leyeran un libro sobre la extinción de algunas especies animales.
5. estudiaran el calentamiento global.

B. El sueño y la contaminación por el ruido. En las grandes ciudades del mundo, mucha gente sufre de insomnio o de otros problemas relacionados con el sueño. El ruido, que ahora se considera un agente contaminante, es uno de muchos factores que afectan el sueño. Para saber más sobre este tema, tome esta prueba *(test).* Complete las oraciones con el equivalente en español; después, diga si las oraciones son verdaderas **(V)** o falsas **(F).** Las respuestas correctas están en el apéndice D.

En 1940 uno de cada ocho habitantes del mundo vivía en ciudades; hoy es uno de cada tres.

1. El ruido reduce la fase de sueño profundo y hasta puede _____ *(cause)* pesadillas *(nightmares).* **(V   F)**
2. _____ *(Upon hearing)* un ruido inesperado, como una sirena, una motocicleta, un avión o un tren que pasa, mucha gente se siente molesta; en cambio, los ruidos habituales, como el aire acondicionado, no molestan tanto. **(V   F)**
3. En general, los hombres se duermen más rápidamente que las mujeres y _____ *(they sleep)* más profundamente. Por eso, se oyen muchas anécdotas de mujeres que _____ *(make . . . get up)* a sus esposos para _____ *(look for)* «al ladrón *(thief)* que está abajo». **(V   F)**
4. La persona que duerme como una piedra *(rock)* lo hace _____ *(without changing)* mucho de posición. **(V   F)**
5. El _____ *(Not dreaming)* es muestra *(sign)* de que una persona tiene la conciencia tranquila. **(V   F)**
6. Un baño caliente inmediatamente _____ *(before going to bed)* produce un sueño rápido. **(V   F)**

7. Las bebidas que contienen cafeína no afectan nuestra capacidad para
_____ *(remain, stay)* dormidos.   **(V   F)**

8. Un vaso de leche caliente puede _____ *(make you fall asleep)*
rápidamente.   **(V   F)**

9. Después de veinticuatro horas _____ *(without sleeping)* mucha
gente da muestras de irritabilidad, pérdida de memoria y alucinaciones.
(V   F)

C. Refranes (proverbios). Todos los proverbios que aparecen a la izquierda llevan uno o más verbos en infinitivo. Trate de comprender su significado (pida
ayuda a su instructor, si la necesita) y luego forme sus propios proverbios.

1. Ver es creer.   Amar es...
2. El dar es honor, y el pedir   El... es honor y el... dolor.
   dolor.
3. Para aprender nunca es tarde.   Para... nunca es tarde.
4. Querer es poder.   ... es...
5. Ni ir a la guerra ni casarse se   Ni... ni... se deben aconsejar.
   deben aconsejar.
6. Más vale *(it is better)* estar   Más vale... que...
   solo que mal acompañado.

D. Entrevista. Entreviste a un(a) compañero(a) para saber qué hizo, qué dijo o
cómo se sentía en los siguientes momentos de su vida. Use las ideas que
siguen o sus propias ideas y **al** + infinitivo.

MODELO   terminar la escuela secundaria
          A: **¿Qué hiciste (dijiste, ¿Cómo te sentías) al terminar la
              escuela secundaria?**
          B: **Al terminar la escuela secundaria, fui a una gran fiesta
              (me sentía muy feliz).**

1. entrar en la escuela primaria por primera vez
2. ir solo(a) a un lugar lejos de tu familia por primera vez
3. sacar la licencia de manejar
4. cumplir dieciocho años
5. conseguir tu primer empleo
6. saber que ibas a estudiar aquí

The Verb Acabar

1. **Acabar** means *to end, finish, run out.*

¿Cuándo vas a acabar con ese   *When are you going to finish with
    proyecto?   that project?*
¿Se nos va a acabar el petróleo?[*]   *Are we going to run out of petroleum?*

---
[*]   **Acabar** is often used with the **se** for unplanned occurrences to mean *to run out.*

2. **Acabar bien (mal)** means *to have a happy (sad) ending*.

¿Cómo acabó la novela? ¿Acabó
   bien? —No, acabó mal.
   Murió el héroe.

*How did the novel end? Did it
   have a happy ending? —No, it
   had a sad ending. The hero
   died.*

3. **Acabar de** + infinitive in the present tense means *to have just;* in the imperfect, it means *had just*.

Acabamos de oír las noticias.
   ¡Felicitaciones!
Acababan de salir cuando
   empezó a nevar.

*We have just heard the news.
   Congratulations!*
*They had just gone out
   when it started to snow.*

Práctica

Preguntas.

1. ¿Acaba usted de cambiar algo en su vida? Por ejemplo, ¿acaba de empezar un nuevo plan de ejercicios? ¿iniciar una nueva relación sentimental? ¿mudarse? ¿cambiar de trabajo?
2. ¿Acaba de ver una película interesante? ¿Cómo acabó? ¿Acabó bien o mal?
3. ¿Se acaba de hacer algo en su universidad o en su ciudad que mejore (empeore) la calidad de vida de los estudiantes o habitantes del lugar? ¿Qué? Explique.

En otras palabras

Para dar consejos; Para expresar compasión o solidaridad o falta de compasión o solidaridad

Para dar consejos

Here are some ways to give advice in Spanish.

Usted debe (tú debes)...
Usted debiera (tú debieras)...
Le (te) aconsejo que (+*subj.*)...
Es mejor que (+*subj.*)...
Le (te) recomiendo que (+*subj.*)...

> Quien no oye
> consejo, no llega
> a viejo.
>
> —proverbio

Para expresar compasión
o falta de compasión

When people tell you something sad, how do you show that you sympathize with them, feel sorry about what they're going through? Here are some ways to do that.

¡Qué lástima!   Eso debe ser terrible.
¡Qué desgracia! (= ¡Qué mala suerte!)   ¡Ay, Dios mío!
¡Qué barbaridad!   *Good grief!*   ¡Caramba! ¡Caray!
¡Pobrecito(a)! ¡Pobre de ti!   Siento mucho que (+ *subj.*)...
¡Qué molestia!   *What a pain!*   ¡Cuánto lo siento!
¡Qué horror!   *How awful!*

Oftentimes, however, when friends or family are telling you a tale of woe, you don't necessarily feel sorry for them. Here are some ways to express lack of sympathy.

¿Y qué? ¿Qué más da? ¿Qué importancia tiene?   *So what?*
Es de esperar.   *It's to be expected.*
¿Qué esperaba(s)?   *What did you expect?*
La culpa es suya (tuya).   *It's your own fault.*
¡Buena lección! Ahora aprenderá(s) a... Eso le (te) enseñará a...

Práctica

A. **Consejos.** Déles consejos a las personas que se encuentran en las siguientes situaciones. Invente varios consejos diferentes para cada caso. Use la forma de **tú.**

> MODELO   Quiero hacer una excursión a la Amazonia pero no sé a qué país ir ni cuánto costaría.
> **Te aconsejo que llames a la agencia Discovery Ecotours. Debes conseguir una guía de turismo sobre la América del Sur. Te recomiendo que busques información por Internet.**

1. Tengo ganas de trabajar para alguna organización que se dedique a proteger el medio ambiente.
2. Deseo aprender más sobre la ecología y cómo se puede ayudar a salvar la tierra.
3. Una amiga mía está deprimida porque sus padres piensan divorciarse.
4. Hace tres días que mi novio(a) no me llama.
5. Mis padres quieren que pase el verano con ellos, pero yo quiero ir a Latinoamérica.

B. Su amigo. Usted tiene un amigo que siempre parece tener mala suerte, pero a veces él mismo se la busca *(sometimes he brings it on himself)*. Su amigo le cuenta sus problemas; a veces usted siente compasión y a veces no, según el caso. Exprésalo en las siguientes situaciones.

1. Fracasé en el examen de biología porque no había estudiado.
2. Alguien me robó la bicicleta.
3. Tengo que mudarme de apartamento; me olvidé de pagar el alquiler *(rent)* durante dos meses.
4. Mi hermano tuvo un accidente automovilístico y está en el hospital.
5. No conseguí el trabajo porque llegué dos horas tarde a la entrevista.

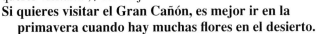

¡A comunicarnos!

A. ¡A disfrutar de la naturaleza! Escojan un parque o una reserva natural y denle consejos a un(a) amigo(a) latino(a) que quiera visitarlo. Hagan por lo menos cinco oraciones que empiecen con **Si...**

MODELO   querer visitar... , / ser mejor...
Si quieres visitar el Gran Cañón, es mejor ir en la primavera cuando hay muchas flores en el desierto.

1. querer pasar la noche allí, / ser una buena idea...
2. llevar... , / poder...
3. no importarte el dinero, / poder...
4. querer comer bien, / deber ir...
5. hacer buen tiempo, / poder...
6. tener un espíritu aventurero, / deber...

> [Los turistas] ya no solamente quieren sol, playa y discoteca, sino también paz, belleza, transparencia sobre sus cabezas, contacto con la naturaleza y buena salud de las aguas litorales *[coastal]*.
> —Joaquín Araújo, escritor español

B. ¿Dónde está mi compañero(a)? Su profesor(a) le dará una tarjeta y escribirá tres preguntas en la pizarra; por ejemplo:

1. Si tuvieras $1.000, ¿qué comprarías?
2. Si pudieras cambiar algo en tu vida, ¿qué cambiarías?
3. Si pudieras hablar con cualquier personaje histórico, ¿con quién hablarías?

Conteste las preguntas de la tarjeta que su profesor(a) le da y devuélvasela a él o a ella. Su profesor(a) le dará la tarjeta de otro(a) estudiante. Busque al (a la) dueño(a) de la tarjeta que recibe, haciéndoles preguntas a los otros estudiantes de la clase.

C. Entrevista. Entreviste a un(a) compañero(a) usando las preguntas que siguen. Después su compañero(a) lo (la) entrevista a usted.

Cuando eras niño(a),...

1. ¿qué querían tus padres que hicieras?
   Ideas: tocar un instrumento musical, sacar buenas notas, aprender a nadar
2. ¿qué te prohibían que hicieras?
   Ideas: salir a jugar sin pedir permiso, prender la estufa *[stove]*, hablar con gente desconocida
3. ¿qué te pedían o mandaban que hicieras?
   Ideas: limpiar tu cuarto, recoger tus juguetes *(toys)*, cuidar a un(a) hermano(a) menor
4. ¿Hiciste alguna travesura *(something mischievous)* alguna vez sin que tus papás lo supieran? ¿Qué?

D. Un poema. Escojan una estación del año: la primavera, el verano, el otoño o el invierno. Escriban un poema que tenga la siguiente estructura:

La primavera

adjetivo   adjetivo
infinitivo   infinitivo   infinitivo
sustantivo   sustantivo* PALABRA DE TRANSICIÓN sustantivo   sustantivo
infinitivo   infinitivo   infinitivo
adjetivo   adjetivo
El verano

E. Composición estructurada. Escriba un párrafo sobre uno de los siguientes temas.

1. Un problema ecológico que a usted le interese. ¿Cuál es el problema? ¿Qué se hace para resolverlo? ¿Qué más se debe o se puede hacer para resolverlo?
2. El ecoturismo. Describa un lugar (como un parque nacional en este o en otro país) muy bonito para la práctica del ecoturismo. ¿Cómo se llama y dónde está? ¿Qué atracciones hay allí? Puede usar algunas de las ideas del Ejercicio A de la página 235.

---

* Up to this point in the poem, the words should describe or relate to the season you have chosen (in the above case, spring). Then add a transition word that links the seasons (for example, **SOL**). After this, the nouns, infinitives, and adjectives should relate to the next season (in the above case, summer).

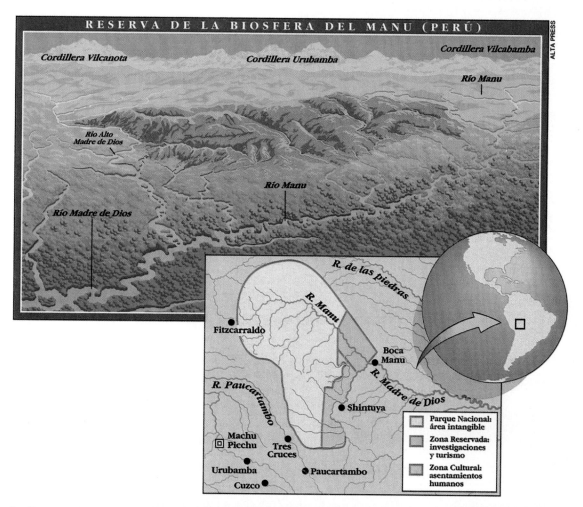

RESERVA DE LA BIOSFERA DEL MANU (PERÚ)

Cordillera Vilcanota

Cordillera Urubamba

Cordillera Vilcabamba

Río Manu

Río Alto
Madre de Dios

Río Manu

Río Madre de Dios

ALTA PRESS

R. de las piedras

R. Manu

Fitzcarraldo

Boca
Manu

R. Madre de Dios

R. Paucartambo

Shintuya

Machu
Picchu

Tres
Cruces

Urubamba

Paucartambo

Cuzco

Parque Nacional:
área intangible

Zona Reservada:
investigaciones
y turismo

Zona Cultural:
asentamientos
humanos

La Reserva de la Biosfera del Manu, Perú, a unos 160 kilómetros de Machu Picchu, es la zona protegida más rica en especies del mundo. «La lista de aves *[birds],* mamíferos, reptiles y plantas es interminable. La de los pueblos nativos, no lo es. Sólo hay cuatro grupos étnicos, dos de los cuales, los kogapakori y los yora, apenas han mantenido contactos con la civilización... Su vida depende totalmente de la selva para vestirse, alimentarse y curar sus enfermedades.»

—J. P. De Albéniz, «Paraíso peruano», *El País,* 6 febrero de 1994, páginas 80–81

Las Pildoritas Reuter
al daros la salud os darán también la felicidad

Hacen desaparecer los dolores de cabeza,
falta de apetito, el insomnio y mal aliento

aliento *breath*

La imagen y los negocios

Presentación del tema

En todas partes del mundo la gente vive bombardeada con anuncios comerciales: en la televisión, en la radio, en revistas, en periódicos, y por correo. Durante años los anuncios nos han sugerido cómo debemos vestir, a quién nos debemos parecer y qué tipo de productos debemos comprar para dar una buena imagen. A menudo nos han convencido de que si compramos esos productos conseguiremos la felicidad, la juventud, el éxito, la belleza, etcétera. Nos han vendido la idea de que se puede resolver cualquier problema en la vida comprando un producto determinado. Según un artículo de la revista española *Prima:* «La buena imagen vende, sea un detergente o un político. Y como la imagen y la economía son dos pilares de nuestra sociedad, detergentes y políticos se han buscado quienes les aconsejen 'cómo comerse el

«A todas nos gusta tener la piel suave y un perfume francés.»

mercado'... Pierre Balduin, responsable de la imagen de muchos franceses famosos, dice que da igual un detergente que un político cuando ambos *(they both)* entran en el mundo de la imagen: 'Tanto en un caso como en otro, hay que decir verdades que el hombre quiere oír. La Coca-Cola es joven desde hace 140 años.'»[*]

La mayoría de los anuncios comerciales sugieren que los productos modernos son mejores que los tradicionales. Muchos anuncios van dirigidos a gente sin recursos económicos que vive en países pobres. Estas personas tienen poco dinero pero a menudo viven en familias extensas y combinan sus ingresos. Miran los anuncios en la televisión y quieren los productos que ven.

Algunas personas opinan que la publicidad es mala porque ha contribuido a cambiar nuestros valores. Dicen que nos ha hecho malgastar dinero y comprar cosas que no necesitamos. Quieren prohibir la publicidad dirigida a los niños porque a menudo los niños no saben distinguir entre un anuncio comercial y el programa de televisión que están mirando.

En cambio, otras personas opinan que la publicidad no es negativa. A todo el mundo le gusta ir de compras aunque sólo sea para mirar las vitrinas *(store windows)*. El ir de compras nos hace sentir bien. Comprando y usando los productos anunciados, nos identificamos con las personas que los promocionan. Así, todos podemos sentirnos jóvenes, ricos y bellos.

Preguntas

1. ¿Cuáles son los valores o temas que los anuncios han usado con frecuencia para promocionar sus productos?
2. ¿De qué nos han convencido, muchas veces?
3. ¿Por qué opinan algunas personas que la publicidad es mala? ¿Qué cree usted?
4. ¿A usted le gusta ir de compras? ¿Le pone de buen humor?
5. ¿Mira las vitrinas cuando no tiene dinero para comprar cosas?
6. ¿Qué tipo de cosas le gusta comprar? ¿Qué tipo de cosas no le gusta comprar?

> La publicidad no inventa nada. Sólo recoge lo que está en el aire y le da una nueva forma.
>
> —José María Raventos, presidente de una agencia de publicidad

---

[*] María Salinas, «¡Quién te ha visto y quién te ve!» *Prima,* septiembre de 1994, página 38.

Vocabulario útil

La imagen y los negocios

Cognados

la compañía
el comercio
la imagen
el producto
la publicidad
el vendedor (la vendedora)

Los gastos personales

la alimentación	*food*
el alquiler	*rent*
la deuda	*debt*
el presupuesto	*budget*

Verbos

ahorrar	*to save (money)*
anunciar	*to announce, advertise*
conseguir (i)	*to obtain, get*
contratar	*to employ, hire*
deber	*to owe*
dirigir (j)	*to direct*
invertir (ie) en	*to invest in*
pedir (i) prestado(a)	*to borrow*
prestar	*to lend*
promocionar	*to promote*

Otras palabras

el ahorro	*savings*
el anuncio	*announcement, advertisement*
el, la comerciante	*businessperson*
el ingreso	*income*
el negocio	*business*

¡Ojo!

gastar *to spend (money or energy)* / **malgastar** *to waste, spend badly* /
pasar *to spend (time)*
mantener *to support (economically)* / **soportar** *to put up with, hold up (physically)*

> El dinero es como el agua; un poquito salva, y mucho ahoga [drowns].
>
> —proverbio

Práctica

A. Sustantivos. Dé el sustantivo que corresponda a cada verbo.

MODELO   alquilar   **el alquiler**

1. comerciar
2. negociar
3. anunciar
4. ahorrar
5. producir
6. imaginar
7. gastar
8. deber

B. ¡Falta algo! Escoja la palabra apropiada para completar las siguientes oraciones.

1. _____ (Gastamos / Pasamos) tres días en Sevilla.
2. No puedo _____ (soportar / mantener) a mi tío porque es muy rico y muy egoísta.
3. ¿Cuánto dinero _____ (malgastar / gastar) tú en comida por semana?
4. Eduardo _____ (mantiene / soporta) a sus abuelos, a su esposa y a sus niños con un ingreso de sólo dos mil pesos al mes.
5. ¿Me podrías _____ (prestar / dirigir) ese lápiz, por favor?

C. Entrevista: Tú y el dinero. Entreviste a un(a) compañero(a), usando las preguntas que siguen. Después, su compañero(a) lo (la) entrevista a usted. Comparen las respuestas con las de los otros estudiantes de la clase.

1. ¿En qué gastas más dinero: en la matrícula, la alimentación, el alquiler, los libros?
2. ¿Tienes un presupuesto? ¿Calculas tus gastos cada mes?
3. ¿Qué gastos han aumentado recientemente? ¿Cuáles han bajado?
4. ¿Qué porcentaje de tus ingresos gastas en alquiler? ¿Te importa vivir en un lugar lindo o prefieres ahorrar en alquiler y tener más dinero para otras cosas? Explica.
5. ¿Malgastas dinero a veces? ¿En qué malgastas dinero?
6. ¿Tienes deudas? ¿A quién le debes dinero?
7. Cuando quieres ahorrar dinero, ¿qué haces?

D. Cuatro anuncios comerciales. Trabajando con dos o tres estudiantes, compare los siguientes anuncios. ¿Qué productos anuncian? ¿Cuál es la imagen que tratan de proyectar? ¿Están dirigidos a hombres? ¿a mujeres? ¿De qué edad? ¿Qué piensa usted de los anuncios?

1.

Fotografía por Phoebe Ferguson, Manhattan, NY

Presentando la nueva película Kodak Gold Plus. Puro color. Más colores que nunca. No le confíe sus preciosos recuerdos a nada menos que la película Kodak.

© Eastman Kodak Company, 1992.

Puro Color. Más Colores Que Nunca.™

2.

3.

4.

El romance tiene su propio idioma. Y Visa le facilita encontrar nuevas formas de expresar sus sentimientos.

Ese regalo tan especial, que lo diga todo. Un ramo de flores habla con pasión. Y su restaurante favorito puede ofrecerle el ambiente apropiado para una conversación íntima.

Usted puede contar con la tranquilidad que le da su tarjeta Visa para hacer lo que usted guste en cualquier lugar. Incluso disponer de efectivo al instante en los cajeros automáticos conectados a la Red Mundial Visa y Plus.

Quizás por eso es que más personas alrededor del mundo encuentran nuevas formas de expresar sus sentimientos con Visa que con todas las otras tarjetas juntas.

EL MUNDO PREFIERE

Para escuchar: Compra y venta

Conversación: Para hacer un pedido *(request)*; **para ofrecer ayuda.** Ramón tiene problemas financieros. Habla con Julia.

A. Escuche la conversación y escoja la mejor respuesta.

1. Ramón quiere...
   a. hacer una compra.
   b. hacer un presupuesto.
   c. ayudar a Julia.
2. Ramón vive...
   a. en una residencia estudiantil.
   b. con sus papás.
   c. con amigos en un apartamento.
3. Julia cree que Ramón...
   a. gasta demasiado dinero.
   b. no gasta mucho dinero.
   c. debe comprar su propia ropa.

B. Escuche la conversación otra vez. ¿Qué expresiones se usan para hacer un pedido?

____ 1. Necesito tu ayuda.
____ 2. Quisiera...
____ 3. ¿Me podrías ayudar a... ?
____ 4. ¿Me harías el favor de... ?

C. ¿De qué clase de gastos hablan Ramón y Julia?

____ 1. el alquiler   ____ 5. el turismo
____ 2. la alimentación   ____ 6. la ropa
____ 3. el transporte   ____ 7. los servicios médicos
____ 4. el teléfono   ____ 8. la matrícula

Dos anuncios comerciales.

A. Escuche los dos anuncios comerciales. ¿Qué productos o servicios anuncian?

Vocabulario:

Anuncio 1
tras la pista   *on the trail*
sendero estrecho   *narrow roadway*
hasta las cabras daban la vuelta   *even the goats were turning back*
la cima   *the top*
el águila   *eagle*

Anuncio 2
compa' = compadre, amigo
mi vieja = mi esposa

B. Escuche otra vez. ¿Quiénes hablan en el primer anuncio?

_____ 1. un detective y una contrabandista
_____ 2. un hombre y su esposa

¿Quiénes hablan en el segundo anuncio?

_____ 1. dos amigos
_____ 2. un hombre y su papá

C. Escuche una tercera vez y complete las oraciones.

ANUNCIO 1: «Sus _____ de aventura _____ realidad. Estás
_____ _____ mí, _____ .»

ANUNCIO 2: «_____ _____ es más _____ y confiable
(*trustworthy*)... Es la mejor manera de _____
_____ a México.»

Gramática y vocabulario

Past Participles as Adjectives

Formation of the Past Participle

Regular Past Participles

To form the past participles of nearly all verbs, add **-ado** to the stems of **-ar** verbs and **-ido** to the stems of **-er** or **-ir** verbs. If an **-er** or **-ir** verb stem ends in **-a, -e,** or **-o,** the **-ido** ending takes an accent.

habl**ado**	com**ido**	viv**ido**
tra**ído**	le**ído**	o**ído**

Irregular Past Participles

Some past participles are irregular.

abierto	abrir	**muerto**	morir
cubierto	cubrir*	**puesto**	poner
descrito	describir	**resuelto**	resolver
dicho	decir	**roto**	romper
escrito	escribir	**visto**	ver
hecho	hacer	**vuelto**	volver

---

* Note that verbs built upon these verbs will also have the irregularity. Some examples are **descubierto (descubrir), deshecho (deshacer), supuesto (suponer), devuelto (devolver).**

Use of the Past Participle

1. Past participles used as adjectives agree in gender and number with the nouns they modify.

varios anuncios publicados en México	*several ads published in Mexico*
diez pesos prestados y pagados	*ten pesos borrowed and paid*

2. Past participles are often used with **estar;** as adjectives, they agree with the subject.

Los vasos están rotos.	*The glasses are broken.*
¿Está cerrado el negocio?	*Is the business closed?*
Los niños están dormidos.	*The children are asleep.*

3. Notice that **estar** with a past participle generally indicates the *result* of an action.

El matemático resolvió el problema. El problema está resuelto.	*The mathematician solved the problem. The problem is solved.*
El vendedor abrió la tienda. La tienda está abierta.	*The salesperson opened the store. The store is open.*
Los comerciantes están sentados en el restaurante; hablan de negocios mientras toman el desayuno.*	*The businesspersons are sitting (seated) in the restaurant; they're talking about business while they have breakfast.*

Práctica

A. **El Día de los Reyes.** Es el 6 de enero y se celebra el Día de los Reyes Magos. Diga qué ha pasado, de acuerdo con el modelo.

MODELO   Los comerciantes cerraron los negocios.
          Los negocios están cerrados.

1. Vestimos a los niños con ropa bonita.
2. Los niños abrieron los regalos.
3. Hicimos mucha comida.
4. Pusimos la mesa.
5. Nos sentamos a la mesa a comer.

> Con excepción del inglés, el español es la lengua más importante para una carrera en comercio, según el 63 por ciento de 150 ejecutivos estadounidenses. El 16 por ciento dio el segundo lugar al japonés.
>
> —*ACTFL Newsletter,* primavera 1997, vol. 9, número 3, página 20

---

* Notice that in English in this particular example the present participle *(sitting)* could be used. However, the use of the present participle in Spanish (**están sentándose**) would mean *are sitting down* (i.e., action in progress rather than resultant state).

B. ¿Qué vas a comprar? Usted va a hacer unas compras por Internet. Está mirando un catálogo electrónico con un(a) amigo(a). En forma alternada, cuéntele a su amigo(a) qué decide comprar.

MODELO   una película / dirigir por...
             una película dirigida por Pedro Almodóvar

1. una cinta de música / componer por...
2. unas novelas / escribir por...
3. un traje / hacer en...
4. una camiseta / cubrir de dibujos de...
5. una bicicleta / fabricar por...
6. un perfume / importar de...
7. zapatos / hacer en...

The Perfect Indicative Tenses

Present Perfect			Past Perfect		
he	hemos		había	habíamos	
has	habéis	+ *past*	habías	habíais	+ *past*
ha	han	*participle*	había	habían	*participle*

Future Perfect			Conditional Perfect		
habré	habremos		habría	habríamos	
habrás	habréis	+ *past*	habrías	habríais	+ *past*
habrá	habrán	*participle*	habría	habrían	*participle*

1. The perfect tenses are all formed with **haber** plus a past participle. The past participle does not agree with the subject—it always ends in **-o.**

| ¿Qué han hecho, niños? ¿Han roto algo? | *What have you done, children? Have you broken something?* |
| Recientemente hemos ahorrado diez mil pesos. | *Recently we've saved ten thousand pesos.* |

> Amor, dinero y dolores
> Nunca han estado
> escondidos.
>
> —Calderón de la Barca,
> *El condenado de amor*

2. The present perfect (the present tense of **haber** plus a past participle) is used to tell that an action *has occurred* recently or has some bearing upon the present. It is generally used without reference to a specific time in the past, since it implies an impact upon the present.

| Ya ha ido al banco y tiene el dinero en efectivo. | *He (She) has already gone to the bank and has the cash.* |

Han cambiado la imagen del producto.	*They've changed the product's image.*
¡Mi hijo se ha graduado!	*My son has graduated!*

The preterit can often be used to convey the same general meaning as the present perfect, but the use of the present perfect implies that the impact of the situation or event is still felt; for instance, the speaker of the last example could have said **¡Mi hijo se graduó!** but this would have indicated more distance—emotionally or in time—from the event.

3. The past perfect (imperfect of **haber** plus a past participle) is used for past actions that *had occurred* (before another past event, stated or implied). The second event, if mentioned, is usually in the preterit.

Ya habían escogido una mesa cerca de la ventana.	*They had already chosen a table near the window.*
Ya había vendido el coche cuando llamé.	*He (She) had already sold the car when I called.*

4. The future perfect (the future of **haber** plus a past participle) implies that something *will have taken place* (or *may have taken place*) by some future time. It can also imply probability in the past, that something *must* or *might have occurred,* that it *has probably occurred.*

¿Habremos terminado la campaña de publicidad para diciembre?	*Will we have finished the ad campaign by December?*
Usted habrá estado muy entusiasmado con el nuevo negocio, ¿no?	*You have probably been very excited about the new business, right?*
Este candidato tenía seguramente buenas cualidades. Habrá conseguido el puesto.	*This candidate surely had good qualities. He must have gotten the job.*

¡CÓMO PASA EL TIEMPO. QUICO...!

5. The conditional perfect (the conditional of **haber** plus a past participle) is used to express actions or events that *would have* or *might have taken place*. Like the future perfect, it can imply probability in the past, that something *had probably occurred.*

Yo no me habría olvidado de pagar la cuenta.	*I would not have forgotten to pay the check.*
Lo habría soportado sin decir nada.	*He (She) must have put up with it without saying anything.*

6. The auxiliary form of **haber** and the past participle are rarely separated by another word—negative words and pronouns usually precede the auxiliary, as you have seen in the previous examples.

Práctica

A. Quejas. La señora Vega se queja de la situación económica. ¿Qué le dice a su esposo? Siga el modelo.

MODELO   Aumentan el alquiler.   **Han aumentado el alquiler.**

1. Los precios suben.
2. El costo de vida aumenta el doble.
3. No ahorramos nada este mes.
4. Tú tienes muchos gastos.
5. Tenemos que gastar todos nuestros ahorros.

B. Una mañana de mala suerte. El señor Ramos llegó al trabajo por la tarde. ¿Qué había pasado por la mañana allí antes de su llegada?

MODELO   La computadora dejó de funcionar.
              La computadora había dejado de funcionar.

Antes de su llegada...

1. Su secretaria perdió unos documentos importantes.
2. Todos los empleados *(employees)* fueron a una reunión a las diez.
3. Olvidó una cita con un cliente importante.
4. Recibió muchas cartas de clientes insatisfechos.
5. Su abogado llamó solamente para dar malas noticias.
6. Su secretaria se enfermó.
7. Todos los empleados tuvieron una mañana terrible.

Quien aumenta sus riquezas, aumenta sus preocupaciones. El pobre
se conforma *[contents himself]* con todo y el rico, con nada.

—Simón Grass, *Las miserias del rico*

C. **¿Qué habrá hecho?** Mire el siguiente anuncio. ¿Qué habrá hecho esta estudiante a las horas indicadas?

Vocabulario: **ligar** *to pick (someone) up, meet up with;* **el sabelotodo** *know-it-all*

MODELO   a las seis y veinte
              Se habrá despertado.

1. a las ocho
2. a mediodía
3. a las seis de la tarde

¿Qué habrá hecho un(a) estudiante típico(a) de su universidad ayer a las seis y veinte? ¿a mediodía? ¿a las seis de la tarde?

Seis y veinte,
suena el despertador.

Sigue la comodidad
de mis Flexi.

A desayunar
fruta.

Y al paso
del tiempo.

Córrele
al exámen.

Ni modo,
al mal paso
darle prisa.

Qué buena onda,
el maestro no llegó.

Ahora,
a ligar a la
cafetería.

Hasta el otro
lado de la ciudad.

En la tarde
a clase de teatro.

Después a clase
de álgebra.

Uff, con el sabelotodo.

flexi

Comodidad a toda hora.

D. ¿Qué habrías hecho tú? Dele consejos a un amigo suyo que acaba de graduarse, de acuerdo con el modelo.

MODELO   A: Alguien me ofreció un puesto con un sueldo *(salary)* anual de ochenta mil dólares, pero no me gustó mucho la descripción del trabajo y era en Bangladesh. ¿Qué habrías hecho tú?

              B: **No lo habría aceptado. (Lo habría aceptado, pero sólo por seis meses.)**

1. Alguien me ofreció un buen puesto, también con un sueldo de ochenta mil dólares al año, en una planta industrial.
2. Alguien me ofreció un puesto ideal, exactamente lo que quería, pero sólo pagaban veinticinco mil dólares al año.
3. Mi novia quería que trabajara en la compañía de su papá, y me gustaba el trabajo, pero su papá es una persona muy exigente.
4. Mis papás me querían regalar un viaje a Europa, pero yo quería un auto nuevo.
5. Quería seguir mis estudios, pero estaba un poco cansado de estudiar y dar exámenes.

E. De trabajos y carreras. Entreviste a un(a) compañero(a) sobre trabajos y carreras, usando las preguntas que siguen. Luego, su compañero(a) lo (la) entrevista a usted. Esté preparado(a) para explicar después las opiniones de su compañero(a).

1. ¿Has trabajado alguna vez en una compañía o negocio? ¿En qué tipo de compañía o negocio? ¿Qué hacías? ¿Cómo era tu jefe?
2. Cuando llegaste a la universidad, ¿habías decidido ya qué especialidad o campo de estudio seguirías? ¿Habías escogido ya una profesión? ¿Habías tenido antes un trabajo relacionado con esa profesión?
3. Desde que llegaste a la universidad, ¿qué cursos has seguido que te han gustado (o no te han gustado) mucho?
4. Para el año 2010, ¿habrás terminado con tus estudios? ¿conseguido un buen puesto? ¿comprado una casa? ¿comprado un carro? ¿Te habrás casado? ¿Tendrás hijos?

Vocabulario útil

Compra y venta

a precio reducido (rebajado)	at a reduced (lower) price
el, la dependiente	salesclerk
el dueño (la dueña)	owner
la etiqueta	label
la oferta; en oferta	offer, on sale
el precio fijo	fixed price
regatear	to bargain
la tienda	store, shop

The Present Perfect and Past Perfect Subjunctive

Present Perfect

haya	hayamos	
hayas	hayáis	+ *past participle*
haya	hayan	

Past Perfect

hubiera(-se)	hubiéramos(-semos)	
hubieras(-ses)	hubierais(-seis)	+ *past participle*
hubiera(-se)	hubieran(-sen)	

1. The present perfect subjunctive, formed with the present subjunctive of **haber** plus a past participle, is used instead of the present perfect indicative when the subjunctive is required.

Los hemos conocido antes.	*We have met them before.*
¿Es posible que los hayamos conocido antes?	*Is it possible that we've met them before?*
Han terminado.	*They have finished.*
Espero que hayan terminado.	*I hope they have finished.*

Remember that compound (perfect) tenses in Spanish are used similarly to English, as discussed. Compare the following:

¿Es posible que los hayamos conocido?
Is it possible that we have met them? (present perfect subjunctive)

¿Es posible que los conozcamos?
Is it possible that we know them? (present subjunctive)

Espero que hayan terminado.
I hope they have finished. (present perfect subjunctive)

Espero que terminen.
I hope they finish. (present subjunctive)

> La publicidad es seducción... igual que el proceso de seducción entre un hombre y una mujer.
>
> —Gonzalo Antequera, presidente de una agencia publicitaria colombiana

2. After a main clause in the present tense, the present perfect subjunctive is generally used rather than the imperfect subjunctive to express a completed action. Compare the Spanish with the English translation.

Me alegro de que no hayas malgastado el dinero.
I'm glad you haven't wasted the money.

Es posible que hayan vendido el auto.
It's possible that they sold the car.

3. The past perfect subjunctive, formed with the imperfect subjunctive of **haber** plus a past participle, is used instead of the past perfect indicative when the subjunctive is required.

Habían pagado la deuda.
They had paid the debt.

Me sorprendió que ya hubieran (hubiesen) pagado la deuda.
It surprised me that they had already paid the debt.

Había comprado el último boleto.
I had bought the last ticket.

Tenían miedo de que yo hubiera (hubiese) comprado el último boleto.
They were afraid I had bought the last ticket.

Again, compare these sentences:

Tenían miedo de que yo comprara el último boleto.
They were afraid I would buy the last ticket. (past subjunctive)

Tenían miedo de que yo hubiera comprado el último boleto.
They were afraid I had bought the last ticket. (past perfect subjunctive)

The use of the past perfect subjunctive in the dependent clause indicates that the action occurred before the action or situation expressed in the main clause—it *had occurred* earlier.

Sequence of tenses with the subjunctive will be discussed further in Chapter 11.

Práctica

A. Reacciones. Exprese sus reacciones ante las siguientes situaciones, usando frases como **Me alegro de que... , Siento mucho que... , Es horrible (fantástico) que...** , u otra expresión apropiada.

MODELO   Un amigo le dice que ha puesto un anuncio en la sección de los anuncios personales del periódico universitario.
Me sorprende que hayas puesto un anuncio allí.

1. Una amiga le cuenta que le han robado el carro.
2. Una compañera de clase le dice que se ha casado.
3. Un amigo le dice que se ha puesto un tatuaje de Madonna en el pecho *(chest)*.
4. Un estudiante de su clase de física le dice que ha fracasado en todos sus exámenes.
5. Su mejor amigo le dice que ha conocido a una chica «supersimpática».
6. Su compañero(a) de cuarto le cuenta que sus papás le han comprado un Jaguar.

B. ¿Qué ha pasado últimamente? Mencione varias cosas que usted ha hecho últimamente, cosas que lo (la) han hecho feliz o infeliz. Su compañero(a) debe expresar sus reacciones, empezando con **Me alegro de que... , Es una lástima que...** u otra expresión apropiada.

MODELO   He visto una buena película.
Me alegro de que hayas visto una buena película.

Mis papás me han comprado una nueva computadora.
Me sorprende que tus papás te hayan comprado una nueva computadora.

Ideas:

comprar...	leer un libro fascinante («fatal»)
sacar «A» en...	ver una obra teatral (una exposición de arte)
conocer a...	ir a una fiesta «superbuena» (horrible)

C. ¿Y antes de llegar a la universidad? Diga por lo menos dos cosas que le habían pasado antes de venir por primera vez a la universidad. Otras personas del grupo deben hacer comentarios, empezando con **Era bueno (fantástico, horrible, malo, extraño, ridículo, increíble, etc.) que...**

MODELO   Antes de llegar a la universidad, había ahorrado dos mil dólares (vendido mi motocicleta, viajado por Europa, etc.).
Era sorprendente que hubieras ahorrado dos mil dólares (vendido tu motocicleta, viajado por Europa, etc.).

The Verb Haber; Expressing Obligation

1. In addition to its use in forming compound (perfect) tenses, the verb **haber** is used impersonally in the third-person singular; in the present tense, the irregular form **hay** means *there is* or *there are*.

> Hay muchos anuncios en el periódico hoy.
>
> *There are a lot of ads in the newspaper today.*

The regular third-person forms are used in other tenses in a similar manner.

> Hubo (Habrá) mucha publicidad en la televisión durante el partido.
>
> *There was (will be) a lot of advertising on television during the game.*

> No hay hermano
> Ni pariente tan
> cercano
> Ni amigo tan de
> verdad
> Como el dinero en la
> mano
> En cualquier
> necesidad.
>
> —Castillejo,
> *Obras morales*

2. **Haber de** means *to be supposed* or *expected to.*

> Hemos de ir al mercado esta tarde.
>
> *We are supposed to go to the market this afternoon.*
>
> Los dependientes habían de ganar quinientos pesos la hora.
>
> *The salesclerks were supposed to earn five hundred pesos an hour.*

3. **Hay que** means *it is necessary, one must.*

> Hay que trabajar para vivir.
>
> *We have to work to live. (It's necessary to, one must.)*

Hay que is more impersonal than **tener que** or **deber**. **Tener que** is normally translated *to have to,* and **deber** is often translated as *should;* both of these expressions convey personal or individual obligation, but **deber** does not express as strong an obligation as **tener que.**

> Tenemos que pagar la deuda.
>
> *We have to (must) pay the debt.*
>
> Tengo que buscar un compañero de cuarto.
>
> *I have to look for a roommate.*

> Debo asistir a la reunión.
>
> *I should (ought to) attend the meeting.*
>
> Debiera ir.
>
> *I should go (no strong obligation).*

Práctica

A. No es obligatorio, pero... Conteste las preguntas, de acuerdo con el modelo.

MODELO   ¿Tienes que llamar a tus papás?
No, pero debiera llamarlos. He de llamarlos hoy.

1. ¿Tienes que terminar el trabajo?
2. ¿Tienes que hacer las fotocopias?
3. ¿Tienes que leer el artículo?
4. ¿Tienes que escribir la composición?
5. ¿Tienes que mandar la carta?

B. Obligaciones. Cuéntele a un(a) compañero(a) tres o cuatro obligaciones que usted tiene ahora. Use los verbos **haber, deber** o **tener que.**

MODELO   **Tengo que estudiar para un examen. He de darlo mañana.**
No debiera ir a cenar con mis amigos esta noche.

The Passive Voice

1. In Spanish as well as in English, sentences can be in either the active voice or the passive voice. Compare the following:

Passive Voice	*Active Voice*
La casa fue vendida por los dueños, los señores Rendón. *(The house was sold by the owners, Mr. and Mrs. Rendón.)*	**Los dueños,** los señores Rendón, vendieron la casa. *(The owners, Mr. and Mrs. Rendón, sold the house.)*
Muchas ciudades magníficas fueron construidas por los mayas. *(Many magnificent cities were built by the Mayas.)*	**Los mayas** construyeron muchas ciudades magníficas. *(The Mayas built many magnificent cities.)*

The subjects of the sentences are shown in bold type. In the passive voice, the subject receives (rather than performs) the action of the verb. In the active voice, the subject performs the action of the verb.

> No es oro todo lo que reluce *[glitters].*
> —proverbio

2. The passive voice is constructed with a form of **ser** plus a past participle. The past participle agrees with the subject in gender and number.

subject	+	**ser**	+	past participle	(+ **por** + agent)
La casa		**fue**		**vendida**	**(por los dueños).**

Las cien mil pesetas serán pagadas por la compañía.	*The one hundred thousand pesetas will be paid by the company.*
El dinero ha sido prestado por el Banco Central.	*The money has been lent by Central Bank.*

3. The agent of the action performed on the subject (**por** + agent) is not always expressed.

Los productos fueron comprados a precio reducido.	*The products were bought on sale.*
Mucho petróleo mexicano fue exportado a Estados Unidos el año pasado.	*A lot of Mexican oil was exported to the United States last year.*

Hemos sido invitados a una conferencia.	*We have been invited to a conference.*

4. The true passive is not used as often in Spanish as in English. The active voice is preferred. When an agent is not expressed, the passive **se** is much more common than the true passive. **Estar** plus a past participle is used to express the result of an action, as discussed on page 248 of this chapter. Compare the following:

Se abrió una zapatería en esa calle la semana pasada.	*A shoe store was opened on that street last week. (agent unimportant—*se*)*
La zapatería fue abierta por una familia de Lima.	*The shoe store was opened by a family from Lima. (agent expressed—*ser*)*
La zapatería está abierta ahora.	*The shoe store is open now. (resulting condition—*estar*)*
Se redujeron los precios de la gasolina.	*Gasoline prices were reduced. (agent unimportant—*se*)*
Los precios de la gasolina allí fueron reducidos por el gobierno.	*Gasoline prices there were reduced by the government. (agent expressed—*ser*)*
Los precios están reducidos.	*The prices are reduced. (resulting condition—*estar*)*

Práctica

A. Hechos (*Facts*). Haga oraciones acerca de las cosas y las personas siguientes. Use la voz pasiva de los siguientes verbos: **pintar, elegir, diseñar, publicar, construir, escribir, explorar.**

MODELO José María de Aznar / primer ministro de España / 1996
José María de Aznar fue elegido primer ministro de España en 1996.

1. el Templo de La Sagrada Familia / el arquitecto español Antoni Gaudí
2. la primera edición del periódico *La Opinión* / Ignacio Lozano
3. el suroeste de Estados Unidos / Vásquez de Coronado / 1540
4. las ciudades de Chichén-Itzá y Uxmal / mayas / antes del siglo XI
5. los cuadros *La Tirana* y *La reina María Luisa* / Goya / 1799
6. *El Quijote* / Cervantes / 1605

B. ¿Verdad o mentira? Haga tres o cuatro oraciones como las del ejercicio A, usando la voz pasiva. Algunas deben ser verdaderas y otras falsas. Luego, dígaselas a un(a) compañero(a). Su compañero(a) debe corregir las oraciones falsas.

MODELOS   A: **La ciudad de Tenochtitlán, en México, fue construida por los mayas.**
                    B: **¡No, hombre! Fue construida por los aztecas.**

                    A: **La novela *La casa de los espíritus* fue escrita por Isabel Allende.**
                    B: **Correcto.**

C. La alienación/1. Lea esta anécdota del escritor uruguayo Eduardo Galeano y conteste las preguntas.

La alienación/1

Allá en los años mozos [de la juventud], fui cajero de banco.

Recuerdo, entre los clientes, a un fabricante [*maker*] de camisas. El gerente del banco le renovaba [*renewed*] los préstamos por pura piedad [*pity*]. El pobre camisero vivía en perpetua zozobra [angustia]. Sus camisas no estaban mal, pero nadie las compraba.

Una noche, el camisero fue visitado por un ángel. Al amanecer, cuando despertó, estaba iluminado. Se levantó de un salto [*bolt, jump*].

Lo primero que hizo fue cambiar el nombre de su empresa, que pasó a llamarse Uruguay Sociedad Anónima, patriótico título cuyas siglas [*initials*] son: U.S.A. Lo segundo que hizo fue pegar [*stick*] en los cuellos [*necks*] de sus camisas una etiqueta que decía, y no mentía: *Made in U.S.A.* Lo tercero que hizo fue vender camisas a lo loco. Y lo cuarto que hizo fue pagar lo que debía y ganar mucho dinero.[*]

1. ¿Dónde trabajaba el autor cuando era joven?
2. ¿A quién recuerda él en la anécdota?
3. ¿Por qué fueron renovados los préstamos del fabricante?
4. Según Galeano, ¿por quién fue visitado el camisero una noche?
5. ¿Qué idea tuvo el camisero? ¿Por qué cambió el nombre de su empresa?
6. ¿Fueron hechas en Estados Unidos las camisas? ¿Dónde fueron hechas?
7. ¿Qué pensaba la gente que compraba las camisas? ¿Por qué preferían las cosas importadas? ¿Qué opina usted de la estrategia del camisero?

---

[*] Eduardo Galeano, *El libro de los abrazos* (México, DF: siglo vientiuno editores, 1994), página 146. Address: Cerro del Agua 248, Delegación Coyoacán, 04310 México DF.

En otras palabras

Para hacer un pedido; Para hacer
una compra; Para ofrecer ayuda

Para hacer un pedido

1. in a restaurant or in the street

   Quisiera un café, por favor.
   ¿Me puede traer un café, por favor?
   ¡Oiga! ¿Podría usted ayudarme?

   Note: To get the attention of the waiter or a person in the street, you can say,
   «Oiga», «Disculpe», or **«Por favor».** Polite forms like **podría** and **quisiera**
   are often used in requests, and it's better to avoid **quiero** or **deseo,** which are
   very direct and can sound childish or impolite.

2. in a shop or business

   Buenos días. ¿Podría usted ayudarme?
   Buenos días. Busco (Necesito) un suéter blanco. Mi talla *(size)* es treinta y
   ocho.
   Buenas tardes. Quisiera cambiar algunos cheques de viajero.

   Remember to greet the clerk or shopkeeper before making a request; it's
   considered rude not to.

Para hacer una compra

While most stores and shops have **precios fijos** *(fixed prices),* in the street, flea
market, or countryside it is common to bargain, especially for crafts. This is not
considered rude, and the rules are fairly simple. After asking the price and re-
ceiving a reply, you (1) praise the item or say you like it, (2) explain you can't
pay much, and (3) offer about half the price mentioned.

Es muy linda (la manta), pero no puedo gastar mucho. Podría ofrecerle tres mil
   pesetas. *(Asking price was 6,000 pesetas.)*
Me gusta (la cartera), pero no tengo mucho dinero. ¿Podría usted aceptar diez
   mil pesos? *(Asking price was 20,000 pesos.)*

Usually, the person selling will then offer a new price, approximately two-thirds
or three-quarters of the original. You can then accept (**«Muy bien. Me lo [la]
llevo.»**) or continue bargaining, if you enjoy it, by offering a slightly lower
price.

Para ofrecer ayuda

Offering help or assistance goes hand in hand with requests. In a shop, the clerk or owner will normally say, «**¿En qué puedo servirlo(la)?**» In a restaurant, the waiter will be likely to say, «**¿Qué gusta(n) ordenar?**» or «**¿Qué quisiera(n)?**» or «**¿Qué les puedo traer?**» If you are in a position of offering assistance yourself, you might say the following:

¿Quiere(s) que yo... (+ *subj.*)?
¿Desea(s) que yo... (+ *subj.*)?
Haré... con mucho gusto.
Si quiere, yo podría...
Permítame (Permíteme) ayudarle(te) a...

Práctica

A. Situaciones. ¿Cómo haría usted un pedido en cada una de las siguientes situaciones?

1. Usted está sentado(a) en un restaurante. El camarero no le hace caso *(is not paying attention to you)*. Quiere pedir una limonada.
2. Usted entra en el correo; necesita cuatro estampillas para mandar cartas por avión a Estados Unidos.
3. Usted ha visto un anuncio de una oferta especial en una zapatería; entra en la zapatería para comprarse un par de sandalias.
4. Usted está en un banco. Quiere cambiar un cheque de viajero.
5. Alguien le ha robado el dinero. Usted no sabe qué hacer ni adónde ir.
6. El hombre sentado delante de usted en el cine habla mucho, y usted no puede escuchar el diálogo de la película.

B. Breves encuentros. Inicie conversaciones breves relacionadas con cada una de las siguientes situaciones.

1. You walk into a clothing store. The owner greets you and asks if he can help you. You say yes, you're looking for a jacket. He asks you what size you wear (**¿Cuál es su talla?**). You reply that you are a size thirty-eight. You ask if he can show you some brown or blue jackets. He says of course, and you choose one you like. He asks if you are paying cash, and you ask if he will take a credit card instead. He replies yes, and you buy the jacket.
2. You and a friend go into a restaurant to have dinner. Half an hour later you have finished half a carafe (**garrafa**) of wine but still have not been given a menu (**el menú**). You get the waiter's attention, get a menu, and order dinner. You ask if he could bring you two glasses of water.

3. You are walking down the street on your way to the train station, and you see an elderly lady carrying two heavy suitcases. Tell her you are going to the station and ask if you can help her with her luggage.

¡A comunicarnos!

A. Un anuncio muy efectivo (o muy tonto). Escoja un anuncio comercial que usted ha visto en la televisión o escuchado en la radio. Descríbale el anuncio a su compañero(a). ¿Qué producto o servicio anunciaba? ¿Era chistoso? ¿tonto? ¿Le gustó? ¿Le molestó? Después, con su compañero(a), decidan por qué recuerdan algunos anuncios y se olvidan de otros y hagan una lista de tres cosas importantes que debe tener un anuncio para tener éxito.

B. El trabajo más interesante (aburrido). En grupos de cuatro o cinco estudiantes, cada participante describe un trabajo que ha hecho alguna vez. Puede ser un trabajo pagado o voluntario. ¿Quién ha tenido el trabajo más interesante? ¿más aburrido? ¿más pesado (duro)? ¿más extraño? Estén preparados para compartir la información con la clase.

MODELOS   A: **He trabajado de vendedor en una tienda de ropa deportiva. He vendido...**

B: **He cuidado a cinco niños muy traviesos** (*mischievous*)...

C: **He trabajado para el Club Sierra. He hecho llamadas para pedir dinero...**

C. Mercado al aire libre. Este juego es para toda la clase. Cada persona trae uno o dos objetos para «vender» en el mercado (un libro, una planta, o cualquier objeto). Dos tercios ($\frac{2}{3}$) de la clase son los «turistas» que miran los objetos y regatean* por los que quieren. Los otros tratan de vender su mercancía. Después de un rato, cada persona «compra» algo y explica por qué. Luego llega otro grupo de turistas.

D. Composición estructurada: Un anuncio. Escoja uno de los productos que se ven en la página 264 (o las pildoritas Reuter de la página 238) y escriba un anuncio comercial de tres o cuatro oraciones. ¿A quién se dirige el anuncio? ¿Por qué se debe comprar el producto?

---

*   See page 261 for how to bargain.

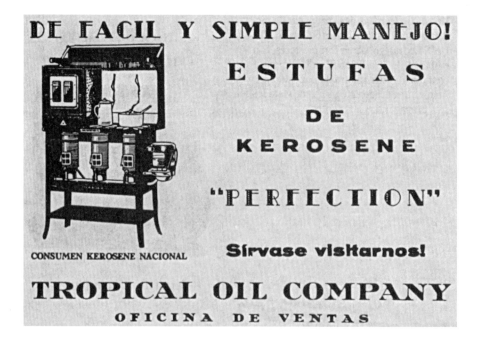

Una telaraña digital permite que se conecten millones de computadoras y accedan a increíbles servicios en todo el planeta.

¡Adiós, distancias!

se conecten
doras y acce

¿Quiere visitar el Museo del Oro en Colombia? ¿escuchar una estación de radio de España? ¿saber el estado del tiempo en Puerto Rico? ¿viajar a las ruinas incas de Machu Picchu en Perú? ¿ir de compras a México? ¿informarse sobre las últimas noticias de Costa Rica? ¿Quiere hacer todo esto sin salir de su casa? ¡Ningún problema! Sólo necesita una computadora con conexión a la Red (Internet) y... ¡ya!

Hay muchos periódicos y revistas en español en la Red; algunos de los más conocidos son *El País* de España, *El Tiempo* de Bogotá y *El Mercurio* de Chile. Se puede viajar a cualquier país hispano electrónicamente y ver fotos e imágenes de la vida y de la cultura allí. Hay sitios en la Red donde se puede comprar desde el último grito *(the latest)* de la moda en Madrid hasta el nuevo disco compacto de su cantante favorito en Miami. Hasta se puede buscar empleo en algunos países hispanos por Internet.

Según un artículo de la revista española *Cuadernos Cervantes,* «Los cambios reales en Internet los encontramos en la facilidad de comunicación, la disponibilidad *[availability]* de transmisión de voz, de textos, gráficos y animaciones, de datos, de vídeo y de sonido. La magia de la personalización que produce la interactividad es lo que motiva a los usuarios. Uno de los mayores éxitos entre los servidores de información de habla hispana es el 'chateo', un diálogo escrito entre varias personas a través de ordenadores [computadoras] distantes... Desde 1988 se ha duplicado, cada año, el número de usuarios de Internet... ». También se nota que en la Red hay «universidades presenciales a distancia cuyo *campus* es tan extenso como el planeta».[*]

Según un artículo de la revista *Conozca más:* «Nuestra lengua comienza a popularizarse en la Red. Mientras los dos *browsers* más usados —Netscape y Explorer— ofrecen versiones en castellano, cada vez es mayor el número de rastreadores en este idioma. Hoy, en Internet, el español es la segunda lengua después del inglés.»[†]

---

[*] Joaquín Soler, «Internet, el español y los cimientos de un cambio global», *Cuadernos Cervantes,* septiembre–octubre de 1997, página 58.

[†] «La conexión española», *Conozca más,* julio de 1997, páginas 20–22.

Preguntas

1. ¿Cuáles son algunos de los usos de la Red en español?
2. ¿Cuáles son algunos de los periódicos o revistas en español en la Red?
3. Según el artículo de *Cuadernos Cervantes*, ¿qué es lo que más motiva a los usuarios de Internet?
4. Desde 1988, ¿cuánto ha aumentado, cada año, el número de usuarios de Internet?
5. ¿A usted le gusta navegar por la Red? ¿Cuáles son algunas de sus páginas favoritas?

Vocabulario útil

La computadora y la comunicación

Cognados

el CD-ROM	el módem	el servidor
el fax	el monitor	la tecnofobia
(la) Internet*	el ratón (el mouse)	

Verbos

archivar	*to file*
bajar archivos	*to download ("lower files")*
entrar al sistema	*to log in*
enviar por correo electrónico, emailear	*to send by e-mail*
enviar por fax, faxear	*to send by fax*
guardar	*to save; to keep*
hacer un archivo de reserva	*to make a backup*
imprimir	*to print*
navegar por («surfear», recorrer) la Red	*to navigate (surf, go through) the Net*
salir del sistema	*to log off, quit*

Otras palabras

el buscador (*Spain:* el rastreador)	*search engine*
el ciberamigo (la ciberamiga)	*cyberfriend*

---

* In Spain the article **la** is not used with **Internet,** but it is used among many Latin Americans. Of course, words like **surfear, faxear,** and **emailear** (pronounced maintaining the vowel sound of "e-mail" in English) come from English, as do words like **flamear** *(to flame),* **cliquear** *(to click),* or **hacer un backup (download).**

la computadora portátil	*laptop*
la dirección (casilla) electrónica	*e-mail address*
el disco flexible (duro)	*floppy (hard) disk*
la impresora (láser)	*(laser) printer*
el ordenador *(Spain)*	*computer*
la página en la Red, la página principal	*home page*
la pantalla	*screen*
la programación	*software*
la salida, la producción	*output*
el sonido	*sound*
el usuario (la usuaria)	*user*

Práctica

A. Fuera de lugar. Para cada grupo, indique cuál de las palabras está fuera de lugar.

> MODELO   usuario / programador / sonido / ingeniero
> **sonido**

1. navegar / bajar / viajar / recorrer
2. pantalla / monitor / dirección / impresora
3. enviar / faxear / salir / emailear
4. guardar / dar / archivar / reservar
5. documento / salida / ciberamigo / producción

B. Entrevista. Entreviste a un(a) compañero(a), usando las siguientes preguntas. Después, su compañero(a) lo (la) entrevista a usted.

1. ¿Tienes computadora? ¿Para qué la usas?
2. ¿Tienes una página en la Red o has participado en algún grupo que tiene una página? ¿Qué información incluye? Si hicieras una página nueva, ¿qué información incluirías?
3. ¿Participas en algún grupo de discusión o «chateo»? Si la respuesta es afirmativa, ¿cuál es el tema de las conversaciones? ¿Participa mucha gente?

Estas nuevas tecnologías [de la informática] colocan *[place]* nuestras vidas al borde de grandes cambios; nuestra forma de recibir información, de socializar con nuestras amistades, de entretenernos, y quizá hasta de trabajar, ya no será la misma.

—Fernando Calvo, «Las supercarreteras de información... ¡ya están aquí!»,
Mundo 21, mayo de 1994, página 106

4. ¿Tienes CD-ROM? ¿Qué CD-ROMs usas más?

5. ¿Qué le aconsejas a una persona que sufre de tecnofobia?

6. ¿Mandas muchos mensajes por correo electrónico? ¿Cuáles son las ventajas del correo electrónico? Por ejemplo, ¿te gusta mandar mensajes a las dos de la mañana?

Para escuchar: En Bucaramanga

Conversación 1: Para expresar alivio, gratitud y comprensión. Mike y Julia hablan con la señora Gutiérrez, la mamá de Julia.

A. Escuche la Conversación 1. ¿Cuál es el dibujo que muestra el lugar donde están?

1.   2.

B. Escuche la Conversación 1 otra vez. Conteste **V** (verdadero) o **F** (falso).

___ 1. La señora Gutiérrez espera a Julia desde las diez.
___ 2. Los jóvenes llegaron temprano.
___ 3. Mike y la señora Gutiérrez ya se conocían.
___ 4. Los jóvenes viajaron por autobús.
___ 5. Fue un viaje muy largo y aburrido.
___ 6. Mike le dice a la señora Gutiérrez, «Habrá estado muy preocupada».

Conversación 2: Para expresar incredulidad y enojo. Julia habla con don César, su papá.

A. Escuche la Conversación 2 y conteste la pregunta que sigue: ¿Por qué está molesto el señor Gutiérrez?

B. Escuche la Conversación 2 otra vez. Indique dos cosas que el señor Gutiérrez dice de Mike. Indique dos cosas que Julia dice de Mike.

C. Escuche la Conversación 2 una vez más. Para cada expresión a la izquierda, escoja una expresión a la derecha con un significado similar.

___ 1. ¿Estás bromeando?   a. ¿Por qué te enojas?
___ 2. ¡Qué va!   b. ¡Qué barbaridad!
___ 3. ¡Sólo esto me faltaba! c. ¿Hablas en serio?
___ 4. ¿En qué te molesta?   d. ¡Esto es el colmo!

Gramática y vocabulario

Sequence of Tenses with the Subjunctive: Summary

You have seen that the subjunctive is used in a dependent clause after certain verbs or impersonal expressions that occur in a main clause (for a review of the subjunctive, see Chapters 5 and 7). This chart summarizes the sequence of tenses with the subjunctive:

Main Clause (Indicative)	Dependent Clause (Subjunctive)
present (present perfect) future command	present or present perfect subjunctive
past (preterit, imperfect, past perfect) conditional	imperfect or past perfect subjunctive

In general, the *present* or *present perfect subjunctive* is used in a dependent clause that requires the subjunctive when the verb in the main clause is in the

1. present tense

Espero que impriman el informe.	*I hope they print out the report. (present subjunctive:* **impriman***)*
Espero que hayan imprimido el informe.	*I hope they have printed out the report. (present perfect subjunctive:* **hayan imprimido***)*

2. present perfect tense

La directora ha pedido que lleguemos a las ocho.	*The director has requested that we be there at eight.*

3. future tense

El jefe insistirá en que aprendas el nuevo sistema.	*The boss will insist that you learn the new system.*

4. imperative

Dígale que me lo envíe por fax.	*Tell him (her) to send it to me by fax.*

In general, the *imperfect* or *past perfect subjunctive* is used in a dependent clause that requires the subjunctive when the verb in the main clause is in the

1. preterit

Me alegré de que hicieras un archivo de reserva. ¡Qué alivio!	*I was happy that you made a back-up file. What a relief! (imperfect subjunctive)*
Me alegré de que hubieras hecho un archivo de reserva. ¡Qué alivio!	*I was happy that you had made a backup file. (past perfect subjunctive)*

2. imperfect

Dudaba que Ana hubiera bajado los archivos.	*I doubted that Ana had downloaded the files.*

3. past perfect

La universidad no había permitido que hiciéramos copias de los discos flexibles.	*The university hadn't permitted us to make copies of the floppy disks.*

4. conditional

Mis padres me aconsejarían que estudiara informática.	*My parents would advise me to study computer science.*

As you will remember from Chapter 10, compound tenses are generally used in Spanish just as they are in English. In the example **Espero que impriman el informe,** for instance, you use **impriman** if you mean *print* and **hayan imprimido** if you mean *have printed*. The progressive tenses (formed with **estar**) are discussed in Chapter 12.

Práctica

A. Breves conversaciones. Complete las siguientes conversaciones con la forma apropiada del modo subjuntivo de los verbos indicados.

MARINA: ¿Quieres que te (1) _____ (ayudar) a crear una página en la Red?

MARTA: Prefiero que me (2) _____ (arreglar) la impresora y me (3) _____ (buscar) información sobre Frida Kahlo.

MARINA: Sería mejor que te (4) _____ (enseñar) a hacer esas cosas, ¿no crees?

MARTA: Bueno, es que temo que (tú) (5) _____ (perder) la paciencia conmigo.

●　　　●　　　●

ALBA: ¡Qué problema! El jefe me dijo que (6) _____ (bajar) unos archivos, que (7) _____ (hacer) unos archivos de reserva y que (8) _____ (imprimir) un montón de documentos, pero mi computadora no funciona.

ANTONIO: Pídele al jefe que te (9) _____ (prestar) su computadora portátil.

●　　　●　　　●

BEATRIZ: Inés me vuelve loca. Ayer quería que le (10) _____ (crear) una página principal y después insistió en que (11) _____ (recorrer) la Red para reservarle un vuelo a Bogotá. Me alegro de que hoy no (12) _____ (venir).

ÁNGELA: Pues, sí. Si ella (13) _____ (estar) aquí hoy, tendríamos mucho más trabajo. ¡Será mejor que (nosotras) no (14) _____ (contestar) el teléfono!

> Hoy, desde fábricas hasta oficinas, las compañías más eficaces son las que explotan el conocimiento y el poder de una tecnología avanzada... y se mantienen al día en los cambios.
>
> —«¡A la carrera!», *Hombre Internacional*, julio de 1993, página 89

B. Antes y ahora. En forma alternada, conteste las siguientes preguntas usando los tiempos verbales apropiados del subjuntivo. Puede usar las ideas que se dan entre paréntesis o sus propias ideas. Después, comparta algunas de sus respuestas con la clase.

Cuando eras pequeño(a), ...	Y ahora...
1. ¿qué querías que tus amigos hicieran por ti? (jugar contigo, compartir sus dulces, ir contigo a patinar)	¿qué quieres que hagan? (dejarte en paz cuando necesitas estudiar, compartir sus apuntes, ir contigo al cine)
2. ¿qué les pedías a tus papás que hicieran por ti? (comprarte juguetes *[toys]*, llevarte al parque, pagar tus lecciones de natación)	¿qué les pides que hagan? (comprarte ropa, mandarte dinero, pagarte la matrícula)
3. ¿qué te gustaba que tus maestros hicieran? (mostrar películas, dejarte salir temprano, llevar a la clase a alguna excursión)	¿qué te gusta que tus profesores hagan? (explicar las tareas claramente, repasar *[review]* antes de los exámenes, ser generosos con las notas)
4. ¿qué **no** querías que la gente hiciera? (decirte «¡Qué grande estás!», tratarte de bebé, comprarte libros o ropa para tu cumpleaños)	¿qué **no** quieres que la gente haga? (mandarte correo electrónico descortés, enviarte chistes tontos, insultarte en el grupo de discusión)

If Clauses (2)

1. When an *if* clause expresses something hypothetical or contrary to fact, a past subjunctive is used. The conditional or conditional perfect is generally used in the main clause (if there is a main clause).

Si + imperfect subjunctive, ... conditional... :

Si ella estuviera aquí, ¿qué haría?   *If she were here, what would she do? (Fact: she isn't here.)*

Si + past perfect subjunctive, ... conditional perfect... :

Si hubiéramos usado una impresora láser, el trabajo habría salido mejor.   *If we had used a laser printer, the work would have turned out better. (Fact: we didn't use a laser printer.)*

2. **Como si** always requires a past subjunctive form:

Marta habla francés como si fuera francesa.

Marta speaks French as if she were a Frenchwoman.

¡Como si (yo) no hubiera entrado al sistema!

As if I had never logged in! (Fact: I did log in.)

3. However, if the speaker or writer is not discussing something contrary to fact, if the statement is assumed to be true, the indicative is used. After **si,** a verb in the present tense is always in the indicative (never the present subjunctive). Compare:

Si lo mandan por fax, llegará en seguida.

If they send it by fax, it will arrive immediately. (simple statement, assumed to be true)

Si lo mandaran por fax, llegaría en seguida.

If they sent it by fax, it would arrive immediately. (Note that both clauses use a simple verb form.)

Si lo hubieran mandado por fax, habría llegado en seguida.

If they had sent it by fax, it would have arrived immediately. (Note that both clauses use a compound verb form.)

FORGES

brindis *toast*

Práctica

A. En el congreso *(conference)* **de informática.** Complete las siguientes oraciones con las formas apropiadas de los verbos que están entre paréntesis.

JOSÉ: Si te (1) _____ (dar) mi dirección electrónica, ¿me mandarás una copia de tus apuntes?

EDUARDO: Claro, y también te (2) _____ (enviar) ese artículo sobre buscadores.

● ● ●

ANA: Carlos, si no (3) _____ (venir) al congreso, ¿qué habrías hecho este fin de semana?

CARLOS: No sé. Quizás (4) _____ (salir) de paseo con la familia.

● ● ●

SUSANA: ¿Me prestas un bolígrafo, por favor?

MARTA: Déjame ver si (5) _____ (tener) uno.

● ● ●

RAQUEL: Oye, Lucía, si (6) _____ (poder) pasar todo el día recorriendo la Red, ¿lo harías?

LUCÍA: Pues, la verdad, ¡no! Si (7) _____ (tener) tiempo, pasaría el día en la playa.

● ● ●

EDUARDO: ¿Qué habría pasado si este congreso (8) _____ (tener) lugar en Buenos Aires?

SILVIA: Pues, yo estaría paseando ahora, visitando los sitios de interés. Creo que nadie (9) _____ (asistir) a ninguna conferencia si pudieran ver «el París de Sudamérica».

B. Use su imaginación. Complete las siguientes oraciones.

1. Si escribo a alguien por correo electrónico hoy,...
2. Si pudiera hacer cualquier cosa,...
3. Voy a viajar por todo el mundo si...
4. Me habría divertido mucho (más) el fin de semana si...
5. Si hubiera tenido tiempo,...

C. Entrevista. Entreviste a un(a) compañero(a), usando las siguientes preguntas. Después, su compañero(a) lo (la) entrevista a usted.

1. ¿Habría sido diferente tu vida si no hubieran inventado la computadora? ¿En qué aspectos? ¿Qué otra invención cambió la vida humana? ¿Cómo habría sido diferente tu vida si no la hubieran inventado?
2. ¿Conoces a alguien que haya conocido a su novio(a) por Internet? Si tú buscaras novio(a), ¿usarías la Red como ayuda?
3. Si pudieras viajar a través del tiempo, ¿a qué siglo y lugar te transportarías? ¿Qué harías allí? ¿Con quién hablarías? ¿Qué preguntas le harías?
4. ¿Se debe censurar la información que sale en la Red? ¿Qué pasaría si el gobierno empezara a regular estrictamente el contenido de las páginas de Internet? Si tuvieras niños pequeños en casa, ¿sería diferente tu respuesta?
5. Si hubiera un acuerdo internacional para regular la Red, ¿sería posible hacerlo cumplir *(enforce it)*?

> La mayoría de las innovaciones más notables que están cambiando nuestras vidas no existía hace quince años.
>
> —«¡A la carrera!», *Hombre Internacional,* julio de 1993, página 88

Conjunctions

Y to E, O to U

Use **e** instead of **y** when the following word begins with **i-** or **hi-** (but not when it begins with **hie-**).

padre e hijo *father and son*	gracia e ironía *humor and irony*
Fernando e Isabel *Ferdinand and Isabella*	verano e invierno *summer and winter*
fuego y hielo *fire and ice*	

Use **u** instead of **o** when the following word begins with **o-** or **ho-**.

plata u oro *silver or gold*	dinero u honor *money or honor*
uno u otro *one or another*	

Pero versus Sino

Pero is normally used to mean *but;* however, if the first phrase or clause is negative and the second phrase or clause contradicts the first, **sino** or **sino que** is used. **Sino** means *but on the contrary* or *but rather* and is followed by information that contradicts and replaces the previous information.

No llegó temprano, sino tarde.	*He didn't arrive early, but late.*
No llegó temprano, pero por lo menos vino.	*He didn't arrive early, but at least he came.*

Papá no está en su oficina, sino en casa.	*Papa isn't in his office; he's at home.*
Papá no está en casa, pero no sé dónde está.	*Papa isn't at home, but I don't know where he is.*

Sino que, not **sino,** is often used to introduce a clause (which by definition contains a conjugated verb):

No parecía triste, sino que sonreía.	*She didn't seem sad; she was smiling.*

Práctica

A. Combinaciones. Una *(combine)* las siguientes palabras con **y** o **e.**

MODELOS   chistes / anécdotas   genial / inteligente
chistes y anécdotas   genial e inteligente

1. ida / vuelta
2. español / inglés
3. anglos / hispanos
4. nieve / hielo
5. carne / hueso
6. inmigrantes / emigrantes

B. ... y más combinaciones. Una las siguientes palabras con **o** o **u.**

MODELOS   gracia / humor   invierno / otoño
gracia o humor   invierno u otoño

1. oreja / ojo
2. oro / plata
3. espalda / hombro
4. unos / otros
5. ayer / hoy
6. mujer / hombre

C. Las comunicaciones del Imperio Inca. Los incas del siglo XV podían mandar un mensaje de Quito, Ecuador, a Cuzco, Perú —una distancia de dos mil kilómetros— en sólo cinco días. Complete las siguientes oraciones sobre su sistema de comunicaciones con **pero, sino** o **sino que.**

1. El sistema de comunicación más rápido del siglo XV no se encontraba en Europa, _____ en Perú.
2. Los incas de Perú tenían un sistema de carreteras muy avanzado, _____ no conocían la rueda *(wheel).*
3. Por eso, en sus grandes carreteras, no siempre usaban rampas para subir y bajar, _____ los caminos también tenían escaleras.
4. No tenían caballos, _____ usaban llamas para transportar cargas.
5. La capital de su imperio no fue Machu Picchu, _____ Cuzco.
6. Los caminos del Imperio Romano eran extensos, _____ no tanto como los del Imperio Inca.

Por versus Para

The most common meaning of both **por** and **para** in English is *for*. In general, **por** often has to do with source, cause, or motive, while **para** has to do with intended destination, purpose, or use.

La página principal fue creada por Miguel para los otros estudiantes.	*The home page was created by Miguel for the other students.*
«¿Por qué nací, padre?» —«Pregunte más bien para qué nació.» Unamuno, *Abel Sánchez*	*"Why was I born, father (for what reason)?" —"Ask instead for what purpose you were born." Unamuno,* Abel Sánchez

Para Is Used to Express

1. direction or destination *(toward)*

Salieron para Colombia ayer.	*They left for Colombia yesterday.*

2. intended recipient *(for someone or something)*

Estas flores son para ti. —Gracias. Muy agradecida.	*These flowers are for you. —Thank you. I'm very grateful.*
¿Trabaja usted para ellos?	*Do you work for them?*

3. purpose *(in order to)*

Para encontrar información rápidamente, usa la Red.	*(In order) To find information fast, use the Net.*

4. a specific point in time

Tengo que contestar para el viernes.	*I have to answer by Friday.*
Vamos a casa de mis abuelos para la Semana Santa.	*We're going to my grandparents' house for Easter (Holy Week).*

Quico

5. lack of correspondence in a comparison

Para su edad, el niño es muy fuerte. *For his age, the child is very strong.*
Ella es muy joven para José. *She's very young for José.*

6. intended use

El módem se usa para transmitir *The modem is used to transmit infor-*
información a través de la *mation through the telephone*
línea telefónica. *line.*
Estos discos flexibles son para hacer *These floppy disks are to make*
copias del nuevo proyecto. *copies of the new project.*

MAESTRO: ¿Por qué es famoso Colón?
ALUMNO: Por su memoria.
MAESTRO: ¿Por su memoria?
ALUMNO: En la plaza hay una estatua
con un letrero *[sign]*: «A la memoria de Colón.»

Por Is Used to Express

1. cause, motive (*on account of, for the sake of, because of*)

¿Por qué salieron del sistema? *Why did they log out? Out of*
¿Por frustración? *frustration?*

2. *through, along, by, by means of* (a mode of transportation or communication)

Todos los domingos damos un *Every Sunday we take a walk along*
paseo por esta calle y por la *this street and through the main*
plaza principal. *square.*
El mensaje fue mandado por fax *The message was sent by fax by*
por José Luis.* *José Luis.*
¿Vas por avión? *Are you going by plane?*

3. *in exchange for*

En 1763 los españoles cam- *In 1763 the Spanish exchanged*
biaron la Florida por La *Florida for Havana (which had*
Habana (que había sido cap- *been captured by the English in*
turada por los ingleses en 1762). *1762).*
¡Esto es el colmo! ¿Pagaste quince *This is the last straw! You paid*
mil pesos por ese libro? *fifteen thousand pesos for that*
book?

---

* **Por** is used to express the agent in a passive construction, as discussed in Chapter 10.

Vocabulario útil

Expresiones con <u>por</u> y <u>para</u>

la Red

darse por vencido(a)	*to give up, surrender*
estar para	*to be about to; to be in the mood for*
estar por	*to be in favor of*
para mí (ti, etc.)	*as far as I'm (you're, etc.) concerned*
para siempre	*forever*
por completo	*totally, completely*
por eso	*for that reason*
por lo menos	*at least*
por otra parte	*on the other hand*
por si acaso	*just in case*
por todos lados, por todas partes	*everywhere*

4. the object of an errand

   Pablo, ve al mercado por leche y queso.

   Pablo, go to the market for milk and cheese.

5. *in place of (as a substitute for, on behalf of)*

   Hoy Isabel trabaja por mí en el banco.*

   Isabel is working instead of me (taking my place) in the bank today.

   Acepté el premio por José; él está enfermo.

   I accepted the prize for José; he's sick.

6. duration or length of time

   ¿Por cuántas semanas te vas de vacaciones? —Por dos semanas.

   For how many weeks are you going on vacation? —For two weeks.

   Iremos a España por dos meses.†

   We'll go to Spain for two months.

---

* Notice the difference between **trabajar por** and **trabajar para** (p. 279, item 2).

† **Por** is also used in expressions with the word **vez: por primera vez** *(for the first time).*

7. unit of measure, *per*

Los huevos están a cincuenta pesos por docena.	*Eggs are fifty pesos a dozen.*
Pagamos el alquiler por semana, no por mes.	*We pay the rent by the week, not by the month.*

Práctica

A. ¿Por o para? Haga oraciones con **por** o **para**.

> **MODELO** Mandé el mensaje / correo electrónico
> **Mandé el mensaje por correo electrónico.**

1. Esa computadora es demasiado grande / el escritorio
2. Estaremos en Barcelona / el sábado
3. Vamos a Toledo / una semana
4. Olvidé su nombre / estar muy nervioso
5. Fue a la sala / hablar con los invitados
6. Pagué demasiado / la impresora
7. Tengo las mil pesetas / comprar los discos flexibles
8. Dimos un paseo / el centro

B. Chistes. Complete los párrafos con **por** o **para**.

Hay un incendio (fuego) en un edificio grande donde trabajan un paraguayo, un argentino y un uruguayo. Ellos están en el piso más alto y parece que no hay posibilidad de salvación. El argentino mira (1) _____ todas partes (2) _____ ver si hay alguna salida. No ve nada y decide saltar *(jump)*. (3) _____ morir (4) _____ algo, grita (5) «¡_____ Argentina!» cuando se tira (6) _____ la ventana. (7) _____ no ser menos, el uruguayo dice (8) «¡_____ Uruguay!» y también salta. El paraguayo está (9) _____ saltar cuando decide buscar una salida otra vez (10) _____ si acaso. Ve una escalera y corre hacia ella gritando (11) «¡_____ la escalera!»

• • •

Un señor mandó un cheque (1) _____ matricularse en una escuela que ofrecía un curso de telepatía (2) _____ correspondencia. (3) _____ dos semanas esperó y esperó. Finalmente decidió que no se daría (4) _____ vencido. Llamó (5) _____ teléfono (6) _____ quejarse. «No mandamos ese curso (7) _____ correo», dijo la secretaria que contestó. «Lo mandamos (8) _____ telepatía.» «Todavía no he recibido nada», dijo el hombre. «Ya lo sé. Se ve claro que usted fracasaría (9) _____ completo en el curso.»

C. Opiniones. Discuta las siguientes preguntas con tres o cuatro compañeros. Después esté preparado(a) para comentar sobre las opiniones de su grupo.

1. ¿Crees que dos personas pueden estar enamorados «para siempre» o no? ¿Por qué?
2. ¿En qué ocasión te has dado por vencido(a)? Explica.
3. Para ti, ¿cuál es el momento más agradable del día? ¿Por qué?

En otras palabras

Para expresar alivio, gratitud y comprensión;
Para expresar incredulidad y enojo

Para expresar alivio, gratitud y comprensión

In Chapter 3, you saw various ways to express approval, disapproval, and surprise. You have also looked at various ways of expressing emotions such as fear, hope, surprise, and so on that require the subjunctive (Chapter 5). Here are some ways to express other kinds of emotion:

1. alivio *(relief)*

    ¡Qué bien!
    ¡Qué alivio!
    ¡Gracias a Dios!
    ¡Cuánto me alegro! ¡Qué alegría!
    ¡Menos mal!
    ¡Por fin! *(when something good has finally happened)*

2. gratitud

    Gracias. Mil (Muchas) gracias.
    Usted es muy amable.

3. comprensión *(empathy)*

    Debe(s) estar muy contento(a).   *You must be very happy.*
    Estará(s) muy orgulloso(a).   *You must be very proud.*
    Se (Te) sentirá(s) muy decepcionado(a).   *You must feel very disappointed.*

Note that expressing empathy (that you understand what someone else is feeling or thinking) is different from expressing sympathy, discussed in Chapter 9.

Para expresar incredulidad y enojo

1. incredulidad *(disbelief)*

   ¿Habla(s) en broma?
   ¿Está(s) bromeando?
   ¡Pero lo dice(s) en broma!
   ¡Pero no habla(s) en serio!
   ¡Qué ridículo!
   Increíble.
   Imposible.
   No puede ser.
   ¡No me diga(s)!
   Vaya. ¡Qué va!   *Come on now!*

2. enojo *(anger)*

   ¡Esto es el colmo!
   ¡Esto es demasiado!
   ¡Qué barbaridad!
   ¡No faltaba más!

Práctica

A. ¡Eso es increíble! Exprese incredulidad ante cada una de las siguientes afirmaciones.

1. Todos los profesores de esta universidad son expertos en informática.
2. Los únicos cursos importantes de esta universidad son los de español.
3. Todos los norteamericanos son materialistas.
4. Ayer mi novia ganó el concurso *(contest)* de «Miss Universo».
5. Mi hermano se graduó a los doce años de la universidad.

B. Situaciones. Dé la respuesta apropiada de acuerdo con cada una de las siguientes situaciones.

MODELO   alguien le dice que ganó la lotería
¡Qué suerte! ¡Estarás muy contento(a)! (¡Te sentirás muy feliz!)

1. alguien le cuenta que su mamá está en el hospital
2. alguien le dice que se va a casar
3. su hermana se lleva el coche de usted sin pedir permiso; es la tercera vez que hace lo mismo este mes
4. hay un accidente de avión; usted teme que sea el mismo avión en que viaja su papá, pero resulta que no lo es
5. su novio(a) le dice: «Estás muy guapo(a) hoy. ¡Qué suéter más bonito!»

¡A comunicarnos!

A. Busco a... Busque a un(a) compañero(a) que haga las siguientes cosas. Debe hablar con varios compañeros. Puede hacerle sólo una pregunta a cada persona.

MODELO   entra al sistema más de tres veces por día para mirar el correo electrónico

        A: **¿Entras al sistema más de tres veces por día para mirar el correo electrónico?**

        B: **Sí, entro... No, no entro...**

        (Si la respuesta es afirmativa, el o la estudiante B firma abajo.)

	Firma
1. entra al sistema más de tres veces por día para mirar el correo electrónico	
2. recibe más de cien mensajes por correo electrónico por semana	
3. recibe más de veinte mensajes por teléfono cada semana	
4. ha reservado por lo menos un vuelo aéreo por Internet	
5. ha comprado por lo menos dos cosas por Internet	
6. hace archivos de reserva de todo, por si acaso	
7. se da por vencido(a) muy fácilmente cuando hay un problema con la computadora o con otra máquina	
8. ha pagado menos de $300 por una impresora	
9. llama a sus amigos por teléfono celular desde su carro	
10. va de vacaciones por más de dos meses este verano	

B. ¿Quién es? Este juego es para grupos de cuatro jugadores o más. Una persona sale del cuarto mientras las otras seleccionan a alguien del grupo o a alguna persona conocida de todos. Luego, la persona que está afuera vuelve al grupo y trata de adivinar quién es el individuo seleccionado, haciendo preguntas que empiezan con **si.** Ejemplos: **Si esta persona se casara, ¿con qué tipo de hombre (mujer) se casaría? Si fuera una máquina (un país, un**

edificio), **¿qué máquina sería? Si escribiera un cuento, ¿qué tipo de cuento escribiría?** Las otras personas del grupo deben turnarse *(take turns)* para contestar hasta que la persona que juega adivina correctamente o se da por vencida.

C. La tecnología moderna. Entreviste a un(a) compañero(a), usando las preguntas que siguen. Después, su compañero(a) lo (la) entrevista a usted.

1. ¿Cuáles son algunas ventajas de la tecnología moderna? Por ejemplo, ahora que mucha gente tiene aparatos domésticos como el lavaplatos *(dishwasher)* o el horno de microondas *(microwave oven)* y puede comunicarse por fax o por correo electrónico, ¿vivimos mejor? ¿En qué aspecto(s)?
2. ¿Cuáles son las desventajas de tener muchos aparatos eléctricos?
3. ¿Vivimos más tranquilos que nuestros antepasados? ¿Tenemos más tiempo libre? ¿Sufrimos de más tensión nerviosa? Cuando tú sientes tensión o «estrés» en tu vida, ¿qué haces? (Por ejemplo, ¿sales a pasear? ¿caminas? ¿haces ejercicios? ¿te reúnes con tus amigos?)

D. Composición estructurada: La tecnología. Usando sus ideas y opiniones del Ejercicio C, escriba un párrafo sobre la tecnología moderna. En general, ¿cree que la tecnología es una ventaja o una desventaja? Si no existieran algunas máquinas, ¿sería mejor o peor la calidad de vida? Dé ejemplos.

Don Quijote
de la Mancha
y su compañero
Sancho Panza

La imaginación
creadora

Presentación del tema

Existen muchos ejemplos de la imaginación creadora en el mundo hispano; aquí hay algunos importantes.

Dos de los personajes más conocidos de la literatura mundial son don Quijote de la Mancha y su compañero Sancho Panza (véase la foto en la página anterior), creados por Miguel de Cervantes (1547–1616). Su famosa novela *El ingenioso hidalgo don Quijote de la Mancha* trata de un hombre que lee tantas novelas de caballería *(chivalry, about knighthood)* que empieza a creer que la vida caballeresca es la realidad. Toma el nombre «don Quijote de la Mancha» y sale en busca de aventuras. Interpreta todo lo que encuentra según los libros que había leído. En una de sus aventuras más conocidas, don Quijote ataca unos molinos de viento *(windmills)* creyendo que son gigantes *(giants)*. Hoy en muchas lenguas, el nombre «don Quijote» se usa para referirse a alguien que es muy idealista.

El arquitecto Antoni Gaudí y Cornet (1852–1926) diseñó la iglesia La Sagrada Familia en Barcelona, España (véase la foto). Dedicó cuarenta y tres años de su vida a su construcción y murió antes de terminarla. Gaudí creía que la arquitectura era una totalidad orgánica compuesta de muchas artes distintas. Las estructuras que diseñó dan la apariencia de ser objetos naturales que se amoldan *(conform)* a las leyes de la naturaleza.

La Sagrada Familia, Barcelona, España

Una escena de la película *Como agua para chocolate*

Laura Esquivel, escritora y guionista *(scriptwriter)* de cine, nació en México en 1952. Cuando terminó sus estudios universitarios, se especializó en teatro infantil y luego pasó al cine. Su primera novela, *Como agua para chocolate,* fue un éxito mundial y ha sido traducida a veinte idiomas. La novela, una historia de amor imposible, transcurre *(takes place)* básicamente en la cocina. Laura Esquivel, como su personaje Tita, es una cocinera experta. La cocina es para ella un lugar sagrado, un centro generador de vida, y las recetas *(recipes)* son muy importantes. «Todos tenemos nuestro pasado encerrado [enclosed] en recetas de cocina», dice la autora. En la foto de la página 288 se ve una escena de la película *Como agua para chocolate.*

El pintor Francisco José de Goya y Lucientes (1746–1828) era pintor oficial de la corte española. Pintó muchos retratos de la familia real. También hizo muchos dibujos que satirizaban los abusos políticos, sociales y religiosos de esa época. En 1808, cuando los franceses invadieron España, Goya empezó a crear una serie de cuadros llamados *Los desastres de la guerra (The Disasters of War).* En la foto se ve su famosa pintura *El tres de mayo, 1808.* Los soldados franceses aparecen sin caras; sin embargo, en las caras de los campesinos españoles se ven el horror, el orgullo y la resignación ante la muerte.

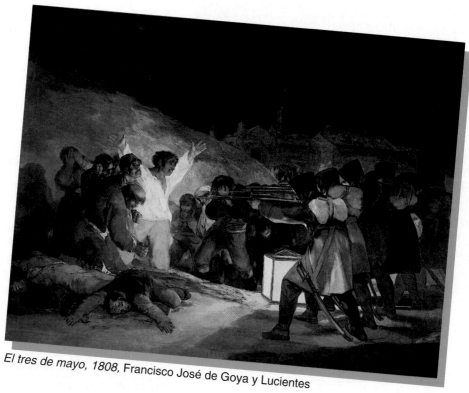

El tres de mayo, 1808, Francisco José de Goya y Lucientes

Mario Molino Henríquez

El científico Mario Molina Henríquez nació en Ciudad de México en 1943. Estudió en la Universidad Nacional Autónoma de México y obtuvo el doctorado en química de la Universidad de California en Berkeley. En 1995 ganó el Premio Nóbel de Química por su descubrimiento del papel que juegan los fluoroclorometanos en la destrucción de la capa de ozono. Esto tuvo un impacto inmediato en la regulación y control de estos compuestos químicos y resultó en una mayor preocupación por proteger el medio ambiente.

Hay muchos ejemplos de la creatividad humana en las artesanías de España y Latinoamérica. En la foto de abajo, una mujer de Guatemala está tejiendo. Guatemala tiene una de las tradiciones textiles más ricas del mundo, con más de 325 trajes típicos diferentes, y los tejidos guatemaltecos son famosos por sus diseños imaginativos y sus colores vivos. En todas partes del mundo hispano, se ven artesanías muy originales, como cerámicas, canastas *(baskets)* y artículos de cuero *(leather)*, de plata o de cobre *(copper)*.

Guatemala tiene una de las tradiciones textiles más ricas del mundo.

Preguntas

1. Cuando se usa el nombre «don Quijote» para referirse a alguien, ¿qué quiere decir? ¿Conoce usted a alguien «tipo don Quijote»?

2. ¿Dónde está la iglesia La Sagrada Familia? ¿Quién la diseñó?

3. ¿Ha visto usted *Como agua para chocolate*? ¿Le gustó? ¿Ha visto alguna película del director español Pedro Almodóvar u otro(a) director(a) hispano(a)? ¿Le gustó? ¿Por qué sí o por qué no?

4. Mire el cuadro de Francisco de Goya, *El tres de mayo, 1808*. Describa la escena según su punto de vista: ¿qué trataba de decir Goya cuando pintó este cuadro?

5. ¿Quién es Mario Molina? ¿Por qué ganó el Premio Nóbel de Química?

6. ¿Por qué son famosos los tejidos guatemaltecos?

7. ¿Conoce usted el trabajo de algunas de las personas creadoras mencionadas aquí? ¿Qué otras cosas sabe usted sobre estas personas?

8. Dé un ejemplo de alguien que usted conoce que es creador en la vida diaria; por ejemplo, alguien que sepa cocinar, sacar fotos, tejer, coser, dibujar, hacer carpintería... ¿Puede dar algún ejemplo de algo que usted o alguna otra persona haya creado o inventado recientemente?

9. ¿Se considera usted una persona creadora? Explique.

La imaginación es el laboratorio en donde
se fabrica todo a nuestro gusto.
—dicho

Vocabulario útil

La creación humana

Cognados

el arquitecto (la arquitecta)	el escultor (la escultora)
la arquitectura	la escultura
la carpintería	el fotógrafo (la fotógrafa)
el carpintero (la carpintera)	el invento
la colección de estampillas	el inventor (la inventora)
(antigüedades)	el pintor (la pintora)

Verbos

adornar	to decorate
coser	to sew, stitch
crear	to create
dibujar	to draw
diseñar	to design; to draw
entusiasmarse por	to be (get) enthusiastic about
ilustrar	to illustrate
inventar	to invent
investigar	to research
producir (zc)	to produce
tejer	to weave, to knit

Otras palabras

creador(a)	creative
el creador (la creadora)	creator
el dibujo	drawing
la investigación	research
la obra	work (of art, literature)
la pintura	painting
el retrato	portrait
el tejido	weaving
la tela	fabric

Práctica

A. ¿Quién es? Para cada uno de los siguientes sustantivos, dé el sustantivo derivado que se aplica a personas.

MODELO   la escultura   **el escultor (la escultora)**

1. la pintura
2. la arquitectura
3. la carpintería
4. la fotografía
5. la creación
6. el invento

B. ¿Y el verbo? Dé el verbo que corresponde a cada sustantivo.

MODELO   el adorno   **adornar**

1. el invento
2. el tejido
3. la creación
4. el dibujo
5. el diseño
6. la investigación
7. la ilustración

C. Preguntas.

1. ¿Sabe usted coser? ¿tejer? ¿Diseña la ropa que cose o teje?
2. ¿Tiene una colección de estampillas? ¿de monedas *(coins)*? ¿de alguna otra cosa?
3. ¿A usted le interesa la fotografía? ¿Salen bien las fotos que saca? ¿De qué o de quién saca fotos, generalmente?
4. ¿Se entusiasma usted por la carpintería? ¿la jardinería?
5. ¿Es usted buen(a) cocinero(a)? ¿Qué clase de comida le gusta preparar?
6. ¿Sabe dibujar? ¿pintar? ¿Siguió una clase de arte alguna vez?

Para escuchar: El arte y la imaginación*

Conversación: Para disculparse; para expresar vacilación; para cambiar de tema. Mike y Julia se reúnen en la Plaza Bolívar.

A. Escuche la conversación. ¿Dónde va a estar Julia en el verano? ¿y Mike?

B. Escuche la conversación otra vez. Conteste **V** (verdad) o **F** (falso).

____ 1. Mike recibió una carta de un fotógrafo que está en Brasil y va a ir allí a trabajar con él.

____ 2. Va a hacer un reportaje fotográfico acerca de Río de Janeiro.

_____

* More listening-comprehension practice is available in the **Para escuchar: Suplemento** section immediately following Chapter 12.

___ 3. Julia va a ir a Italia a estudiar literatura italiana.

___ 4. Julia piensa mucho en el matrimonio.

___ 5. Mike y Julia van a celebrar las fiestas navideñas en Colombia.

Celebración de la fantasía.

A. El historiador, escritor y dibujante Eduardo Galeano, autor de «Celebración de la fantasía»,[*] nació en Montevideo, Uruguay, en 1940. Escuche la siguiente selección; probablemente no entenderá todas las palabras, pero eso no es necesario para comprender lo que pasa. Conteste esta pregunta: ¿Qué tiene el niño en la muñeca *(wrist)*?

Vocabulario: **haraposo** *in rags;* **cerdito** *small pig;* **Súbitamente se corrió la voz** *Suddenly the word got around;* **rodeado** *surrounded;* **loritos o lechuzas** *small parrots or owls;* **desamparadito** *waif;* **atrasa** *it runs slow*

B. Escuche otra vez. Conteste **V** (verdad) or **F** (falso).

___ 1. La historia tiene lugar en Montevideo, Uruguay.

___ 2. El autor está mirando unas ruinas de piedra *(stone)*.

___ 3. Un niño le pide al autor que le regale una lapicera *(pen)*.

___ 4. Otros niños se acercan al autor porque quieren que les dibuje animalitos en la mano.

___ 5. Los niños son de familias de la clase media.

C. Escuche por tercera vez. ¿En qué forma muestra la anécdota la imaginación creadora?

Gramática y vocabulario

The Present Participle and the Progressive Forms

The Present Participle

1. To form present participles, add **-ando** to the stems of **-ar** verbs and **-iendo** to the stems of **-er** and **-ir** verbs.

    habl**ando**   com**iendo**   viv**iendo**

2. If the **-er** or **-ir** verb stem ends in a vowel, add **-yendo** rather than **-iendo** (since an unaccented **i** between two vowels becomes a **y**).[†]

    cre**yendo**   ca**yendo**   o**yendo**   tra**yendo**

---

[*] Eduardo Galeano, *El libro de los abrazos* (México, DF: siglo veintiuno editores, 1994), página 27.

[†] The present participle of **ir, yendo,** is rarely used.

3. In stem-changing **-er** and **-ir** verbs, the stem changes from **e** to **i** or **o** to **u** (as in the third-person singular and plural of the preterit).

di**ci**endo	dur**mi**endo	si**gui**endo
pi**di**endo	mu**ri**endo	sin**ti**endo
prefi**ri**endo	pu**di**endo	vi**ni**endo

4. Present participles are invariable except that reflexive or object pronouns can follow and be attached to them.

Clara se despertó creyendo que había oído algo.	*Clara woke up thinking she'd heard something.*
Juan pasó toda la tarde ador-nando el árbol de Navidad.	*Juan spent the whole afternoon decorating the Christmas tree.*
No conociéndolos bien, decidí no hablarles de política.	*Not knowing them well, I decided not to talk politics with them.*

Note that when pronouns are attached an accent is required to maintain the syllable stressed in the infinitive.

5. Sometimes the present participle can be used to mean *by* plus a present participle in English.

No vas a solucionar nada llorando, Martita.	*You're not going to solve anything by crying, Martita.*

The Progressive Forms

Hablando se entiende la gente.
—proverbio

Present Progressive			Past (Imperfect) Progressive		
estoy	estamos		estaba	estábamos	
estás	estáis	*+ present*	estabas	estabais	*+ present*
está	están	*participle*	estaba	estaban	*participle*

Past (Preterit) Progressive			Future Progressive		
estuve	estuvimos		estaré	estaremos	
estuviste	estuvisteis	*+ present*	estarás	estaréis	*+ present*
estuvo	estuvieron	*participle*	estará	estarán	*participle*

Conditional Progressive		
estaría	estaríamos	
estarías	estaríais	*+ present participle*
estaría	estarían	

1. The progressive forms, **estar** plus a present participle, are used when attention to a specific moment is emphasized. They indicate that an action *is (was, will be, would be) taking place or in progress* at a specific time, at this or that moment in time.

¿Qué estás haciendo?	*What are you doing?*
Ana estaba cosiendo una blusa para su hija.	*Ana was sewing a blouse for her daughter.*
Cristina estará haciendo investigaciones científicas ahora.	*Cristina must be doing scientific research now.*
Estaría bailando ahora si no tuviera que estudiar. —¡Así es la vida!	*I would be dancing now if I didn't have to study. —That's life!*

The progressive is used far less in Spanish than in English, since the simple forms in Spanish (for instance, the present) usually translate the English progressive.* It is generally used in reference to a very specific time frame. The use of the preterit progressive is rare.

2. **Andar, ir, seguir,** and **venir** can also be used to form the progressive, although these constructions are not as common as the progressive with **estar.**

Anda buscando a alguien que lo ayude a programar la computadora.	*He's (going around) looking for someone to help him program the computer.*
Iban cantando por la calle.	*They went singing down the street.*
El muchachito seguía mirándola. ¡Qué mujer más rara!	*The little boy kept watching her. What a strange woman!*
Viene componiendo música desde que tenía quince años.	*She's been composing music since she was fifteen years old.*

---

* The present progressive is never used for future or anticipated actions, when the simple present is often used: **El martes salgo para Montevideo** (not **estoy saliendo**).

Práctica

A. ¿Cómo se puede ser más creador(a)? Conteste según el modelo.

MODELO   mirar la vida como algo nuevo cada día
          Mirando la vida como algo nuevo cada día.

1. observar bien lo que nos rodea *(surrounds)*
2. escribir los pensamientos en un diario
3. usar bien el tiempo
4. seguir los sentimientos e impulsos
5. tener confianza en sí mismo *(oneself)*
6. utilizar las horas más creadoras del día

B. Pablo Picasso: Una persona creadora. Diga qué estaba haciendo Picasso en los años siguientes.

MODELO   1897 / estudiar en la Real Academia de Bellas Artes de Madrid
          (a la edad de dieciseis años)
          **En 1897 estaba estudiando en la Real Academia de Bellas
          Artes de Madrid.**

1. 1900 / vivir en París; descubrir las obras de Toulouse-Lautrec y de otros pintores
2. 1906 / pintar *Les demoiselles d'Avignon*, una obra revolucionaria
3. 1907 / trabajar con los «Ballets Rusos» de Sergio Diaghilev; hacer el montaje de escenarios *(sets)*

4. 1908 / desarrollar el estilo cubista
5. entre 1930 y 1935 / ilustrar obras literarias y hacer esculturas
6. 1937 / pintar *Guernica*, que trata de la Guerra Civil Española
7. entre 1937 y 1944, durante la Segunda Guerra Mundial / sufrir hambre y miseria
8. 1947 / producir cerámica muy original
9. entre 1953 y 1954 / dibujar; hacer 180 dibujos, muchos de minotauros y toreros
10. entre 1955 y 1973 / todavía crear nuevos estilos y técnicas artísticas[*]

> Todo niño es artista. El problema estriba *[lies, rests]* en que lo siga siendo cuando crezca.
>
> —Pablo Picasso

C. ¿Qué estabas haciendo... ? Entreviste a un(a) compañero(a), usando las preguntas que siguen. Después, su compañero(a) lo (la) entrevista a usted.

1. ¿Qué estabas haciendo anoche a las diez? ¿el sábado a las diez?
2. ¿Qué estarías haciendo ahora si no tuvieras clase?
3. ¿Qué estarías haciendo ahora si tuvieras mucho dinero y si no tuvieras clase?
4. ¿En qué estabas pensando al entrar en la clase?
5. ¿Qué estarás haciendo mañana a mediodía? ¿a las seis de la tarde?

Relative Pronouns

Relative pronouns replace nouns and are used to join simple sentences. For example:

Conozco a un carpintero. El carpintero trabaja aquí. → Conozco a un carpintero **que** trabaja aquí.	*I know a carpenter. The carpenter works here. → I know a carpenter who works here.*
Pienso en unos amigos. Los amigos viven en Salamanca. → Los amigos en **quienes** pienso viven en Salamanca.	*I'm thinking about some friends. The friends live in Salamanca. → The friends I'm thinking about (about whom I'm thinking) live in Salamanca.*

1. The relative pronoun **que** *(that, which, who, whom)* can refer to either people or things.

El postre que preparaste estaba muy rico.	*The dessert (that) you prepared was very delicious.*
El poeta que escribió «Hora Cero» se llama Ernesto Cardenal.	*The poet who wrote "Zero Hour" is named Ernesto Cardenal.*

Quien cannot be used in the preceding example—**que** is essential. Note that relative pronouns cannot be omitted in Spanish as they often are in English.

---

[*] A la edad de 92 años, en 1973, Picasso todavía se mantenía activo y creador.

2. **Quien** (plural **quienes**), meaning *who* or *whom,* is used to refer to people. It is frequently used after prepositions (often the preposition **a**).

Los amigos a quienes busco son peruanos.	*The friends I'm looking for (for whom I'm looking) are Peruvian.*
La señora con quien me encontré ayer es escultora.	*The woman I met yesterday is a sculptor.*
La pintora de quien me hablabas vive en Madrid, ¿no?	*The painter you were talking to me about (about whom you were talking) lives in Madrid, doesn't she?*
Los carpinteros en quienes pienso son de El Salvador.	*The carpenters I'm thinking about (about whom I'm thinking) are from El Salvador.*

Que is not used after a preposition to refer to people; **quien(es)** must be used in the preceding examples and has the meaning *whom.*

Notice that although in informal English a sentence can end with a preposition, this is not possible in Spanish.

¿Cómo se llama el estudiante con quien habla el profesor?	*What's the name of the student the teacher is talking to (to whom the teacher is talking)?*

3. **Cuyo** (*whose, of which*) agrees in gender and number with the noun it modifies (person or thing), not with the possessor.[*]

En un lugar de La Mancha, de cuyo nombre no quiero acordarme...	*In a place in La Mancha, whose name (the name of which) I don't wish to remember . . .*
Una novela cuyos personajes viven en Macondo...	*A novel whose characters (the characters of which) live in Macondo . . .*

4. **El cual (que), la cual (que), los cuales (que),** and **las cuales (que)** are sometimes used instead of **que** or **quien** after prepositional phrases or prepositions with two or more syllables (e.g., **hacia, para, detrás, contra**) and after **por** and **sin** to avoid confusion with the conjunctions **porque** and **sin que:**

La biblioteca detrás de la cual (la que) hay un museo de arte...	*The library behind which there is an art museum . . .*

---

[*] To say *whose* when asking a question, use **¿De quién... ?: ¿De quién es esta composición?**

Las antigüedades por las cuales (las que) pagamos cien mil pesos...	*The antiques for which we paid one hundred thousand pesos . . .*
La hermana de Luis, para la que compré el pasaje...	*Luis's sister, for whom I bought the ticket . . .*

5. **El (la) que** and **los (las) que** have a use that **el cual** does not have. These forms can mean *he (she, the one) who (that)* or *those who (that)*.

Uno de mis primos, el que vive en México, viene a visitarnos el domingo.	*One of my cousins, the one who lives in Mexico, is coming to visit us on Sunday.*
Los que no ayudan, no comen.	*Those who don't help don't eat.*

Quien can also mean *he (she) who;* it is often used in proverbs.

Quien más sabe, más duda.	*He who knows most doubts most.*

> No hay mejor escuela que la que el tiempo da.
> —proverbio

> Quien habla dos lenguas vale por dos.
> —proverbio

Vocabulario útil

El mundo literario

Cognados

el autor (la autora)
la (auto)biografía
la ciencia ficción
la fantasía (fantástica)
la novela (romántica, histórica, policíaca, de misterio)

el, la novelista
la poesía
el, la poeta (*also*, la poetisa)
publicar
satírico

Otras palabras

el cuento	*story*
el ensayo	*essay*
el escritor (la escritora)	*writer*

¡Ojo!

el personaje   *character in film or literature; personage* / **el carácter**   *character, personality*

el tiempo   *time (as an abstract concept)* / **la hora**   *time (of day)* / **la vez**   *time (instance)* / **el rato**   *short time or while*

Práctica

A. La creación literaria. Una *(combine)* las oraciones con **que** o **quien(es),** de acuerdo con los modelos.

MODELOS   Nicolás Guillén es poeta. Describió a Cuba como «un largo lagarto *(alligator)* verde».
Nicolás Guillén es el poeta que describió a Cuba como «un largo lagarto verde».
Son editores. Juana publicó un libro con ellos.
Son los editores con quienes Juana publicó un libro.

1. Estoy buscando un libro de poemas. Se llama *Rimas*.
2. Pablo Neruda era un poeta chileno. Ganó el Premio Nóbel.
3. Son escritores peruanos. El profesor estaba hablando con ellos.
4. Voy a una conferencia sobre Gabriela Mistral. Empieza a las dos.
5. Cervantes era un novelista excepcional. Se dijo de él: «Él es la vida y la naturaleza.»

B. Escritores hispanos. Una las oraciones con una forma de **cuyo,** de acuerdo con el modelo.

MODELO   Tino Villanueva es un escritor chicano. Su poesía es satírica.
Tino Villanueva es un escritor chicano cuya poesía es satírica.

1. Jorge Luis Borges era un escritor argentino. Sus cuentos son muy populares en Estados Unidos.
2. Germán Arciniegas es un autor colombiano. Sus ensayos tratan de la cultura sudamericana.
3. José Martí era un poeta cubano. Sus *Versos sencillos* son muy famosos.
4. Julio Cortázar era un escritor argentino. Sus novelas son imaginativas y fantásticas.
5. Juan Rulfo era un autor mexicano. Su lenguaje es de estilo muy coloquial.

C. «Cinco cosas que me molestan» y «Cinco cosas que me encantan». En una hoja *(sheet)* de papel o en la pizarra, escriba dos listas, una con cinco cosas que le molestan y otra con cinco cosas que le encantan. Use pronombres relativos.

MODELOS   **Lo que me molesta:**
(1)   **la gente que habla en el cine durante una película**
(2)   **las personas a quienes siempre hay que esperar porque siempre llegan tarde**
(3)   **los profesores cuya escritura no se puede leer en la pizarra...**

D. Un domingo por la tarde. Escriba por lo menos ocho oraciones señalando algunos de los errores que encuentre en el siguiente dibujo. Use pronombres relativos. Puede empezar así:

1. La señora _____ está tejiendo usa...
2. La chica con _____ ella está hablando tiene...
3. El hombre detrás de _____ hay una niña...

E. ¿Qué te gusta leer? Entreviste a un(a) compañero(a) sobre sus gustos literarios, usando las preguntas que siguen. Después, su compañero(a) lo (la) entrevista a usted. Esté preparado(a) para pasar la información a la clase.

1. ¿Cuál es el nombre de un(a) novelista cuyas obras te gustan mucho? ¿Por qué te gustan? Entre sus obras, ¿cuál fue la que más te gustó?
2. En Estados Unidos y Canadá la gran mayoría de los libros que se venden son novelas románticas, policíacas o de misterio. Para mucha gente representan un escape de la realidad. ¿A ti te gustan estas clases de libros o prefieres leer libros que traten de la vida real?
3. ¿Lees biografías o autobiografías? Entre las que has leído, ¿cuáles eran las más interesantes?
4. ¿Te has identificado con algún personaje histórico alguna vez? ¿Con qué personaje? Por ejemplo, un personaje creado por Margaret Atwood, Stephen King, James Michener, Toni Morrison, Anne Rice u otro(a)

autor(a) popular de ahora. (Si no puedes pensar en un personaje literario, puede ser un personaje de una película.)

5. ¿Lees poesía? ¿Hay un(a) poeta cuyos versos hayas leído varias veces? ¿Cómo se llama?

6. ¿Qué clase de revistas te gusta leer? ¿Te gustan las revistas que traen información o las que entretienen con humor, artículos sobre deportes, la moda, ... ?

7. ¿Hay un periódico por medio del cual te informes de lo que pasa en el mundo? ¿Cómo se llama? ¿Lo lees todos los días?

The Neuter Lo, Lo Que (Lo Cual)

1. The neuter **lo** can be used with a masculine singular adjective to express an abstract idea or quality.

Lo cierto es que la computadora es un invento muy útil.	*The (one) sure thing is that the computer is a very useful invention.*
Lo único que comprendí de esa obra fue el título.	*The only thing I understood about that play (work) was the title.*

2. **Lo** can refer to an idea or quality already mentioned.

¡Esas fotos son horribles! —No, querida, no lo son.	*Those photos are terrible! —No, dear, they aren't.*
Es divertido hacer su propia ropa. —Sí, lo sé.	*It's fun to make your own clothing. —Yes, I know.*

3. Similarly, **lo cual** and **lo que** are used to refer to an idea previously stated.

Gabriela Mistral era una gran escritora chilena, por lo cual ganó el Premio Nóbel de Literatura en 1945.	*Gabriela Mistral was a great Chilean writer, for which reason she won the Nobel Prize for Literature in 1945.*
Mi abuela está aprendiendo a tejer, lo cual (lo que) la ayuda a pasar el tiempo mientras está en el hospital.	*My grandmother is learning to knit, which helps her pass the time while she is in the hospital.*

4. Notice, however, that the English relative pronoun *what* has to be expressed by **lo que** (not **lo cual**).

No entiendo lo que quiere decir, señor.	*I don't understand what you mean, sir.*
«Desdichado quien se alegra de lo que tiene y no de lo que hace o es.»	*"Unfortunate is he who is happy about what he has and not what he does or is."*

Quico

Práctica

A. Preguntas.

1. ¿Qué es lo que le gusta más de esta universidad (escuela)? ¿Qué es lo que le gusta menos?
2. ¿Qué es lo mejor de la vida estudiantil? ¿lo peor?
3. ¿Qué es lo más interesante de la personalidad de su compañero(a) de cuarto (o de algún amigo [alguna amiga])? ¿lo más extraño? ¿lo que más le molesta?

B. Opiniones. Diga si está de acuerdo o no con cada una de las siguientes afirmaciones, usando **Sí, lo es (son)**, o **No, no lo es (son)**. A continuación, haga un comentario personal al respecto.

MODELO Es muy fácil sacar fotos bonitas.
   Sí, lo es. Y también es muy divertido. (No, no lo es. Hay que tener mucho cuidado con la composición de la foto, la luz y la película.)

1. Coser es muy aburrido.
2. Es mejor hacer tarjetas personales que comprar tarjetas ya hechas.
3. En general, los platos de cerámica hechos a mano son mejores y más bonitos que los hechos a máquina.
4. Es interesante practicar la carpintería.
5. Es más interesante cocinar que escribir.

C. Proverbios. Complete los siguientes proverbios con **lo que** o **el que.** Las respuestas están en el Apéndice D.

1. Ni _____ ama ni _____ manda quieren compañía.
2. _____ saben tres, público es *(is public knowledge)*.
3. _____ espera, desespera, si no alcanza _____ desea.
4. Paga _____ debes y sabrás _____ tienes.
5. A _____ mal vive, el miedo le sigue.

D. Un poco de imaginación. Complete las frases con **el (la) que, lo (que), los (las) que, cuyo(a), que** o **quien** y sus propias palabras.

1. _____ más me gusta de mi mejor amigo(a) es...
2. _____ bueno de tener sentido del humor es...
3. El escultor (la escultora) o pintor(a) _____ obras me interesan más es...
4. ... es una cosa sin _____ no puedo vivir.
5. En esta clase, _____ llega tarde a menudo es...
6. En esta universidad, _____ no estudian...
7. Una persona por _____ siento mucha admiración es...
8. La persona _____ inventó... fue un verdadero genio.

Diminutives

1. Diminutives are often used to express smallness in size or to show affection. The most common diminutive endings are **-ito, -illo, -ecito,** and **-ecillo** (and their feminine and plural forms). A final vowel is often dropped before a diminutive ending is added.

amiguita*	pueblecito	chiquilla*	panecillo *(roll)*
muchachito	viejecito	soldadillo	florecilla
delgadito *(thin)*	jovencita	pajarillo	

2. Sometimes diminutives can express ridicule—the ending **-illo** or **-ecillo** is sometimes used for this purpose.

No me gustan las obras de ese autorcillo.	*I don't like the works of that (would be) author.*
¡Qué coquetilla!	*What a little flirt!*

Práctica

Un chiste. Para cada diminutivo en negrilla, dé la palabra base.

MODELO florecilla **flor**

Una mujer mexicana que tiene tendencia a usar muchos diminutivos se casa con un venezolano y va a vivir a Venezuela. Un día están almorzando cuando la mujer le dice a su marido: «Ay, mi (1) **amorcito,** ¡cómo extraño a mi querida familia en México! Quisiera ver a mamá, a papá, a mis (2) **hermanitos** y a sus (3) **chiquillos...** ¿No podríamos hacer un (4) **viajecito** para verlos? Podríamos quedarnos allí en la (5) **casita** de mi (6) **abuelita** para no gastar en hoteles. Tú sabes que ella tiene sus 80 años y está muy (7) **viejita** ahora... ¿Me pasas un (8) **panecillo,** por favor?» El hombre, ya

---

* A final **-go (-ga)** becomes **gu** (amigui**to**) and a final **-co (-ca)** becomes **qu** (chiqui**llo**).

hasta las cejas *(up to the eyebrows, fed up)* con los diminutivos, le grita: «Mujer, ¿qué es esto de 'abuelita', 'viajecito', 'chiquillos'? ¿No puedes hablar como todo el mundo?» La mujer se calla, y después de un rato él nota que ella no ha comido nada. «Y ahora, ¿qué? ¿No vas a comer?», le dice. «Bueno, es que ya no tengo mucho... apeto.»

En otras palabras

Para disculparse; Para expresar vacilación; Para resumir una idea; Para cambiar de tema

Para disculparse

How do you excuse yourself or apologize for something? How do you express forgiveness if someone apologizes to you? Here are some ways to do that:

Lo siento (mucho). Siento mucho que (+ *subj.*)...
Perdón. Perdóneme. (Perdóname.)
Discúlpeme. (Discúlpame.)
La culpa fue mía.   *It was my fault.*

Está bien.
No importa.
No tenga(s) pena.   *No need to be embarrassed.*

Para expresar vacilación

Here are some phrases you can use when you need time to think (hesitation phrases).

A ver. *Let's see.*	Tendría que pensarlo.
Buena pregunta.	Depende (de)... *It depends (on)* . . .
Yo diría... / ¿Cómo diría?	Pues... / Bueno... / Este...

Para resumir una idea

Summarizing, or drawing conclusions, is important in both speaking and writing. Here are some ways to indicate that you are coming to the point, expressing a conclusion.

A fin de cuentas... , Después de todo...   *In the final analysis* . . .
Al fin y al cabo...   *In the end (after all is said and done)* . . .
Total (que)...   *So* . . .
En conclusión... , En resumen... *(formal)*   *In summary* . . .
En síntesis...   *In short* . . .

Para cambiar de tema

The ability to make a transition, or change of subject, is also important in both speaking and writing. Here are some ways to do this in Spanish.

En cambio... *On the other hand . . ., In contrast . . .*
Por el contrario... *However . . ., On the contrary . . .*
Por otra parte... *On the other hand . . .*
Sin embargo... *However . . .*
Cambiando de tema... *To change the subject . . .*
A propósito,... *By the way, . . .*
A propósito de... *Regarding . . ., Talking about . . .*
En cuanto a... , Con respecto a... *As far as . . . is concerned . . .*

Práctica

A. Disculpas. Dé la respuesta apropiada de acuerdo con cada una de las siguientes situaciones.

1. Su mamá le dice: «Siento mucho que tu papá y yo no te podamos acompañar al cine.»
2. Usted llega media hora tarde a una reunión en casa de su hermano.
3. Usted llega media hora tarde a una cita que tiene con un profesor.
4. Usted tropieza con *(bump into)* alguien en el teatro.
5. Alguien le dice: «Me olvidé de presentarte a María en la fiesta de anoche. Lo siento mucho.»

B. Entrevista. Usted tiene una entrevista para obtener un trabajo de verano y piensa mucho antes de responder a las preguntas que le hacen. Demuéstrelo mediante el uso de las frases que sirven para expresar vacilación. *(Express this by using a "hesitation phrase.")*

1. ¿Por qué cree usted que tiene las cualificaciones necesarias para hacer este tipo de trabajo?
2. ¿Para qué tipo de persona desea usted trabajar?
3. ¿Podría usted trabajar para una persona un poco exigente y agresiva?
4. Una de sus cartas de recomendación dice que usted es inteligente pero no muy trabajador(a). ¿Qué dice usted?
5. ¿Qué tipo de trabajo piensa usted tener dentro de diez años?

C. ¡Socorro! *(Help!)* La siguiente composición está incompleta; necesita frases de transición. Ayude a quien la escribe a sacar mejor nota, completándola con las expresiones apropiadas.

_____ la literatura española del siglo XVI, no hay duda de que el escritor más famoso de entonces es Miguel de Cervantes. Su conocido *Don Quijote* es una parodia de las novelas de caballería. En esas novelas, el caballero andante *(knight errant)* siempre es una encarnación del héroe típico. _____, don

Quijote y su amigo Sancho Panza son fieles retratos humanos, y la novela muestra la realidad cotidiana *(daily)* de la época. _____ de Sancho Panza, la obra lo presenta como un personaje materialista cuya idiosincrasia contrasta con el idealismo de don Quijote. Los dos personajes reflejan un extenso panorama de cualidades humanas que van de lo ridículo a lo sublime. La novela trata algunos problemas fundamentales, como, por ejemplo: ¿Qué somos los seres humanos: lo que creemos ser o lo que los demás *(other people)* creen que somos? ¿Existe una verdad ideal, como cree don Quijote en su locura, o no hay más realidad que la que percibimos por los sentidos *(senses)*? _____, Cervantes no nos da la respuesta. _____, nos hace pensar y nos obliga a buscar la respuesta nosotros mismos.

> La vida es un enigma; el arte es su revelación. ¿Nos dice la verdad? No.
> ¿Para qué? Nos hace olvidarla.
> —Benevente, *De sobremesa*

¡A comunicarnos!

A. ¿Qué estoy haciendo? Piense en una acción que sepa decir en español: por ejemplo, **Estoy tejiendo, cosiendo, jugando a las cartas (o a algún deporte), abriendo un paquete, tocando el trombón.** Exprese la acción con gestos para los otros miembros del grupo. (Habrá que repetir la acción varias veces.) Después, la persona que adivina lo que usted está haciendo debe expresar otra acción con gestos, etcétera.

B. Entrevista. ¿Qué lo (la) ayuda a ser más creativo(a)? Para el autor alemán Federico Schiller era el aroma de las manzanas podridas *(rotten)*. Ernest Hemingway necesitaba «un lugar limpio y bien iluminado». Honorato de Balzac se vestía de monje *(monk)* para buscar inspiración. Entreviste a un(a) compañero(a), usando las siguientes preguntas. Después, su compañero(a) lo (la) entrevista a usted.

1. ¿Qué te ayuda a ser creativo(a)? ¿Alguna comida? ¿bebida? ¿cierto tipo de música? ¿el hacer ejercicios físicos?
2. ¿Existe cierto lugar en el cual trabajas mejor o alguna parte del día durante la cual se te ocurren las ideas más creativas? ¿Dónde o cuándo?
3. ¿Conoces a alguien a quien tú consideras muy creativo(a)? ¿Quién? ¿Qué hace?

> Ser creador significa considerar todo el proceso de vida como un proceso de nacimiento... la mayoría de la gente muere antes de nacer totalmente. El poder creador significa nacer antes de morir.
> —Erich Fromm

C. La poesía concreta. La poesía «concreta» es una combinación de palabras y diseños o imágenes que ilustran una cosa o un concepto. Con un(a) compañero(a), escriba un poema «concreto». Aquí hay algunos ejemplos.

D. Composición estructurada: Una persona creadora. Escriba un párrafo sobre una persona que, según su opinión, es muy creadora. Siga estas instrucciones.

1. Escriba una oración que presente a la persona que escogió. Por ejemplo: **Según mi opinión, Isabel Allende, la escritora chilena, es una persona muy creadora.**

2. En por lo menos cinco oraciones, describa lo que hace la persona que escogió. Si sabe algo sobre su vida, cuéntelo en dos o tres oraciones, diciendo dónde nació, dónde vive, algún hecho *(fact)* que influyó en su vida, etcétera.

3. Termine con una oración de conclusión: ¿Por qué escogió usted a esta persona?

Para escuchar: Suplemento

This optional supplement to the **Para escuchar** sections consists of authentic selections from **Radio Española,** shortened but unsimplified. Therefore, the selections will contain words with which you are probably not familiar. Developing tolerance for ambiguity and learning to get main ideas from a listening passage without understanding every word are skills that a successful language learner acquires. So don't worry if you don't understand everything: just try to get enough from the passages to do the following exercises.

Selección 1: Entrevista con un vampiro

Cognados

el arquetipo	el emblema	inmortal	las orgías
la capa	la energía	el mago póstumo	el ritual
el demonio	la esencia vital	la noche de Valpurgis	las sepulturas
el dragón	el halo	el ocultismo	el vehículo

A. Escuche la entrevista con Vladimir Bathory, un hombre español muy misterioso. ¿De quién dice que es la reencarnación?

B. Escuche la entrevista otra vez y conteste las preguntas.

1. ¿Bebe sangre el señor Bathory?
   a. Sí.
   b. No.
2. ¿Cómo se considera el señor Bathory?
   a. Decrépito y feo.
   b. Romántico y atractivo.

Selección 2: Las telenovelas, novelas-río o culebrones

Cognados

la audiencia	el fenómeno	molestar
la bendición	fundamental	reflejar
desdeñado	el iberoamericano y latinoamericano	las sagas
equis (X)	la irrupción	los sentimientos
evoluciona	el menú televisivo diario	triunfar
la explicación		

A. Escuche la selección. Presenta varias razones que las telenovelas tienen aceptación universal. ¿Cuál es **una** de estas razones?

B. Escuche la selección otra vez. Conteste **V** (verdadero) o **F** (falso).

_____ 1. Las telenovelas, también conocidas como novelas-río o culebrones *(large snakes)*, tienen sus antecedentes en las novelas de intriga *(intrigue)* y las radionovelas.

_____ 2. Según Luis Rodolfo Rojas, profesor de la Universidad de Zulía en Maracaibo (Venezuela) y doctor en comunicación audiovisual, las telenovelas nacieron veinte años después de la televisión en Latinoamérica.

_____ 3. Según Chari Gómez Miranda, periodista y presentadora de telenovelas en España, los antihéroes de las telenovelas se quedan convertidos en héroes al final y la gente se identifica con ellos.

_____ 4. Dice la señora Gómez Miranda que en el mundo de las telenovelas la familia es menos importante y hay menos respeto para la gente mayor que en la vida actual.

_____ 5. Según la señora Gómez Miranda, no hay que preocuparse por los héroes, porque el guionista *(scriptwriter)* siempre hace que salgan bien.

Selección 3: Entrevista con Rigoberta Menchú

Cognados

asesinados	las garantías	la militancia	reinvindicar
los colectivos	se incorporó	patentes	la solidaridad
el comité	la injusticia	la práctica totalidad	el título de propiedad
la defensora	instalada	el principio	la utopía
el exterminio	se integrara	los refugiados	las víctimas
fortalecer	las masacres		

A. Rigoberta Menchú ganó el Premio Nóbel de la Paz en 1993. Durante muchos años trabajó para crear la Declaración Universal sobre los Derechos de los Pueblos Indígenas. Escuche la entrevista. ¿De dónde es Rigoberta? ¿Qué les pasó a sus familiares?

B. Escuche la entrevista otra vez y escoja la respuesta más apropiada.

1. Según la selección, hay más injusticia en...
   a. el Tercer Mundo.   b. los países industrializados.
2. Rigoberta es representante del...
   a. Sindicato de Trabajadores Unidos.
   b. Comité de Unidad Campesina.
3. Dice Rigoberta que ella mamó *(was a suckling to)*...
   a. la lucha campesina.   b. el arte precolombino.
4. Hizo una «promesa de lucha» y desde entonces...
   a. vive con sus tíos.   b. no tiene hogar.
5. Rigoberta quiere volver a su país cuando...
   a. termine sus estudios universitarios.
   b. todos los refugiados puedan volver sin riesgo *(risk)*.

Appendix A

Capitalization, Punctuation, Syllabication, and Word Stress

Capitalization

A. Names of languages and adjectives or nouns of nationality are not capitalized in Spanish; names of countries are.

Robin es inglés, pero habla muy bien el español. Pasó varios años en Panamá.	*Robin is English, but he speaks Spanish very well. He spent several years in Panama.*

B. The first-person singular **yo** is not capitalized, as *I* is in English. Days of the week and names of months are also lowercased in Spanish.

En enero, durante el verano, yo voy a la playa todos los domingos por la tarde.	*In January, during the summer, I go to the beach every Sunday afternoon.*

C. In Spanish titles, with rare exceptions, only the first word and any subsequent proper nouns are capitalized.

El amor en los tiempos del cólera	Love in the Time of Cholera
La casa de Bernarda Alba	The House of Bernarda Alba

D. **Usted** and **ustedes** are capitalized only when abbreviated: **Ud. (Vd.), Uds. (Vds.)**. Similarly, **señor (Sr.), señora (Sra.),** and **señorita (Srta.)** are capitalized only in abbreviations.

Punctuation

A. The question mark and exclamation mark appear, in inverted form, at the beginning of a question or exclamation. They are not always placed at the beginning of a sentence but, rather, at the beginning of the actual question or exclamation.

¡Hola! ¿Cómo estás? Si usted pudiera viajar a Sudamérica, ¿a qué país viajaría?	*Hi! How are you? If you could travel to South America, to what country would you travel?*

B. Guillemets (« ») are used instead of the quotation marks used in English.

«¡Felicitaciones!» me dijo.	*"Congratulations!" he said to me.*

Syllabication

A. A single consonant (including **ch, ll,** and **rr**) forms a syllable with the following vowel(s).

co-ci-na   ba-rrio   lla-ma
mu-cha-cha   de-sa-rro-lla-do   hu-ma-ni-dad

B. Syllables are usually divided between two consonants.

Mar-ta   sal-go   gen-te   ár-bol

C. However, most consonants with **l** or **r** form a consonant group that can't be divided.

a-bril   so-pra-no   de-mo-cra-cia
re-gla   a-gra-da-ble   ha-bla-dor

D. Groups of two or more consonants are normally divided so that the final consonant goes with the following vowel(s): pe**rs-p**ec-ti-va, i**ns-t**an-te. However, if there is a combination of consonants that can't be divided (one of the consonants is **r** or **l**), this rule does not apply: mo**ns-tr**uo (**tr** can't be divided), so**r-pr**en-der (**pr** can't be divided).

E. Combinations of strong vowels (**a, e, o**) are divided to form separate syllables.

ca-es   le-er   ca-no-a   pa-se-o

However, a weak vowel (**i** or **u**) combines with a strong vowel or with another weak vowel to form a diphthong, which functions with a consonant or consonants as a single syllable if unaccented.

ciu-dad   puer-to   bai-lar   au-di-to-rio

Note that in combinations of a weak and strong vowel where the weak vowel is accented, the two vowels are divided into separate syllables.

mí-o   pa-ís   re-ír   po-li-cí-a

Word Stress

A. Words that end in a vowel, **n,** or **s** are stressed on the next-to-the-last syllable.

dul-ce   **dis**-co   man-**za**-nas   o-**ri**-gen

B. Words that end in a consonant other than **n** or **s** are stressed on the final syllable.

ju-ven-**tud**   ve-**jez**   pa-**pel**   ad-mi-**rar**

C. An accent changes the pattern; a word is always stressed on a syllable with an accent.

a-**diós**   **ár**-bol   **pá**-ja-ro   **ó**-pe-ra

Appendix B

Cardinal Numbers

0	cero	29	veintinueve (veinte y nueve)
1	uno, una	30	treinta
2	dos	31	treinta y un(o), una
3	tres	40	cuarenta
4	cuatro	50	cincuenta
5	cinco	60	sesenta
6	seis	70	setenta
7	siete	80	ochenta
8	ocho	90	noventa
9	nueve	100	ciento (cien)
10	diez	101	ciento un(o, a)
11	once	110	ciento diez
12	doce	200	doscientos(as)
13	trece	300	trescientos(as)
14	catorce	400	cuatrocientos(as)
15	quince	500	quinientos(as)
16	dieciséis (diez y seis)	600	seiscientos(as)
17	diecisiete (diez y siete)	700	setecientos(as)
18	dieciocho (diez y ocho)	800	ochocientos(as)
19	diecinueve (diez y nueve)	900	novecientos(as)
20	veinte	1000	mil
21	veintiún, veintiuno, veintiuna (veinte y un[o, a])	1100	mil ciento (mil cien)
22	veintidós (veinte y dos)	1500	mil quinientos(as)
23	veintitrés (veinte y tres)	2000	dos mil
24	veinticuatro (veinte y cuatro)	100.000	cien mil
25	veinticinco (veinte y cinco)	200.000	doscientos(as) mil
26	veintiséis (veinte y seis)	1.000.000	un millón (de)
27	veintisiete (veinte y siete)	2.000.000	dos millones (de)
28	veintiocho (veinte y ocho)	2.500.000	dos millones quinientos(as) mil

Ordinal Numbers

1st	primer(o, a)	5th	quinto(a)	8th	octavo(a)
2nd	segundo(a)	6th	sexto(a)	9th	noveno(a)
3rd	tercer(o, a)	7th	séptimo(a)	10th	décimo(a)
4th	cuarto(a)				

A. Cardinal numbers are invariable . . .

cuatro hermanas y cinco hermanos	*four sisters and five brothers*

except **ciento** and **uno** and their compound forms:

doscientas personas	*two hundred people*
un viudo y una viuda	*a widower and a widow*
treinta y una familias	*thirty-one families*
veintiún maridos y veintiuna esposas	*twenty-one husbands and twenty-one wives*

B. **Ciento** becomes **cien** before a noun or before **mil** or **millones.**

Cien años de soledad es una novela famosa de Gabriel García Márquez.	One Hundred Years of Solitude *is a famous novel by Gabriel García Márquez.*
Hace cien mil años el hombre neandertal vivía en España.	*One hundred thousand years ago Neanderthal man lived in Spain.*

C. Above 999 **mil** must be used.

En mil novecientos cincuenta y nueve Fidel Castro llegó al poder en Cuba.	*In nineteen (hundred) fifty-nine Fidel Castro came to power in Cuba.*

D. **Un millón de** (**dos millones de**, etc.) are used for millions.

España tiene unos 40 millones de habitantes.	*Spain has about 40 million inhabitants.*

E. Ordinal numbers have to agree in gender with the nouns they modify.

la décima vez	*the tenth time*
el noveno día	*the ninth day*

F. The final **o** of **primero** and **tercero** is dropped before a masculine singular noun.

¿Es el primer o el tercer día del mes?	*Is it the first or third day of the month?*

G. **El primero** is used in dates for the first of the month; cardinal numbers are used for other days of the month.

El primero de mayo es el Día de los Trabajadores; el cinco de mayo es el día de la batalla de Puebla contra los franceses en México.	*The first of May is Labor Day; the fifth of May is the day of the battle of Puebla against the French in Mexico.*

H. Ordinal numbers are used with names of kings or queens up to **décimo(a)**, *tenth;* beyond that cardinal numbers are normally used.

Isabel Primera (I)	Carlos Quinto (V)	Alfonso Doce (XII)

I. Note that ordinal numbers are used for fractions up to *tenth,* except that **medio** is used for *half* and **tercio** for *third.* **La mitad (de algo)** is used for *half of a definite amount.*

una cucharada y media	*a teaspoon and a half*
medio español y medio inglés	*half Spanish and half English*
la mitad de una manzana	*half an apple*
dos tercios del trabajo	*two-thirds of the work*
un cuarto (quinto) del libro	*a fourth (fifth) of the book*

Days of the Week

domingo	*Sunday*	jueves	*Thursday*
lunes	*Monday*	viernes	*Friday*
martes	*Tuesday*	sábado	*Saturday*
miércoles	*Wednesday*		

Months of the Year

enero	*January*	julio	*July*
febrero	*February*	agosto	*August*
marzo	*March*	se(p)tiembre	*September*
abril	*April*	octubre	*October*
mayo	*May*	noviembre	*November*
junio	*June*	diciembre	*December*

Seasons

la primavera	*spring*	el otoño	*autumn*
el verano	*summer*	el invierno	*winter*

Time of Day

The verb **ser** is used to tell time in Spanish.

¿Qué hora es?	*What time is it?*
Era la una.	*It was one o'clock.*
Son las tres en punto.	*It's exactly three o'clock.*
Son las diez y media.	*It's 10:30.*
Serán las cuatro y cuarto (quince).	*It must be 4:15.*
Son las siete menos diez.	*It's 6:50.*
Eran las nueve y veinte de la noche.	*It was 9:20 at night.*

Appendix C

Use of Prepositions

A. Verbs that are followed by **a** before an infinitive:

acostumbrarse a   to get used to
aprender a   to learn (how) to
atreverse a   to dare to
ayudar a   to help to
bajar a   to come down to
comenzar a   to begin to
contribuir a   to contribute to
correr a   to run to
decidirse a   to decide to
empezar a   to begin to

enseñar a   to teach (how) to
enviar a   to send to
invitar a   to invite to
ir a   to go to
obligar a   to force or oblige to
oponerse a   to oppose
pasar a   to go to
salir a   to go out to
venir a   to come to
volver a   to do (something) again

B. Verbs followed by **a** before an object:

acercarse a   to approach
acostumbrarse a   to get used to
asistir a   to attend
bajar a   to come down to
contribuir a   to contribute to
correr a   to run to
corresponder a   to correspond to
dar a   to face
dirigir a   to direct to
invitar a   to invite
ir a   to go to

jugar a   to play
llegar a   to arrive (at)
manejar a   to drive to
oler a   to smell of
oponerse a   to oppose
pasar a   to go to
referirse a   to refer to
salir a   to go out to
subir a   to get on
venir a   to come to
volver a   to return to

C. Verbs followed by **con** before an object:

acabar con   to finish, put an
   end to
amenazar con   to threaten with
casarse con   to marry
consultar con   to consult with

contar con   to count on
encontrarse con   to run into, meet
enfrentarse con   to face
romper con   to break (up) with
soñar con   to dream about

D. Verbs followed by **de** before an infinitive:

acabar de   to have just
acordarse de   to remember to
alegrarse de   to be happy to
cansarse de   to get tired of

dejar de   to stop
haber de   to be supposed to
olvidarse de   to forget to
tratar de   to try to

E. Verbs followed by **de** before an object:

acordarse de to remember	**equivocarse de** to (verb) the
arrepentirse de to regret	wrong (noun)[*]
bajar de to get off	**gozar de** to enjoy
burlarse de to make fun of	**jactarse de** to boast about
cansarse de to get tired of	**olvidarse de** to forget
constar de to consist of	**padecer de** to suffer from
cuidar(se) de to take care of	**preocuparse de** to worry about
(oneself)	**quejarse de** to complain about
darse cuenta de to realize	**reírse de** to laugh at
depender de to depend on	**salir de** to leave
despedirse de to say good-bye to	**servir de** to serve as
disfrutar de to enjoy	**sufrir de** to suffer from
enamorarse de to fall in love with	**tratar de** to deal with, be about

F. Verbs followed by **en** before an infinitive:

consentir en to consent to	**tardar en** to delay in, take (so
insistir en to insist on	long, so much time) to

G. Verbs followed by **en** before an object:

confiar en to trust in, to	**fijarse en** to notice
convertirse en to change into	**fracasar en** to fail
entrar en to go in, enter	**influir en** to influence
especializarse en to major in	**pensar en** to think about

H. Verbs followed by **por** before an infinitive:

preocuparse por   to worry about

I. Verbs followed by **por** before an object:

estar por to be in favor of	**preocuparse por** to worry about;
luchar por to fight for	take care of
preguntar por to ask about	**votar por** to vote for

---

[*]   **Me equivoqué de autobús.** I took the wrong bus. **Me equivoqué de puerta.** I went to the wrong door.

Appendix D

Capítulo 4: Pequeño test del sexo opuesto

1. menos   2. menos   3. más   4. menos   5. más

Capítulo 8: Identificaciones históricas

1. los aztecas
2. los africanos
3. los judíos y los árabes
4. los mayas
5. los incas

Capítulo 9: ¿Qué sabe usted del sueño?

1. V
2. V
3. V
4. F (Aun los que duermen bien cambian de posición muchas veces.)
5. F (Todos sueñan, pero sólo algunos lo recuerdan.)
6. F (Un baño frío o caliente es demasiado estimulante. Pero un baño tibio
   [lukewarm] relaja los músculos y produce somnolencia.)
7. F
8. V
9. V

Capítulo 12: Proverbios

1. el que, el que
2. Lo que
3. El que, lo que
4. lo que, lo que
5. (A)l que

Appendix E

Simple Tenses

Infinitive	Indicative				
	Present	Imperfect	Preterit	Future	Conditional
hablar	hablo	hablaba	hablé	hablaré	hablaría
	hablas	hablabas	hablaste	hablarás	hablarías
	habla	hablaba	habló	hablará	hablaría
	hablamos	hablábamos	hablamos	hablaremos	hablaríamos
	habláis	hablabais	hablasteis	hablaréis	hablaríais
	hablan	hablaban	hablaron	hablarán	hablarían
comer	como	comía	comí	comeré	comería
	comes	comías	comiste	comerás	comerías
	come	comía	comió	comerá	comería
	comemos	comíamos	comimos	comeremos	comeríamos
	coméis	comíais	comisteis	comeréis	comeríais
	comen	comían	comieron	comerán	comerían
vivir	vivo	vivía	viví	viviré	viviría
	vives	vivías	viviste	vivirás	vivirías
	vive	vivía	vivió	vivirá	viviría
	vivimos	vivíamos	vivimos	viviremos	viviríamos
	vivís	vivíais	vivisteis	viviréis	viviríais
	viven	vivían	vivieron	vivirán	vivirían

Simple Tenses

Subjunctive		Commands
Present	**Imperfect**	
hable	hablara (se)	—
hables	hablaras (ses)	habla (no hables)
hable	hablara (se)	hable
hablemos	habláramos (semos)	hablemos
habléis	hablarais (seis)	hablad (no habléis)
hablen	hablaran (sen)	hablen
coma	comiera (se)	—
comas	comieras (ses)	come (no comas)
coma	comiera (se)	coma
comamos	comiéramos (semos)	comamos
comáis	comierais (seis)	comed (no comáis)
coman	comieran (sen)	coman
viva	viviera (se)	—
vivas	vivieras (ses)	vive (no vivas)
viva	viviera (se)	viva
vivamos	viviéramos (semos)	vivamos
viváis	vivierais (seis)	vivid (no viváis)
vivan	vivieran (sen)	vivan

Perfect Tenses

Past Participle	Indicative			
	Present Perfect	Past Perfect	Future Perfect	Conditional Perfect
hablado	he hablado	había hablado	habré hablado	habría hablado
	has hablado	habías hablado	habrás hablado	habrías hablado
	ha hablado	había hablado	habrá hablado	habría hablado
	hemos hablado	habíamos hablado	habremos hablado	habríamos hablado
	habéis hablado	habíais hablado	habréis hablado	habríais hablado
	han hablado	habían hablado	habrán hablado	habrían hablado
comido	he comido	había comido	habré comido	habría comido
	has comido	habías comido	habrás comido	habrías comido
	ha comido	había comido	habrá comido	habría comido
	hemos comido	habíamos comido	habremos comido	habríamos comido
	habéis comido	habíais comido	habréis comido	habríais comido
	han comido	habían comido	habrán comido	habrían comido
vivido	he vivido	había vivido	habré vivido	habría vivido
	has vivido	habías vivido	habrás vivido	habrías vivido
	ha vivido	había vivido	habrá vivido	habría vivido
	hemos vivido	habíamos vivido	habremos vivido	habríamos vivido
	habéis vivido	habíais vivido	habréis vivido	habríais vivido
	han vivido	habían vivido	habrán vivido	habrían vivido

Progressive Tenses

Present Participle	Indicative		Present Participle	Indicative
	Present Progressive	Past Progressive		Present Progressive
hablando	estoy hablando	estaba hablando	**comiendo**	estoy comiendo
	estás hablando	estabas hablando		estás comiendo
	está hablando	estaba hablando		está comiendo
	estamos hablando	estábamos hablando		estamos comiendo
	estáis hablando	estabais hablando		estáis comiendo
	están hablando	estaban hablando		están comiendo

Perfect Tenses

Subjunctive	
Present Perfect	Past Perfect
haya hablado	hubiera (se) hablado
hayas hablado	hubieras (ses) hablado
haya hablado	hubiera (se) hablado
hayamos hablado	hubiéramos (semos) hablado
hayáis hablado	hubierais (seis) hablado
hayan hablado	hubieran (sen) hablado
haya comido	hubiera (se) comido
hayas comido	hubieras (ses) comido
haya comido	hubiera (se) comido
hayamos comido	hubiéramos (semos) comido
hayáis comido	hubierais (seis) comido
hayan comido	hubieran (sen) comido
haya vivido	hubiera (se) vivido
hayas vivido	hubieras (ses) vivido
haya vivido	hubiera (se) vivido
hayamos vivido	hubiéramos (semos) vivido
hayáis vivido	hubierais (seis) vivido
hayan vivido	hubieran (sen) vivido

Progressive Tenses

Indicative	Present Participle	Indicative	
Past Progressive		Present Progressive	Past Progressive
estaba comiendo	**viviendo**	estoy viviendo	estaba viviendo
estabas comiendo		estás viviendo	estabas viviendo
estaba comiendo		está viviendo	estaba viviendo
estábamos comiendo		estamos viviendo	estábamos viviendo
estabais comiendo		estáis viviendo	estabais viviendo
estaban comiendo		están viviendo	estaban viviendo

Appendix F

Orthographic Changes

Some rules to help you conjugate verbs that have orthographic (spelling) changes are:

1. A **c** before **a, o,** or **u** is pronounced like a *k* in English; a **c** before **e** or **i** is pronounced like *s* (except in certain parts of Spain, where it is pronounced like *th*). A **c** changes to **qu** before **e** or **i** to preserve the *k* sound.

2. A **g** before **a, o,** or **u** is pronounced like a *g* in English, but before **e** or **i** it is pronounced like a Spanish **j** (*h* in English). Before **e** or **i**, **g** is often changed to **gu** to preserve the *g* sound. Similarly, a **g** may be changed to **j** to preserve the *h* sound before **a, o,** or **u.**

3. A **z** is changed to **c** before **e** or **i.**

4. An unstressed **i** between two vowels is changed to **y.**

Examples of orthographic changes are noted in the list of verbs that follows.

Verb Index

In the following list, the numbers in parentheses refer to the verbs conjugated in the charts on pages 328–339. Footnotes are on page 327.

acordar o *to* ue (*see* contar)
acostar o *to* ue (*see* contar)
adquirir i *to* ie, i (*see* sentir)
agradecer c *to* zc (*see* conocer)
alargar g *to* gu[1]
almorzar o *to* ue, z *to* c[2] (*see* contar)
analizar z *to* c[2]
andar (1)
apagar g *to* gu[1]
aparecer c *to* zc (*see* conocer)
aplicar c *to* qu[3]
aprobar o *to* ue (*see* contar)
arrepentirse e *to* ie, i (*see* sentir)
atacar c *to* qu[3]

atender e *to* ie (*see* perder)
buscar c *to* qu[3]
caber (2)
caer (3)
cerrar e *to* ie (*see* pensar)
comenzar e *to* ie, z *to* c[2] (*see* pensar)
componer (*see* poner)
concluir y[4] (*see* huir)
conducir (4) c *to* zc, j
confiar (*see* enviar)
conocer (5) c *to* zc
conseguir[6] (*see* seguir)
construir y[4] (*see* huir)
contar (6) o *to* ue

contribuir y[4] (*see* huir)
costar o *to* ue (*see* contar)
crecer c *to* zc
creer (7) i *to* y[5]
criticar c *to* qu[3]
cruzar z *to* c[2]
dar (8)
decir (9)
defender e *to* ie (*see* perder)
demostrar o *to* ue (*see* contar)
desaparecer c *to* zc (*see* conocer)
despedir e *to* i (*see* pedir)
despertar e *to* ie (*see* pensar)
destruir y[4] (*see* huir)
detener (*see* tener)

diagnosticar c *to* qu³
dirigir g *to* j
divertirse e *to* ie, i (*see* sentir)
doler o *to* ue (*see* volver)
dormir (10) o *to* ue, u
elegir e *to* ie, j (*see* pedir)
empezar e *to* ie, z *to* c² (*see* pensar)
encontrar o *to* ue (*see* contar)
enriquecer c *to* zc (*see* conocer)
entender e *to* ie (*see* perder)
enviar (11)
envolver o *to* ue (*see* volver)
escoger g *to* j
establecer c *to* zc (*see* conocer)
estar (12)
exigir g *to* j
explicar c *to* qu³
extender e *to* ie (*see* perder)
favorecer c *to* zc (*see* conocer)
gozar z *to* c²
haber (13)
hacer (14)
herir e *to* ie, i (*see* sentir)
hervir e *to* i (*see* pedir)
huir (15) y⁴
impedir e *to* i (*see* pedir)
influir y⁴ (*see* huir)
intervenir (*see* venir)
introducir c *to* zc, j (*see* conducir)
invertir e *to* ie, i (*see* sentir)
ir (16)
jugar (17) g *to* gu¹
justificar c *to* qu³

juzgar g *to* gu¹
leer i *to* y⁵ (*see* creer)
llegar g *to* gu¹
llover o *to* ue (*see* volver)
mantener (*see* tener)
mentir e *to* ie, i (*see* sentir)
merecer c *to* zc (*see* conocer)
morir o *to* ue, u (*see* dormir)
mostrar o *to* ue (*see* contar)
nacer c *to* zc (*see* conocer)
negar e *to* ie, g *to* gu¹ (*see* pensar)
nevar e *to* ie (*see* pensar)
obtener (*see* tener)
ofrecer c *to* zc (*see* conocer)
oír (18)
oponer (*see* poner)
padecer c *to* zc (*see* conocer)
pagar g *to* gu¹
parecer c *to* zc (*see* conocer)
pedir (19) e *to* i
pensar (20) e *to* ie
perder (21) e *to* ie
pertenecer c *to* zc (*see* conocer)
poder (22)
poner (23)
preferir e *to* ie, i (*see* sentir)
probar o *to* ue (*see* contar)
producir c *to* zc, j (*see* conducir)
publicar c *to* qu³
quebrar e *to* ie (*see* pensar)
querer (24)
reaparecer c *to* zc (*see* conocer)
reconocer c *to* zc (*see* conocer)
recordar o *to* ue (*see* contar)

reducir c *to* zc, j (*see* conducir)
reír (25)
renacer c *to* zc (*see* conocer)
repetir e *to* i (*see* pedir)
resolver o *to* ue (*see* volver)
rezar z *to* c²
rogar o *to* ue, g *to* gu¹ (*see* contar)
saber (26)
salir (27)
seguir e *to* i, gu *to* g⁶ (*see* pedir)
sembrar e *to* ie (*see* pensar)
sentar e *to* ie (*see* pensar)
sentir (28) e *to* ie, i
ser (29)
servir e *to* i (*see* pedir)
sonreír (*see* reír)
soñar o *to* ue (*see* contar)
sostener (*see* tener)
sugerir e *to* ie, i (*see* sentir)
tener (30)
tocar c *to* qu³
traducir c *to* zc, j (*see* conducir)
traer (31)
tropezar e *to* ie, z *to* c² (*see* pensar)
utilizar z *to* c²
valer (32)
vencer c *to* z
venir (33)
ver (34)
vestir e *to* i (*see* pedir)
visualizar z *to* c²
volar o *to* ue (*see* contar)
volver (35) o *to* ue

---

[1] In verbs ending in -**gar**, the **g** is changed to **gu** before **e**: jugué, llegué, negué, pagué, rogué.
[2] In verbs ending in -**zar**, the **z** is changed to **c** before **e**: almorcé, analicé, comencé, empecé, especialicé, gocé, recé.
[3] In verbs ending in -**car**, the **c** is changed to **qu** before an **e**: ataqué, busqué, critiqué, equivoqué, publiqué.
[4] In verbs like **concluir**, a **y** is inserted before any ending that does not begin with **i**: concluyo, construyo, contribuyo, destruyo, huyo.
[5] An unstressed **i** between two vowels is changed to **y**: creyó, leyó.
[6] In verbs ending in -**guir**, the **gu** is changed to **g** before **a** and **o**: sigo (siga).

Verb Conjugations

Infinitive	Indicative				
	Present	Imperfect	Preterit	Future	Conditional
1. andar	ando	andaba	anduve	andaré	andaría
	andas	andabas	anduviste	andarás	andarías
	anda	andaba	anduvo	andará	andaría
	andamos	andábamos	anduvimos	andaremos	andaríamos
	andáis	andabais	anduvisteis	andaréis	andaríais
	andan	andaban	anduvieron	andarán	andarían
2. caber	quepo	cabía	cupe	cabré	cabría
	cabes	cabías	cupiste	cabrás	cabrías
	cabe	cabía	cupo	cabrá	cabría
	cabemos	cabíamos	cupimos	cabremos	cabríamos
	cabéis	cabíais	cupisteis	cabréis	cabríais
	caben	cabían	cupieron	cabrán	cabrían
3. caer	caigo	caía	caí	caeré	caería
	caes	caías	caíste	caerás	caerías
	cae	caía	cayó	caerá	caería
	caemos	caíamos	caímos	caeremos	caeríamos
	caéis	caíais	caísteis	caeréis	caeríais
	caen	caían	cayeron	caerán	caerían
4. conducir	conduzco	conducía	conduje	conduciré	conduciría
	conduces	conducías	condujiste	conducirás	conducirías
	conduce	conducía	condujo	conducirá	conduciría
	conducimos	conducíamos	condujimos	conduciremos	conduciríamos
	conducís	conducíais	condujisteis	conduciréis	conduciríais
	conducen	conducían	condujeron	conducirán	conducirían
5. conocer	conozco	conocía	conocí	conoceré	conocería
	conoces	conocías	conociste	conocerás	conocerías
	conoce	conocía	conoció	conocerá	conocería
	conocemos	conocíamos	conocimos	conoceremos	conoceríamos
	conocéis	conocíais	conocisteis	conoceréis	conoceríais
	conocen	conocían	conocieron	conocerán	conocerían
6. contar	cuento	contaba	conté	contaré	contaría
	cuentas	contabas	contaste	contarás	contarías
	cuenta	contaba	contó	contará	contaría
	contamos	contábamos	contamos	contaremos	contaríamos
	contáis	contabais	contasteis	contareis	contaríais
	cuentan	contaban	contaron	contarán	contarían

	Subjunctive	Commands	Participles	
Present	Imperfect		Present	Past
ande	anduviera (se)	—	andando	andado
andes	anduvieras (ses)	anda (no andes)		
ande	anduviera (se)	ande		
andemos	anduviéramos (semos)	andemos		
andéis	anduvierais (seis)	andad (no andéis)		
anden	anduvieran (sen)	anden		
quepa	cupiera (se)	—	cabiendo	cabido
quepas	cupieras (ses)	cabe (no quepas)		
quepa	cupiera (se)	quepa		
quepamos	cupiéramos (semos)	quepamos		
quepáis	cupierais (seis)	cabed (no quepáis)		
quepan	cupieran (sen)	quepan		
caiga	cayera (se)	—	cayendo	caído
caigas	cayeras (ses)	cae (no caigas)		
caiga	cayera (se)	caiga		
caigamos	cayéramos (semos)	caigamos		
caigáis	cayerais (seis)	caed (no caigáis)		
caigan	cayeran (sen)	caigan		
conduzca	condujera (se)	—	conduciendo	conducido
conduzcas	condujeras (ses)	conduce (no conduzcas)		
conduzca	condujera (se)	conduzca		
conduzcamos	condujéramos (semos)	conduzcamos		
conduzcáis	condujerais (seis)	conducid (no conduzcáis)		
conduzcan	condujeran (sen)	conduzcan		
conozca	conociera (se)	—	conociendo	conocido
conozcas	conocieras (ses)	conoce (no conozcas)		
conozca	conociera (se)	conozca		
conozcamos	conociéramos (semos)	conozcamos		
conozcáis	conocierais (seis)	conoced (no conozcáis)		
conozcan	conocieran (sen)	conozcan		
cuente	contara (se)	—	contando	contado
cuentes	contaras (ses)	cuenta (no cuentes)		
cuente	contara (se)	cuente		
contemos	contáramos (semos)	contemos		
contéis	contarais (seis)	contad (no contéis)		
cuenten	contaran (sen)	cuenten		

Infinitive	Indicative				
	Present	Imperfect	Preterit	Future	Conditional
7. creer	creo	creía	creí	creeré	creería
	crees	creías	creíste	creerás	creerías
	cree	creía	creyó	creerá	creería
	creemos	creíamos	creímos	creeremos	creeríamos
	creéis	creíais	creísteis	creeréis	creeríais
	creen	creían	creyeron	creerán	creerían
8. dar	doy	daba	di	daré	daría
	das	dabas	diste	darás	darías
	da	daba	dio	dará	daría
	damos	dábamos	dimos	daremos	daríamos
	dais	dabais	disteis	daréis	daríais
	dan	daban	dieron	darán	darían
9. decir	digo	decía	dije	diré	diría
	dices	decías	dijiste	dirás	dirías
	dice	decía	dijo	dirá	diría
	decimos	decíamos	dijimos	diremos	diríamos
	decís	decíais	dijisteis	diréis	diríais
	dicen	decían	dijeron	dirán	dirían
10. dormir	duermo	dormía	dormí	dormiré	dormiría
	duermes	dormías	dormiste	dormirás	dormirías
	duerme	dormía	durmió	dormirá	dormiría
	dormimos	dormíamos	dormimos	dormiremos	dormiríamos
	dormís	dormíais	dormisteis	dormiréis	dormiríais
	duermen	dormían	durmieron	dormirán	dormirían
11. enviar	envío	enviaba	envié	enviaré	enviaría
	envías	enviabas	enviaste	enviarás	enviarías
	envía	enviaba	envió	enviará	enviaría
	enviamos	enviábamos	enviamos	enviaremos	enviaríamos
	enviáis	enviabais	enviasteis	enviaréis	enviaríais
	envían	enviaban	enviaron	enviarán	enviarían
12. estar	estoy	estaba	estuve	estaré	estaría
	estás	estabas	estuviste	estarás	estarías
	está	estaba	estuvo	estará	estaría
	estamos	estábamos	estuvimos	estaremos	estaríamos
	estáis	estabais	estuvisteis	estaréis	estaríais
	están	estaban	estuvieron	estarán	estarían

	Subjunctive	Commands	Participles	
Present	Imperfect		Present	Past
crea	creyera (se)	—	creyendo	creído
creas	creyeras (ses)	cree (no creas)		
crea	creyera (se)	crea		
creamos	creyéramos (semos)	creamos		
creáis	creyerais (seis)	creed (no creáis)		
crean	creyeran (sen)	crean		
dé	diera (se)	—	dando	dado
des	dieras (ses)	da (no des)		
dé	diera (se)	dé		
demos	diéramos (semos)	demos		
deis	dierais (seis)	dad (no deis)		
den	dieran (sen)	den		
diga	dijera (se)	—	diciendo	dicho
digas	dijeras (ses)	di (no digas)		
diga	dijera (se)	diga		
digamos	dijéramos (semos)	digamos		
digáis	dijerais (seis)	decid (no digáis)		
digan	dijeran (sen)	digan		
duerma	durmiera (se)	—	durmiendo	dormido
duermas	durmieras (ses)	duerme (no duermas)		
duerma	durmiera (se)	duerma		
durmamos	durmiéramos (semos)	durmamos		
durmáis	durmierais (seis)	dormid (no durmáis)		
duerman	durmieran (sen)	duerman		
envíe	enviara (se)	—	enviando	enviado
envíes	enviaras (ses)	envía (no envíes)		
envíe	enviara (se)	envíe		
enviemos	enviáramos (semos)	enviemos		
enviéis	enviarais (seis)	enviad (no enviéis)		
envíen	enviaran (sen)	envíen		
esté	estuviera (se)	—	estando	estado
estés	estuvieras (ses)	está (no estés)		
esté	estuviera (se)	esté		
estemos	estuviéramos (semos)	estemos		
estéis	estuvierais (seis)	estad (no estéis)		
estén	estuvieran (sen)	estén		

Infinitive	Indicative				
	Present	Imperfect	Preterit	Future	Conditional
13. haber	he	había	hube	habré	habría
	has	habías	hubiste	habrás	habrías
	ha	había	hubo	habrá	habría
	hemos	habíamos	hubimos	habremos	habríamos
	habéis	habíais	hubisteis	habréis	habríais
	han	habían	hubieron	habrán	habrían
14. hacer	hago	hacía	hice	haré	haría
	haces	hacías	hiciste	harás	harías
	hace	hacía	hizo	hará	haría
	hacemos	hacíamos	hicimos	haremos	haríamos
	hacéis	hacíais	hicisteis	haréis	haríais
	hacen	hacían	hicieron	harán	harían
15. huir	huyo	huía	huí	huiré	huiría
	huyes	huías	huiste	huirás	huirías
	huye	huía	huyó	huirá	huiría
	huimos	huíamos	huimos	huiremos	huiríamos
	huís	huíais	huisteis	huiréis	huiríais
	huyen	huían	huyeron	huirán	huirían
16. ir	voy	iba	fui	iré	iría
	vas	ibas	fuiste	irás	irías
	va	iba	fue	irá	iría
	vamos	íbamos	fuimos	iremos	iríamos
	vais	ibais	fuisteis	iréis	iríais
	van	iban	fueron	irán	irían
17. jugar	juego	jugaba	jugué	jugaré	jugaría
	juegas	jugabas	jugaste	jugarás	jugarías
	juega	jugaba	jugó	jugará	jugaría
	jugamos	jugábamos	jugamos	jugaremos	jugaríamos
	jugáis	jugabais	jugasteis	jugaréis	jugaríais
	juegan	jugaban	jugaron	jugarán	jugarían
18. oír	oigo	oía	oí	oiré	oiría
	oyes	oías	oíste	oirás	oirías
	oye	oía	oyó	oirá	oiría
	oímos	oíamos	oímos	oiremos	oiríamos
	oís	oíais	oísteis	oiréis	oiríais
	oyen	oían	oyeron	oirán	oirían

Subjunctive		Commands	Participles	
Present	Imperfect		Present	Past
haya	hubiera (se)		habiendo	habido
hayas	hubieras (ses)			
haya	hubiera (se)			
hayamos	hubiéramos (semos)			
hayáis	hubierais (seis)			
hayan	hubieran (sen)			
haga	hiciera (se)	—	haciendo	hecho
hagas	hicieras (ses)	haz (no hagas)		
haga	hiciera (se)	haga		
hagamos	hiciéramos (semos)	hagamos		
hagáis	hicierais (seis)	haced (no hagáis)		
hagan	hicieran (sen)	hagan		
huya	huyera (se)	—	huyendo	huido
huyas	huyeras (ses)	huye (no huyas)		
huya	huyera (se)	huya		
huyamos	huyéramos (semos)	huyamos		
huyáis	huyerais (seis)	huid (no huyáis)		
huyan	huyeran (sen)	huyan		
vaya	fuera (se)	—	yendo	ido
vayas	fueras (ses)	ve (no vayas)		
vaya	fuera (se)	vaya		
vayamos	fuéramos (semos)	vayamos		
vayáis	fuerais (seis)	id (no vayáis)		
vayan	fueran (sen)	vayan		
juegue	jugara (se)	—	jugando	jugado
juegues	jugaras (ses)	juega (no juegues)		
juegue	jugara (se)	juegue		
juguemos	jugáramos (semos)	juguemos		
juguéis	jugarais (seis)	jugad (no jugéis)		
jueguen	jugaran (sen)	jueguen		
oiga	oyera (se)	—	oyendo	oído
oigas	oyeras (ses)	oye (no oigas)		
oiga	oyera (se)	oiga		
oigamos	oyéramos (semos)	oigamos		
oigáis	oyerais (seis)	oíd (no oigáis)		
oigan	oyeran (sen)	oigan		

Infinitive	Indicative				
	Present	Imperfect	Preterit	Future	Conditional
19. pedir	pido	pedía	pedí	pediré	pediría
	pides	pedías	pediste	pedirás	pedirías
	pide	pedía	pidió	pedirá	pediría
	pedimos	pedíamos	pedimos	pediremos	pediríamos
	pedís	pedíais	pedisteis	pediréis	pediríais
	piden	pedían	pidieron	pedirán	pedirían
20. pensar	pienso	pensaba	pensé	pensaré	pensaría
	piensas	pensabas	pensaste	pensarás	pensarías
	piensa	pensaba	pensó	pensará	pensaría
	pensamos	pensábamos	pensamos	pensaremos	pensaríamos
	pensáis	pensabais	pensasteis	pensaréis	pensaríais
	piensan	pensaban	pensaron	pensarán	pensarían
21. perder	pierdo	perdía	perdí	perderé	perdería
	pierdes	perdías	perdiste	perderás	perderías
	pierde	perdía	perdió	perderá	perdería
	perdemos	perdíamos	perdimos	perderemos	perderíamos
	perdéis	perdíais	perdisteis	perderéis	perderíais
	pierden	perdían	perdieron	perderán	perderían
22. poder	puedo	podía	pude	podré	podría
	puedes	podías	pudiste	podrás	podrías
	puede	podía	pudo	podrá	podría
	podemos	podíamos	pudimos	podremos	podríamos
	podéis	podíais	pudisteis	podréis	podríais
	pueden	podían	pudieron	podrán	podrían
23. poner	pongo	ponía	puse	pondré	pondría
	pones	ponías	pusiste	pondrás	pondrías
	pone	ponía	puso	pondrá	pondría
	ponemos	poníamos	pusimos	pondremos	pondríamos
	ponéis	poníais	pusisteis	pondréis	pondríais
	ponen	ponían	pusieron	pondrán	pondrían
24. querer	quiero	quería	quise	querré	querría
	quieres	querías	quisiste	querrás	querrías
	quiere	quería	quiso	querrá	querría
	queremos	queríamos	quisimos	querremos	querríamos
	queréis	queríais	quisisteis	querréis	querríais
	quieren	querían	quisieron	querrán	querrían

Subjunctive		Commands	Participles	
Present	Imperfect		Present	Past
pida	pidiera (se)	—	pidiendo	pedido
pidas	pidieras (ses)	pide (no pidas)		
pida	pidiera (se)	pida		
pidamos	pidiéramos (semos)	pidamos		
pidáis	pidierais (seis)	pedid (no pidáis)		
pidan	pidieran (sen)	pidan		
piense	pensara (se)	—	pensando	pensado
pienses	pensaras (ses)	piensa (no pienses)		
piense	pensara (se)	piense		
pensemos	pensáramos (semos)	pensemos		
penséis	pensarais (seis)	pensad (no penséis)		
piensen	pensaran (sen)	piensen		
pierda	perdiera (se)	—	perdiendo	perdido
pierdas	perdieras (ses)	pierde (no pierdas)		
pierda	perdiera (se)	pierda		
perdamos	perdiéramos (semos)	perdamos		
perdáis	perdierais (seis)	perded (no perdáis)		
pierdan	perdieran (sen)	pierdan		
pueda	pudiera (se)	—	pudiendo	podido
puedas	pudieras (ses)			
pueda	pudiera (se)			
podamos	pudiéramos (semos)			
podáis	pudierais (seis)			
puedan	pudieran (sen)			
ponga	pusiera (se)	—	poniendo	puesto
pongas	pusieras (ses)	pon (no pongas)		
ponga	pusiera (se)	ponga		
pongamos	pusiéramos (semos)	pongamos		
pongáis	pusierais (seis)	poned (no pongáis)		
pongan	pusieran (sen)	pongan		
quiera	quisiera (se)	—	queriendo	querido
quieras	quisieras (ses)	quiere (no quieras)		
quiera	quisiera (se)	quiera		
queramos	quisiéramos (semos)	queramos		
queráis	quisierais (seis)	quered (no queráis)		
quieran	quisieran (sen)	quieran		

Infinitive	Indicative				
	Present	Imperfect	Preterit	Future	Conditional
25. reír	río	reía	reí	reiré	reiría
	ríes	reías	reíste	reirás	reirías
	ríe	reía	rió	reirá	reiría
	reímos	reíamos	reímos	reiremos	reiríamos
	reís	reíais	reísteis	reiréis	reiríais
	ríen	reían	rieron	reirán	reirían
26. saber	sé	sabía	supe	sabré	sabría
	sabes	sabías	supiste	sabrás	sabrías
	sabe	sabía	supo	sabrá	sabría
	sabemos	sabíamos	supimos	sabremos	sabríamos
	sabéis	sabíais	supisteis	sabréis	sabríais
	saben	sabían	supieron	sabrán	sabrían
27. salir	salgo	salía	salí	saldré	saldría
	sales	salías	saliste	saldrás	saldrías
	sale	salía	salió	saldrá	saldría
	salimos	salíamos	salimos	saldremos	saldríamos
	salís	salíais	salisteis	saldréis	saldríais
	salen	salían	salieron	saldrán	saldrían
28. sentir	siento	sentía	sentí	sentiré	sentiría
	sientes	sentías	sentiste	sentirás	sentirías
	siente	sentía	sintió	sentirá	sentiría
	sentimos	sentíamos	sentimos	sentiremos	sentiríamos
	sentís	sentíais	sentisteis	sentiréis	sentiríais
	sienten	sentían	sintieron	sentirán	sentirían
29. ser	soy	era	fui	seré	sería
	eres	eras	fuiste	serás	serías
	es	era	fue	será	sería
	somos	éramos	fuimos	seremos	seríamos
	sois	erais	fuisteis	seréis	seríais
	son	eran	fueron	serán	serían
30. tener	tengo	tenía	tuve	tendré	tendría
	tienes	tenías	tuviste	tendrás	tendrías
	tiene	tenía	tuvo	tendrá	tendría
	tenemos	teníamos	tuvimos	tendremos	tendríamos
	tenéis	teníais	tuvisteis	tendréis	tendríais
	tienen	tenían	tuvieron	tendrán	tendrían

Subjunctive		Commands	Participles	
Present	Imperfect		Present	Past
ría	riera (se)	—	riendo	reído
rías	rieras (ses)	ríe (no rías)		
ría	riera (se)	ría		
riamos	riéramos (semos)	riamos		
riáis	rierais (seis)	reíd (no riáis)		
rían	rieran (sen)	rían		
sepa	supiera (se)	—	sabiendo	sabido
sepas	supieras (ses)	sabe (no sepas)		
sepa	supiera (se)	sepa		
sepamos	supiéramos (semos)	sepamos		
sepáis	supierais (seis)	sabed (no sepáis)		
sepan	supieran (sen)	sepan		
salga	saliera (se)	—	saliendo	salido
salgas	salieras (ses)	sal (no salgas)		
salga	saliera (se)	salga		
salgamos	saliéramos (semos)	salgamos		
salgáis	salierais (seis)	salid (no salgáis)		
salgan	salieran (sen)	salgan		
sienta	sintiera (se)	—	sintiendo	sentido
sientas	sintieras (ses)	siente (no sientas)		
sienta	sintiera (se)	sienta		
sintamos	sintiéramos (semos)	sintamos		
sintáis	sintierais (seis)	sentid (no sintáis)		
sientan	sintieran (sen)	sientan		
sea	fuera (se)	—	siendo	sido
seas	fueras (ses)	sé (no seas)		
sea	fuera (se)	sea		
seamos	fuéramos (semos)	seamos		
seáis	fuerais (seis)	sed (no seáis)		
sean	fueran (sen)	sean		
tenga	tuviera (se)	—	teniendo	tenido
tengas	tuvieras (ses)	ten (no tengas)		
tenga	tuviera (se)	tenga		
tengamos	tuviéramos (semos)	tengamos		
tengáis	tuvierais (seis)	tened (no tengáis)		
tengan	tuvieran (sen)	tengan		

Infinitive	Indicative				
	Present	Imperfect	Preterit	Future	Conditional
31. traer	traigo	traía	traje	traeré	traería
	traes	traías	trajiste	traerás	traerías
	trae	traía	trajo	traerá	traería
	traemos	traíamos	trajimos	traeremos	traeríamos
	traéis	traíais	trajisteis	traeréis	traeríais
	traen	traían	trajeron	traerán	traerían
32. valer	valgo	valía	valí	valdré	valdría
	vales	valías	valiste	valdrás	valdrías
	vale	valía	valió	valdrá	valdría
	valemos	valíamos	valimos	valdremos	valdríamos
	valéis	valíais	valisteis	valdréis	valdríais
	valen	valían	valieron	valdrán	valdrían
33. venir	vengo	venía	vine	vendré	vendría
	vienes	venías	viniste	vendrás	vendrías
	viene	venía	vino	vendrá	vendría
	venimos	veníamos	vinimos	vendremos	vendríamos
	venís	veníais	vinisteis	vendréis	vendríais
	vienen	venían	vinieron	vendrán	vendrían
34. ver	veo	veía	vi	veré	vería
	ves	veías	viste	verás	verías
	ve	veía	vio	verá	vería
	vemos	veíamos	vimos	veremos	veríamos
	veis	veíais	visteis	veréis	veríais
	ven	veían	vieron	verán	verían
35. volver	vuelvo	volvía	volví	volveré	volvería
	vuelves	volvías	volviste	volverás	volverías
	vuelve	volvía	volvió	volverá	volvería
	volvemos	volvíamos	volvimos	volveremos	volveríamos
	volvéis	volvíais	volvisteis	volveréis	volveríais
	vuelven	volvían	volvieron	volverán	volverían

	Subjunctive	Commands	Participles	
Present	**Imperfect**		**Present**	**Past**
traiga	trajera (se)	—	trayendo	traído
traigas	trajeras (ses)	trae (no traigas)		
traiga	trajera (se)	traiga		
traigamos	trajéramos (semos)	traigamos		
traigáis	trajerais (seis)	traed (no traigáis)		
traigan	trajeran (sen)	traigan		
valga	valiera (se)	—	valiendo	valido
valgas	valieras (ses)	val (no valgas)		
valga	valiera (se)	valga		
valgamos	valiéramos (semos)	valgamos		
valgáis	valierais (seis)	valed (no valgáis)		
valgan	valieran (sen)	valgan		
venga	viniera (se)	—	viniendo	venido
vengas	vinieras (ses)	ven (no vengas)		
venga	viniera (se)	venga		
vengamos	viniéramos (semos)	vengamos		
vengáis	vinierais (seis)	venid (no vengáis)		
vengan	vinieran (sen)	vengan		
vea	viera (se)	—	viendo	visto
veas	vieras (ses)	ve (no veas)		
vea	viera (se)	vea		
veamos	viéramos (semos)	veamos		
veáis	vierais (seis)	ved (no veáis)		
vean	vieran (sen)	vean		
vuelva	volviera (se)	—	volviendo	vuelto
vuelvas	volvieras (ses)	vuelve (no vuelvas)		
vuelva	volviera (se)	vuelva		
volvamos	volviéramos (semos)	volvamos		
volváis	volvierais (seis)	volved (no volváis)		
vuelvan	volvieran (sen)	vuelvan		

Vocabulary

The following vocabulary includes all words used in this text except exact or certain very close cognates, cognates ending in **-ción** or **-sión,** most proper nouns, most numbers, most conjugated verb forms, regular past participles when the infinitive is listed, and adverbs ending in **-mente** when the corresponding adjective is listed. Stem-changing verbs are indicated by **(ie)**, **(ue)**, or **(i)** following the infinitive; a **(zc)** after an infinitive indicates that **c** is changed to **zc** in the first-person singular form of the present tense. The following abbreviations are used:

abbr.	abbreviation	*obj. of prep.*	object of a preposition
adj.	adjective	*obj. pron.*	object pronoun
adv.	adverb	*pl.*	plural
coll.	colloquial	*p. part.*	past participle
conj.	conjunction	*prep.*	preposition
dir. obj.	direct object	*pron.*	pronoun
f.	feminine	*recip. reflex.*	reciprocal reflexive
fam.	familiar (**tú** or **vosotros**)	*refl. pron.*	reflexive pronoun
imperf.	imperfect tense	*rel. pron.*	relative pronoun
indir. obj.	indirect object	*sing.*	singular
inf.	infinitive	*subj.*	subject
m.	masculine	*subj. pron.*	subject pronoun
n.	noun	*subjunc.*	subjunctive form of a verb

Note also that in Spanish, **ñ,** a separate letter of the alphabet, follows **n** in dictionaries, so that **bañar** would occur after **bandera** (for example).

A

a at; to; for; from; on
abajo below, underneath
abandonar to abandon, leave
el **abanico** fan
la **abeja** bee
abierto open
el **abogado** (la **abogada**) lawyer
abolir to abolish
el **aborto** abortion
abrazar to embrace
el **abrazo** hug
abrigado heavy, warm

el **abrigo** coat, overcoat
abril April
abrir to open
absoluto absolute; **no... en absoluto** not . . . at all
absurdo absurd, ridiculous
la **abuela** grandmother
el **abuelo** grandfather; *pl.* grandparents
la **abundancia** abundance
aburrido bored; boring
aburrir to bore; **aburrirse** to get bored
el **abuso** abuse

acá here
acabar to end, finish, run out; **acabar bien (mal)** to end well (badly), have a happy (sad) ending; **acabar de** + *inf.* to have just (done something)
la **academia** academy
académico academic
acampar to camp
acaso perhaps
el **acceso** access
el **accesorio** accessory

el **accidente** accident

la **acción** action; **Día de Acción de Gracias** Thanksgiving Day

el **aceite** oil

acelerado accelerated, hurried

el **acento** accent

aceptar to accept

acerca (de) concerning, about

acercarse (a) to approach

acompañar to accompany

aconsejar to advise, counsel

acordar (ue) to agree; **acordarse de** to remember

acortar to shorten

acostar (ue) to put to bed; **acostarse** to go to bed

acostumbrarse (a) to become accustomed to, get used to

la **actitud** attitude, position

la **actividad** activity

activo active

el **acto** act

el **actor** actor

la **actriz** actress

actual current, present day

la **actualidad** present, present time

actualmente currently

actuar to act (out), play a role

acuático aquatic

el **acueducto** aqueduct

el **acuerdo** agreement; **¿de acuerdo?** okay?; **estar de acuerdo con** to agree with, be in agreement with; **ponerse de acuerdo** to come to an agreement; **Sí, de acuerdo.** All right, okay.

acumular to accumulate

la **acupuntura** acupuncture

acusado accused; *m.* defendant

acusar to accuse

adaptarse a to adapt to

adecuado adequate

adelantado ahead

adelante forward; **adelante con...** on with . . .; **desde ese día en adelante** from that day on; **salir adelante** to get ahead, make progress; **seguir adelante** to proceed straight ahead

además besides; also, in addition; **además de** in addition to

adentro inside

adiós good-bye

la **adivinanza** riddle

adivinar to guess

el **adjetivo** adjective

la **administración de empresas** business administration

administrar to administer, keep account of

admirar to admire

admitir to admit

el **adobe** adobe, sun-dried brick

el, la **adolescente** adolescent

adonde where

¿adónde? where?

adoptar to adopt

adorar to adore

adornar to adorn, decorate

el **adorno** decoration, accessory

adquirir (ie) to acquire

la **aduana** customs house

adulto adult

el **adverbio** adverb

aéreo (pertaining to) air

aeróbico aerobic

el **aeropuerto** airport

afectar to affect

la **afirmación** statement

afirmar to state, affirm

afirmativo affirmative

afortunadamente fortunately

africano African

afrocubano Afro-Cuban

afuera outside

la **agencia** agency; **agencia de empleos** employment agency

la **agenda** calendar

el, la **agente** agent; **agente de viajes** travel agent

agradable pleasant

agradar to give pleasure

agradecer (zc) to thank

agradecido grateful, thankful

agregar to add

agresivo aggressive

el **agricultor** (la **agricultora**) farmer

la **agricultura** agriculture

el **agua** *f.* water

el **aguacate** avocado

agudo sharp

ahora now, currently, at present; **ahora más que nunca** now more than ever; **ahora mismo** right away, immediately

ahorrar to save

el **ahorro** saving

el **aire** air; **al aire libre** in the open air

aislado isolated

el **ajedrez** chess

el **ajo** garlic

al (*contraction of* **a** + **el**); **al** + *inf.* on or upon doing something; **al aire libre** in the open air; **al amanecer** at dawn; **al contrario** on the contrary; **al fin** finally; **al final de** at the end of; **al mismo tiempo** at the same time; **de al lado** next door

alargar to lengthen

la **alberca** swimming pool

el **albergue** inn, hostel

alcanzar to catch; to reach; to be enough

la **alcoba** bedroom

alcohólico alcoholic

alegrar: alegrar la vida to cheer up

alegrarse (de) to be glad, happy; **¡Cuánto me alegro!** How happy I am!

alegre cheerful, happy

la **alegría** joy, happiness; **¡Qué alegría!** How terrific!; **¡Qué alegría verte!** How nice to see you!

alemán German

la **alergia** allergy

alérgico allergic

el **alfabeto** alphabet

la **alfombra** carpet

algo *pron.* something, anything; *adv.* somewhat; **tener algo que ver con** to have something to do with

alguien someone, somebody; anyone, anybody

algún, alguno some; any; some sort of; *pl.* some; a few; some people; **a (en) alguna parte** somewhere; **alguna vez** ever; **algunas veces** sometimes; **de alguna manera** in some way, somehow; **en algunas partes** in some places, somewhere; **sin duda alguna** with no doubt

la **alimentación** food

el **alimento** nourishment, food

el **alivio** relief; **¡Qué alivio!** What a relief!

allá there

allí there; **Sigan por allí.** Continue that way (direction).

el **alma** *f.* soul

el **almacén** department store

la **almeja** clam

el **almirante** admiral

almorzar (ue) to have lunch, a large midday meal

el **almuerzo** lunch

Aló. Hello. *(telephone)*

el **alojamiento** lodging, boarding

el **alpinismo** climbing, hiking

alquilar to rent

el **alquiler** rent

alrededor (de) around

alternado: en forma alternada alternating, taking turns

la **alternativa** alternative, choice

los **altibajos** ups and downs

la **altitud** height

alto tall, high; **la clase alta** upper class

la **altura** height; **tener seis pies de altura** to be six feet tall

el **alumbrado** light

el **alumno (la alumna)** student

amable kind

amanecer to dawn; to get up; *m. n.* dawn, daybreak

el, la **amante** lover

amar to love

amarillo yellow

ambicioso ambitious

ambiental environmental

ambientalista environmental

el **ambiente** environment; **medio ambiente** (natural) environment

ambos both

la **amenaza** threat

amenazar to threaten

americano American; **fútbol americano** football

el **amigo (la amiga)** friend; **ser muy amigo de** to be a good friend of

la **amistad** friendship

amistosamente in a friendly way

el **amor** love

amoroso loving, affectionate; amorous

el **analfabetismo** illiteracy

analfabeto illiterate

ancho wide; **tener 50 pies de ancho** to be 50 feet wide

el **anciano (la anciana)** elderly person

anciano old, aged

andar to walk; to ride in; to function

andino Andean, in the Andes

la **anécdota** anecdote

angloamericano Anglo-American

la **angustia** anxiety, anguish

el **ánimo** spirit

anoche last night

anochecer to get dark; *m. n.* dusk, nightfall

ansioso anxious

ante before; in the presence of

anteayer the day before yesterday

los **anteojos** eyeglasses

el **antepasado (la antepasada)** ancestor

anterior preceding; **anterior a** before

antes before, first; **antes de (que)** before

el **antibiótico** antibiotic

el **anticonceptivo** contraceptive

el **antidepresivo** antidepressant

la **antigüedad** antique

antiguo old, ancient; former

el **antónimo** antonym

la **antropología** anthropology

el **antropólogo (la antropóloga)** anthropologist

anunciar to announce

el **anuncio** announcement, advertisement

el **año** year; **a fines del año** at the end of the year; **a los siete años** at the age of seven; **celebrar tus 80 años** to celebrate your 80th birthday; **durante dos años** for two years; **el año pasado** last year; **el año que viene** next year; **los años 70** the seventies; **hace un año** a year ago; **tener 19 años** to be 19 years old

apacible peaceful

apagar to turn off

el **aparato** appliance

aparecer (zc) to appear

la **apariencia** appearance

el **apartamento** apartment

aparte apart

el **apellido** last name

el **apéndice** appendix

el **apetito** appetite

aplicar to apply

aportar to bring

apoyar to support, back

el **apoyo** support

apreciar to appreciate

aprender to learn

aprisa quickly, hurriedly

aprobar (ue) to pass *(an exam)*

apropiado appropriate

aproximadamente approximately

aproximarse a to approach, move near

apuntar to make a note of

el **apunte** note; **tomar apuntes** to take notes

apurarse a to hurry up; to hurry to

aquel, aquella *adj.* that; **aquél, aquélla** *pron.* that (one)

aquello *pron.* that

aquellos, aquellas *adj.* those; **aquéllos, aquéllas** *pron.* those

aquí here; **aquí cerca** nearby; **Aquí tienes.** Here you are.

el, la **árabe** Arab

arábigo Arabic

el **árbol** tree

archivar to file

el **archivo** file; **archivo de reserva** backup file

el **arco** arch

el **área** *f.* area

la **arepa** corn pancake

argentino Argentinean

árido arid, dry

el **arma** *f.* weapon

armar to arm

el **arquitecto (la arquitecta)** architect

la **arquitectura** architecture

arreglar to fix

arrepentirse (ie) to repent; **arrepentirse de** to regret

arrestar to arrest

arriba on top; up; **de arriba** above

el **arroz** rice

el **arte** art; *pl.* las **artes** arts; **bellas artes** fine arts

el **artículo** article; **artículo definido** definite article; **artículo indefinido** indefinite article

el, la **artista** artist; actor (actress)

artístico artistic

asar to roast

la **ascendencia** descent, origin

ascender to ascend, go up

el **ascensor** elevator

asegurar(se) to make sure

así in this way; like this (that); so; thus

asiático Asian

el **asiento** seat; **tomar asiento** to take a seat

asistir (a) to attend

asociado associate(d)

el **aspecto** aspect

la **aspirina** aspirin

la **astrología** astrology

la **astronomía** astronomy

asumir to assume

el **asunto** matter, subject, issue, affair

atacar to attack

el **ataque** attack

la **atención** attention; **prestar atención** to pay attention

atender (ie) to attend to; to wait on, respond

el, la **atleta** athlete

atlético athletic

la **atmósfera** atmosphere

atmosférico atmospheric

atormentar to torment

atractivo attractive; *m.* attraction

atraer to attract

atrás behind

atreverse a to dare

aumentar to go up; to increase; **aumentar de peso** to gain weight; **aumentar el doble** to double

el **aumento** increase; **aumento de sueldo** increase in salary, raise

aun even

aún still, yet

aunque even though, although

auténtico authentic

la **autobiografía** autobiography

el **autobús** bus; **en autobús** by bus

automático automatic

el **automóvil** automobile, car
automovilístico *adj.* automobile, car
la **autonomía** autonomy, independence
el **autor** (la **autora**) author
la **autoridad** authority
el **autostop** hitchhiking; **hacer autostop** to hitchhike
¡Auxilio! Help!
avanzar to advance
la **aventura** adventure
aventurero adventurous
avergonzar to embarrass
averiguar to find out
el **avión** plane; **en avión** by plane
¡Ay! Ouch! Oh!
ayer yesterday
la **ayuda** help
ayudar to help
el **azafrán** saffron
azteca Aztec
el **azúcar** sugar
azul blue

B

bailar to dance
el **bailarín** (la **bailarina**) dancer
el **baile** dance
bajar to descend; to go down; **bajar de peso** to lose weight; **bajar un archivo** to download a file; **bajarse de** to get off
bajo *prep.* under; *adj.* short; low; **a precio más bajo** at a lower price; **barrios bajos** slums
el **balcón** balcony
la **bancarrota** bankruptcy
el **banco** bank; bench
la **bandera** flag
bañar to bathe; **bañarse** to take a bath

el **baño** bath; bathroom
el **bar** bar
barato cheap
la **barbaridad** atrocity; **¡Qué barbaridad!** Good grief!
el **barco** boat
la **barra** bar
la **barrera** barrier; division
el **barrio** neighborhood; **barrios bajos** slums
basar (en) to base (on)
la **base** staple, basis; **a base de** based on
básico basic
el **básquetbol** basketball
bastante *adj.* enough; *adv.* rather; quite a bit; **bastante bien** pretty good
bastar to be enough, suffice; **¡Basta!** That's enough!
la **bastardilla** italics
la **basura** garbage
el **basurero** garbage can
la **batalla** battle
el **bautismo** baptism
el **bebé** baby
beber to drink
la **bebida** drink
la **beca** scholarship
el **béisbol** baseball
la **belleza** beauty
bello beautiful; **bellas artes** fine arts
la **bendición** blessing
beneficiar to benefit
beneficioso beneficial
besar to kiss
el **beso** kiss
la **biblioteca** library
la **bicicleta** bicycle; **andar en bicicleta** to go by bicycle
bien well; very; good, fine; **acabar bien** to have a happy ending; **bastante bien** pretty good; **¿Está**

bien que + *subjunctive...* ? Is it okay to . . . ?; **pasarlo bien** to have a good time
los **bienes** *pl.* goods
la **bienvenida** welcome; **dar la bienvenida a** to welcome
bienvenido welcome
bilingüe bilingual
el **billete** *(Spain)* ticket
la **biografía** biography
la **biología** biology
el **biólogo** (la **bióloga**) biologist
la **bisabuela** great-grandmother
el **bisabuelo** great-grandfather; *pl.* great-grandparents
la **bisnieta** great-granddaughter
el **bisnieto** great-grandson; *pl.* great-grandchildren
blanco white
la **blusa** blouse
la **boca** mouth
la **boda** wedding
el **bolero** Spanish song or dance
el **boleto** ticket
el **bolígrafo** ballpoint pen
la **bolsa (de valores)** stock market
el **bolsillo** pocket
el **bolso** bag, purse
bombardear to bombard
el **bombón** sweet, candy
bonito pretty
borracho drunk
el **bosque** forest
el **bote** rowboat; **bote de vela** sailboat
la **botella** bottle
el **botones** bellboy
el **Brasil** Brazil
brasileño Brazilian
el **brazo** arm
breve brief
brillante brilliant
la **brillantez** brilliance

la **broma** joke; **en broma** in fun, jokingly

bromear to joke

el **bronce** bronze; brass

bruto stupid

el **buceo** (scuba) diving; **hacer buceo** to go diving

buen, bueno good, nice; well, okay; **¡Buen provecho!** Enjoy your meal!; **Buen viaje.** Have a good trip.; **¡Buena lección!** That will teach you (him, her, etc.)!; **Bueno.** *(Mexico)* Hello. *(used as telephone greeting);* Well . . .; **Hace buen tiempo.** The weather is nice.; **¡Qué buenas noticias!** What good news!; **¡Qué bueno!** Great!

burlarse de to mock; to make fun of

la **burra** female donkey

el **burrito** large tortilla rolled around meat, beans, etc.

el **buscador** search engine

buscar to look for; **en busca de** in search of

la **búsqueda** search

el **buzón** mailbox

C

caballeresco knightly, chivalrous

la **caballería** chivalry

el **caballero** gentleman

el **caballo** horse

caber to fit

la **cabeza** head; **le duele la cabeza** his (her) head aches

el **cabo** end; **al fin y al cabo** in the end

el **cacao** cacao tree or bean

cada each, every

caer(se) to fall

el **café** coffee; café

la **cafeína** caffeine

la **caída** fall

el **cajero** (la **cajera**) cashier

el **calcetín** sock

la **calculadora** calculator

calcular to calculate

la **calefacción** heat, heating

el **calendario** calendar

el **calentamiento (global)** (global) warming

la **calidad** quality

cálido warm, hot

caliente hot (temperature)

callar to quiet, silence; **callarse** to keep quiet

la **calle** street; **calle principal** main street

la **calma** calmness, composure

el **calor** heat, warmth; **hace calor** the weather is hot; **tener calor** to be warm, hot

la **caloría** calorie

el **calzado** footwear, shoe(s)

la **cama** bed

la **cámara** camera

el **camarero** (la **camarera**) waiter (waitress)

el **camarón** shrimp

cambiar to change; to exchange; **Cambiando de tema...** Changing the subject . . .; **cambiar de opinión** to change one's mind; **cambiar de residencia** to move; **cambiar de trabajo** to change jobs

el **cambio** change; **en cambio** on the other hand, in contrast; **la tasa de cambio** rate of exchange

caminar to walk

la **caminata** walk; **hacer una caminata** to take a walk

el **camino** road

el **camión** truck

la **camioneta** van

la **camisa** shirt

la **camiseta** T-shirt

el **camote** sweet potato

el **campamento** camp; **ir de campamento** to go camping

la **campaña** campaign

el **campesino** (la **campesina**) country person

el **campo** country; field

canadiense Canadian

el **canal** channel

la **canción** song

la **candela** candle

el **candidato** (la **candidata**) candidate

cansado tired

cansar to tire out; **cansarse** to become tired

el, la **cantante** singer

cantar to sing

la **cantidad** quantity

el **cañón** canyon; cannon

la **capa (de ozono)** (ozone) layer

la **capacidad** capacity

capaz able, capable

capitalista capitalist

el **capítulo** chapter

capturar to capture

la **cara** face

el **carácter** character; nature; **de buen carácter** good-natured

caracterizar to characterize

¡Caramba! Good grief!

el **caramelo** sweet, candy

¡Caray! Good grief!

la **cárcel** jail

cardíaco heart, cardiac

el **cargo: a cargo de** in charge of

el **Caribe** Caribbean

el **cariño** affection

cariñoso affectionate

carismático charismatic

la **carne** meat; **carne de vaca** beef

caro expensive

la **carpintería** carpentry

el **carpintero** (la **carpintera**) carpenter

la **carrera** career; race; **estudiar a la carrera** to cram

la **carretera** highway

la **carta** letter

el **cartel** sign

la **cartera** wallet, small purse

el **cartógrafo** (la **cartógrafa**) mapmaker

el **cartón** cardboard

el **cartonero** (la **cartonera**) (*Colombia*) person who collects recyclable materials from garbage bins or cans

la **casa** house; **en casa** in the home, at home; **fuera de casa** outside the home

el **casamiento** wedding

casar to marry; **casarse** to get married

casi almost

el **caso** case; **en caso de que** in case; **hacer caso** to pay attention

el **castellano** Castilian, Spanish (language)

el **castillo** castle

el **catarro** head cold

la **catedral** cathedral

católico Catholic

la **causa** cause; **a causa de** because of

causar to cause

la **cebolla** onion

ceder to cede, give up

la **cédula** card; **cédula de identidad** I.D.

celebrar to celebrate

el **celo** jealousy; **tener celos** to be jealous

celoso jealous

celta Celtic

celtíbero Celtiberian

el **cementerio** cemetery

la **cena** dinner

cenar to eat dinner

el **censo** census

la **censura** censorship

censurar to censor

el **centavo** cent

el **centro** center; downtown; **centro comercial** shopping center

Centroamérica Central America

centroamericano Central American

la **cerámica** ceramics

cerca (de) near; **aquí cerca** nearby

el **cerdo** pork

la **ceremonia** ceremony

cero zero

cerrar (ie) to close; **cerrar con llave** to lock

el **cerro** hill

la **cerveza** beer

el **chaleco** vest

la **chaqueta** jacket

la **charla** talk, chat

charlar to chat, talk

¡chau! (*Southern Cone of South America, from Italian "ciao"*) So long!, Bye!

el **cheque** check; **cheque de viajero** traveler's check

la **chica** girl

el **chico** boy; *pl.* boys or boys and girls

chico small

el **chile** chili pepper; **chile relleno** stuffed chili pepper

chileno Chilean

chino Chinese

el **chiste** joke; **chiste verde** dirty joke

chistoso amusing, witty, funny

el **ciberamigo** (la **ciberamiga**) cyber-friend

ciego blind

el **cielo** sky, heaven

cien, ciento one hundred; **por ciento** percent

la **ciencia** science; **las ciencias de computación** computer science; **las ciencias políticas** political science; **las ciencias sociales** social sciences

la **ciencia-ficción** science fiction

el **científico** (la **científica**) scientist

cierto *adj.* certain, a certain; true; *adv.* of course, certainly; **lo cierto es que** the fact is that

el **cigarrillo** cigarette

el **cigarro** cigar

la **cima** height

el **cine** cinema, movie theater

la **cinematografía** cinematography

la **cinta** tape

la **cintura** waist

la **circunstancia** circumstance

la **cita** appointment; date

la **ciudad** city

el **ciudadano** (la **ciudadana**) citizen

la **claridad** light; **con claridad** clearly

el **clarinete** clarinet

claro clear; light; **¡Claro!** Of course! **¡Claro que no!** Of course not!

la **clase** class; kind, type; **clase alta** upper class;

compañero(a) de clase classmate; **viajar en primera clase** to travel first class

clásico classical

la **cláusula** clause

el, la **cliente** customer

el **clima** climate

la **clínica** clinic

cobrar to charge

la **cocaína** cocaine

el **coche** car; **en coche** by car

la **cocina** cuisine, cooking; kitchen

cocinar to cook

el **cocinero** (la **cocinera**) cook, chef

el **coco** coconut

el **cocodrilo** crocodile

el **coctel** cocktail (party)

la **coincidencia** coincidence

la **cola** line; **hacer cola** to stand in line

colectivo collective

el **colegio** (elementary or secondary) school, usually private

el **collar** necklace

el **colmo** height, limit; **¡Esto es el colmo!** This is the last straw!

colocar to place

colombiano Colombian

la **colonia** colony

coloquial colloquial, informal

la **columna** column

la **comadre** close family friend; godmother of one's child

combatir to combat

combinar to combine

el **comediante** (la **comedianta**) comedian (comedienne)

comentar to comment

el **comentario** comment; commentary

comenzar (ie) to begin

comer to eat

comercial commercial

el, la **comerciante** businessperson

el **comercio** commerce, business

cometer to commit, make

cómico comical, funny; **la tira cómica** cartoon, comic strip

la **comida** food; meal

el **comienzo** beginning; **a comienzos de** at the beginning of

la **comisión** commission

como *adv.* as, as though; like, such as; how; *conj.* since, as long as; **cómo** how (to); **como quieras** as you like; **¿Cómo se dirá... ?** How does one say . . . ?; **como si** as if; **tan... como** as . . . as; **tanto (...) como** as much (. . .) as

¿cómo? (¡cómo!) how? (how!); what? what did you say? what is it?; **¡cómo no!** of course!

cómodo comfortable

el **compadre** close family friend; godfather of one's child

el **compañero** (la **compañera**) companion; **compañero(a) de clase** classmate; **compañero(a) de cuarto** roommate

la **compañía** company

la **comparación** comparison

comparar to compare

comparativo comparative

compartir to share

la **compasión** compassion, pity, sympathy

la **competencia** competition

competitivo competitive

completar to complete

completo complete; full (*i.e.,* no vacancies); **pensión completa** room with three meals a day included

complicado complicated

componer to compose

comportarse to behave

el **compositor** (la **compositora**) composer

la **compra** purchase; **ir de compras** to go shopping

comprar to buy

comprender to understand

la **comprensión** understanding; empathy

comprensivo understanding

compuesto composed; *adj., n.* compound

la **computación** computation; **las ciencias de computación** computer science

la **computadora** computer

común common

la **comunicación** communication

comunicar to communicate

la **comunidad** community

el **comunismo** communism

comunista communist

con with; **con gran interés en** greatly interested in; **con más razón** all the more reason; **con permiso** excuse me, with your permission; **con respecto a** with respect to, in reference to; **con tal (de) que** provided that

concentrarse en to be centered in

el **concepto** concept

la **conciencia** conscience

el **concierto** concert
concluir to finish
concreto concrete
conducir (zc) to drive; to lead, conduct
la **conferencia** lecture
confesar (ie) to confess
la **confianza** confidence, trust
confundir to confuse
el **congreso** congress; conference
la **conjetura** conjecture, guess
el **conjunto** band
conmigo with me
conocer (zc) to meet; to know; to know about, be familiar with; **¡Qué gusto conocerlo(la)!** Nice to meet you!, Pleasure to meet you!
el **conocido** (la **conocida**) acquaintance; *adj.* known, well known
el **conocimiento** knowledge
la **conquista** conquest
el **conquistador** conqueror
conquistar to conquer
la **consecuencia** consequence
consecutivo consecutive
conseguir (i) to obtain, get
el **consejero** (la **consejera**) adviser; counselor
el **consejo** piece of advice; **dar consejos** to advise
conservador conservative
conservar to conserve; save
considerar to consider
consigo *pron.* with you, with him, with her, with them; with yourself, with yourselves, with himself, with herself, with oneself, with themselves
consistir to consist
consolado consoled
constante constant

constituir to constitute
construir to build
el **consuelo** consolation
la **consulta: libro de consulta** reference book
consultar to consult
consumir to consume
el **consumo** consumption
la **contabilidad** accounting
el **contacto** contact; **en contacto** in touch
contado: pagar al contado to pay cash
contaminar to pollute
contar (ue) to tell; **contar (con)** to count (on)
contemporáneo contemporary
contener (ie) to contain
el **contenido** contents
contento happy
la **contestación** answer, reply
el **contestador (automático)** (automatic) answering machine
contestar to answer, respond
el **contexto** context
contigo with you *(fam. sing.)*
el **continente** continent
la **continuación: a continuación** immediately after(wards), following
continuar to continue
contra against; **en pro o en contra** for or against
contrario: al contrario on the contrary; **por el contrario** on the contrary, however
contrastar to contrast
el **contraste** contrast
contratar to hire, employ
el **contrato** contract
contribuir (con) to contribute
controlar to control; to check
convencer (z) to convince

convenir (ie) to be convenient, suitable
el **convento** convent
conversar to converse
convertir (ie, i) to convert, change
el **coñac** cognac
la **copa** glass; goblet; **tomar una copa** to have a drink
copiar to copy
coqueto flirtatious
el **corazón** heart
la **corbata** necktie
la **cordillera** range, chain (of mountains)
el **coro** chorus
correcto correct, right
corregir (i) to correct
el **correo** post office; mail
correr to run
la **correspondencia** correspondence; **curso por correspondencia** correspondence course
corresponder to correspond
la **corrida: corrida de toros** bullfight
la **corte** court (royal)
cortés courteous
la **cortesía** courtesy, politeness
corto short, brief
la **cosa** thing
la **cosecha** harvest
coser to sew
cósmico cosmic
la **costa** coast; **costa marítima** seacoast
costar (ue) to cost
el **costo** cost; **costo de vida** cost of living
la **costumbre** custom, habit
cotidiano daily
el **creador** (la **creadora**) creator; *adj.* creative
crear to create

la **creatividad** creativity
creativo creative
crecer (zc) to grow; to grow up
el **crecimiento** growth
el **crédito** credit; **la tarjeta de crédito** credit card
la **creencia** belief
creer to believe, think; **Creo que no.** I don't think so.; **¿No crees?** Don't you think so?; **¡Ya lo creo!** I believe it!
el **crimen** crime
el **cristal** glass, crystal
cristiano Christian
Cristo Christ
la **crítica** critique, review
criticar to criticize
el **crítico (la crítica)** critic
la **crónica** chronicle
la **cruz** cross
cruzar to cross
el **cuaderno** notebook
la **cuadra** city block
el **cuadro** picture, painting
cual, cuales: el (la) cual, los (las) cuales which, whom; **lo cual** which
¿cuál? ¿cuáles? which? which one(s)? what?
la **cualidad** quality, attribute, characteristic
cualquier any; **cualquiera** anyone
cuando when, whenever
¿cuándo? when?
cuanto: en cuanto as soon as; **en cuanto a** as far as . . . is concerned; **unos cuantos** a few
¿cuánto? how much? how many?; **cuánto más...** the more . . .; **¡Cuánto me alegro!** How happy I am!;

¡Cuánto lo siento! How sorry I am!, I'm very sorry!; **¿cuánto tiempo?** how long?
el **cuarto** room; quarter; fourth; **cuarto de al lado** room next door; **cuarto de baño** bathroom; **cuarto doble** double room; **cuarto sencillo** single room
cubano Cuban
cubierto (de) covered (with); *m.* tableware
cubista cubist (art)
cubrir to cover
la **cuchara** tablespoon
la **cucharita** teaspoon
el **cuchillo** knife
el **cuello** neck
la **cuenta** bill, check; **a fin de cuentas** in the final analysis; **darse cuenta de** to realize
el **cuento** story
el **cuerpo** body
la **cuestión** question, matter, issue
el **cuestionario** questionnaire
el **cuidado** care; **Cuidado.** Be careful.; **tener cuidado** to be careful
cuidadosamente carefully
cuidar(se) to take care of (oneself)
la **culpa** blame, guilt; **La culpa fue mía.** It was my fault.; **tener la culpa** to be guilty
culpable guilty
cultivar to cultivate
el **cultivo** cultivation
culto well educated
la **cultura** culture
el **cumpleaños** birthday
cumplir to reach; fulfill; **cumplir... años** to be . . . years old

la **cuna** cradle
la **cuota** fee; installment, payment
el **cura** priest
la **cura** cure
curar(se) to cure (oneself)
la **curiosidad** curiosity
curioso curious, strange
el **curso** course; **curso de computación** computer-science course; **seguir un curso** to take a course
cuyo *rel pron.* whose, of whom, of which

D

dado given
el, la **danzante** dancer
el **daño** harm; **hacer daño** to harm
dar to give; **dar a** to face, be on; **dar la bienvenida a** to welcome; **dar consejos** to give advice; **dar importancia a** to consider (something) important; **dar un paseo** to take a walk; **dar un paso** to take a step; **darse cuenta de** to realize; **darse la mano** to shake hands; **darse por vencido** to give up, surrender; **darse prisa** to be in a hurry; **¿Qué más da?** So what?
de of, from, about; in; on (after a superlative); by; made of; as, with; **De nada.** You're welcome.; **de veras** really; **más de** more than (before a number)
debajo de underneath
deber to owe; to be obliged to, have to, ought to, should; *m. n.* duty; *pl.* homework

debido: debido a due to
débil weak
la **debilidad** weakness
la **década** decade
decente decent
la **decepción** disappointment
decepcionado disappointed
decidir to decide
decir (i) to say, tell; **¿Cómo se dirá... ?** How does one say ... ?; **es decir, ...** that is, ...; **¿Es decir que... ?** Is that to say ... ?, Do you mean ... ?; **querer decir** to mean
la **decisión** decision; **tomar una decisión** to make a decision
declarar to declare
dedicar to dedicate; **dedicarse a** to dedicate oneself to
el **dedo** finger; **el dedo del pie** toe
el **defecto** defect
defender (ie) to defend
la **defensa** defense
el **defensor** (la **defensora**) defender
definido definite
degenerar to degenerate
dejar to leave (something behind); to let, allow; **dejar de** to stop; **Déjeme presentarme.** Allow me to introduce myself.
del contraction of **de** + **el**
delante (de) in front of, before
delgado slender
delicado delicate
delicioso delicious
la **delincuencia** delinquency
demás rest, remaining; **los demás** (the) others
demasiado too, too much; *pl.* too many

la **democracia** democracy
el, la **demócrata** democrat
democrático democratic
demográfico: la explosión demográfica population explosion
la **demoiselle** *(French)* young lady, maiden
demonios: qué demonios what in the dickens
demostrar (ue) to demonstrate, show
el **demostrativo** demonstrative
denso thick
el, la **dentista** dentist
dentro (de) inside; within
depender (de) to depend (on)
el, la **dependiente** clerk
el **deporte** sport; **hacer deportes** to play sports
deportivo relating to sports
deprimido depressed
derecho straight; right; **a la derecha** to the right; **seguir derecho** to proceed straight ahead
el **derecho** right; law
derivar to derive
derramar to spill
el **desacuerdo** disagreement; **estar en desacuerdo con** to disagree with
desafortunadamente unfortunately
desagradable unpleasant
desaparecer (zc) to disappear
la **desaprobación** disapproval
desarrollar to develop; to unfold
el **desarrollo** evolution; development; growth
el **desastre** disaster
desayunar(se) to have breakfast; **desayunarse con...** to have ... for breakfast

el **desayuno** breakfast; **tomar el desayuno** to have breakfast
descansar to rest
el **descanso** rest
descender (ie) to descend
descifrar to decipher, unscramble
descompuesto broken
desconcertado disconcerted
desconocido unfamiliar, not known; *n.* stranger
descortés impolite, rude
describir to describe
descriptivo descriptive
descubierto discovered
el **descubrimiento** discovery
descubrir to discover
el **descuento** discount
desde since; from; **desde chico** since childhood; **desde hace mucho tiempo** for a long time; **desde hace muchos años** for many years
desdichado unfortunate
deseable desirable
desear to wish, want
el **desempleo** unemployment
el **deseo** wish
desesperar to despair
la **desgracia** misfortune; **¡Qué desgracia!** What bad luck!
deshacer to undo, take apart
deshonesto dishonest
el **desierto** desert; *adj.* deserted, desert
la **desigualdad** inequality
desocupar to get out of, vacate
desorganizado disorganized
despacio slow
la **despedida** farewell, leavetaking

despedir (i) to fire; **despedirse (de)** to say goodbye (to)

desperdiciar to waste

despertar (ie) to waken; **despertarse** to wake up, awaken

despierto awake; alert

después (de) after, afterwards; **después (de) que** *conj.* after; **después de todo** in the final analysis, in the end; **poco después** shortly afterwards

el **destino** destiny

destructivo destructive

destruir to destroy

la **desventaja** disadvantage

el **detalle** detail

determinar to determine, fix

detrás de behind

la **deuda** debt; **deuda externa** foreign debt

devolver (ue) to return, give back

devoto devout

el **día** day; **al día siguiente** on the following day; **Buenos días.** Good morning.; **de día** by day; **día de fiesta** holiday; **el Día de Acción de Gracias** Thanksgiving Day; **el Día de Año Nuevo** New Year's Day; **el Día de la Independencia** Independence Day; **el Día de la Madre** Mother's Day; **el Día de los Muertos** All Souls' Day, Day of the Dead; **el Día de la Raza** Columbus Day; **el Día de los Reyes Magos** Epiphany; **el Día de San Valentín** Valentine's Day; **el Día del Trabajo** Labor Day; **hoy (en) día** today, nowadays; *pl.* **en aquellos días** in those days; **en unos días** in a few days; **todos los días** every day

el **diablo** devil

el **diálogo** dialogue

diario daily; *m. n.* newspaper; diary

el, la **dibujante** illustrator

dibujar to draw

el **dibujo** drawing

el **diccionario** dictionary

el **dicho** saying; *p. part.* said, told

diciembre December

el **dictador** dictator

la **dictadura** dictatorship

el **diente** tooth

la **dieta** diet; **estar a dieta** to be on a diet

la **diferencia** difference

diferente different

difícil difficult, hard

la **dificultad** difficulty

la **dignidad** dignity

el **diminutivo** diminutive; *adj.* tiny

dinámico dynamic, energetic

el **dinero** money; **dinero en efectivo** cash; **¡Ni por todo el dinero del mundo!** Not (even) for all the money in the world!

el **dios** god; **si Dios quiere** God willing

diplomático diplomatic

la **dirección** address, direction; **dirección electrónica** e-mail address

directo direct

el **director (la directora)** conductor; director

dirigir to direct

la **disciplina** discipline

el **disco** record; disk; **disco compacto** compact disc; **disco duro** hard disk; **disco flexible** floppy disk

la **discoteca** discotheque

discreto discreet

discriminar (a) to discriminate (against)

la **disculpa** excuse

disculpar to excuse, forgive; **disculparse** to apologize

el **discurso** speech

la **discusión** argument; discussion

discutir to discuss; to argue

diseñar to design, draw

el **diseño** design, drawing

disfrutar (de) to enjoy

disminuir to go down, decrease

la **disputa** fight, argument

la **distancia** distance; **llamada de larga distancia** long-distance call

distinguir to distinguish

distinto different, distinct, peculiar

la **diversidad** diversity

la **diversión** entertainment, diversion

diverso diverse, different; *pl.* several

divertido amusing, funny; amused

divertir (ie) to amuse, entertain; **divertirse** to have a good time

dividir to divide, separate, part; **dividirse en** to be divided into

divorciar to divorce

divorciarse to get a divorce

el **divorcio** divorce

doblar to double; to fold; to turn

el **doble** double; **aumentar el doble** to double
la **docena** dozen
el **doctor** (la **doctora**) doctor
el **doctorado** doctorate
documentar to document
el **documento** document
el **dólar** dollar
doler (ue) to hurt, ache; **Me duele la cabeza.** My head aches.
el **dolor** pain, ache; regret, sorrow
doméstico domestic; **animal doméstico** pet
dominador dominating
dominante dominating
dominar to dominate, control, rule
el **domingo** Sunday
dominicano Dominican; of the Dominican Republic
el **dominio** domination
don, doña titles of respect or affection used before a first name
donde where, in which
¿dónde? where?; **¿de dónde?** from where?
dondequiera wherever
dormido asleep
dormir (ue) to sleep; **dormirse** to fall asleep
el **dormitorio** bedroom
dramático dramatic
drástico drastic
la **droga** drug(s)
la **ducha** shower
la **duda** doubt
dudar to doubt
dudoso doubtful, dubious
el **dueño** (la **dueña**) owner, proprietor
el **dulce** sweet, piece of candy; *adj.* sweet; fresh

durante for; during; **¿durante cuánto tiempo?** for how long?
durar to last, take a long time
duro hard; difficult

E

e and (replaces **y** before words beginning with **i-** or **hi-**)
echar to throw (out); **echar una siesta** to take a nap
la **ecología** ecology
la **economía** economics; economy
económico economic
el, la **economista** economist
el **ecuador** equator
ecuestre horseback (riding)
la **edad** age; **la Edad Media** Middle Ages; **¿Qué edad tienes?** How old are you?; **tener... años de edad** to be . . . years old
el **edificio** building
editar to publish
la **educación** upbringing; education
educado brought up; educated; **bien educado** well brought up; **mal educado** badly brought up, rude, spoiled
educar to bring up; to educate
efectivo actual, real; **dinero en efectivo** cash
el **efecto** effect
eficaz efficacious, effective
eficiente efficient
el **egoísmo** selfishness
egoísta selfish
ejecutivo executive
el **ejemplo** example; **por ejemplo** for example
ejercer to exercise

el **ejercicio** exercise; **hacer ejercicio** to exercise
el **ejército** army
el the; **el que** he who, the one who
él *subj. pron.* he; *obj. of prep.* him, it; **de él** (of) his
la **elección** election; choice
la **electricidad** electricity
eléctrico electric
la **elegancia** elegance
elegante elegant, stylish
elegir (i) to elect; to choose
elemental essential, basic
el **elemento** element
eliminar to eliminate
ella *subj. pron.* she; *obj. of prep.* her, it; **de ella** her, (of) hers
ellos, ellas *subj. pron.* they; *obj. of prep.* them; **de ellos (ellas)** their, (of) theirs
emailear to e-mail
embarazada pregnant
embargo: sin embargo however
la **emergencia** emergency
el, la **emigrante** emigrant
emigrar to emigrate
emocional emotional
emocionante exciting, moving
emotivo emotional
empeorarse to become worse
empezar (ie) to begin, start, initiate
el **empleado** (la **empleada**) employee
emplear to use; to employ, hire
el **empleo** employment, job; **la agencia de empleos** employment agency; **dar empleo** to employ, hire
la **empresa** company; **administración de empresas** business administration

en in; into; at; on; **en bastardilla** in italics; **en cambio** on the other hand, in contrast; **en casa** at home; **en caso (de) que** in case; **en cuanto** as soon as; **en cuanto a** as far as . . . is concerned; **en la gloria** in seventh heaven; **en la luna** daydreaming; **en punto** on the dot; **en realidad** in reality; **en resumen** in summary; **en seguida** at once; **en serio** seriously; **en síntesis** in short; **en vez de** instead of; **pensar en** to think about

enamorado (de) in love (with)

enamorarse (de) to fall in love (with)

encantador charming, enchanting

encantar to delight, enchant; **Encantado.** I'd be delighted; Glad to meet you.; **Me encanta(n)...** I love . . .

encargarse de to be in charge of

encerrado closed in

la **enchilada** enchilada (a tortilla stuffed with meat or cheese and served with a rich sauce)

la **enciclopedia** encyclopedia

encima (de) above, on top (of)

encontrar (ue) to find, encounter; **encontrarse con** to meet, run across

la **encuesta** poll

enemigo hostile; *n.* enemy

la **energía** energy

enfermarse to become ill, get sick

la **enfermedad** illness

el **enfermo (la enferma)** sick person; *adj.* sick, ill

enfrentar to confront

enfrente de in front of

engañar to deceive, trick, fool

el **engaño** deceit, cheating

engañoso tricky

enojado angry

enojar to anger; **enojarse** to become angry

enorme enormous

enriquecer (zc) to enrich; **enriquecerse** to be enriched

la **ensalada** salad

el **ensayo** essay

la **enseñanza** teaching; education; instruction

enseñar to teach; to show

entender (ie) to understand, to hear

enterarse (de) (ie) to find out (about)

entero whole, entire

el **entierro** funeral, burial

entonces then; and so

la **entrada** entrance, entry; **el salón de entrada** lobby

entrado: entrado en años getting on in years

entrante: la semana entrante coming week

entrar to enter, go into, come in; **entrar al sistema** to log in

entre between; among; **entre tanto** in the meantime

el **entremés** appetizer

entresemana weekday

entretener (ie) to entertain

el **entretenimiento** entertainment

la **entrevista** interview

entrevistar to interview

entusiasmado (con) excited, enthusiastic (about)

entusiasmarse por to be (get) enthusiastic about

el **entusiasmo** enthusiasm

el envase (retornable) (returnable) container

enviar to send

la **envidia** envy

la **epidemia** epidemic

el **episodio** episode

la **época** age, time

el **equipaje** luggage; equipment

el **equipo** team

la **equivalencia** equivalence

equivalente equivalent

equivocar to mistake, get wrong; **equivocarse** to be mistaken, be wrong; to make a mistake

la **escalera** stairs; ladder

el **escándalo** scandal

escaparse de to escape from, get out of

el **escape** exhaust pipe

la **escena** scene, episode

el **escenario** stage, set

el **esclavo (la esclava)** slave

escoger to choose; to select

esconder to hide

escribir to write

escrito *p. part. of* **escribir** written

el **escritor (la escritora)** writer

la **escritura** writing

el **escuadrón** squad; **escuadrón de la muerte** death squad

escuchar to listen to

la **escuela** school; **escuela primaria** elementary school; **escuela secundaria** high school

el **escultor (la escultora)** sculptor

la **escultura** sculpture

ese, esa *adj.* that; **ése, ésa** *pron.* that (one)

el **esfuerzo** effort
la **esgrima** fencing
la **esmeralda** emerald
eso *pron.* that; **a eso de** at around (time of day); **Eso es.** That's right.; **por eso** that's why, for that reason
esos, esas *adj.* those; **ésos, ésas** *pron.* those
el **espacio** space; delay; **espacio en blanco** blank
la **espalda** back
espantoso frightening
español Spanish
especial special
la **especialidad** specialty; major
especializarse en to major in; to specialize in
especialmente especially
la **especie** species; type, kind
específico specific
el **espectáculo** show
el **espejo** mirror
la **esperanza** hope
esperar to wait for; to hope; to expect; **Es de esperar.** It's to be expected.; **¡No esperaba esto!** I didn't expect this!
el **espíritu** spirit, soul
espiritual spiritual
espléndido splendid
espontáneo spontaneous
la **esposa** wife
el **esposo** husband; *pl.* husband and wife
el **esquí** ski
esquiar to ski
la **esquina** corner
estable stable
establecer (zc) to establish
el **establecimiento** establishment
la **estación** season; station
el **estadio** stadium
la **estadística** statistic

el **estado** state, government status; **estado libre asociado** free associated state; **Estados Unidos** United States
estadounidense (citizen) of the United States
la **estampilla** stamp
el **estante** shelf
estar to be; **¿Está bien que** + *subjunctive*... ? Is it okay to . . . ?; **estar cansado** to be tired; **estar de acuerdo con** to be in agreement with; **estar de buen (mal) humor** to be in a good (bad) mood; **estar de visita** to be visiting; **estar despierto** to be alert, awake; **estar en la luna** to be daydreaming
la **estatua** statue
este, esta *adj.* this; **éste, ésta** *pron.* this (one)
el **este** east
el **estereotipo** stereotype
el **estilo** style; **estilo de vida** lifestyle
estimado esteemed; dear
estimulante stimulating
estimular to stimulate
el **estímulo** stimulant
la **estirpe** stock, lineage
esto *pron.* this (one)
el **estómago** stomach
estrecho narrow, closed in; *n. m.* straits
la **estrella** star; **estrella errante** falling star
el **estrés** stress (Anglicism)
estricto strict
la **estructura** structure
estructurado structured
el, la **estudiante** student
estudiantil *adj.* student; **la residencia estudiantil** dorm
estudiar to study

el **estudio** study; survey
la **estufa** stove
estupendo wonderful, great
la **etiqueta** label
étnico ethnic
europeo European
el **evento** event, happening
evidente evident, obvious
evitar to avoid, keep away from
exacto exact; **¡Exacto!** Right!, Precisely!
exagerar to exaggerate
el **examen** examination, test; **fracasar en un examen** to fail an exam; **hacer (dar, sufrir, pasar) un examen** to take an exam
examinar to examine
la **excelencia** excellence
excelente excellent
excepto except
exclamar to exclaim
exclusivamente exclusively
la **excusa** excuse
exigente demanding
exigir to demand
existente existing
existir to exist, be
el **éxito** success; **tener éxito** to be successful
exitoso successful
exótico exotic
la **experiencia** experience
experimentar to experience
el **experto (la experta)** expert
la **explicación** explanation
explicar to explain
el **explorador (la exploradora)** explorer
explorar to explore
exponer to exhibit
la **exportación** exportation, export
exportar to export

la **exposición** exhibit
expresar(se) to express (oneself)
extender (ie) to extend
extenso extended
externo foreign
el **extranjero** (la **extranjera**)
   foreigner; *adj.* foreign; **en**
   el extranjero abroad
extrañar to miss
extraño strange, odd
extraordinario extraordinary
extremo extreme
extrovertido extroverted

F

la **fábrica** factory
fabricar to manufacture
fácil easy, simple
la **facilidad** ease
la **facultad** school (of a
   university), department;
   faculty (capacity)
la **falda** skirt
fallar to fail
falso false
la **falta** lack
faltar to be lacking; **Me**
   falta(n)... I need . . .; **¡No**
   faltaba más! That's all
   we need!
la **fama** fame
la **familia** family
familiar *adj.* family; *n.* family
   member
la **familiaridad** familiarity
famoso famous
la **fantasía** fantasy
fantástico fantastic, unreal
la **farmacia** pharmacy;
   pharmacology
fatal *coll.* horrible, awful
la **fatiga** fatigue
el **favor** favor; **por favor** please;
   favor de... please . . .

favorito favorite
faxear to fax
la **fe** faith
febrero February
la **fecha** date
la **felicidad** happiness; *pl.*
   congratulations
las **felicitaciones**
   congratulations
feliz happy; **Feliz fin de**
   semana. Have a nice
   weekend.
femenino feminine
feminista feminist
fenicio Phoenician
fenomenal phenomenal,
   terrific
el **fenómeno** phenomenon
feo ugly
feroz ferocious; terrible
ficticio fictitious
la **fidelidad** loyalty
la **fiebre** fever
fiel faithful
la **fiesta** party; **día de fiesta**
   holiday; **hacer una fiesta**
   to have a party
figurar to figure; be present
fijar to affix; **fijarse (en)** to
   notice
fijo fixed, set
filosofar to philosophize
la **filosofía** philosophy
el **filósofo** (la **filósofa**)
   philosopher
el **fin** end; **a fin de cuentas** in
   the final analysis; **a fines de**
   at the end of; **al fin** finally;
   al fin y al cabo in the end
   (to make a long story short);
   fin de semana weekend;
   poner fin a to put an end
   to; **por fin** finally
el **final: al final (de)** at the end
   (of)

finalizar to finalize
finalmente finally
financiero financial
las **finanzas** finances
firmar to sign
firme firm; hard
la **física** physics
el **físico** (la **física**) physicist; *adj.*
   physical
flamenco pertaining to Gypsy
   music
el **flan** dessert somewhat like a
   custard
la **flauta** flute
la **flor** flower
flotar to float
folklórico folk (music),
   folkloric
la **forma** form; type; shape
la **formalidad** formality
formar to form, make
formidable terrific
el **formulario** form
forzado forcibly, by
   necessity
la **fotocopia** photocopy
la **foto(grafía)** photo(graph);
   photography; **sacar fotos**
   to take pictures
el **fotógrafo** (la **fotógrafa**)
   photographer
fracasar (en) to fail
francamente frankly
francés French
la **frase** sentence, phrase
fraudulento fraudulent
la **frecuencia: con frecuencia**
   frequently
frecuente frequent
frente a opposite, facing
la **fresa** strawberry
fresco fresh; cool; **hace**
   fresco the weather is
   cool
el **frijol** bean

el **frío** cold; **hace frío** the weather is cold; **tener frío** to be cold

frito fried

la **frontera** border; frontier

la **fruta** fruit

el **fuego** fire

la **fuente** source; fountain

fuera (de) outside (of)

fuerte strong; loud; **plato fuerte** main course

la **fuerza** force, power

fulano so-and-so

fumar to smoke

funcionar to function; **Esto no funciona.** This doesn't work (is out of order).

el **funcionario** functionary

fundar to found, establish

furioso furious

el **fútbol** soccer; **fútbol americano** football

el **futuro** future

G

el **galanteo** courtship, wooing

la **galaxia** galaxy

la **gallina** chicken

el **gallo** rooster

el **galón** gallon

el **ganador** (la **ganadora**) winner

ganar to earn; to win

las **ganas: tener ganas de** + *inf.* to feel like (doing something)

la **garantía** warranty

la **garganta** throat

la **gasolina** gasoline

gastar to spend (money, for instance)

el **gasto** expenditure, expense

el **gato** cat

generador generative

general general; usual; **por lo general** in general, generally

generalizar to generalize

el **género** gender; genre

generoso generous

genial congenial; brilliant (having genius)

el **genio** genius

la **gente** people

la **geografía** geography

geográfico geographic

el, la **gerente** manager

el **gesto** gesture, expression

el **gigante** giant

el **gimnasio** gym

la **gira** tour

gitano Gypsy

la **gloria: estar en la gloria** to be in seventh heaven

gobernar (ie) to govern

el **gobierno** government

el **golpe** blow

gordo fat

gozar (de) to enjoy; **gozar de buena salud** to enjoy good health

la **grabadora** tape recorder

la **gracia** grace, charm; humor, quality of being funny or amusing; **hacerle gracia a uno** to strike someone as funny; *pl.* thanks; **Día de Acción de Gracias** Thanksgiving Day; **¡Gracias!** Thank you!, Thanks!; **Gracias por llamar (venir).** Thanks for calling (coming).

gracioso funny, amusing

el **grado** degree; grade

graduarse to graduate

gráfico graphic

la **gramática** grammar

gran (*apocope of* **grande**) great, large; **gran parte** a great part

grande big, large; great

gratis free of charge

gratuito free of charge

grave grave, serious

griego Greek

la **gripe** flu

gritar to shout

el **grupo** group

guapo good-looking

guaraní Guaraní (Indian group of Paraguay)

guardar to keep; to put away

guatemalteco Guatemalan

güero fair (complexion)

la **guerra** war

el, la **guía** guide; **la guía** guidebook

el **guión** script

la **guitarra** guitar

gustar to please, be pleasing to; **Me gusta(n)...** I like . . .

el **gusto** pleasure; taste; **¡Cuánto gusto de verte!** How nice to see you!; **El gusto es mío.** The pleasure is mine.; **Mucho (Tanto) gusto.** Pleased to meet you.; **No he tenido el gusto.** I haven't had the pleasure.; **¡Qué gusto!** What a pleasure!; **Sobre gustos no hay nada escrito.** To each his (her) own.

H

haber to have (*auxiliary verb to form compound tenses*); to be (*impersonal*); **haber de** + *inf.* to be supposed to, be expected to; **había** there was (were); **habrá** there will be; **hay** there is (are); **hay que** + *inf.* it is necessary to, one must (should); **No hay de**

qué. You're welcome., Don't mention it.; **No hay pena.** No need to be embarrassed.; **¿Qué hay?** What's up?; What's the matter?; **¿Qué hay de nuevo?** What's new?

la **habilidad** ability

la **habitación** room

el, la **habitante** inhabitant

habitar to inhabit, live

el **hábito** habit

el **habla: de habla hispana** Spanish speaking

hablador talkative

hablar to talk, speak; **hablando de todo un poco** to change the subject; **¡Ni hablar!** Don't even mention it!

hace (with a verb in the past tense) ago; **hace dos años** two years ago; **¿cuánto tiempo hace que... ?** how long has . . . ?; **hace... que** + pres. something has been going on for + time period

hacer to make; to do; **hacer** + inf. to have something done; **hacer buen (mal) tiempo** to be good (bad) weather; **hacer calor (frío, sol, viento)** to be hot (cold, sunny, windy); **hacer cola** to stand in line; **hacer deportes** to play sports; **hacer ejercicios** to do exercises; **hacer una fiesta** to have a party; **hacerle gracia a uno** to strike someone as funny; **hacer mal a alguien** to harm someone; **hacer un papel** to play a role; **hacer una pregunta** to ask a question;

hacer trampas to cheat; **hacer uso de** to make use of; **hacer un viaje** to take a trip; **hacerse** + noun (or adj.) to become; **Eso no se hace.** That's not allowed (done).

hacia toward

hacía: hacía... que (+ imperf.) something had been going on for + time period

el **hambre** f. hunger; **tener hambre** to be hungry

la **hamburguesa** hamburger

hasta until; as far as; up to; even; **desde... hasta** from . . . to; **¡Hasta luego!** See you later!; **hasta que** conj. until

hecho made; m. n. event; fact

el **helado** ice cream

la **herencia** heritage; inheritance

la **hermana** sister

el **hermano** brother; pl. brothers or brothers and sisters

hermoso beautiful, handsome

el **héroe** hero

la **heroína** heroine

el **hidalgo** (la **hidalga**) nobleman, noblewoman

el **hielo** ice

la **hierba** herb; grass

el **hierro** iron

la **hija** daughter

el **hijo** son; pl. children, sons and daughters

hispánico Hispanic

hispano Hispanic

hispanoamericano Hispanic American

la **historia** story; history

histórico historic

el **hogar** home

la **hoja** leaf

¡Hola! Hello! Hi!

holandés Dutch

el **hombre** man; **¡Hombre!** coll. Wow! Man! (used as a form of address for women or men)

el **hombro** shoulder

homogéneo homogeneous, similar

hondo deep

la **honestidad** honesty

honesto honest

honrado honorable

honrar to honor

la **hora** hour; time; **durante una hora** for an hour; **Es hora de...** It's time to . . .; **hora de partida** time of departure; **No veo la hora...** I can't wait . . .; **¿Qué hora es?** What time is it?

el **horario** schedule, timetable

el **horóscopo** horoscope

horrendo awful

el **hotel** hotel; **hotel de lujo** luxury hotel

hoy today; **hoy (en) día** these days, nowadays; **hoy mismo** this very day

el **hueco** hole

la **huelga** strike; **hacer huelga** to be on strike

la **huerta** fruit or vegetable garden

el **hueso** bone

el, la **huésped** (also la **huéspeda**) guest

el **huevo** egg

humanitario humanitarian

humano human

humilde humble

el **humo** smoke

el **humor** humor; mood; **estar de buen (mal) humor** to be in a good (bad) mood

humorístico humorous

hundirse to sink

el **huracán** hurricane
¡Huy! Ow!

I

ibérico Iberian
el **ibero** (la **ibera**) Iberian
(Spanish or Portuguese)
iberoamericano Iberian
American
la **ida: de ida y vuelta**
roundtrip
idealista idealistic
la **identidad** identity; **cédula de
identidad** I.D.
identificarse con to identify
with
ideográfico ideographic,
using symbols
la **ideología** ideology
ideológico ideological
el **idioma** language
idiota idiotic
la **iglesia** church
ignorar to ignore, not know
igual the same; equal; **igual
que** the same as
la **igualdad** equality
igualmente equally;
Igualmente. Same to you.
ilegal illegal
iluminar to illuminate
ilustrar to illustrate
la **imagen** image, picture
imaginar to imagine
imaginativo imaginative
imitar to imitate
impedir (i) to impede, hinder
el **imperio** empire
el **impermeable** raincoat
impertinente impertinent
implicar to imply
imponer to impose
la **importación** importation,
import

la **importancia** importance; **dar
importancia a** to consider
(something) important;
¿Qué importancia tiene?
So what?
importante important
importar to matter, be
important; **No importa.** It
doesn't matter.
imposible impossible
impresionante impressive
impresionar to impress
impresionista impressionist
impreso printed
la **impresora** printer
imprimir to print
improvisar to improvise
el **impuesto** tax
el **impulso** impulse
inaugurar to inaugurate,
open
inca Inca; **Inca** *m.* supreme
ruler of the Incas
la **incapacidad** incapacity
el **incendio** fire
incitar to incite, encourage
incluir to include
incluso including; even
incómodo uncomfortable
incompleto incomplete
inconstante inconstant
la **incredulidad** disbelief
increíble incredible; **¡Qué
increíble!** How amazing!
indeciso indecisive
indefinido indefinite
la **independencia** independence
independiente independent
indeseable undesirable
indicar to indicate; to note
el **indicativo** indicative
el **indicio** clue word
indígena native; indigenous
indio Indian
indirecto indirect

el **individuo** individual
indocumentado
undocumented
inducir (zc) to induce
la **industria** industry
industrializar to industrialize
la **infancia** childhood
infantil children's
infeliz unhappy
el **infierno** hell
el **infinitivo** infinitive
la **influencia** influence
influir to influence
informarse to get
information
la **informática** computer
science
informativo informative
el **informe** report
la **ingeniería** engineering
el **ingeniero** (la **ingeniera**)
engineer
ingenioso ingenious
Inglaterra England
inglés English
el **ingrediente** ingredient
los **ingresos** income
iniciar to initiate, strike up
la **injusticia** injustice
injusto unfair; unjust
inmediato immediate
el, la **inmigrante** immigrant
la **inmunología** immunology
innovar to innovate
inocente innocent
inolvidable unforgettable
insatisfecho dissatisfied
la **inseguridad** insecurity
insistir en to insist on
insolente insolent
el **insomnio** insomnia
insoportable unbearable
inspirar to inspire
el **instrumento** instrument
insultante insulting

el **insulto** insult
intelectual intellectual
la **inteligencia** intelligence
inteligente intelligent
la **intensidad** intensity
intensivo intensive
intenso intense
intercambiar to exchange
el **interés** interest; **con gran interés en** greatly interested in
interesante interesting
interesar to interest
internacional international
interno domestic
interpretar to interpret
interrogar to interrogate, question
interrumpir to interrupt
intervenir (ie) to intervene
intolerante intolerant
introducir (zc) to introduce
introvertido introverted
intuitivo intuitive
la **inundación** flood
inútil useless
invadir to invade
inventar to invent
el **invento** invention
la **inversión** investment
invertir (ie) to invest
la **investigación** research; investigation
investigar to research
el **invierno** winter
el **invitado** (la **invitada**) guest
invitar to invite; to treat
la **inyección** injection
ir to go; **ir a** + *inf.* to be going to + *inf.*; **ir a pie** to go by foot; **ir de campamento** to go camping; **ir de compras** to go shopping; **ir en avión (tren, barco,** etc.) to go by plane (train, boat, etc.); **irse**

to go (away), leave; **¡Qué va!, ¡Vaya!** Come on now!
irlandés Irish
la **ironía** irony
irónico ironic
irracional irrational
irresponsable irresponsible
la **irritabilidad** irritability
la **isla** island
el **istmo** isthmus
italiano Italian
el **itinerario** schedule
izquierdo left; **a la izquierda** on (to) the left

J

el **jai alai** jai alai (game of Basque origin)
jamás never, (not) ever
el **jamón** ham
japonés Japanese
el **jardín** garden
la **jardinería** gardening
el **jardinero** (la **jardinera**) gardener
el, la **jefe** (also, la **jefa**) boss, leader
el, la **joven** young person; *adj.* young
judío Jewish
el **juego** (type of) game
el **jueves** Thursday
el **juez** judge
el **jugador** (la **jugadora**) player
jugar (ue) (a) to play (sports, games); to gamble
el **jugo** juice
la **juguería** juice bar or stand
el **juguete** toy
julio July
junio June
la **junta** junta
junto together, near

la **justicia** justice
justificar to justify
justo fair, just
la **juventud** youth

K

el **kilo(gramo)** kilo(gram)
el **kilómetro** kilometer

L

la the (*f. sing.*); *dir. obj.* her, it, you (**Ud.**); **la de** that of; **la que** the one that
laboral work
laboralmente in terms of work
el **lado** side; **al lado de** next to, next door to; **al otro lado** on the other side; **de al lado** next door; **del lado de** on the side of; **por todos lados** everywhere
el **ladrón** thief
el **lagarto** alligator
el **lago** lake
lamentar to lament, be sad
el **lamento** lament
el **lápiz** pencil
largo long; **a lo largo de** along
las the (*f. pl*); *dir. obj.* them, you (**Uds.**); **las de** those of; **las que** the ones (those) that
la **lástima** pity; **¡Qué lástima!** What a pity!
lastimar to hurt, injure; **lastimarse** to hurt oneself
la **lata** tin (can)
el **latín** Latin (language)
latino Latin
latinoamericano Latin American
lavar to wash; **lavarse las manos** to wash one's hands

le *indir. obj.* (to, for, from) him, her, it, you (**Ud.**)
la **lección** lesson
la **leche** milk
el **lector** (la **lectora**) reader
la **lectura** reading
leer to read
legalizar to legalize
la **legumbre** vegetable, legume
lejos far; far away; **lo más lejos posible** as far away as possible
la **lengua** language; tongue; **lengua materna** native language
el **lenguaje** language, terminology
lento slow
les *indir. obj.* (to, for, from) them, you (**Uds.**)
la **letra** letter; lyrics; *pl.* letters; literature
el **letrero** sign (incorporating written information, such as a shop sign, billboard, poster), label
levantar to raise; to lift up; **levantarse** to get up; to stand up
la **ley** law
la **leyenda** legend
libanés Lebanese
liberado liberated
la **libertad** liberty; freedom
el **libertador** liberator
libertar to free; to liberate
la **libra** pound
libre free, at liberty; unoccupied, not in use; **al aire libre** in the open air
la **librería** bookstore
el **libro** book; **libro de consulta** reference book
el **liceo** high school
el **líder** leader

el **lienzo** canvas
ligero light
limitar to limit
el **limón** lemon
la **limonada** lemonade
limpiar to clean (up)
limpio clean
lindo pretty
la **línea** line
el **lío** mess, confusion
el **líquido** liquid
la **lista** list
listo ready; clever; **estar listo** to be ready; **ser listo** to be clever; to be quick
literario literary
la **literatura** literature
el **litro** liter
la **llamada** call; **llamada de larga distancia** long-distance call
llamar to call; **llamarse** to be called; **¿Cómo se llama Ud.?** What is your name?
la **llave** key; **cerrar con llave** to lock
la **llegada** arrival
llegar to arrive; **llegar a ser** to become
llenar to fill, fill out
lleno (de) full; filled (with)
llevar to carry; to take; to wear; **llevar una vida feliz** to have a happy life
llorar to cry
llover (ue) to rain
la **lluvia** rain
lo *dir. obj.* him, it, you (**Ud.**); the *(neuter)*: **lo antes posible** as soon as possible; **lo cual** which; **lo máximo** *coll.* the greatest; **lo mejor** the best thing; **lo mismo** the same thing; **lo que** what, that which

loco mad; crazy; **estar loco por** to be crazy about; **volver loco** to drive (someone) crazy; **volverse loco** to go crazy
la **locura** craziness, madness; weakness
lógico logical, reasonable
lograr to get; to achieve; to obtain; to manage to
la **longevidad** longevity
los the *(m. pl.)*; *dir. obj.* them, you (**Uds.**); **los de** those of; **los que** the ones (those) that (who)
la **lotería** lottery
la **lucha** struggle, fight
luchar to fight; to struggle
luego then; afterwards; **luego que** *conj.* as soon as
el **lugar** place; **fuera de lugar** out of place; **tener lugar** to take place
el **lujo** luxury; **el hotel de lujo** luxury hotel
la **luna** moon; **estar en la luna** to be daydreaming
el **lunes** Monday
la **luz** light; traffic light

M

machista (male) chauvinistic
el **macho** male
la **madera** wood
la **madre** mother
la **madrina** godmother
maduro ripe
el **maestro** (la **maestra**) teacher, master
mágico magic, magical
magnífico magnificent
el **mago** magician; **los (Reyes) Magos** Three Kings, Wise Men

el **maíz** corn, maize

mal *adv.* badly, poorly; **acabar mal** to have an unhappy ending; **mal educado** rude, spoiled

el **mal** evil; **Nunca hizo mal a nadie.** He never harmed anyone.

mal, malo *adj.* bad, naughty; **estar de mal humor** to be in a bad mood; **hace mal tiempo** the weather is bad; **¡Menos mal!** That's a relief! Just as well!

la **maleta** suitcase

malgastar to waste

mandar to order; to send; to command; **¿Mande?** *(Mexico)* Pardon?, Sorry?

el **mandato** order, command

la **mandioca** manioc

el **mando** command; authority

manejar to drive

la **manera** way; **de alguna manera** somehow; **de esta manera** in this way; **de ninguna manera** (in) no way; **¡De ninguna manera!** No way!; **¿De qué manera?** In what way? How?

el **mango** mango (fruit)

la **manifestación** demonstration

la **mano** hand; **darse la mano** to shake hands; **hecho a mano** handmade

la **manta** blanket

mantener (ie) to maintain; to support; to keep

la **mantequilla** butter

la **manzana** apple; *(Spain)* block

la **mañana** morning; *adv.* tomorrow; **de la mañana** A.M.; **por la mañana** in the morning

el **mapa** map

la **máquina** machine

el **mar** sea; ocean; **la orilla del mar** seashore

el **maratón** marathon

maravilloso wonderful

la **marca** brand

marchar to go; **marcharse** to leave, depart

el **marido** husband

la **mariposa** butterfly

el **marisco** shellfish

marítimo maritime; **la costa marítima** seacoast

el **martes** Tuesday

marzo March

más *adv.* more; any more; most; *prep.* plus; **ahora más que nunca** now more than ever; **con más razón** all the more reason; **más adelante** farther on; **más bien** rather; **más de** + *number* more than; **más que** more than; **más o menos** more or less; okay; **más tarde** later; **más vale** it is better; **no tener más remedio** to have no other recourse; **¡Qué ciudad más bonita!** What a lovely city!; **¿Qué más da?** So what?

la **máscara** mask

matar to kill

las **matemáticas** mathematics

el, la **matemático** mathematician

la **materia** subject, field of study

la **maternidad** maternity; **en estado de maternidad** pregnant

materno maternal; **lengua materna** native language

la **matrícula** registration; tuition; **la oficina de matrículas** office of student registration

matricularse to register

el **matrimonio** married couple; matrimony; marriage

máximo: lo máximo *coll.* the greatest

maya Maya

mayo May

mayor greater; older; **el (la) mayor** the greatest; the oldest; **la mayor parte de** most of

la **mayoría** majority

me (to, for, from) me; myself

la **medalla** medal

la **medianoche** midnight

mediante by means of

las **medias** stockings

el **medicamento** medicine

la **medicina** medicine

el, la **médico** (*also* la **médica**) physician; *adj.* medical

la **medida** measure; measurement

medio half; middle; average; **la clase media** middle class; **la Edad Media** Middle Ages; **media mañana** in the late morning; **el medio ambiente** environment; **el Medio Oriente** Middle East

el **medio** medium; mean(s); **por medio de** by means of

el **mediodía** noon

mediterráneo Mediterranean

mejor better; best; **lo mejor** the best part or thing

mejorar to improve; **mejorarse** to get better

la **memoria** memory; remembrance

mencionar to mention, tell

menor smaller; younger; smallest; youngest

menos less; least; except; **a menos que** unless; **al menos** at least; **más o menos** more or less; okay; **menos de** less than; **¡Menos mal!** That's a relief! Just as well!; **por lo menos** at least

el **mensaje** message

el **mensajero** (la **mensajera**) messenger

la **mente** mind

mentir (ie) to lie

la **mentira** lie

el **menudo** tripe soup; **a menudo** often

el **mercado** market

la **mercancía** merchandise

merecer (zc) to deserve

el **mes** month; **hace un mes** a month ago; **el mes pasado** last month; **por mes** monthly

la **mesa** table

el **mestizaje** crossing of races

mestizo mestizo, Indian and European

la **meta** goal, aim

meter to put; to insert; **meter la pata** to put one's foot in one's mouth, blunder

el **método** method

el **metro** meter

mexicano Mexican

mexicano-americano Mexican American

la **mezcla** mixture

mezclar(se) to mix

mi, mis my

mí *obj. of prep.* me; myself

el **miedo** fear; **tener (sentir) miedo** to be afraid

el **miembro** member

mientras (que) while; **mientras tanto** in the meantime

el **miércoles** Wednesday

mil thousand; one thousand

el **milagro** miracle

militar military; *n.* soldier

la **milla** mile

millón million

el **millonario** (la **millonaria**) millionaire

mínimo minimal

el **ministro** (la **ministra**) minister

la **minoría** minority

minoritario minority

el **Minotauro** Minotaur (monster with the head of a bull)

el **minuto** minute

mío(s), mía(s) *adj.* my, (of) mine; **el mío (la mía, los míos, las mías)** *pron.* mine; **¡Dios mío!** My goodness!

mirar to watch, look (at)

la **misa** mass (*religious*)

miserable poor; miserable

la **miseria** extreme poverty; pittance; **villa miseria** slum

mismo same; very; just right; **ahora mismo** right now, immediately; **hoy mismo** this very day; **lo mismo** the same (thing)

el **misterio** mystery

misterioso mysterious

la **mitad** half

el **mito** myth

la **mitología** mythology

la **mochila** backpack

la **moda** fashion

el **modelo** model, style

moderado moderate

moderno modern

modesto modest

modificar to change, modify

el **modismo** idiom

el **modo** style; way; mood (*grammar*); **de todos modos** anyway

molestar to bother, annoy; **¿En qué te molesta?** What's wrong? How does it bother you?

la **molestia** bother, trouble; **¡Qué molestia!** What a pain!

molesto upset

el **molino** mill; **molino de viento** windmill

el **momento** moment

la **monarquía** monarchy

la **moneda** coin

monetario monetary

el **monje** monk

el **monólogo** monolog

el **monstruo** monster

el **montaje** setting up

la **montaña** mountain

montar: montar a caballo to ride horseback

montón: un montón de a lot (*literally,* pile) of

morir (ue) to die

moro Moorish

el **mosaico** mosaic

la **mosca** fly

mostrar (ue) to show

el **motivo** reason; **por algún motivo** for some reason

la **motocicleta** motorcycle

mover (ue) to move

la **movilidad** mobility

el **movimiento** movement

la **moza** (*Spain*) waitress

el **mozo** (*Spain*) waiter

la **muchacha** girl

el **muchacho** boy; *pl.* children

mucho *adj.* much; a lot; a great deal; very; *pl.* many; *adv.* very much; **muchas gracias** thanks; **muchas veces** many

times, often; **Mucho gusto.**
Nice to meet you.; **mucho tiempo** a long time

mudarse to move

el **mueble** piece of furniture

la **muerte** death

muerto dead; deceased

la **muestra** sign; sample

la **mujer** woman

mulato mulatto

la **multa** fine

mundial *adj.* world; **Segunda Guerra Mundial** Second World War

el **mundo** world; **todo el mundo** everybody

la **muralla** wall

el **músculo** muscle

el **museo** museum

la **música** music

el, la **músico** musician; *adj.* musical

mutuo mutual

muy very

N

nacer (zc) to be born

el **nacimiento** birth

la **nacionalidad** nationality

nada nothing; (not) anything; *adv.* not at all; **De nada.** You're welcome., Don't mention it.

nadar to swim

nadie nobody; no one; (not) anybody

la **naranja** orange

el **narcotraficante** drug dealer

la **nariz** nose

narrar to relate; narrate

la **natación** swimming

natal of birth, native

la **natalidad** birth; **el control de la natalidad** birth control

nativo native

natural natural; illegitimate

la **naturaleza** nature

navegar (por) to navigate

la **Navidad** Christmas, Nativity; *pl.* Christmas

navideño Christmas

necesario necessary

la **necesidad** need; necessity

necesitar to need

negar (ie) to deny

negativo negative

el **negocio** business

la **negrilla** bold type

negro black; *n.* black person

el **nervio** nerve

nervioso nervous

nevar (ie) to snow

ni nor; not even; **¡Ni a la fuerza!** (Not even by force!) No way!; **¡Ni a palos!** (Not even with blows!) No way!; **¡Ni hablar!** Don't even mention it!; **¡Ni loco(a)!** (Not even crazy!) No way!; **ni... ni** neither . . . nor; **¡Ni por todo el dinero del mundo!** Not (even) for all the money in the world!

la **niebla** fog; **haber niebla** to be foggy

la **nieta** granddaughter

el **nieto** grandson; *pl.* grandchildren

la **nieve** snow

ningún, ninguno not one; not any; none, no, neither (of them); **de ninguna manera** by no means, (in) no way; **¡De ninguna manera!** No way!

la **niña** girl

la **niñez** childhood

el **niño** boy; *pl.* children; **de niño** as a child

el **nivel** level; **nivel de vida** standard of living

no no; not; **¿no?** right?

la **noche** night; evening; **buenas noches** good night, good evening; **de la noche** P.M.; **de noche** at night; **esta noche** tonight; **por la noche** at night; **toda la noche** all night

la **Nochebuena** Christmas Eve

la **Nochevieja** New Year's Eve

nocturno nocturnal, night

nombrar to name

el **nombre** name

el **norte** north

norteamericano North American

nos (to, for, from) us, ourselves

nosotros, nosotras *subj. pron.* we; *obj. of prep.* us, ourselves

la **nota** note; grade; **sacar buenas (malas) notas** to get good (bad) grades

notar to note; to observe

la **noticia** news, notice; **mirar las noticias** to watch the news; **¿Qué buena noticia!** What good news!

la **novedad** (piece of) news

la **novela** novel; **novela de misterio** mystery

el, la **novelista** novelist

el **novenario** nine-day period of mourning

noveno ninth

la **novia** girlfriend; fiancée; bride

noviembre November

el **novio** boyfriend; fiancé; bridegroom

la **nube** cloud

nublado cloudy

nuestro *adj.* our, of ours; **el nuestro** *pron.* ours

nuevamente again

nuevo new; **de nuevo** again;
  ¿Qué hay de nuevo?
  What's new?

la **nuez** (*pl.* **nueces**) nut

el **número** number

numeroso numerous

nunca never, (not) ever

nutritivo nutritious

O

o or; **o... o** either . . . or

obedecer (zc) to obey

el **objetivo** objective

el **objeto** object

obligar to obligate; to compel

obligatorio obligatory

la **obra** work

el **obrero** (la **obrera**) worker

observar to observe

el **observatorio** observatory

obtener to obtain

obvio obvious; evident

la **ocasión** occasion

el **océano** ocean

el, la **oculista** oculist

ocupado busy; occupied

ocurrir to occur, happen; to
  take place

odiar to hate

el **odio** hatred

el **oeste** west

ofender (ie) to offend

ofensivo offensive

la **oferta** offer; **oferta de
  trabajo** job offer

oficial official

la **oficina** office, bureau

el **oficio** skill; trade

ofrecer (zc) to offer; to
  present

el **oído** sense of hearing

oír to hear; **¡Oiga!** word used
  to get someone's attention

Ojalá (que)... I wish (that)
  . . ., I hope that . . .; **¡Ojalá
  que nos veamos pronto!**
  I hope (that) we see each
  other soon!

el **ojo** eye; **¡Ojo!** Take notice!

el **óleo** oil (painting)

olímpico olympic

la **oliva** olive

olvidar(se) de to forget

la **opción** option; choice

opinar to give an opinion, to
  think or have an opinion

oponer(se) to oppose

la **oportunidad** opportunity

la **oposición** opposition

la **opresión** oppression

el **optimismo** optimism

el, la **optimista** optimist; *adj.*
  optimistic

opuesto opposite

la **oración** sentence; prayer

el **orden** order; sequence

la **orden** order, command

ordenado neat

el **ordenador** computer

ordenar to order,
  command

la **oreja** ear

orgánico organic

organizar to organize

el **orgullo** pride

orgulloso proud

el **oriente** orient, east

el **origen** origin, source

originar to originate

la **orilla** edge; border; margin;
  orilla del mar seashore

el **oro** gold

la **ortografía** spelling

os (to, for, from) you,
  yourselves

oscuro obscure; dark

el **otoño** autumn; fall

otro another; other; **en otras
  palabras** in other words;
  otra vez again

P

la **paciencia** patience

el, la **paciente** patient; *adj.*
  patient

pacífico peaceful

padecer (zc) to suffer

el **padre** father; *pl.* parents

el **padrino** godfather; *pl.*
  godparents

la **paella** paella, Spanish dish of
  seafood, chicken, and
  saffroned rice

pagar to pay, pay for

la **página** page; **página
  principal** home page

el **país** country

el **pájaro** bird

la **palabra** word; **en otras
  palabras** in other words

la **palabrota** swearword

el **palacio** palace

pálido pale

la **palmera** palm tree

el **palo** stick

la **paloma** dove

el **pan** bread

la **panadería** bakery

panameño Panamanian

el **panecillo** roll (bread)

la **pantalla** screen

los **pantalones** pants, trousers

el **pañuelo** handkerchief

la **papa** potato

el **papá** dad; papa

el **papel** paper; role; **hacer
  (tener) un papel** to play a
  role

el **paquete** package

el **par** pair; couple

para for; for the purpose of;
  in order to; by (a certain

time); toward, in the direction of; **estar para** to be about to, to be in the mood for; **para mí** as far as I'm concerned; **para que** so that; **¿para qué?** why?; **para siempre** forever

la **parada** stop

el **parador** government-operated hotel in Spain

el **paraguas** umbrella

paraguayo Paraguayan

el **paraíso** paradise

parar to stop

parecer (zc) to appear; to seem, look like; **¿Qué te parece?** What do you think (about it)?

parecido similar

la **pared** wall

la **pareja** couple

el **paréntesis** parenthesis

el **pariente (la pariente)** relative

la **parodia** parody

el **parque** park

el **párrafo** paragraph

la **parte** part; place; **¿De parte de quién?** On whose behalf? Who is calling?; **en alguna parte** somewhere; **en algunas partes** in some places; **en otra parte** somewhere else; **en, por todas partes** everywhere; **la mayor parte de** most of; **por otra parte** on the other hand; **la tercera parte** one-third

participar to participate

particular (a) special (to)

la **partida** departure; **la hora de partida** time of departure

el **partido** political party; game, match

partir to part; to leave, depart

el **pasado** past; last; *adj.* past; **pasado mañana** the day after tomorrow; **el tiempo pasado** past tense, past

el **pasaje** passage; fare, ticket

el **pasajero (la pasajera)** passenger

el **pasaporte** passport

pasar to pass; to pass along; to spend (time); to happen; **pasarlo bien** to have a good time

la **Pascua** Passover; Easter

pasear to take a walk; to stroll

el **paseo** walk, stroll; drive, ride; **dar un paseo** to take a walk, ride

el **pasillo** passage; corridor

pasivo passive

el **paso** step; pace; **dar un paso** to take a step

el **pastel** pie

la **pata** foot, leg (of animal); **meter la pata** to put one's foot in one's mouth, blunder

la **patata** potato

patinar to skate; **patinar sobre hielo** to ice skate

la **patria** homeland

el **patrón** patron; protector; boss

la **paz** peace

el **pedazo** piece

el **pedido** request

pedir (i) to ask (someone to do something), ask for, request; to order (in a restaurant); **pedir prestado** to borrow

la **pelea** fight; quarrel

pelear to fight

la **película** film; movie

el **peligro** danger

peligroso dangerous

el **pelo** hair; **tomarle el pelo a uno** to put someone on, pull someone's leg

la **pena** punishment; penalty; sorrow; embarrassment; **No tenga(s) pena.** No need to be embarrassed.; **¡Qué pena!** What a shame!

el **pensador (la pensadora)** thinker

el **pensamiento** thought; idea

pensar (ie) to think; to plan; **pensar en** to think about

la **pensión** small hotel that generally provides at least one meal a day; **pensión completa** room with three meals a day included

peor worse; worst; **lo peor** the worst thing or part; **Tanto peor.** So much the worse.

pequeño small; little

perder (ie) to lose; **¡No se puede perder!** You can't miss it (get lost)!; **perder (el) tiempo** to waste time

la **pérdida** loss

el **perdón** pardon; forgiveness; **Perdón.** Pardon.; I'm sorry.

perdonar to pardon; to forgive

la **pereza** laziness

perezoso lazy

perfecto perfect

el **periódico** newspaper

el, la **periodista** journalist

el **permiso** permission; **Con permiso.** Excuse me.

permitir to permit; to allow; **¿Me permite... ?** May I . . . ?, Will you permit me to . . . ?

pero but

el **perro** dog

perseguir (i) to pursue; to persecute; to follow

la **persona** person; **toda persona** everyone

el **personaje** character (in a film or literary work)

la **personalidad** personality

la **perspectiva** perspective

pertenecer (zc) to belong

peruano Peruvian

pesado heavy; tiresome

pesar to weigh

pesar: a pesar de (que) in spite of (the fact that)

la **pesca** fishing

el **pescado** fish

el **pescador** (la **pescadora**) fisherman (fisherwoman)

pescar to fish

la **peseta** peseta (unit of money in Spain)

el, la **pesimista** pessimist

el **peso** weight; peso (unit of money); **bajar de peso** to lose weight

la **petición** petition; request

el **petróleo** oil; petroleum

picante highly seasoned, hot

picar to mince

el **pie** foot; **con el pie izquierdo** with (on) the left foot, left foot first; **ir a pie** to walk; **ponerse de pie** to stand up; **tener... pies de altura** to be . . . feet tall (high)

la **piedra** rock, stone

la **piel** skin; fur

la **pierna** leg

la **pieza** room; part

la **píldora** pill

la **pimienta** pepper

el **pincel** paintbrush

el **pingüino** penguin

pintar to paint

el **pintor** (la **pintora**) painter

pintoresco picturesque

la **pintura** painting

la **piña** pineapple

la **piñata** a decorated papier-mâché figure filled with candies, fruits, and gifts and hung high to be broken by a blindfolded person with a stick

la **pirámide** pyramid

el **pirata** pirate

la **piscina** swimming pool

el **piso** floor, story

la **pizarra** blackboard

plagiar to plagiarize, copy

planear to plan

el **planeta** planet

la **planta** plant

plantar to plant; **dejar plantado** to stand up (for a date)

el **plástico** plastic

la **plata** silver; money

el **plátano** banana

el **plato** dish; plate; **plato fuerte** main course

la **playa** beach

la **plaza** plaza, square; **plaza principal** main square; **plaza de toros** bullring

el **pluscuamperfecto** past perfect (tense)

la **población** population

pobre poor; **¡Pobre de ti!** Poor you!

la **pobreza** poverty

poco little (in amount); *pl.* few; *adv.* not very; **en poco tiempo** in a short while; **poco después** shortly afterwards; **un poco** a little (bit)

poder (ue) to be able, can; **Podría ser.** Could be.; **Querer es poder.** Where there's a will there's a way.

el **poder** power; authority; **subir al poder** to rise to power;

tomar el poder to take power

poderoso powerful

podrido rotten

el **poema** poem

la **poesía** poetry

el, la **poeta** (la **poetisa**) poet

poético poetic

el **policía** policeman; *f.* policewoman; police force; police station

policíaco police, detective

el **poliéster** polyester

la **política** politics; policy

el, la **político** politician; *adj.* political; in-law

el **pollo** chicken

el **polo** pole; **polo norte (sur)** North (South) Pole

poner to put, place; **poner la mesa** to set the table; **ponerse** to put on (clothing); **ponerse de acuerdo** to come to an agreement, agree; **ponerse + *adj.*** to become

poquísimo (superlative of **poco**) very little; *pl.* very few

por for; because of, on account of; for the sake of; by; per; through; throughout; along; around; in place of; in exchange for; during; in; **darse por vencido** to give up, surrender; **estar loco por** to be crazy about; **estar por** to be in favor of; **por algún motivo** for some reason; **por ciento** percent; **por completo** completely; **por el contrario** on the contrary, however; **por debajo de** underneath; **por**

Dios for goodness sake; **por ejemplo** for example; **por eso** for that reason; **por favor** please; **por fin** finally; **por lo general** generally; **por la mañana (tarde, noche)** in the morning (afternoon, evening); **por medio de** through, by means of; **por lo menos** at least; **por otra parte** on the other hand; **por primera vez** for the first time; **¿por qué?** why?; **por si acaso** just in case; **por suerte** luckily; **por supuesto** of course; **por lo tanto** therefore; **por todas partes (todos lados)** everywhere; **por lo visto** evidently

el **porcentaje** percentage

pornográfico pornographic

porque because; **porqué** *n.* reason

portarse to behave

portátil portable

porteño of Buenos Aires

portugués Portuguese

el **porvenir** future

la **posesión: tomar posesión de** to take possession of, take over

la **posibilidad** possibility

posible possible; **todo lo posible** everything possible

la **posición** position; status; stance

positivo positive

postal: tarjeta postal postcard

el **postre** dessert

la **práctica** practice

practicar to practice; to perform

práctico practical

el **precio** price; **a precio más bajo** at a lower price; **a precio reducido** on sale; **precio fijo** fixed price

precioso precious

preciso precise, exact; **es preciso que...** It's necessary (essential) that . . .

precolombino pre-Columbian

precoz precocious

predecir to predict, foretell

predominar to predominate

la **preferencia** preference

preferible preferable

preferido favorite

preferir (ie) to prefer

el **prefijo** prefix

la **pregunta** question; **hacer una pregunta** to ask a question

preguntar to ask; **preguntarse** to wonder

el **prejuicio** prejudice

prematuro premature

el **premio** prize

la **prensa** press

la **preocupación** worry

preocupar to worry, concern, preoccupy; **preocuparse** to worry, be concerned

preparar to prepare

la **presencia** presence

la **presentación** presentation; introduction

presentar to present; to introduce; **Déjeme presentarme.** Allow me to introduce myself.

presente present

preservar to preserve

presidencial presidential

el, la **presidente (la presidenta)** president

la **presión** pressure

el **préstamo** loan

prestar to borrow; **pedir (tomar) prestado** to borrow; **prestar atención** to pay attention

el **prestigio** prestige

el **presupuesto** budget

el **pretérito** preterit

prevenir (ie) to prevent

primaria: escuela primaria elementary school

la **primavera** spring

primer, primero first; **lo primero** the first thing

el **primo (la prima)** cousin

principal main

principio: a principios de at the beginning of; **al principio** at the beginning

la **prisa** haste; **darse prisa** to hurry; **tener prisa** to be in a hurry

la **prisión** prison

el **prisionero (la prisionera)** prisoner; **hacer prisionero** to take prisoner

privado private

el **privilegio** privilege

pro pro; **en pro o en contra** for or against

la **probabilidad** probability

probable probable, likely; **Es probable que no.** That's probably not so; **Es probable que sí.** That's most likely true.

probablemente probably, in all likelihood; **Probablemente no.** Probably not.; **Probablemente sí.** Probably.

probar (ue) to try, taste; **probarse** to try on or out el **problema** problem

el **proceso** process; trial

proclamar to proclaim

la **producción** output

producir (zc) to produce

el **producto** product

el **productor** producer

el **profesor** (la **profesora**) teacher, instructor, professor

profundo deep, profound

el **programa** program

la **programación** software

programar to program

progresivo progressive

el **progreso** progress

prohibir to forbid, prohibit

prolongar to prolong

la **promesa** promise

prometer to promise

promocionar to promote

el **pronombre** pronoun

pronto soon; fast; **tan pronto como** as soon as

pronunciar to make (a speech); to pronounce

propicio propitious, favorable

la **propiedad** property

la **propina** tip

propio own

el **propósito: a propósito** by the way; **a propósito de...** regarding . . ., talking about

la **prosa** prose

prosperar to prosper

la **prosperidad** prosperity

próspero prosperous

proteger to protect

la **protesta** protest

protestar to protest

el **prototipo** prototype

el **provecho: ¡Buen provecho!** Enjoy your meal!

el **proverbio** proverb

la **provincia** province

provocar to provoke

próximo next, coming

proyectar to project

el **proyecto** project

prudente prudent, cautious

la **prueba** test, trial; proof

la **psicología** psychology

el **psicólogo** (la **psicóloga**) psychologist

psíquico psychic

publicar to publish

la **publicidad** publicity, advertising

el **público** public; *adj.* public

el **pueblo** town; people

el **puente** bridge

el **puerco** pork

la **puerta** door

el **puerto** port

puertorriqueño Puerto Rican

pues well; because

puesto (*p. part.* of **poner**) put, positioned

el **puesto** job, position

el **punto** point; **punto de vista** point of view

puntual punctual

purificar to purify

puro pure; total; mere

Q

que *rel. pron.* that, which, who, whom; *adv.* than; **algo que hacer** something to do; **de lo que** than; **del (de la, de los, de las) que** than; **el (la, los, las) que** that, which, who, the one(s) that, he (she, those) who; **lo que** what, that which; *indirect command* may, let, have; **no... más que** only

¿qué? what?, which?; **¿para qué?** why?, for what purpose?; **¿por qué?** why?; **¿Qué hay?** What's up?, What's the matter?; **¿Qué hay de nuevo?** What's new?; **¿Qué importancia tiene?** So what?; **¿Qué más da?** So what?; **¿Qué onda?** *coll.* What's up?; **¿Qué tal?** How's it going?; **¿Qué tal el viaje?** How was the trip?; **¿Y qué?** So what?; **¡Qué... !** What (a) . . . !, How . . . !; **¡Qué barbaridad!** Good grief!; **¡Qué buena noticia!** What good news!; **¡Qué ciudad más bonita!** What a lovely city!; **¡Qué gusto!** What a pleasure!; **¡Qué va!** Come on now!; **¡Qu'húbole!** *coll.* (salutation) Hi!

quebrar (ie) to break; **quebrarse la pierna** to break one's leg

quedar to remain, be left; to fit; to go with; **quedar grande (pequeño)** to be big (small); **quedarse** to stay, remain; to be left (in a state or condition)

el **quehacer** chore

la **queja** complaint

quejarse to complain

quemar to burn; **quemarse** to burn oneself

querer (ie) to want, wish; to love; **como quieras** as you like; **querer decir** to mean

querido dear; *m.* dear one

el **queso** cheese

quien, quienes who, whom; he (she, they) who, the one(s) who, those who

¿quién?, ¿quiénes? who?, whom?; **¿de quién?** whose?

la **química** chemistry

quinto fifth

quitar to take away; **quitarse** to take off

quizás perhaps, maybe

R

racional rational

racista racist

la **raíz** (*pl.* **raíces**) root

el **rancho** ranch

rápido quick, fast, rapid

raro rare, strange

el **rastreador** search engine

el **rato** short time or while; **un buen rato** quite a while; **un largo rato** (for) a long time; **los ratos libres** free time

la **raza** race; **el Día de la Raza** Columbus Day

la **razón** reason; **con más razón** all the more reason; **tener razón** to be right

razonable reasonable

reaccionar to react

real real, actual; royal

la **realidad** reality; **en realidad** actually, really, in reality

realista realistic

realizar to realize, bring about (a plan, project)

el, la **rebelde** rebel

la **recepción** hotel registration desk

el, la **recepcionista** receptionist, desk clerk

la **receta** recipe; prescription

recibir to receive, get

el **recibo** receipt

el **reciclaje** recycling

reciente recent

la **reciprocidad** reciprocity, give and take

recitar to recite

recoger to gather, pick up

la **recolección** gathering

recomendar (ie) to recommend

reconocer (zc) to recognize

recordar (ue) to remember

recorrer (la Red) to go through, navigate (the Net)

el **recreo** recreation

el **recuerdo** memory; souvenir

el **recurso** resource

la **Red** Net (Internet)

reducido reduced; **a precio reducido** on sale

reducir (zc) to reduce

reemplazar to replace

la **referencia** reference

referirse (ie) a to refer to; to relate to, concern

reflejar to reflect

reflexionar to reflect, ponder

reflexivo reflexive

la **reforma** reform

reformar to reform

el **refrán** proverb

el **refresco** refreshment; drink

el **refrigerador** refrigerator

el **refugiado** (la **refugiada**) refugee

regalar to give as a gift

el **regalo** gift, present

regatear to bargain

el **régimen** regime

regio (*Colombia*) great, fantastic

la **regla** rule

regresar to return, come back

regular regular; all right

rehusar to decline

la **reina** queen

reír (i) to laugh; **reírse de** to laugh at

la **relación** relationship

relacionado con related to

relacionar to relate

relajar to relax; **relajarse** to become relaxed

relatar to tell

relativo relative; **tener algo de relativo** to be somewhat relative

releer to reread

religioso religious

relleno stuffed

el **reloj** watch

el **remedio** remedy; recourse

renacer (zc) to be reborn

la **reparación** repair

el **repaso** review

repente: de repente suddenly

repetir (i) to repeat

el **reportaje** report

reportar to report

el **reportero** (la **reportera**) reporter

reposar to rest

el, la **representante** representative

representar to represent

la **república** republic

el **requisito** requirement

la **res** head of cattle; **carne de res** beef

la **reserva** preserve; **archivo de reserva** backup file

reservar to reserve

la **residencia** residence; **residencia estudiantil** dorm

el, la **residente** resident

resolver (ue) to solve

respectivamente respectively

el **respecto** respect, reference; **con respecto a** with respect (regard) to

respetar to respect

el **respeto** respect, esteem

respetuoso respectful

la **respiración: tubo de respiración** snorkle
respirar to breathe
responder to respond, answer
la **responsabilidad** responsibility
responsable responsible
la **respuesta** answer
el **restaurante** restaurant
el **resto** rest, remainder
resuelto (*p. part of* **resolver**) solved
el **resultado** result
resultar to result; to turn out
el **resumen** summary; **en resumen** in summary
resumir to summarize
retardar to slow down
retirarse de to retire from
retórico rhetorical
el **retrato** portrait, description
la **reunión** meeting
reunir to bring together, unite; **reunirse** to meet
el **reverso** back, reverse
la **revista** magazine
revolucionar to revolutionize
revolucionario revolutionary
revuelto scrambled
el **rey** king; *pl.* king and queen; kings
rezar to pray
rico rich; delicious
ridículo ridiculous
la **rima** rhyme
el **río** river
la **riqueza** wealth
la **risa** laughter
rítmico rhythmic
el **ritmo** rhythm
robar to rob, steal
la **rodilla** knee
rogar (ue) to beg, plead, entreat; to request
rojo red

romano Roman
romántico romantic
romper con to break (up) with
la **ropa** clothing; **la ropa interior** underwear
la **rosa** rose
rosado rosé (wine)
roto broken
el **ruido** noise
la **ruina** ruin
la **rumba** rumba
ruso Russian
la **rutina** routine, daily grind

S

el **sábado** Saturday
saber to know; **saber** + *inf.* to know how to; *preterit* to find out; **¿Qué sé yo?** What do I know?
el **sabor** taste; flavor
sabroso delicious
sacar to take out; **sacar una A** to get an A; **sacar buenas (malas) notas** to get good (bad) grades; **sacar fotos** to take photos
el **sacerdote** priest
el **sacrificio** sacrifice
sagrado holy
la **sal** salt
la **sala** living room; large room; **sala de espera** waiting room
salado salty
el **salame** salami
el **salario** salary
la **salida** exit, way out; output
salir to go out, leave (a place); to come out or up (as sun, moon, stars); **salir de** to go out of; **salir del sistema** to log off; **salir para** to leave for

el **salón** large room, salon; **salón de entrada** lobby; **salón de té** tea room
la **salsa** sauce; salsa music
saltar to jump
la **salud** health; **gozar de buena salud** to enjoy good health; **¡Salud!** Cheers!; Gesundheit!
saludar to greet, say hello
el **saludo** greeting, salutation; **¡Saludos a la familia!** Regards to the family!
la **salvación** rescue, salvation
salvar to save, rescue
san (*apocope* of **santo**) saint
la **sandalia** sandal
sangrante bloody
la **sangre** blood
sano healthy
la **santería** Afro-Caribbean religion
el **santo** (la **santa**) saint; **santo patrón** patron saint
la **sátira** satire
satirizar to satirize
satisfacer to satisfy
satisfecho satisfied
se *indir. obj.* (to, for, from) him, her, it, you (**Ud., Uds.**), them; *refl. pron.* (to, for, from) himself, herself, itself, yourself (**Ud.**), themselves, yourselves (**Uds.**), oneself; *recip. refl.* each other, one another
secar to dry
seco dry; unconcerned
el **secretario** (la **secretaria**) secretary
el **secreto** secret; *adj.* secret
secundario secondary; **efecto secundario** side effect; **escuela secundaria** high school

la **sed** thirst; **tener sed** to be thirsty

la **seda** silk

el **seductor** (la **seductora**) seducer

sefardí Sephardic

seguido in a row, consecutive; **en seguida** right away

seguir (i) to follow; to continue, keep on; **seguir adelante, seguir derecho** to proceed straight ahead; **seguir un curso** to take a course

según according to; depending on; **según dicen** as people say; **según su opinión** in your opinion

el **segundo** second; second one; *adj.* second

la **seguridad** security; certainty

seguro sure, certain; secure, safe; *adv.* certainly, that's for sure

seleccionar to choose

el **sello** *(Spain)* stamp

la **selva** forest, jungle

la **semana** week; **el fin de semana** weekend; **la semana que viene** next week; **Semana Santa** Holy Week

semejante similar, such (a)

el **semestre** semester

la **semilla** seed

sencillo simple, plain; **el cuarto sencillo** single room

el **sensacionalismo** sensationalism

sensible sensitive

sentarse (ie) to sit down, be seated

el **sentido** sense; direction

el **sentimiento** feeling, sentiment

sentir (ie) to feel, sense; to be sorry (for); **¡Cuánto lo siento!** How sorry I am!, I'm very sorry!; **sentir miedo** to be afraid; **sentir que** to be sorry that; **sentirse** to feel

la **señal** sign (usually containing no writing, such as a road sign); signal; gesture

señalar to mark; to point out; to gesture

el **señor** (*abbr.* **Sr.**) man, gentleman; sir; mister; Mr.; **los señores** (*abbr.* **Sres.**) Mr. and Mrs.

la **señora** (*abbr.* **Sra.**) lady, wife; ma'am; Mrs.

la **señorita** (*abbr.* **Srta.**) young lady; miss; Miss

separar to separate; **separarse de** to be separated from

septiembre September

el **ser** being; **ser humano** human being

ser to be; **es que** that's because; **llegar a ser** to become; **ser de** to be made of; to be from

la **serie** series

serio serious; **en serio** seriously

el **servicio** service

servir (i) (de) to serve as; **servirse** to help oneself (to something); **¿En qué puedo servirles?** How can I help you?; **No sirve.** It's no good.; **¿Para qué sirven?** What are they good for?; **para servirle** at your service

el **sexo** sex

si if; whether; **como si** as if

sí yes; *reflex. pron.* himself, herself, etc. (*after prep.*)

el **SIDA** AIDS

siempre always

la **siesta** midday break for rest, nap; **echar una siesta** to take a nap

el **siglo** century

el **significado** meaning

significar to mean, signify, indicate

significativo significant

siguiente following; **al día siguiente** on the following day

el **silencio** silence

silencioso silent

la **silla** chair

simbolizar to symbolize

el **símbolo** symbol

la **simpatía** empathy

simpático nice, congenial

sin with; **sin embargo** however, nevertheless; **sin igual** unparalleled; **sin que** *conj.* without

sincero sincere

el **sindicato** labor union

el **síndrome** syndrome

sino but, but rather; **sino que** + *clause* but rather

el **sinónimo** synonym

la **síntesis** synthesis; **en síntesis** in short

el **síntoma** symptom

sirio Syrian

el **sistema** system

el **sitio** place, spot; site, location; **los sitios** sights

sobre about; over; on top of; **sobre todo** especially

sobrehumano superhuman

la **sobrevivencia** survival

sobrevivir to survive; to outlive

el **sobrino** (la **sobrina**) nephew (niece)

la **sociabilidad** sociability
el **socialismo** socialism
socialista socialist
socializado socialized
la **sociedad** society
el **socorro** help
sofisticado sophisticated
el **sol** sun; **al salir el sol** when
the sun rises; **haber sol** to
be sunny; **tomar sol** to
sunbathe
solamente only
la **soledad** loneliness; isolation;
solitude
solicitar to seek out
el, la **solista** soloist
solitario solitary; lone
solo alone; lone; single
sólo only; **no sólo... sino
también** not only . . . but
also
el **solsticio** solstice
soltero unmarried
solucionar to solve
la **sombra** shadow
el **sombrero** hat; **Se quitan el
sombrero.** They take off
their hats.
la **somnolencia** drowsiness
el **son** Cuban musical style,
precursor of **salsa**
sonar to ring
el **sondeo** poll
el **sonido** sound
sonreír to smile
soñar (ue) (con) to dream
(about)
la **sopa** soup
soportar to put up with,
stand; to support
sor (before the name of a nun)
sister
sorprendente surprising
sorprender to surprise
la **sorpresa** surprise

sospechoso suspicious
sostener to support,
maintain
su, sus his, her, its, their, your
(**Ud., Uds.**)
suave soft; mild
subestimar to underestimate
la **subida** ascent; rise
subir to go up, climb; **subir a**
to get in or on; **subir al
poder** to rise to power
el **subjuntivo** subjunctive
la **substancia** substance
subversivo subversive
suceder to succeed, follow in
order
sucesivo successive
sucio dirty
Sudamérica South America
sudamericano South
American
el **sueldo** salary
el **suelo** floor
el **sueño** dream; sleep; **¡Es un
sueño!** It's terrific (a
dream)!; **tener sueño** to be
sleepy
la **suerte** fortune, luck; **por
suerte** luckily; **¡Qué
suerte!** What luck!
el **suéter** sweater
suficiente sufficient, enough
el **sufrimiento** suffering
sufrir (de) to suffer (from)
sugerir (ie) to suggest
el **suicidio** suicide
el **sujeto** subject
la **suma** sum
el **superhombre** superman
superlativo superlative
el **supermercado** supermarket
la **superpoblación**
overpopulation
supersticioso superstitious
suponer to suppose, assume

supuesto supposed; **por
supuesto** of course
sur south; **América del Sur**
South America
sureste southeast
surfear *coll.* to surf
suroeste southwest
suspender to suspend
la **sustancia** substance
el **sustantivo** noun
la **sustitución** substitution
sutil subtle
suyo(s), suya(s) *adj.* (of) his,
her, of hers, your, of yours
(**Ud., Uds.**), their, of theirs;
**el suyo (la suya, los suyos,
las suyas)** *pron.* his, hers,
yours (**Ud., Uds.**), theirs

T

el **tabaco** tobacco
el **taco** taco, corn tortilla stuffed
with cheese, beans, etc.
tal such (a); **con tal (de) que**
provided that; **¿qué tal?**
How are things?; **¿Qué tal
el viaje?** How was the
trip?; **tal como** such as;
tal vez perhaps
el **talento** talent
la **talla** size
el **tamal** tamale
el **tamaño** size
también too, also
el **tambor** drum
tampoco neither, (not) either
tan so, such; **tan... como**
as . . . as; **tan pronto como**
as soon as
tanto(a, os, as) *adj. and pron.*
so much (many), as much
(many); *adv.* as (so) much;
mientras tanto in the
meantime; **por lo tanto**

however; **tanto como** as much (many) as; **Tanto gusto.** Nice to meet you.; **¡Tanto mejor!** So much the better!; **¡Tanto peor!** So much the worse!

tardar en + *inf.* to take (+ *time period*) to

la **tarde** afternoon or early evening; **Buenas tardes.** (used from noon until sundown) Good afternoon.; Good evening.; **de la tarde** P.M.; **por la tarde** in the afternoon

tarde *adv.* late

la **tarea** homework; **tareas del hogar** housework

la **tarjeta** card; **tarjeta de crédito** credit card; **tarjeta postal** postcard

la **tasa** rate; **tasa de cambio** exchange rate

el **tatuaje** tattoo

el, la **taxista** taxi driver

la **taza** cup

te *obj. pron.* (to, for, from) you, yourself *(fam. sing.)*

el **té** tea

teatral theatrical

el **teatro** theater

el **techo** roof

la **técnica** technique

el **técnico (la técnica)** technician

la **tecnología** technology

tejer to knit

el **tejido** weaving, textile

la **tela** fabric

telefónico *adj.* telephone, of the telephone

el **teléfono** telephone; **número de teléfono** telephone number

la **telepatía** telepathy, mind reading

el **televisor** television set

el **tema** theme, topic, subject; composition; **Cambiando de tema...** To change the subject . . .

temer to fear

el **temor** fear

el **temperamento** temperament

la **temperatura** temperature

la **tempestad** tempest; storm

el **templo** temple

temporal temporary

temprano early

la **tendencia** tendency

tender (ie) (a) to tend (to); to hang up

el **tenedor** fork

tener (ie) to have; **Aquí tienes.** Here you are; **¿Qué edad tienes?** How old are you?; **¿Qué importancia tiene?** So what?; **tener alternativa** to have a choice; **tener... años** to be . . . years old; **tener buena (mala) suerte** to have good (bad) luck; **tener calor** to be hot; **tener celos** to be jealous; **tener cuidado** to be careful; **tener la culpa** to be guilty; **tener derecho a** to have the right to; **tener dolor de cabeza (estómago)** to have a headache (stomachache); **tener éxito** to be successful; **tener frío** to be cold; **tener ganas de** + *inf.* to feel like (doing something); **tener gracia** to be funny; **tener hambre** to be hungry; **tener lugar** to take place; **tener miedo (de) que** to be afraid that; **tener pena** to be embarrassed;

tener prisa to be in a hurry; **tener que** + *inf.* to have to (do something); **tener razón** to be right; **tener sed** to be thirsty; **tener sueño** to be sleepy; **tener vergüenza** to be ashamed

el **tenis** tennis

el **tentempié** snack

la **teoría** theory

tercer(o) third

el **tercio** third

la **terminación** ending

terminar to end, finish

el **término** term

la **terminología** terminology

el **terremoto** earthquake

el **terreno** terrain; land; ground

terrorífico terrifying

el **terrorismo** terrorism

el **tesoro** treasure

el **texto** text; **libro de texto** textbook

ti *obj. of prep.* you, yourself *(fam. sing.)*

la **tía** aunt

el **tiempo** weather; time; tense (grammatical); **a tiempo** on time; **al mismo tiempo** at the same time; **¿Cuánto tiempo hace que... ?** How long . . . ?; **en poco tiempo** in a short while; **en tiempos pasados** in times past; **hace buen (mal) tiempo** the weather is good (bad); **los buenos viejos tiempos** the good old days; **mucho tiempo** a long time, a great deal of time; **perder (el) tiempo** to waste time; **¿Qué tiempo hace?** What's the weather like?; **tiempo pasado** past tense, past; **todo el tiempo** all the time la **tienda** shop, store

la **tierra** land; earth, soil; **por tierras hispánicas** in Hispanic countries

tímido shy

la **tinta** ink

tinto red (wine)

el **tío** uncle; *pl.* aunt and uncle, uncles

típico typical

el **tipo** type, kind; guy

la **tira cómica** cartoon, comic strip

tirar to throw; to pull

el **tiro al vuelo** shooting

el **tiro con arco** archery

el **título** title, degree

la **toalla** towel

tocar to touch; to play (a musical instrument); to knock

todavía still, yet

todo *adj.* all, entire, whole; complete; every; *m. n.* everything; **después de todo** in the end; after all; **por todas partes (todos lados)** everywhere; **sobre todo** especially; **todo el día** all day; **todo el mundo** everyone; **toda persona** everyone; *pl.* all, every; *n.* everyone; **todos los días** every day

la **tolerancia** tolerance

tomar to take; to drink; **tomar asiento** to take a seat; **tomar una copa** to have a drink; **tomar una decisión** to make a decision; **tomar el desayuno** to have breakfast; **tomarle el pelo a uno** to pull someone's leg, put someone on; **tomar el**

poder to take power; **tomar prestado** to borrow; **tomar sol** to sunbathe

el **tomate** tomato

la **tontería** foolishness; **¡Qué tonterías!** What nonsense!

tonto silly, foolish

el **torero** bullfighter

el **toro** bull; **la corrida de toros** bullfight; **la plaza de toros** bullring

la **torre** tower

la **torta** cake

la **tortilla** corn or wheat pancake or flat bread *(Mexico);* omelette *(Spain)*

la **tortuga** turtle

la **tortura** torture

total total, complete; **Total (que)...** So . . .

la **totalidad** totality; whole

el **trabajador (la trabajadora)** worker; *adj.* hard-working

trabajar to work; **¡A trabajar!** Get to work!

el **trabajo** work, job; **cambiar de trabajo** to change jobs; **el Día del Trabajo** Labor Day; **la oferta de trabajo** job offer

la **traducción** translation

traducir (zc) to translate

el **traductor (la traductora)** translator

traer to bring; to carry

el **tráfico** traffic

trágico tragic

el **traje** costume; suit; outfit

trampas: hacer trampas to cheat

tranquilamente quietly, peacefully

la **tranquilidad** tranquility

el **tranquilizante** tranquilizer

tranquilo quiet

transformar to change, transform; **se han ido transformando** they have gradually changed

transmitir to transmit

transportar to transport

el **transporte** transportation; **transporte público** public transportation

el **tratamiento** treatment

tratar to treat; **tratar de** to try to, attempt to; to deal with, be concerned with

el **trato** interchange

traumático traumatic

través: a través de across, through

trazar to trace; to draw

tremendo tremendous

el **tren** train; **en tren** by train

el **tribunal** court of law

el **trimestre** quarter (of the scholastic year)

triste sad

la **tristeza** sadness

triunfar to triumph, win, succeed

el **triunfo** triumph, victory

el **trombón** trombone

la **trompeta** trumpet

tropezar (ie) to stumble; **tropezar con** to bump into

tu, tus your *(fam. sing.)*

tú you *(fam. sing.)*

el **tubo** tube; **tubo de respiración** snorkle

la **tumba** tomb

el **turismo** tourism

el, la **turista** tourist

turístico *adj.* tourist

tuyo(s), tuya(s) *adj.* your, of yours; **el tuyo (la tuya, los tuyos, las tuyas)** *pron.* yours *(fam. sing.)*

U

u or (used instead of **o** before a word beginning with **o-** or **ho-**)

Ud., Uds. *abbr.* for **usted** or **ustedes**

último last; most recent; latest

único unique; only

la **unidad** unit

unido united; close; **Estados Unidos** United States

unir to unite

la **universidad** university, college

universitario *adj.* university, college

el **universo** universe

uno (un), una one; a, an

unos, unas some; a few; several; **unos** + *a number* about

urbano urban

urgente urgent

uruguayo Uruguayan

usar to use; to wear

el **uso** use; **hace uso** makes use

usted (*abbr.* **Ud., Vd.**) you (*formal*); *pl.* **ustedes** (*abbr.* **Uds., Vds.**) you (*fam.* + *formal*)

usualmente usually

el **usuario** (la **usuaria**) user

el **utensilio** utensil

útil useful

la **utilidad** usefulness, utility

utilizar to use

la **uva** grape

V

la **vaca** cow; **la carne de vaca** beef

las **vacaciones** vacation(s); **estar de vacaciones** to be on vacation

la **vacilación** hesitation

vacío empty

la **valentía** courage

valer to be worth; **más vale** it is better

válido valid, true

valientemente bravely, valiantly

la **valija** suitcase

el **valle** valley

el **valor** value; courage; **la bolsa de valores** stock market

el **vals** waltz

el **vapor** steam

variado varied

variar to vary; **variar según** to vary with or according to

la **variedad** variety

varios several; various

vasco Basque

el **vaso** glass

¡Vaya! Come on now!; **¡Que le vaya bien!** May all go well with you!

el **vecindario** neighborhood

el **vecino** (la **vecina**) neighbor

vegetar to vegetate, sit idle

el **vegetariano** (la **vegetariana**) vegetarian

el **vehículo** vehicle

la **vejez** old age

la **vela** candle; sail(boat)

la **velocidad** speed

el **velorio** wake, vigil

vencer (z) to overcome, triumph, conquer; **darse por vencido** to give up, surrender

el **vendedor** (la **vendedora**) seller, trader, salesperson

vender to sell

venezolano Venezuelan

venir to come; **el año que viene** next year; **Ven acá.** Come here.

la **venta** sale; **en venta** for sale

la **ventaja** advantage

la **ventana** window

ver to see; **A ver.** Let's see; **Bueno, nos vemos.** Well, see you.; **No veo la hora...** I can't wait . . .; **Ojalá que nos veamos pronto.** I hope we see each other soon.; **¡Qué alegría verte!** How nice to see you!; **Te veo pronto.** See you soon.; **tener algo que ver con** to have something to do with

el **verano** summer

veras: ¿de veras? really?

el **verbo** verb

la **verdad** truth; **en verdad** in fact; **¿verdad?** right?, isn't that so?

verdadero true, real

verde green; unripe; **chiste verde** dirty joke

la **verdura** vegetable

la **vergüenza** shame; **tener vergüenza** to be ashamed

verificar to verify

el **verso** verse

el **vestido** dress; **estar vestido de** to be dressed as

vestir (i) to dress; **vestirse** to get dressed

la **vez** (*pl.* **veces**) time, instance, occasion; **a la vez** at the same time; **a veces** sometimes; **alguna vez** ever, at some time; **algunas veces** sometimes; **de vez en cuando** from time to time; **en vez de** instead of; **muchas veces** often, many times; **otra vez** again, once more; **otra vez más** one more time; **por primera vez** for the first time; **tal**

vez perhaps, maybe; **una vez** once

viajar to travel; **viajar en primera clase** to travel first class

el **viaje** trip; **agente de viajes** travel agent; **¡Buen viaje!** Have a good trip!; **hacer un viaje** to take a trip

el **viajero** (la **viajera**) traveler; **el cheque de viajero** traveler's check

la **víctima** victim

la **victoria** victory

la **vida** life; **el costo de vida** the cost of living; **gozar de la vida** to enjoy life; **llevar una vida feliz** to have a happy life; **el nivel de vida** standard of living; **la vida familiar** family life

el **video** (also, **vídeo**) videotape

el **vidrio** glass

viejo old, elderly; *n.* old person

el **viento** wind; **hacer viento** to be windy

el **viernes** Friday; **Viernes Santo** Good Friday

la **villa: villa miseria** slum

el **vinagre** vinegar

el **vino** wine

la **violencia** violence

violento violent

la **virtud** virtue

la **visita** visit; **estar de visita** to be visiting

el, la **visitante** visitor

visitar to visit

la **vista** view; eyesight; **punto de vista** point of view

visualizar to visualize

la **vitalidad** vitality

la **vitamina** vitamin

el **viudo** (la **viuda**) widower (widow)

¡Viva... ! Hooray for . . . !, Long live . . . !

la **vivienda** housing

vivir to live; **vivir de** to live from

vivo alive; bright

el **vocabulario** vocabulary

volar (ue) to fly, be in flight

el **volcán** volcano

el **vólibol** volleyball

el **voluntario** (la **voluntaria**) volunteer

volver (ue) to return; **volver a** + *inf.* to do something again; **volverse loco** to go crazy

vosotros (vosotras) *subj. pron.* you *(fam. pl.); obj. of prep.* you, yourselves

votar (por, contra) to vote (for, against)

el **voto** vote; **el derecho al voto** the right to vote

la **voz** (*pl.* **voces**) voice

el **vuelo** flight

la **vuelta** change (money); **de ida y vuelta** roundtrip; **pegar la vuelta** to turn back

vuelto (*p. part.* of **volver**) returned

vuestro *adj.* your; **el vuestro** *pron.* your, (of) yours *(fam. pl.)*

Y

y and; **¿Y qué?** So what?

ya already; now; **ya no** no longer; **¡Ya lo creo!** I believe it!

la **yerba** grass

yo *(subj. pron.)* I

Z

la **zanahoria** carrot

la **zapatería** shoe store

el **zapato** shoe

la **zona** zone

el **zorro** fox

Índice

Credits

p. 296: "O ser o existir" cartoon (1993), Cartoonists & Writers Syndicate, New York, New York.

p. 303: José Luis Martín Zabala, Quico cartoon "¡Cuidado! Carlos no plagia otros... " from *¡No eres moderno, Quico!* Ediciones B, S.A., Barcelona, Spain.

Photo Credits

p. 1: Ulrike Welsch; p. 2: Oscar Bonilla/Prisma; p. 3: Odyssey/Frerck/Chicago; p. 28: Bob Daemmrich/The Image Works; p. 37: Robert Fried/Stock Boston; p. 40: Museum of International Folk Art, Museum of New Mexico, Sante Fe, photo by Michel Monteaux; p. 49: Courtesy of the author; p. 58: Barry King/Gamma-Liaison; p. 61, top: Courtesy of the author; p. 61, bottom: Courtesy of the author; p. 62: Courtesy of the author; p. 83: Chip & Rosa Maria de la Cueva Peterson; p. 105, left: Westenberger/Gamma-Liaison; p. 105, right: A. Ribeiro/Gamma-Liaison; p. 106, top left: Evan Agostini/Gamma-Liaison; p. 106, top right: Daniel Beltra/Gamma-Liaison; p. 106, bottom left: Al Bello/Allsport; p. 106, bottom right: Jack Vartoogian; p. 108: UlrikeWelsch; p. 134: Frank Siteway/Stock Boston; p. 135: Barbara Alper/Stock Boston; p. 136, top: Ulrike Welsch; p. 136, bottom: Odyssey/Frerck/Chicago; p. 137: Odyssey/Frerck/Chicago; p. 141, left: Max & Bea Hun/DDB Stock Photo; p. 141, right: Odyssey/Frerck/Chicago; p. 142, left: J. Horner/Gamma-Liaison; p. 142, right: Odyssey/Frerck/Chicago; p. 161: Jack Vartoogian; p. 162, top: Jack Vartoogian; p. 162, bottom: Courtesy of Karen Records; p. 163: Jack Vartoogian; p. 189: David Simson/Stock Boston; p. 190: Odyssey/Frerck/Chicago; p. 191, top: Suzanne Murphy/DDB Stock Photo; p. 191, bottom: Ulrike Welsch/Stock Boston; p. 213: Carlos Angel/Gamma-Liaison; p. 214: Haroldo Castro/HF Media; p. 215, top: Haroldo Castro/HF Media; p. 215, bottom: Odyssey/Frerck/Chicago; p. 287: Dallas & John Heaton/Stock Boston; p. 288, left: Peter Menzel/Stock Boston; p. 288, right: The Kobal Collection; p. 289: Erich Lessing/Art Resource; p. 290, top: Jim Bourg/Gamma-Liaison; p. 290, bottom: John Mitchell/DDB Stock Photo